Die Stiftung Datenschutz

Dimitri Immermann

Die Stiftung Datenschutz

Eine verfassungs-, stiftungs- und
datenschutzrechtliche Betrachtung

BWV • BERLINER WISSENSCHAFTS-VERLAG

Bibliografische Information der Deutschen Nationalbibliothek:
Die Deutsche Nationalbibliothek verzeichnet diese Publikation in der Deutschen Nationalbibliografie; detaillierte bibliografische Daten sind im Internet über http://dnb.d-nb.de abrufbar.

Dieses Werk einschließlich aller seiner Teile ist urheberrechtlich geschützt. Jede Verwertung
außerhalb der engen Grenzen des Urheberrechtes ist unzulässig und strafbar.

Hinweis: Sämtliche Angaben in diesem Fachbuch/wissenschaftlichen Werk erfolgen trotz sorgfältiger
Bearbeitung und Kontrolle ohne Gewähr. Eine Haftung der Autoren oder des Verlags aus dem Inhalt dieses Werkes ist ausgeschlossen.

© 2017 BWV • BERLINER WISSENSCHAFTS-VERLAG GmbH,
Markgrafenstraße 12–14, 10969 Berlin,
E-Mail: bwv@bwv-verlag.de, Internet: http://www.bwv-verlag.de

Druck: docupoint, Magdeburg
Gedruckt auf holzfreiem, chlor- und säurefreiem, alterungsbeständigem Papier.
Printed in Germany.

ISBN Print: 978-3-8305-3793-9
ISBN E-Book: 978-3-8305-2223-2

Vorwort

Die vorliegende Arbeit wurde als Dissertation an der Juristischen Fakultät der Universität Passau angenommen und berücksichtigt den Stand der Literatur und Rechtsprechung bis zum 30.11.2016.

Eine Reihe von Menschen, die an dieser Stelle nicht alle einzeln erwähnt werden können, haben mir während der Anfertigung der Arbeit auf vielfältige Art und Weise geholfen. Ihnen allen bin ich für die vielen Diskussionen, Ratschläge und aufbauenden Worte tief verbunden.

In ganz besonderem Maße habe ich meinem Doktorvater Herrn Prof. Dr. Kai von Lewinski zu danken. Er ließ mir genügend Freiraum, um meine Vorstellungen in dieser Arbeit zu verwirklichen und stand gleichzeitig stets mit Rat und Tat zur Seite. Eine bessere Betreuung hätte ich mir nicht wünschen können.

Größter Dank gebührt auch Frau Prof. Dr. Louisa Specht für die überragend zügige Erstellung des Zweitgutachtens.

Von ganzem Herzen bedanken möchte ich mich bei meiner Ehefrau Kathrin Immermann. Als Juristin stand sie mir während der gesamten Arbeit beratend zu Seite und leistete damit einen unverzichtbaren Anteil am erfolgreichen Abschluss. Ihr ist als Zeichen meiner Dankbarkeit dieses Buch gewidmet.

Meinen Großeltern Lydmila und Felix Immermann danke ich für ihre großzügige Unterstützung.

Last but not least gilt es den Menschen zu danken, die mich auf meinem gesamten Lebensweg begleitet haben und auf deren Rückhalt ich mich immer verlassen konnte: Meinen Eltern Irina und Leonid Immermann. Erst sie haben den Weg für dieses Buch geebnet.

Hannover, im November 2017   Dr. Dimitri Immermann

Inhalt

Einleitung 1
A. Gegenstand der Arbeit 2
B. Gang der Untersuchung/Untersuchungsmethoden 3
C. Forschungsstand 4

Erster Teil
Geschichte der Stiftung Datenschutz

A. Datenschutzrechtliche Situation in der BRD vor der Errichtung 9
    I. Rückblick 9
    II. „Datenschutzskandale" 10
B. Idee einer Stiftung Datenschutz 10
    I. Koalitionsvertrag 10
    II. Debatte um Ausgestaltung der Stiftung Datenschutz 12
        1. Positionspapiere 12
            a. Eckpunktepapier des Deutschen Anwaltvereins 12
            b. Stellungnahme der Stiftung Warentest 13
            c. Eckpunktepapier von *Gisela Piltz* 13
            d. Diskussionspapier des Bundesbeauftragten für
               den Datenschutz und die Informationsfreiheit 15
        2. Politische Diskussion 16
            a. „Kleine Anfrage" der SPD-Fraktion vom 13.07.2011 16
            b. „Kleine Anfrage" der Fraktion Bündnis 90/Die Grünen
               vom 26.01.2012 17
            c. Antrag der Fraktionen CDU/CSU und FDP –
               Errichtung der Stiftung Datenschutz 18
            d. Antrag der Fraktionen SPD und Bündnis 90/Die Grünen –
               Unabhängigkeit der Stiftung Datenschutz sicherstellen 19
C. Gründung der Stiftung Datenschutz 20
D. „Boykottierung" der Stiftung Datenschutz 21

E. **Weitere Entwicklung der Stiftung Datenschutz** 22
   I. Einstellung der Zuwendungen 22
   II. „Integration" in die Stiftung Warentest 22
F. **Zwischenergebnis** 23

Zweiter Teil
Rechtliche Probleme bei der Erfüllung staatlicher Aufgaben durch Bundesstiftungen am Beispiel der Stiftung Datenschutz

Kapitel 1
Verfassungsrechtliche Würdigung 27

A. **Der Bund als Stifter** 27
   I. Der allgemeine Stiftungsbegriff 27
   II. Begriff der Bundesstiftung 28
   III. Übersicht von Bundesstiftungen 29
   IV. Errichtungsmotive des Stifters 31
   V. Funktionen der Stiftung Datenschutz 31
       1. Neutralisierungsfunktion 32
       2. Entlastungsfunktion 32
B. **Wahl der Rechtsform – Abgrenzung der Stiftung privaten und öffentlichen Rechts** 33
   I. Abgrenzung zur Stiftung des öffentlichen Rechts 33
   II. Staatliche Stiftung in Privatrechtsform 35
       1. Zulässigkeit der Stiftung in Privatrechtsform 35
          a. Meinungsstand 35
          b. Stellungnahme 37
       2. Zwischenergebnis 39
   III. Kriterien für die Rechtsformwahl 39
       1. Stiftung öffentlichen Rechts 40
       2. Alternative (gemeinnützige) Rechtsformen 41
       3. Zwischenergebnis 43
C. **Die Stiftung Datenschutz zwischen der Kompetenzstruktur von Bund und Ländern** 43
   I. Organisationsrechtliche Schranken 44
       1. „Datenschutz" als öffentliche Aufgabe 44
          a. Begriffsbestimmung 44
          b. Abgrenzung zu hoheitlichem Handeln 46

| | | | (1) Datenschutzaudit/Datenschutzauditverfahren............ 46 |
| | | | |

                (1) Datenschutzaudit/Datenschutzauditverfahren............ 46
                (2) „Datentests" 47
        2. Zwischenergebnis... 47
    II. Kompetenzrechtliche Schranken 48
        1. Art. 87 Abs. 3 S. 1 GG als Ermächtigungsgrundlage zur
           Stiftungserrichtung... 48
           a. Gesetzgebungskompetenz für „Datenschutz"................. 49
           b. Bundeskompetenz für Bildung 50
               (1) Bestimmung der Aufgaben 51
               (2) Begrenzung der Aufgabenwahrnehmung 52
           c. Aufklärungs- und Informationsaufgaben 53
               (1) Bundeszuständigkeit aus der „Staatsleitung zur
                   gesamten Hand" 53
               (2) Art. 74 Abs. 1 Nr. 11 GG 55
           d. Zwischenergebnis....................................... 55
        2. Zentrale Erledigung der Aufgaben............................. 56
        3. Finanzverfassungsrechtliche Betrachtung 56
    III. „Mischverwaltung" durch Ländervertreter im Beirat 57
        1. Eingrenzung des Begriffs.................................... 57
        2. Zulässigkeit ohne verfassungsrechtliche Ausnahme/Abgrenzung
           zur zulässigen Kooperation 58
        3. Beiratsmitglieder der Stiftung als zulässige Kooperationsform....... 59
        4. Zwischenergebnis.. 59

D. Grundrechtsberechtigung der Stiftung Datenschutz................... 60
    I. Prinzipielle Grundrechtsberechtigung privater Stiftungen............ 60
    II. Auswirkungen aufgrund der staatlichen Stiftungserrichtung.......... 60
        1. Zusammenhang zwischen Autonomie und Grundrechtsschutz 61
        2. Reichweite des Grundrechtsschutzes 62
        3. Grundrechtsberechtigung durch Private in den Stiftungsorganen? ... 62

E. Ergebnis Kapitel 1... 63

Kapitel 2
Stiftungsrechtliche Würdigung 65

A. Errichtung der Stiftung Datenschutz 65
    I. (Vorgelagerte) Treuhandstiftung................................. 65
    II. Stiftungsgeschäft.. 66
        1. Parlamentsbeschluss.. 66
        2. Institutioneller Gesetzesvorbehalt 67
           a. Meinungsstand 67
           b. Stellungnahme 68

III.	Name der Stiftung	69
IV.	Sitz der Stiftung	70

B. Stiftungszweck ... 70
- I. Begriff ... 70
- II. Abgrenzung zu den Errichtungsmotiven ... 70
- III. Zweck(e) der Stiftung Datenschutz ... 71

C. Stiftungsorganisation ... 72
- I. Spannungsverhältnis zwischen Demokratie- und Rechtsstaatsprinzip ... 72
  1. Einwirkungsmöglichkeiten der Stifterin ... 73
     a. Prüfungs- und Informationsrechte ... 73
     b. Kontrolle durch den Bundesrechnungshof ... 74
     c. Satzungsmäßige Vorbehalte ... 74
  2. Einwirkungsmöglichkeiten durch Besetzung der Stiftungsorgane ... 76
     a. Vorstand ... 76
     b. Verwaltungsrat ... 77
     c. Beirat ... 78
       (1) Stellung ... 78
       (2) Diskussion um die Besetzung ... 78
  3. Notwendige Reversibilität der Stiftungserrichtung ... 79
- II. Stellungnahme und Zwischenergebnis ... 80

D. Stiftungsvermögen ... 81
- I. Finanzausstattung der Stiftung Datenschutz ... 82
  1. Einordnung als Vermögensstiftung ... 83
  2. Unterdimensionierter Stiftungsstock ... 83
- II. Abhängigkeit von der Wirtschaft ... 84
  1. Finanzielle Abhängigkeit durch Zuschüsse ... 85
     a. „Ähnlichkeit" mit Stiftung Warentest ... 85
     b. Drittmittel und Unabhängigkeit im Spannungsverhältnis ... 86
  2. Art. 28 Abs. 1 S. 2 EG-Datenschutzrichtlinie/
     Art. 47 Abs. 1 EU-DSGVO ... 86
- III. Fehlplanung als Grund für die Unterkapitalisierung? ... 87
  1. Das Stiftungsvermögen der Stiftung Datenschutz im bundesweiten Vergleich ... 87
  2. Hintergründe der Finanzplanung ... 88
- IV. Anstaltslast bzw. Stiftungslast? ... 88
- V. Stiftung als Nebenhaushalt ... 89
- VI. Zwischenergebnis ... 90

E. Anerkennung der Stiftung 91
   I. Formelle Rechtmäßigkeit der Entscheidung 91
   II. Materielle Rechtmäßigkeit der Entscheidung 91
      1. Gefährdung des Gemeinwohls 91
      2. Dauernde und nachhaltige Erfüllung des Stiftungszwecks 92
         a. Prüfungsmaßstab der Stiftungsbehörde 93
            (1) Weiter Prüfungsmaßstab 93
            (2) Enger Prüfungsmaßstab 93
            (3) Stellungnahme. 93
         b. Lebensfähigkeit der Stiftung. 94
      3. Mängel in der Organisationsstruktur (Stiftungsautonomie). 95
         a. Prüfungskompetenz der Anerkennungsbehörde? 95
            (1) Aktuelle Anerkennungspraxis 97
            (2) Verstärkte Berücksichtigung der Stiftungsautonomie
                im Anerkennungsverfahren 97
            (3) Besonderheiten der Aufsicht beim staatlichen Stifter. 98
         b. Rechtsfolgen einer fehlerhaften Anerkennung 99
   III. Zwischenergebnis. 100
F. Ergebnis Kapitel 2. 101

Kapitel 3
Datenschutzrechtliche Würdigung 103
A. Vergleichende „Datentests" 103
   I. Verfassungsrechtliche Grundlagen. 103
   II. Verfahrensgrundsätze 104
      1. „Warentest-Rechtsprechung" 105
      2. Übertragbarkeit der „Warentest-Rechtsprechung" auf
         die Stiftung Datenschutz. 105
         a. Organisationsrechtliche Vorkehrungen 106
         b. Erhebliche Unterschiede in der Finanzstruktur 106
         c. Zwischenergebnis 107
   III. Verhältnis zwischen Datenschutzaudit und „Datentests". 108
   IV. Gefahr der Doppelarbeit. 108
B. Audit und Zertifizierung. 109
   I. Regelung und Systematik des § 9a BDSG/Art. 38 ff. EU-DSGVO 109
   II. Sperrwirkung 110
   III. Eingriff in Grundrechte 111
      1. Mangelnde Finalität 112
      2. Mittelbare Grundrechtsbeeinträchtigung 112

C. Beeinträchtigung der „völligen" Unabhängigkeit
der Datenschutzkontrollstellen 113
    I.   Begriffsbestimmung.. 114
   II.   Beeinträchtigung 114
        1. Kompetenzbereich der Datenschutzbehörden 115
            a. Erweiterung durch die EU-DSGVO 115
            b. Einfluss auf Kontrolltätigkeit 115
        2. Notwendige Kooperation mit den Datenschutzbehörden.......... 116
D. Ergebnis Kapitel 3.. 117

Dritter Teil
Konzeptioneller Änderungsbedarf, Änderungsmöglichkeiten und rechtspolitischer Ausblick

A. Zusammenfassung der bisherigen Ergebnisse und
weiterer Gang der Untersuchung...................................... 121
    I.   Zusammenfassung 121
   II.   Gang der weiteren Untersuchung................................ 122
B. Konzeptioneller Änderungsbedarf bei der Stiftung Datenschutz......... 122
    I.   „Integration" in die Stiftung Warentest 123
        1. Begriffsbestimmung „Integration"............................ 123
            a. Zusammenlegung 123
            b. Zulegung... 124
               (1) Zulegung durch Organbeschluss...................... 125
               (2) Zulegung von Amts wegen 125
            c. Kooperation 127
   II.   Umsetzung des Koalitionsvertrags................................ 127
  III.   Geplante Integration als rufschädigende Aussage? 128
C. Satzungsänderung... 128
    I.   Notwendigkeit 129
        1. Stiftung Datenschutz als Akkreditierungsstelle durch Beleihung ... 129
        2. Art. 80 Abs. 1 EU-DSGVO 130
        3. Stiftung Datenschutz als Think Tank und Diskussionsplattform.... 131
        4. Reduzierung des Stiftungszwecks 132
        5. Satzungsänderung zur Stärkung der Stiftungsautonomie.......... 132
   II.   Änderungsmöglichkeiten 133
        1. Satzungsänderung durch Organbeschluss 133
            a. Vorliegen der Voraussetzungen.......................... 133

                (1) „Einfache" Satzungsänderungen.................... 133
                (2) „Identitätsverändernde" Satzungsänderungen 134
            b. Zustimmung der Stifterin 135
                (1) Genehmigung der Stiftungsbehörde 135
                (2) Maßstab für die Genehmigung (ursprünglicher Stifterwille). 135
        2. Satzungsänderung ohne Zustimmung der Stifterin
            (hoheitliche Satzungsänderung) 136
    III. Rechtsschutzmöglichkeiten 137
    IV. Zwischenergebnis... 138
D. **Folgen der Finanzierungskrise**.................................. 139
    I. Aufhebung der Stiftung 139
        1. Aufhebung von Amts wegen 140
            a. Voraussetzungen 140
            b. Rechtsfolgen 141
        2. Satzungsgemäße Aufhebung 142
    II. Alternative Möglichkeiten zur Aufhebung...................... 142
        1. Anspruch auf institutionelle Förderung/
            Argument der „Systemgerechtigkeit"....................... 143
        2. Änderung in eine Verbrauchsstiftung....................... 144
    III. Zwischenergebnis 145
E. **Ausblick** 145
    I. Vorschläge für weiteres Vorgehen 146
        1. Fragliche Daseinsberechtigung einer „Stiftung Datentest" und
            fehlende Ermächtigungsgrundlage für die Tätigkeit 146
        2. Neues Selbstverständnis als Diskussionsplattform 147
        3. Anpassung der Satzung 147
            a. Modifizierung des Stiftungszwecks 147
            b. Stärkung der Stiftungsautonomie 148
            c. Aufhebungsmöglichkeit ohne Beteiligung des Beirats......... 148
    II. Rechtspolitische Erwägungen 148

Ergebnisse in Thesen 151

Anlage I – Satzung der Stiftung Datenschutz........................ 157

Anlage II – Anerkennungsurkunde................................ 169

Literaturverzeichnis 171

Verzeichnis nicht-publizierter Positionspapiere zur Stiftung Datenschutz... 178

XIII

Einleitung

Datenschutz ist wichtig. In diesem Punkt besteht in Politik und Gesellschaft breiter Konsens. Daher sollte man meinen, dass jede Institution, die sich dem Datenschutz verpflichtet hat, eine gute Idee ist. So sind sich auch eigentlich alle Beteiligten darüber einig, dass die Errichtung der Stiftung Datenschutz grundsätzlich ein förderungswürdiges Vorhaben war. Dass aber eine gut gemeinte Idee nicht immer in derselben Weise umgesetzt werden muss, sogar wenn (oder gerade weil) der Bund selbst dahinter steht, zeigt die nachfolgende Untersuchung.

Die Thematik rund um die Stiftung Datenschutz war von Anfang an mit großen Erwartungen verknüpft. So sollte die Stiftung Warentest nicht nur hinsichtlich der Aufgaben als Vorbild dienen, sondern langfristig auch in Bezug auf Größe und Ausstattung[1]. Vor diesem Hintergrund war das Ergebnis bestenfalls ernüchternd: Die Stiftung Datenschutz erhielt nicht nur eine Vermögensausstattung, die es zu Beginn kaum erlaubte, mehr als zwei Mitarbeiter[2] zu beschäftigen, sondern ihr Dasein sollte auch alsbald – der Beschluss wurde weniger als ein Jahr nach Gründung gefasst – durch „Integration" in die Stiftung Warentest ein frühes Ende finden.

Wenngleich diese Vorgehensweise an und für sich schon sehr ungewöhnlich erscheint, kann sich die Motivation dieser Arbeit nicht darin erstrecken, ein vermeintlich zweifelhaftes Vorgehen der Politik zu beleuchten, wenn auch die politische Komponente nicht völlig ausgeblendet werden kann. Auf den ersten Blick kann auch der historische Aspekt nicht genügen, der Stiftung Datenschutz eine ganze juristische Dissertation zu widmen. Bei genauerer Betrachtung entfaltet sich aber auch hinsichtlich der rechtlichen Fragestellungen ein vielschichtiges Bild. Allein der oben umrissene Werdegang der Stiftung dürfte ausreichend Stoff für eine wissenschaftliche Abhandlung bieten, ohne alle Facetten der Thematik zu kennen. Insbesondere folgende Fragen stellen sich schon lediglich bei Kenntnis der Eckdaten:

Der Bund gründet eine privatrechtliche Stiftung – ist das überhaupt zulässig und, wenn ja, ist er als Stifter nicht verpflichtet, die Stiftung auch mit ausreichend Kapital auszustatten? Wäre ein – hier nicht vorliegendes – Errichtungsgesetz erforderlich gewesen? Wie fügt sich eine „Bundesstiftung" Datenschutz in das Kompetenzgefüge

---

1   Bei der Stiftung Warentest bemisst sich die Belegschaft auf mittlerweile über 300 Angestellte, vgl. Beilage zur Zeitschrift „test", Ausgabe 12/2014, S. 2; diese Dimension sollte die Stiftung Datenschutz zwar nicht erreichen (zumindest nicht von Beginn an), jedoch war in der Anfangsphase von einer Belegschaft um die 50 Mitarbeiter die Rede, persönliche Kommunikation mit *Frederick Richter* am 15.01.2016.

2   Aus Gründen der besseren Lesbarkeit wird auf die gleichzeitige Verwendung männlicher und weiblicher Sprachformen verzichtet. Sämtliche Personenbezeichnungen gelten gleichwohl für beiderlei Geschlecht.

zwischen Bund und Ländern ein, da „Datenschutz" doch eigentlich Ländersache ist? Darf eine Stiftung – dem Grunde nach als Einrichtung für die Ewigkeit gedacht – kaum nach Gründung wieder „abgewickelt" werden? Inwieweit wird die „völlige Unabhängigkeit" der Datenschutzkontrollstellen durch die Stiftung tangiert? Hat die Stiftung Anspruch auf ein Fortbestehen gegen den Stifter?

Die Liste ließe sich fortführen. Zudem macht sie deutlich, dass die vermeintliche Instrumentalisierung einer Bundesstiftung als politischer Spielball nicht nur ein bestenfalls fragwürdiges politisches Handeln darstellt, sondern auch erhebliche Probleme verfassungs-, stiftungs- und datenschutzrechtlicher Art mit sich bringen kann. Vor diesem Hintergrund erscheint eine juristische Dissertation, die sich allein der Stiftung Datenschutz widmet, nicht nur begründet, sondern geboten.

A. Gegenstand der Arbeit

Die Dissertation befasst sich mit der Stiftung Datenschutz, eine im Jahr 2013 von der Bundesrepublik Deutschland gegründete gemeinnützige Stiftung des bürgerlichen Rechts mit Sitz in Leipzig. Bevor die rechtlichen Aspekte bezüglich der Stiftung Datenschutz untersucht werden, wird – im ersten Teil – zunächst der Werdegang der Stiftung nachgezeichnet. Die Darstellung erfolgt von der anfänglichen Idee bis zur späteren Umsetzung. Die Entstehungsgeschichte ist für die nachfolgende rechtliche Untersuchung insofern von besonderer Bedeutung, als dass viele rechtliche Schwachpunkte bereits während dieser Phase zum Vorschein traten. Die nötige Aufmerksamkeit blieb jedoch aus. Dabei hätte gerade der spätere „Boykott" der Datenschutzbehörden, durch eine bessere Abstimmung, vermutlich verhindert werden können. Der historische Abriss der Entstehungsgeschichte dient daher nicht nur zur besseren Einordnung der rechtlichen Fragestellungen, sondern auch zur Dokumentation einer Fehlentwicklung, die durch bessere Kooperation der beteiligten Akteure wahrscheinlich vermeidbar gewesen wäre.

Im zweiten Teil der Arbeit erfolgt eine kritische Auseinandersetzung mit der Stiftung unter rechtlichen Gesichtspunkten. Dieser Abschnitt ist in drei Kapitel unterteilt.

Das verfassungsrechtliche Kapitel behandelt vornehmlich grundsätzliche Problematiken staatlicher Stiftungen in Privatrechtsform. Klassische Fragestellungen in diesem Zusammenhang sind die prinzipielle Zulässigkeit der Gründung privatrechtlicher Stiftungen durch die öffentliche Hand und das damit einhergehende Spannungsverhältnis zwischen Demokratie- und Rechtsstaatsprinzip. Geht man von der Zulässigkeit dem Grunde nach aus, muss folgerichtig, speziell für die Stiftung Datenschutz, untersucht werden, ob die Gründung vom kompetenzrechtlichen Rahmen gedeckt war. So ist zum einen fraglich, ob der Bund seine Verwaltungskompetenz überschritten hat. Die satzungsmäßige Aufgabe, Datenschutzaudits bzw. Prüfungsverfahren für den nicht-öffentlichen Bereich zu entwickeln, könnte mit Art. 83 GG i. V. m. § 38 BDSG kollidieren. Ferner ist die Kompetenz für Bildung im Bereich des Datenschutzes zu erörtern. Als weitere Thematik wird das Problem der Mischverwaltung behandelt, welches hier durch Ländervertreter im Beirat bestehen könnte.

Die im stiftungsrechtlichen Kapitel durchgeführten Untersuchungen betreffen in weiten Teilen ebenfalls nicht nur die Stiftung Datenschutz, sondern Bundesstiftungen im Allgemeinen. Insbesondere das Problem einer mangelhaften Finanzausstattung, gepaart mit durch Satzung abgesicherten, weitreichenden Einflussrechten auf die Stiftung und der damit zusammenhängenden Abhängigkeit zum Stifter betreffen zahlreiche Stiftungen der öffentlichen Hand. Am Beispiel der Stiftung Datenschutz wird hier untersucht, wo die Grenze zu einer zulässigen Einflussnahme des Stifters liegt und ob diese Grenze im konkreten Einzelfall gewahrt wurde. Besonders diskussionswürdig erscheint zudem die Frage, ob die Errichtung der Stiftung Datenschutz ohne Errichtungsgesetz unbedenklich war.

Die Fragestellungen aus dem datenschutzrechtlichen Kapitel betreffen die Stiftung Datenschutz im Speziellen. In diesem Zusammenhang wird die Unabhängigkeit der Datenschutzkontrollstellen zu thematisieren sein. Dieser Aspekt sorgt bereits seit der Entstehung der Stiftung für Diskussionsstoff. Einen weiteren Schwerpunkt bildet die Problematik Audit/Zertifizierung durch die Stiftung Datenschutz. Diese wird im Lichte des § 9a BDSG und der neuen EU-Datenschutz-Grundverordnung (EU-SGVO) behandelt und auf Kompatibilität mit der gleichzeitigen Durchführung von „Datentests" geprüft.

Der dritte Teil der Arbeit befasst sich abschließend mit rechtspolitischen Erwägungen und wagt einen Vorschlag zum weiteren Vorgehen in Bezug auf die Stiftung Datenschutz. Durch die umfassende Abhandlung soll eine Grundlage für Gespräche geschaffen werden, um den Diskurs für die weitere Ausgestaltung der Stiftung anzuregen. Wie viel Klärungsbedarf besteht, zeigt unter anderem die Unschlüssigkeit der Bundesregierung bezüglich des Schicksals der Stiftung[3]. Daher soll die Arbeit auch dazu dienen, rechtlich mögliche und praktisch sinnvolle Gestaltungsmöglichkeiten für die Zukunft der Stiftung Datenschutz aufzuzeigen, was der Abhandlung einen besonderen Reiz verleiht.

B. Gang der Untersuchung/Untersuchungsmethoden

In den drei Teilen der Arbeit werden jeweils unterschiedliche Untersuchungsmethoden herangezogen.

Im ersten Teil wird ein *historisch-deskriptiver* Ansatz verfolgt, in dem die Geschichte der Stiftung Datenschutz dargestellt wird. Die Darstellung ist für die nach-

---

3   Vgl. den rudimentären Vorschlag aus dem Koalitionsvertrag zwischen CDU, CSU und SPD zur 18. Legislaturperiode über eine Integration in die Stiftung Warentest.

folgende rechtliche Untersuchung von besonderer Bedeutung. Hierzu erfolgt eine Auswertung aus öffentlichen Stellungnahmen und Dokumenten (Bundesdrucksachen, Plenarprotokolle etc.) zu der Stiftung Datenschutz. Ferner fließen auch die Erkenntnisse aus persönlichen Gesprächen ein, die mit am Entstehungsprozess beteiligten Personen geführt wurden.

Im zweiten Teil erfolgt eine *juristisch-dogmatische* Untersuchung der Stiftung Datenschutz. Viele rechtliche Fragestellungen waren bereits beim Gründungs- bzw. Abstimmungsprozess Gegenstand öffentlicher Diskussion. Insbesondere die dort vertretenen Standpunkte werden ausführlich beleuchtet und um eigene Erkenntnisse ergänzt. Dazu ist insbesondere eine Bewertung der Satzung[4] der Stiftung Datenschutz erforderlich.

Im dritten Teil der Arbeit wird die Thematik aus einem *rechtspolitischen* Blickwinkel beleuchtet. Beim Abschluss der Arbeit erschien die Zukunft der Stiftung ungeklärt. Da das vorhandene Vermögen nicht ausreicht, um die weitere Erfüllung der satzungsgemäßen Aufgaben (zumindest nicht vollumfänglich) zu gewährleisten, stellt sich die Frage, ob überhaupt, und, wenn ja, in welcher Art und Weise das Fortbestehen der Stiftung sinnvoll ist. Hierzu werden eigene Lösungsvorschläge herausgearbeitet. Der im vorherigen Kapitel festgestellte rechtliche Rahmen dient dabei als Ausgangspunkt, um zu klären, was (juristisch) möglich und (praktisch) zweckmäßig umsetzbar ist.

C. Forschungsstand

Die Literatur ist im Bereich von staatlichen Stiftungen nicht sonderlich umfangreich. Speziell zum Thema Stiftung Datenschutz ist sie kaum vorhanden. Eine kritische Auseinandersetzung in rechtlicher Hinsicht ist, soweit ersichtlich, nur vereinzelt erfolgt[5]. Daher wird es notwendig sein, allgemeine Literatur heranzuziehen und auf die speziellen Probleme der Stiftung Datenschutz zu projizieren. Parallelen können dabei auch zur Stiftung Warentest oder zur Bundesstiftung Umwelt gezogen werden. Diese waren bereits Gegenstand wissenschaftlicher Arbeiten[6]. Darüber hinaus sind einige Arbeiten

---

4 Zum Zeitpunkt der Abhandlung galt die erste, ursprüngliche Fassung der Satzung. Diese ist dem Anhang als Anlage I beigefügt. Alle nachfolgenden Verweise beziehen sich auf diese Fassung.
5 *Wagner*, DuD 2012, 825; *Schantz,* in: BeckOK DatenSR, BDSG § 9a Rn. 13 ff.; *Piltz/Schulz*, RDV 2011, 117.
6 *Scholz/Langer*, Stiftung und Verfassung: Strukturprobleme des Stiftungsrechts am Beispiel der „Stiftung Warentest", 1990; zur Bundesstiftung Umwelt *Muscheler*, Sammelband Stiftungsrecht, 2. Aufl. 2011, S. 245, 269 ff.

neuerer Zeit vorhanden, die sich mit der allgemeinen Problematik der Wahrnehmung öffentlicher Aufgaben durch Stiftungen beschäftigen[7].

Aufgrund der bisher spärlichen rechtlichen Auseinandersetzung mit der Stiftung Datenschutz bleibt Raum für eine breite Bearbeitung verschiedener rechtlicher Fragestellungen. Dass grundlegendes Interesse gegeben ist, hat die rege Diskussionsbeteiligung zahlreicher Akteure der Datenschutzszene im Vorfeld der Errichtung gezeigt. Auffällig ist aber auch, dass der Diskurs mit dem „Boykott" der Datenschutzbehörden sichtlich zum Erliegen gekommen ist. Ein Ziel der Arbeit ist es daher, diesen wieder anzuregen.

Darüber hinaus kommt ein praktischer Mehrwert hinzu: Das Fortbestehen der Stiftung steht unter einem Fragezeichen, und zwar sowohl in Bezug auf mögliche konzeptionelle Änderungen als auch hinsichtlich ihres Fortbestehens überhaupt („Integration in die Stiftung Warentest"). Die Arbeit könnte insoweit auch dem weiteren Entscheidungsprozess dienlich sein.

---

7 Insb. *Kaluza*, Die Stiftung privaten Rechts als öffentlich-rechtliches Organisationsmodell, 2010; *Müller*, Die Bundesstiftung, 2009; *Neumann*, Das Ausweichen der öffentlichen Hand durch Stiftungsgründung, 2005.

Erster Teil

Geschichte der Stiftung Datenschutz

„Die Stiftung Datenschutz ist in politisch wilden Wassern vom Stapel gelaufen. Zwischenzeitlich gab es viel Treibholz in Form mancher bürokratischer Hürde zu umschiffen. Nun fährt die Stiftung durch eine Nebelbank auf einen Sturm zu, dessen Windstärke noch nicht ganz abgesehen werden kann".

Frederick Richter, erster Präsident der Stiftung Datenschutz[8].

---

[8] Zitiert aus der Eröffnungsrede zur Tagung „Was ist uns Privatheit wert?" vom 27.11.2013; zusammenfassend *Immermann*, ZD-Aktuell 2013, 03178.

A. Datenschutzrechtliche Situation in der BRD vor der Errichtung

I. Rückblick

Datenschutzrechtliche „Skandale" sind in der letzten Zeit verstärkt in den medialen Fokus gerückt. So seien allein die Enthüllungen von *Edward Snowden* genannt, die den tatsächlichen Sammelumfang von Daten darlegen. Obgleich die Ausmaße und die mediale Resonanz der „Skandale", um beim Beispiel *Snowden* zu bleiben, dem Anschein nach einer Aufwärtsspirale folgen, sind sie kein Phänomen neuerer Zeit. Versteht man den Datenschutz nicht als Begriff, sondern als Regelungszweck, lässt sich die Geschichte weitaus länger als bis zur Verabschiedung des 1. Hessischen Datenschutzgesetzes am 30. September 1970[9] zurückverfolgen[10]. Seit dem Beginn der Neuzeit wurden Daten vom Staat durch Einwohnerlisten, Kirchenbüchern und Meldewesen erhoben und konnten zur Überwachung durch Inquisition und politische Polizei genutzt werden. Die Sorge vor der allgegenwärtigen Überwachung, insbesondere durch den Staat, begleitet die Gesellschaft somit seit geraumer Zeit – weit bevor es den Begriff „Datenschutz" überhaupt gab[11]. Eine Diskussion um den Schutz der Privatsphäre im heutigen Sinn begann in der Bundesrepublik Deutschland jedoch erst am Ende der sechziger Jahre. In den damals neuen Möglichkeiten der Datenverarbeitung sah man immer mehr die Gefahr, dass diese zur staatlichen Machtausübung – mit allen damit verbundenen Missbrauchsmöglichkeiten – instrumentalisiert werden könnten[12]. Aus heutiger Sicht – in Zeiten von Industrie 4.0[13] – sind Fragen nach dem sicheren und zulässigen Datenverkehr allgegenwärtig. Jahrzehnte lang führte das Thema Datenschutz jedoch ein Nischendasein, sowohl aus wissenschaftlicher als auch gesellschaftlicher Sicht. Erst mit der Zunahme des technischen Fortschritts und dem damit einhergehenden größeren Gebrauch von persönlichen Daten, insbesondere der datenverarbeitenden Industrie, rückte der Datenschutz in den Fokus.

---

9   Zur Geschichte der Datenschutzgesetzgebung: Geschichte der Datenschutzgesetzgebung: *Simitis*, in Simitis, BDSG, Einleitung, Rn. 1.
10 Zur Vorgeschichte des Datenschutzes als Begrenzung von Informationsmacht siehe *v. Lewinski*, Die Geschichte des Datenschutzrechts von 1600 bis 1977, in: Freiheit – Sicherheit – Öffentlichkeit (Tagungsband der Assistententagung Öffentliches Recht 2008), S. 196–220.
11 Zum Ursprung des Begriffs: *Simitis*, in: Simitis BDSG, Einleitung Rn. 2.
12 *Wagner*, in: BeckOK DatenSR, Landesdatenschutz, Rn. 6.
13 Zum Begriff und rechtlichem Rahmen: *Bräutigam/Klindt*, NJW 2015, 1137.

II. „Datenschutzskandale"

Spätestens im Jahr 2008 jedoch war die Diskussion um den richtigen Umgang mit persönlichen Daten auch in der Mitte der Gesellschaft angelangt. In dieser Zeit ereignete sich eine Reihe von öffentlichkeitswirksamen Datenschutzverstößen, die, insbesondere durch die „Überwachungsaffäre" der Deutschen Telekom[14], Aufmerksamkeit in den Medien gefunden haben. Die Ereignisse wurden auch von den Datenschutzbeauftragten aufgegriffen, die ein Tätigwerden des Gesetzgebers forderten[15]. Auch wenn an dieser Stelle noch nicht an die Gründung einer Stiftung Datenschutz gedacht wurde – die Forderungen zielten in erster Linie auf eine Stärkung der vorhandenen Aufsichtsbehörden ab –, erhöhte sich jedenfalls der allgemeine Handlungsdruck auf die Regierung, sich verstärkt datenschutzrechtlichen Belangen zu widmen.

B. Idee einer Stiftung Datenschutz

Die Konzeptionierung einer Stiftung Datenschutz entsprang demnach aus einem Gesamtkontext von Umständen aus dem Jahr 2008, die nach einem Tätigwerden im Bereich des Datenschutzes riefen. Der Weg bis zur späteren Gründung im Januar 2013 umfasste somit mehr als vier Jahre. In Fachkreisen machte etwa ab Mitte 2008 die Idee einer damals noch als „Stiftung Datentest" bezeichneten Stiftung die Runde – eine Institution, welche den Datenschutz in Unternehmen und im öffentlichen Bereich prüft und vergleicht[16]. Die Idee wurde vor allem von der FDP-Fraktion aufgenommen und unter Anführung der damaligen innenpolitischen Sprecherin der Fraktion *Gisela Piltz* zur „Stiftung Datenschutz" weiterentwickelt.

I. Koalitionsvertrag

Die spätere Gründung der Stiftung Datenschutz kann als Reaktion auf die datenschutzrechtliche Diskussion aus dem Jahr 2008 gewertet werden. Als Vorreiter agierte

---

14   *Hillenbrand*, Telekom und die Presse – Pannen, Panik, Paranoia. Der Spiegel, 29. Mai 2008.
15   Vgl. die Entschließung der 76. Konferenz der Datenschutzbeauftragten des Bundes und der Länder am 6. und 7. November 2008 in Bonn.
16   So *Widmann*, Arbeitskreis für Datenschutz fordert Grundrechtskontrolle, unter: http://www.zdnet.de/39200321/arbeitskreis-fuer-datenschutz-fordert-grundrechtskontrolle, [abgerufen am: 01.10.2016]; Reply of Arbeitskreis Vorratsdatenspeicherung to the questionnaire issued by the Commission on 30 September 2009 to evaluate the application of directive 2006/24/EC (European Data Retention Directive), S. 15.

hier die FDP-Bundesfraktion mit ihrem „Lieblingsprojekt"[17]. So wurde das Projekt Stiftung Datenschutz im Positionspapier der FDP-Bundestagsfraktion „Datenschutz im öffentlichen und nicht-öffentlichen Bereich", welches im Oktober 2008 veröffentlicht wurde, erstmalig erwähnt[18]. Bereits im darauf folgenden Jahr einigten sich die damaligen Regierungsparteien CDU/CSU und FDP darauf, eine Stiftung Datenschutz zu errichten[19](2009).

Auszug aus der Koalitionsvereinbarung vom 26.10.2009 (S. 106):

> *„Darüber hinaus werden wir eine Stiftung Datenschutz errichten, die den Auftrag hat, Produkte und Dienstleistungen auf Datenschutzfreundlichkeit zu prüfen, Bildung im Bereich des Datenschutzes zu stärken, den Selbstdatenschutz durch Aufklärung zu verbessern und ein Datenschutzaudit zu entwickeln. Wir sind überzeugt, dass mit dieser Lösung auch der Technologiestandort Deutschland gestärkt wird, wenn datenschutzfreundliche Technik aus Deutschland mit geprüfter Qualität weltweit vertrieben werden kann."*

Der Auszug zeigt, dass der Aufgabenbereich der Stiftung bereits sehr konkret umrissen war. Mit dem Vierklang aus Prüfung, Bildung, Aufklärung und Entwicklung wurden bereits die Punkte bezeichnet, die sich später als Stiftungszweck in der Satzung wiederfinden sollten[20]. Bemerkenswert ist dabei, dass die Prüfung an erster Stelle genannt wird. Dies dürfte kein Zufall gewesen sein, denn die Prüfung kann gewiss als ambitioniertestes Ziel der Stiftung gewertet werden[21]. Bereits das Positionspapier der FDP-Bundestagsfraktion vom Oktober 2008 sah vor, dass die Stiftung Datenschutz, nach dem Vorbild der Stiftung Warentest, Produkte und Dienstleistungen privater und öffentlicher Anbieter unter Datenschutzgesichtspunkten vergleicht und bewertet[22]. Der Verweis auf die Stiftung Warentest – einer Stiftung mit einem Jahresumsatz in Höhe von 50 Millionen Euro und über 300 Mitarbeitern[23] – lässt vermuten, in welchen Größenordnungen anfänglich gedacht wurde.

---

17 Baden-Württemberg Landtags-Drs. Nr. 15/955, 30. Tätigkeitsbericht des Landesbeauftragten für den Datenschutz Baden-Württemberg 2010/2011, S. 28.
18 *Piltz/Schulz*, RDV 2011, 117, 119.
19 Koalitionsvertrag zwischen CDU, CSU und FDP, 2009, S. 106.
20 § 2 Abs. 1 der Satzung der Stiftung Datenschutz.
21 *Piltz/Schulz* sprechen in diesem Zusammenhang von „wohl gewichtigsten Aufgabe", vgl. RDV 2011, 117, 120.
22 Positionspapier der FDP-Bundestagsfraktion vom 14. Oktober 2008.
23 Vgl. Beilage zur Zeitschrift test, Ausgabe 12/2014, S. 2.

II. Debatte um Ausgestaltung der Stiftung Datenschutz

1. Positionspapiere

In der darauf folgenden Zeit wurden verschiedene Vorschläge zur konkreten Ausgestaltung der Stiftung gemacht[24]. Auf die wichtigsten wird im Folgenden eingegangen. Anhand der zahlreichen und teils sehr ausführlichen Stellungnahmen wird nicht nur deutlich, auf welch breites Interesse die Stiftung Datenschutz in den Fachkreisen gestoßen ist, sondern es lässt sich auch rückblickend bewerten, inwieweit die einzelnen Vorschläge in die spätere Satzung eingeflossen sind. Um diesen Vergleich zu ermöglichen, sollen hier die wichtigsten Positionen und Eckpunktpapiere chronologisch aufgeführt werden. Die ausführliche Darstellung ermöglicht vor allem auch eine Bewertung des späteren „Boykotts", der insbesondere auf Unstimmigkeiten beim Konsolidierungsvorgang beruhte.

a. Eckpunktepapier des Deutschen Anwaltvereins

Eine der ersten (und wohl ausführlichsten) Stellungnahmen erfolgte durch ein Eckpunktepapier des deutschen Anwaltvereins schon kurz nach der Koalitionsvereinbarung im Jahr 2009[25]. In der umfassenden Auseinandersetzung, die mit einer umfangreichen Pro- und Contra-Analyse zu Gestaltungsalternativen der Stiftung abschließt, wurde die Initiative zur Stiftung Datenschutz grundsätzlich begrüßt. Es sind bereits detaillierte Ausführungen zur Organisation gemacht worden, die später teilweise auch Eingang in die Satzung fanden. So wurde zum Beispiel eine Dreierstruktur der Organe präferiert, indem (neben dem obligatorischen Vorstand) ein Beirat mit Kontrollfunktion installiert werden sollte und zudem ein Kuratorium als wissenschaftliches Beratungsgremium. Diese Struktur wurde für die Stiftung später in Form von Vorstand, Verwaltungsrat und Beirat übernommen. Das Modell der Stiftung Warentest sah der Anwaltverein als geeignetes Vorbild an, wenn auch wesentliche Unterschiede in Zielgruppen und Aufgaben festgestellt wurden[26]. Ein eigenes Gütesiegel sollte, zumindest in der Anfangsphase, nicht verliehen werden[27]. Ein besonderes Augenmerk sollte darauf gelegt werden, die Unabhängigkeit und Neutralität der Stiftung zu gewährleisten,

---

24 Soweit ersichtlich gab es Stellungnahmen folgender Stellen: Deutscher Anwaltverein e. V. (2009), Stiftung Warentest (2010), *Gisela Piltz* von der FDP Fraktion (2010), Bundesbeauftragter für den Datenschutz und die Informationsfreiheit; (2010), Verbraucherzentrale Bundesverband e. V. und Berliner Datenschutzrunde (2010), Verband der TÜV e. V. (2010).
25 Eckpunktepapier zur Stiftung Datenschutz, Deutscher Anwaltverein e. V., 9. Dezember 2009.
26 Mit Verweis auf das Eckpunktepapier *Bräutigam/Sonnleithner*, AnwBl 4/2011, 240.
27 *Bräutigam/Sonnleithner*, AnwBl 4/2011, 240, 242.

wodurch sich gleichzeitig Restriktionen hinsichtlich Vergütung für Leistungen der Stiftung ergeben würden[28].

Nicht umgesetzt wurde der Vorschlag einer „Stiftungs-GmbH" als Gründungsform[29]. Der Hintergrund des Vorschlags war, durch Vermeidung der Rechtsform als klassische Stiftung nach §§ 80 ff. BGB, höhere Flexibilität der Organisation zu gewährleisten. Da eine Stiftung (im Gegensatz zu einer Kapitalgesellschaft oder dem Verein) der staatlichen Stiftungsaufsicht unterliegt, sei sie weniger flexibel. Die Satzung einer GmbH könne dagegen wesentlich leichter an geänderte Bedürfnisse angepasst werden, da bei den Änderungen kein Mitspracherecht einer staatlichen Stiftungsaufsicht bestehen würde[30]. Dies könne gerade am Anfang einen wesentlichen Vorteil darstellen[31].

b. Stellungnahme der Stiftung Warentest

Grundsätzliche Unterstützung für die Stiftung Datenschutz wurde auch vom vermeintlichen Vorbild selbst – der Stiftung Warentest – geäußert und eine enge Kooperation in Aussicht gestellt[32]. Jedoch müsse die Aufklärung in datenschutzrechtlichen Belangen als primäres Ziel der Stiftung Datenschutz betrachtet werden. Sichtliche Bedenken würden gegenüber der Durchführung von vergleichenden Untersuchungen der Stiftung Datenschutz bestehen. Da Datenschutz schon heute bei vielen Produkten ein wichtiger, wenn auch nicht der einzige Untersuchungspunkt in den Tests der Stiftung Warentest sei, würde anderenfalls die Gefahr der Doppelarbeit bestehen.

Darüber hinaus drohe die Gefahr von Interessenkonflikten, wenn gleichzeitig vergleichende Untersuchungen und Zertifizierungen vorgenommen werden würden. Bei der Prüfung und Zertifizierung von Produkten und Dienstleistungen sowie der gleichzeitigen Vergabe von Gütesiegeln würde die Stiftung unter wirtschaftlichen Gesichtspunkten daran interessiert sein, möglichst viele und umfangreiche Prüfungen durchzuführen. Unter diesen Umständen könne sie nicht mehr unabhängig von den Unternehmen agieren, die sie in einem vergleichenden Test unabhängig und neutral bewerten soll, weil diese unter Umständen dieselben Adressaten sein könnten.

c. Eckpunktepapier von *Gisela Piltz*

Das zentrale Eckpunktepapier zur Stiftung Datenschutz wurde von *Gisela Piltz* von der FDP, damaliges Mitglied des Deutschen Bundestages und „Initiatorin" der Stif-

---

28 Eckpunktepapier zur Stiftung Datenschutz, Deutscher Anwaltverein e. V., 9. Dezember 2009, S. 26.
29 Die Stiftung Datenschutz wurde als rechtsfähige Stiftung des bürgerlichen Rechts umgesetzt.
30 *Bräutigam/Sonnleithner*, AnwBl 4/2011, 240, 241.
31 Hierzu auch unten S. 42.
32 *Primus*, Stellungnahme der Stiftung Warentest zur Stiftung Datenschutz, 6. August 2010.

tung Datenschutz[33], im Mai 2010 veröffentlicht. Das Konzeptionspapier kann als maßgeblich für die spätere Ausgestaltung der Stiftung gewertet werden[34].

Danach sollte sich die Aufgabenbeschreibung der Stiftung Datenschutz aus vier Säulen zusammensetzen:

1. Vergabe von Audits und Gütesiegeln,
2. Vergleichende Tests von Produkten und Verfahren,
3. Bereitstellen von Bildungsangeboten im Bereich Datenschutz sowie Forschung und
4. Weiterentwicklung des Datenschutzrechts.

Die Aufgabenbeschreibung war somit äquivalent zu derjenigen aus dem Koalitionsvertrag, nun jedoch deutlich umfassender dargestellt. Das Eckpunktepapier enthält bereits detaillierte Vorschläge zum Umfang und der konkreten Ausgestaltung der Aufgabenwahrnehmung.

Demnach solle die Stiftung *Gütesiegel und Audits* vergeben, um damit die Lücke von § 9a BDSG zu schließen. Europaweite Antragsteller sollen private Unternehmen oder öffentliche Stellen sein, die anschließend von bei der Stiftung akkreditierten Sachverständigen zu prüfen wären. Die Prüfungskriterien seien noch im Einzelnen aufzustellen. Jedenfalls könne aber nur ein „mehr" als die gesetzlichen Vorgaben honoriert werden. Bei Erfolg sei ein Siegel zu verleihen, welches als Qualitätsnachweis in der Öffentlichkeit etabliert werden müsse. Unberechtigte Siegelführung solle durch empfindliche Bußgeldtatbestände und Strafvorschriften sanktioniert werden. Ferner solle ein Audit mit europaweiter Gültigkeit entwickelt werden. Die Stiftung Datenschutz solle so als einzigartige Institution in Europa Ausstrahlungswirkung entfalten und durch „Privacy – made in Germany" zur Rechtsfortbildung in den europäischen Mitgliedsstaaten und zur weiteren Harmonisierung des Datenschutzniveaus im europäischen Raum beitragen.

Die *vergleichenden Tests von Produkten und Verfahren* seien, ähnlich wie bei der Stiftung Warentest, anhand vorher festgelegter Prüfungskriterien durchzuführen und anschließend der Bevölkerung in geeigneter Weise zur Verfügung zu stellen. Mangelnde Kooperation müsse eine Negativbewertung zur Folge haben. Die Auswahl der Testobjektive habe in Abstimmung mit der Stiftung Warentest zu erfolgen, um Doppelprüfungen zu vermeiden.

Innerhalb der dritten Säule – *Bereitstellen von Bildungsangeboten im Bereich Datenschutz* – solle die Stiftung Strategien zur Sensibilisierung beim Umgang mit den eigenen persönlichen Daten entwickeln. Dies könne etwa durch Schulungen und die Entwicklung und Verbreitung von Informationsmaterial und Broschüren erfolgen. Der föderalen Kompetenzordnung im Bereich Bildung sei Rechnung zu tragen und eine Zusammenarbeit mit der Kultusministerkonferenz sowie eine enge Kooperation mit

---

33 So schon oben S. 10.
34 Zum Inhalt vgl. *Piltz*, Eckpunktepapier – Errichtung einer Stiftung Datenschutz, 2010.

der Arbeitsgruppe „Datenschutz und Bildung" der Datenschutzbeauftragten von Bund und Ländern anzustreben.

Die vierte Säule – *Forschung und Weiterentwicklung des Datenschutzrechts* – solle sich u. a. durch Forschungsaufträge, Vergabe von Stipendien und die Förderung von Lehrstühlen auszeichnen.

d. Diskussionspapier des Bundesbeauftragten für den Datenschutz und die Informationsfreiheit

Eine kritische Auseinandersetzung mit dem Vorhaben erfolgte durch *Peter Schaar* in seiner damaligen Funktion als Bundesdatenschutzbeauftragter[35]. Wenn die nachhaltige Unterstützung auch hier zwar zugesichert wurde, wurden gleichzeitig Bedenken geäußert, die, aufgrund der aus Sicht der Datenschutzbeauftragten nicht hinreichenden Beachtung, letztendlich auch zu dem späteren „Boykott" führten[36]. So wurde von Anfang an darauf hingewiesen, dass eine enge Kooperation mit den Datenschutzaufsichtsbehörden (aus deren Sicht) unerlässlich sei, um Zuständigkeitsprobleme zu vermeiden[37]. Ferner sei die personelle als auch finanzielle Unabhängigkeit zu gewährleisten. Dazu müssen Konflikte mit Unternehmensinteressen bei den Vorstandsmitgliedern ausgeschlossen seien[38]. Finanzielle Unabhängigkeit solle durch adäquate jährliche Zuwendungen gesichert werden, indem eine kontinuierliche Aufstockung des Grundvermögens von 10 Millionen Euro stattfindet. Die Stiftung dürfe in ihrer Finanzierung nicht auf die Akquise neuer Zertifizierungsaufträge angewiesen sein, da dies die Gefahr von Gefälligkeitsgutachten in sich bergen würde. Als Aufgaben solle die Stiftung Bildung in Richtung Selbstdatenschutz fördern, Gütesiegel vergeben und Audits durchführen. Darüber hinaus würde auch die Durchführung von Testvergleichen durch die Stiftung befürwortet.

Anhand der Stellungnahme wird ersichtlich, dass der Bundesbeauftragte für den Datenschutz und die Informationsfreiheit der Stiftung Datenschutz, sogar im Hinblick auf die Aufgabenbeschreibung, positiv gegenüber stand. Im Gegensatz zu Stellung-

---

35 Der Bundesbeauftragte für den Datenschutz und die Informationsfreiheit, Diskussionspapier für eine Konzeption der Stiftung Datenschutz, 2011.
36 Vgl. unten S. 21.
37 Der Bundesbeauftragte für den Datenschutz und die Informationsfreiheit, Diskussionspapier für eine Konzeption der Stiftung Datenschutz, 2011, S. 1.
38 Auch dieser Punkt wurde später Gegenstand einer (unverhältnismäßigen) Diskussion um den ersten Präsidenten der Stiftung.

nahmen anderer Stellen[39], wurde sogar die Durchführung von Testvergleichen prinzipiell befürwortet[40].

2. *Politische Diskussion*

Die in den Fachkreisen teilweise kontrovers geführte Diskussion setzte sich – nicht minder kontrovers – auf politischer Ebene fort und führte am Ende zum „Boykott", indem die Datenschutzbeauftragten von Bund und Ländern auf die für sie vorgesehenen Plätze im Beirat verzichteten. Die Stiftung Warentest, der Verbraucherzentrale Bundesverband e. V. und die Oppositionsparteien schlossen sich dem „Boykott" an. Die Thematik rund um die Vergabe von Gütesiegeln und die Durchführung der Vergleichstests war seit jeher umstritten. Hinzu kam eine Debatte um die Unabhängigkeit der Stiftung von der Wirtschaft, da hier befürchtet wurde, dass die Stiftung durch die vorgesehene Besetzung im Beirat zu sehr von dieser dominiert werde und zudem durch eine nicht ausreichende Kapitalausstattung auch finanziell abhängig sei. Die einzelnen Standpunkte ergeben sich dabei zum Teil aus Anfragen der Fraktionen an die Bundesregierung (und deren Beantwortung), zum Teil aus Plenarsitzungen. Die nachfolgende Darstellung dient daher einerseits der Dokumentation des politischen Konsolidierungsprozesses, andererseits zum besseren Verständnis, aus welchen Gründen letztendlich kein breiter Konsens gefunden werden konnte.

a. „Kleine Anfrage" der SPD-Fraktion vom 13.07.2011

Die erste (und folglich wenig konkrete) offizielle Anfrage wurde von der SPD-Fraktion am 13.07.2011 gestellt[41]. Bemerkenswerterweise ging die SPD-Fraktion davon aus, dass zur Errichtung der Stiftung ein Errichtungsgesetz notwendig sei[42]. Die dahingehende Frage, wann ein diesbezüglicher Gesetzesentwurf vorgelegt werden würde, verneinte die Regierung lediglich mit dem Hinweis, dass es zur Errichtung der Stiftung keiner gesetzlichen Grundlage bedürfe[43]. Weiterer Inhalt der Anfrage war die finanzielle Unabhängigkeit der „Stiftung Datenschutz". Die SPD-Fraktion wollte wissen, wie diese gewährleistet werden solle. Die Bundesregierung stellte hier in ihrer Antwort vom 28.07.2011 lediglich fest, dass die Unabhängigkeit und Neutralität,

---

39 Vgl. Stellungnahme der Stiftung Warentest, die Vergleichstest als eigene Aufgabe ansah und aufgrund befürchteter Doppelarbeit ablehnte; so auch der Verbraucherzentrale Bundesverband e. V. und die Berliner Datenschutzrunde, Gemeinsames Eckpunktepapier zur Stiftung Datenschutz vom 20.2.2011; im Ergebnis auch der Verband der TÜV e. V., Eckpunktepapier zur Errichtung einer Stiftung Datenschutz vom 23.08.2011.
40 Warum es trotz dessen zum späteren „Boykott" gekommen ist, unten S. 21.
41 BT-Drs. 17/6590.
42 Ebd.
43 BT-Drs. 17/6699; zur Notwendigkeit eines Errichtungsgesetzes unten S. 67.

als zentrale Eigenschaften, durch die Gestaltung der Stiftungsorgane und die Art der Finanzierung sichergestellt werden würden[44].

b. „Kleine Anfrage" der Fraktion Bündnis 90/Die Grünen vom 26.01.2012

Eine weitere Anfrage – diesmal mit deutlich konkreteren Fragestellungen – erfolgte ein halbes Jahr später am 26.01.2012 durch die Fraktion Bündnis 90/Die Grünen[45]. Diese wurde von der Bundesregierung am 16.02.2012 beantwortet[46]. Aus der Antwort der Bundesregierung folgt, dass sich der Entwurf der Satzung der beabsichtigten Stiftung Datenschutz mittlerweile in der Abstimmung befand. Erste Grundzüge waren damals schon ersichtlich: So sei bereits klar, dass als Organe der Stiftung, Vorstand, Verwaltungsrat und Beirat vorgesehen seien. Ferner seien – insbesondere in der Anfangsphase – die Personal- und Sachkosten gering zu halten, weshalb nur für den Vorstand eine angemessene Vergütung vorgesehen sei.

Da das Stiftungskapital größtenteils erhalten bleiben solle (bis auf höchstens 10% über sieben Jahre), sei eine finanzielle Unterstützung von Unternehmen und Verbänden erforderlich. Hierzu würden bereits erste positive Signale, jedoch noch keine konkreten Zusagen vorliegen. Die Bundesregierung stellte gleichzeitig klar, dass schon damals nicht vorgesehen war, die Stiftung über laufende Zuwendungen aus Haushaltsmitteln zu finanzieren[47].

Die Anfrage enthielt, neben erneuten Fragen zur Finanzierung, Unabhängigkeit und Personal, auch rechtliche Fragestellungen (mögliche Kompetenzproblematik)[48]. Die Bundesregierung antwortete umfassend, wenn auch ohne die Bedenken zu teilen[49]. Zur Finanzierung erklärte sie, dass im Haushalt 2011 für die Stiftung ein Zuschuss in Höhe von 10 Millionen Euro zur Verfügung gestellt wurde, der als Stiftungsvermögen dienen werde[50]. Da aufgrund der erforderlichen Abstimmungsprozesse die Errichtung der Stiftung Datenschutz im Jahre 2011 jedoch nicht mehr erfolgen konnte, wurde nach vorheriger Beteiligung des Haushaltsausschusses des Deutschen Bundestages zunächst eine Treuhandstiftung zur Verwaltung des Stiftungsvermögens gegründet, welches auf die Stiftung Datenschutz übergeleitet werde, sobald diese errichtet sei[51]. Der Auftrag zur Treuhandverwaltung wurde an den Stifterverband für die Deutsche Wissenschaft e. V. vergeben[52].

---

44 BT-Drs. 17/6699.
45 BT-Drs. 17/8513.
46 BT-Drs. 17/8692.
47 BT-Drs. 17/8692, S. 2; zum Problem der Unterfinanzierung unten S. 81–84.
48 BT-Drs. 17/8692, S. 3.
49 BT-Drs. 17/8692.
50 Vgl. Bundeshaushaltsplan 2012 Einzelplan 06, S. 19.
51 BT-Drs. 17/8692; zur vorgelagerten Treuhandstiftung s. unten S. 65.
52 BT-Drs. 17/14647.

Die Unabhängigkeit und Neutralität der Stiftung solle durch die Ausgestaltung der Satzung gewährleistet werden. Zu den Aufgaben der Stiftung solle unter anderem gehören, ein Datenschutzaudit zu entwickeln. Hierbei würde die Stiftung in eigener Verantwortung tätig. Inwieweit sie hierbei auf bereits vorhandene Konzepte zum Datenschutzaudit zurückgreift, etwa auf diejenigen des Unabhängigen Landeszentrums für Datenschutz (ULD) Schleswig-Holstein, würde im Ermessen der Stiftung liegen[53].

c. Antrag der Fraktionen CDU/CSU und FDP –
Errichtung der Stiftung Datenschutz

Am 26.06.2012 stellte der Bundestag den Antrag an die Bundesregierung, die Stiftung Datenschutz zu errichten[54].

Im Einzelnen hatte dieser folgenden Inhalt:

Der Deutsche Bundestag fordert die Bundesregierung auf,

1. das Stiftungsgeschäft zur Errichtung der Stiftung Datenschutz in Leipzig bis Oktober 2012 vorzunehmen und zügig die Anerkennung bei der zuständigen Stiftungsaufsicht zu beantragen sowie vorbehaltlich der Entscheidung der Stiftungsaufsicht die Voraussetzungen für die Aufnahme des Stiftungsbetriebs zum nächstmöglichen Zeitpunkt zu schaffen,

2. auch bei der Auswahl des Gründungsvorstands der Stiftung Datenschutz und der Besetzung des Verwaltungsrates das Vertrauen der Bürgerinnen und Bürger in die Institution und ihre Unabhängigkeit zu stärken,

3. bei der Wahrnehmung ihrer Aufgaben als Stifterin die Stiftung Datenschutz dauerhaft darin zu unterstützen, gemeinsam mit der Wirtschaft, der Zivilgesellschaft sowie anderen Akteuren im Bereich des Datenschutzes innovative und zukunftsfähige Konzepte zu entwickeln,

4. sich auch künftig im Rahmen der zur Verfügung stehenden Haushaltsmittel gemeinsam mit der Wirtschaft für eine ausreichende finanzielle Basis der Stiftung einzusetzen,

5. gemeinsam mit den Ländern die Arbeit der Stiftung Datenschutz im Bereich der schulischen wie außerschulischen Bildung und Aufklärung zu unterstützen.

Bei der anschließenden Abstimmung wurde der Antrag erwartungsgemäß mit den Stimmen der Koalitionsfraktionen gegen die Stimmen der Oppositionsfraktionen angenommen[55]. Während der Plenarsitzung setzte sich die bereits im Vorfeld angebahnte

---

53 Antrag der CDU/CSU u. FDP: Stiftung Datenschutz – Ein wichtiger Baustein für modernen Datenschutz in Deutschland, BT-Drs. 17/8692, S. 4.
54 BT-Drs. 17/10092.
55 Plenarprotokoll 17/187, 22437.

Diskussion fort[56]. Erneut wurden bekannte Kritikpunkte, insbesondere einer vermeintlich fehlerhaften Struktur, Unterfinanzierung und mangelnder Unabhängigkeit bemängelt. Dem hielt die Regierungskoalition entgegen, dass es besser sei, überhaupt erst einmal „loszulegen" und während der nachfolgenden Zeit die genauen Aufgaben und Verortung zu definieren. Hinsichtlich der Finanzierung würden die im Haushaltsplan zur Verfügung gestellten Mittel zwar nicht ausreichen, jedoch erwarte man in diesem Punkt „einen konstruktiven Beitrag" von der Wirtschaft[57].

    d. Antrag der Fraktionen SPD und Bündnis 90/Die Grünen –
       Unabhängigkeit der Stiftung Datenschutz sicherstellen

Nachdem am 28. Juni 2012 der Deutsche Bundestag mit den Stimmen der Koalitionsfraktionen gegen die Stimmen der Oppositionsfraktionen der Errichtung einer Stiftung Datenschutz zugestimmt hatte[58], folgte ein eigener Antrag der Fraktionen SPD und Bündnis 90/Die Grünen am 11. Dezember 2012[59]. Dieser hatte den folgenden Inhalt:

Der Deutsche Bundestag fordert die Bundesregierung auf,

1. die personelle und finanzielle Unabhängigkeit der Stiftung Datenschutz sicherzustellen, insbesondere

    a. die Besetzung aller Stiftungsgremien so zu konzipieren, dass die Freiheit und hinreichende Unabhängigkeit der Stiftungsorgane bei der Willensbildung gewährleistet ist. Der Beirat der Stiftung muss hierzu gleichgewichtig mit Vertretern der unabhängigen Datenschutzbeauftragten des Bundes und der Länder, Verbrauchervertretern sowie Vertretern aus Politik, Wissenschaft und Wirtschaft besetzt sein;

    b. zu gewährleisten, dass die Stiftung ihre Aufgaben unabhängig von der datenverarbeitenden Wirtschaft ausführen kann;

    c. die Stiftung so auszustatten, dass sie nicht finanziell von den privaten datenverarbeitenden Unternehmen abhängig wird, welche die zu entwickelnden Standards und Zertifizierung später nutzen;

2. den Datenschutzbeauftragten des Bundes und der Länder bei der Entwicklung der Aufgabenstellung der Stiftung entscheidenden Einfluss einzuräumen;

---

56   *Jan Korte* (Die Linke): „Gefälligkeitsstiftung"; *Gerold Reichenbach* (SPD): „Lieber keine Stiftung als so eine Stiftung!"; *Konstantin von Notz* (Bündnis 90/Die Grünen): „Das BMI allein dominiert Vorstand und Verwaltungsrat nach Belieben".
57   So *Stephan Mayer* (CDU/CSU), Plenarprotokoll 17/187, S. 22444.
58   BT-Drs. 17/10092.
59   BT-Drs. 17/11825.

3. ein größtmögliches Maß an Transparenz über die Arbeit der Stiftung zu gewährleisten;
4. darauf hinzuwirken, dass bei der Weiterentwicklung des Datenschutzrechts auf europäischer Ebene der Spielraum für ein nationales innovatives Auditierungs- und Gütesiegelkonzept gewahrt bleibt;
5. ein eigenständiges Gütesiegel- und Auditierungsgesetz im Sinne des § 9a des Bundesdatenschutzgesetzes vorzulegen.

Der Antrag wurde anschließend an den Innenausschuss federführend sowie an den Rechtsausschuss, den Ausschuss für Wirtschaft und Technologie, den Ausschuss für Ernährung, Landwirtschaft und Verbraucherschutz, den Ausschuss für die Angelegenheiten der Europäischen Union und den Ausschuss für Kultur und Medien zur Mitberatung überwiesen.

In sämtlichen Ausschüssen wurde mit den Stimmen der Fraktionen CDU/CSU und FDP gegen die Stimmen der Fraktionen SPD, Die Linke und Bündnis 90/Die Grünen die Ablehnung des Antrags empfohlen[60].

Während bei der darauf folgenden Beratung im Bundestag am 13.06.2013 erneut die gegensätzlichen Positionen zwischen Regierungskoalition und Opposition zu Tage kamen[61], wurde der Antrag erwartungsgemäß abgelehnt. Die Stiftung Datenschutz hatte mittlerweile ihre Arbeit aufgenommen.

C. Gründung der Stiftung Datenschutz

Mit der Zustimmung des Bundestages zum Antrag der Regierungsfraktionen über die Errichtung der Stiftung Datenschutz, konnte das Stiftungsgeschäft zur Errichtung der Stiftung in Leipzig vorgenommen werden. Die Stiftung wurde im Januar 2013 als rechtsfähig anerkannt[62] und nahm ihre Arbeit auf.

---

60 BT-Drs. 17/13938.
61 BT-Plenarprotokoll 17/246, S. 31394C – 31402D.
62 Vgl. Anerkennungsurkunde unten S. 169 im Anhang als Anlage II.

D. „Boykottierung" der Stiftung Datenschutz

Aus Sicht der Datenschutzbeauftragten des Bundes und der Länder bestand zunächst die Einigkeit, das Projekt Stiftung Datenschutz nachdrücklich zu unterstützen[63]. Kurz bevor die Stiftung ihre Arbeit aufnehmen konnte, fassten die Datenschutzbeauftragten des Bundes und der Länder jedoch den Entschluss, auf die für sie vorgesehenen drei Sitze im Beirat der Stiftung Datenschutz zu verzichten[64]. Nach dem Satzungsentwurf ist vorgesehen, dass je ein Mitglied durch den Bundesbeauftragten, die Landesbeauftragten und die Datenschutzaufsichtsbehörden für den nicht-öffentlichen Bereich benannt werden[65]. Dieser in den Medien als „Boykott"[66] oder „Eklat"[67] bezeichnete Entschluss wurde damit begründet, dass die Mitarbeit in dem Gremium aufgrund der Satzung schwierig sei, da diese in bestimmen Fällen Geheimhaltung vorsehe. Dies könne zu Pflichtenkollisionen führen, da die Datenschützer zugleich auch zur Aufsicht solcher Stiftungen verpflichtet seien[68]. Nicht unwesentlich für die Entscheidung waren jedoch auch Unstimmigkeiten während des Konsolidierungsvorganges im Vorfeld der Errichtung[69].

Neben den Datenschutzbeauftragten fasste auch die damalige Opposition den Entschluss, keine Vertreter in den Beirat entsenden zu wollen[70], sodass auch diese Plätze unbesetzt blieben[71]. Als Gründe wurden eine unzureichende finanzielle Ausstattung

---

63 Vgl. Entschließung der 80. Konferenz der Datenschutzbeauftragten des Bundes und der Länder vom 3./4. November 2010: „Förderung des Datenschutzes durch Bundesstiftung", Dokumentenband 2010.
64 Vgl. Entschließung der 84. Konferenz der Datenschutzbeauftragten des Bundes und der Länder vom 7./8. November 2012.
65 § 11 Abs. 2 der Satzung der Stiftung Datenschutz.
66 Spiegel Online vom 9. November 2012: „Verzicht auf Mitarbeit – Stiftung Datenschutz ohne Datenschützer", unter: http://www.spiegel.de/netzwelt/netzpolitik/verzicht-auf-mitarbeit-stiftung-datenschutz-ohne-datenschuetzer-a-866250.html [abgerufen am 02.11.2016].
67 Zeit Online vom 9. November 2012: „Datenschützer verweigern sich der Stiftung Datenschutz", unter: http://www.zeit.de/digital/datenschutz/2012-11/stiftung-datenschutz-scheitern [abgerufen am 02.11.2016].
68 Zur Begründung vgl. Stellungnahme des Senats zum Bericht des Berliner Beauftragten für Datenschutz und Informationsfreiheit für das Jahr 2012, Drucksache 17/1103 des Abgeordneten Hauses Berlin, S. 153.
69 Ebd.
70 Heise Online vom 09. November 2012: „Datenschützer verweigern sich vorerst der Stiftung Datenschutz", unter: https://www.heise.de/newsticker/meldung/Datenschuetzer-verweigern-sich-vorerst-der-Stiftung-Datenschutz-1747521.html [abgerufen am 04.10.2016]; seit Frühjahr 2014 entsendet jedoch auch die SPD-Bundestagsfraktion Vertreter in den Stiftungsbeirat.
71 Vgl. § 11 Abs. 1 der Satzung der Stiftung Datenschutz.

der Stiftung und eine vermeintliche Dominanz der datenverarbeitenden Wirtschaft im Beirat genannt[72].

Schließlich verzichteten auch die Stiftung Warentest und der Verbraucherzentrale Bundesverband e. V. auf die für sie vorgesehenen Plätze im Beirat[73].

E. Weitere Entwicklung der Stiftung Datenschutz

Das Interesse der Bundesregierung an der Stiftung Datenschutz nahm, schon kurz nach Gründung der Stiftung, sichtbar ab. Einer der Gründe wird das Ausscheiden der FDP aus dem Bundestag zur 18. Legislaturperiode gewesen sein. Diese war die treibende Kraft hinter der Stiftung Datenschutz. Kritisiert wurde auch die Anbindung an das Bundesinnenministerium, von dem man sich mehr Unterstützung erhofft hatte[74].

I. Einstellung der Zuwendungen

Im Haushaltsplan des Bundes ist die Zuwendung für das Jahr 2014 komplett gestrichen worden. Seitdem ist eine institutionelle Zuwendung aus dem Bundeshaushalt ausgeblieben. Neben den Erträgen aus dem Stiftungsvermögen bleibt der Stiftung damit ein feststehendes Budget von jährlich 200.000 Euro, die sie in den Jahren 2012 bis 2017 aus dem Stiftungsvermögen für laufende angemessene Ausgaben verwenden darf[75]. Um funktionsfähig zu bleiben, ist die Stiftung daher auf Mittel Dritter oder die Verwertung eigener Arbeitsergebnisse angewiesen[76].

II. „Integration" in die Stiftung Warentest

Im Koalitionsvertrag zwischen CDU, CSU und SPD zur 18. Legislaturperiode wurde die Stiftung Datenschutz nur noch mit einem Satz bedacht: *„Die Stiftung Datenschutz soll in die Stiftung Warentest integriert werden"*[77]. Nähere Ausführungen oder Hand-

---

72   Plenarprotokoll 17/214, S. 26370 ff.
73   Vgl. § 11 Abs. 2 lit. g) bis h).
74   Vgl. Spiegel Online vom 26.11.2013: Koalitionspläne – Mini-Stiftung Datenschutz steht kurz vor der Abwicklung, unter: http://www.spiegel.de/netzwelt/netzpolitik/mini-stiftung-datenschutz-steht-vor-der-abwicklung-a-935639.html [abgerufen am 4.1.2016].
75   § 3 Abs. 2 S. 1 der Satzung der Stiftung Datenschutz.
76   § 3 Abs. 2 S. 4 u. Abs. 4 der Satzung der Stiftung Datenschutz.
77   Vgl. Koalitionsvertrag zwischen CDU, CSU und SPD, 18. Legislaturperiode, S. 88.

lungen hinsichtlich der „Integration" sind seitdem nicht mehr erfolgt[78]. Die Stiftung arbeitet daher unter den oben dargestellten Bedingungen weiter. Die weitere Zukunft scheint jedenfalls ungeklärt. So forderte im Juni 2015 die Bundesdatenschutzbeauftragte, die Bundesregierung müsse „Konzeption und Finanzierung der Stiftung neu überdenken"[79].

F. Zwischenergebnis

Die Idee einer Stiftung Datenschutz ist zunächst, parteiübergreifend und in Fachkreisen, auf Zustimmung gestoßen. Auch die ambitionierten Ziele wie die Durchführung von Testvergleichen und die Entwicklung eines Datenschutzaudits wurden größtenteils begrüßt. In welchen großen Maßstäben zunächst gedacht wurde, zeigt das Konzeptionspapier von *Gisela Piltz*: „Als einzigartige Institution in Europa solle die Stiftung Datenschutz Ausstrahlungswirkung entfalten und durch „Privacy – made in Germany" zur Rechtsfortbildung in den europäischen Mitgliedsstaaten und zur weiteren Harmonisierung des Datenschutzniveaus im europäischen Raum beitragen[80]. Den Ankündigungen sind allerdings keine Taten gefolgt. Die finanzielle Grundlage konnte in Zeiten niedriger Zinsen nicht allein durch das Stiftungsvermögen von 10 Millionen geschaffen werden. Um ihren Aufgaben im Ansatz nachzukommen, hätte es einer weiteren finanziellen Bezuschussung bedurft, die jedoch ausblieb. Zumindest an dieser Stelle ist die Kritik der Opposition nicht von der Hand zu weisen. Insofern könnte man den Entschluss aus dem Koalitionsvertrag 2013, die Stiftung Datenschutz in die Stiftung Warentest zu integrieren, sogar als Ende eines anfänglichen „Missverständnisses" werten. Ob sich dieses „Missverständnis" aber auch in einem rechtlich zulässigen Raum bewegt hat, wird Gegenstand der nachfolgenden Abhandlung sein.

---

78 Zu den rechtlichen Möglichkeiten und Grenzen unten S. 123.
79 BT-Drs. 18/5300.
80 Vgl. oben S. 13 f.

Zweiter Teil

Rechtliche Probleme bei der Erfüllung staatlicher Aufgaben durch Bundesstiftungen am Beispiel der Stiftung Datenschutz

Kapitel 1

Verfassungsrechtliche Würdigung

A. Der Bund als Stifter

Stiftungen wird in Deutschland eine hohe Anerkennung zuteil. Klassischerweise treten dabei natürliche oder juristische Personen des Privatrechts als Stifter auf, um Stiftungen nach den §§ 80 ff. BGB zu gründen. Daneben lässt sich aber auch beobachten, wie sich der Staat dieser Stiftungsform bedient. Diese „Bundesstiftungen" finden sich im Gesamtgefüge vielfältiger Stiftungsmodelle wieder, sodass es zunächst einer Begriffsbestimmung bedarf. Es lässt sich beobachten, dass der Bund immer öfter als Stifter tätig wird. Die Beweggründe dafür sind vielfältiger Art. Nicht nur im Hinblick auf das „Ob", sondern auch im Hinblick auf das „Wie", hat der Staat verschiedene Möglichkeiten, als Stifter tätig zu werden.

I. Der allgemeine Stiftungsbegriff

Eine Legaldefinition des Stiftungsbegriffs bleibt das Gesetz schuldig. Grundlagen für die Begriffsbestimmung finden sich, soweit es die rechtsfähige Stiftung des Privatrechts betrifft, in den §§ 80 ff. BGB. Maßgebende Kriterien einer Stiftung des privaten oder öffentlichen Rechts sind daher jedenfalls das Vorliegen einer rechtsfähigen Organisation, die vom Stifter errichtet und mit Vermögen unter der Bestimmung ausgestattet wurde, mit ihm den Stiftungszweck auf Dauer zu verfolgen. Das Bundesverwaltungsgericht definiert eine Stiftung im juristischen Sinne als eine mit einem bestimmten Vermögen ausgestattete, rechtsfähige, nicht verbandsmäßig organisierte Institution, die zu einem bestimmten Zweck geschaffen und diesem dauerhaft gewidmet ist[81]. Allgemeiner könnte man Stiftungen auch als „von einem Stifter zweckgebunden übergebene Bestände von Vermögenswerten"[82] bezeichnen. Jedenfalls muss, sowohl bei öffentlich-rechtlichen als auch bei bürgerlich-rechtlichen Stiftungen, eine dauerhafte Verknüpfung mit den drei Wesenselementen Vermögen, Eigenorganisation und Zwecksetzung vorliegen[83].

---

81 BVerwG, Urteil vom 12. Februar 1998 – 3 C 55/96 = NJW 1998, 2545, 2546.
82 *Gölz*, Der Staat als Stifter, 1999, S. 25, Anm. 74.
83 *Kilian*, Stiftungserrichtung durch die öffentliche Hand, in: Der Staat als Stifter, 2003, S. 64.

Im Unterschied zu einer Körperschaft, die vom wandelbaren Willen ihrer Mitglieder getragen wird[84], ist der Zweck der Stiftung durch den grundsätzlich unveränderlichen Willen des Stifters bestimmt (vgl. § 87 BGB). Der Stifter ist in der Bestimmung des Stiftungszwecks frei, er darf aber keine illegalen, strafgesetzlich oder durch die Grundentscheidungen der Rechts- und Verfassungsordnung verbotenen Zwecke verfolgen[85].

II. Begriff der Bundesstiftung

Wird der Staat als Stifter tätig, lässt sich daraus noch kein Rückschluss auf den rechtlichen Status einer Stiftung ziehen. So kann es sich dabei um eine Stiftung öffentlichen als auch des privaten Rechts handeln. Auf den ersten Blick erscheint es naheliegend, dass die öffentliche Hand auch die Stiftung öffentlichen Rechts bevorzugt. Die bisherigen Untersuchungen in diesem Bereich zeigen allerdings, dass die Stiftungen öffentlichen Rechts zahlenmäßig eine untergeordnete Rolle spielen[86]. Dies gilt selbst dann, wenn der Stifter selbst die öffentliche Hand ist[87].

Eine rechtliche Einordnung und Abgrenzung gestaltet sich in diesen Fällen allerdings als schwierig, weil das Bundesverfassungsgericht sowie Teile der Lehre eine rein formale Betrachtung des Gründungsvorgangs nicht ausreichen lassen. Dies kann dazu führen, dass eine Analyse der staatlichen Gründungsmotive erforderlich wird[88]. Die herrschende Meinung stellt insoweit auf den Entstehungstatbestand ab, um die Stiftung öffentlichen Rechts von der des privaten Rechts abzugrenzen[89]. Problematisch wird dies dann, wenn der Staat keine öffentlich-rechtlichen, sondern privatrechtliche Stiftungen gründet und damit die Zuordnung erschwert.

Überzeugend erscheint hier der Ausgangspunkt von *Kilian*, der versucht, das Organisationsmodell der staatlichen Stiftung zu definieren[90]. Er verfolgt den Ansatz, dass der staatliche Stifter aus seiner Position als Träger hoheitlicher Gewalt heraus handle, die dem Privatsubjekt verwehrt sei. Folglich erfährt die „staatliche Stiftung" eine Abgrenzung zum privatgesellschaftlichen Sektor, sofern sie durch ein öffentli-

---

84 *Backert*, in: BeckOK BGB, § 80 Rn. 3.
85 *v. Campenhausen*, in: v. Campenhausen/Richter, Stiftungsrechtshandbuch, 4. Aufl. 2014, § 6 Rn. 11.
86 *v. Campenhausen/Stumpf*, in: v. Campenhausen/Richter, Stiftungsrechtshandbuch, 4. Aufl. 2014, § 15 Rn. 1.
87 *Kilian*, Stiftungserrichtung durch die öffentliche Hand, in: Der Staat als Stifter, 2003, S. 29.
88 Entscheidung des BVerfG zum von Rohdich'schen Legatenfonds: BVerfG, Beschluss vom 06. November 1962 – 2 BvR 151/60 = BVerfGE 15, 46.
89 M. w. N. *Hüttemann/Rawert*, in: Staudinger BGB, 2011, Vorbem. zu §§ 80 ff. Rn. 301.
90 *Kilian*, in: Werner/Saenger, Die Stiftung, 2008, Rn. 996.

ches Gemeinwesen errichtet worden sei und zur Erfüllung seiner Aufgaben diene[91]. Maßgebliches Kriterium zur Einordnung als „staatliche Stiftung" sei der Gründungsakt, die Ausgestaltung der Satzung sowie der organisatorische Zugriff des Staates auf die Stiftung[92].

Folgt man diesem Ansatz, lassen sich weitere Unterteilungen von „staatlichen Stiftungen" machen. Je nach Träger, kann man dann die „staatliche Stiftung" als Bundesstiftung, Landesstiftung oder kommunale Stiftung[93] klassifizieren.

Die Stiftung Datenschutz betreffend lässt sich folgendes feststellen: Die Bundesrepublik Deutschland ist Stifterin und kraft Satzung in den Organen der Stiftung vertreten. Zudem hat sie weitreichende Steuerungsmöglichkeiten im Hinblick auf die Stiftung. Nach den Kriterien von *Kilian* ist die Stiftung Datenschutz also eine „staatliche Stiftung". Nach *Gölz* sind zudem diejenigen Stiftungen, bei denen der Staat selbst gestiftet hat, als Bundesstiftungen zu bezeichnen[94]. Folglich ist die Stiftung Datenschutz ebenso eine Bundesstiftung, auch wenn dieser Ausdruck in der Satzung fehlt[95]. Für die Bestimmung des Begriffs kann nicht auf den Namen abgestellt werden, da hier die Vielfalt mangels verbindlicher Normen schier unendlich ist[96]. Insoweit kommt es nur auf die o.g. Wesensmerkmale an, die vorliegend für eine staatliche (Bundes-)Stiftung sprechen.

Schwerpunkt der Arbeit ist deswegen der Bereich des Bundes. Länderstiftungen oder kommunale Stiftungen werden dagegen in der Abhandlung nur dann thematisiert, wenn es dem Gesamtkontext dienlich ist.

III. Übersicht von Bundesstiftungen

Gründet die öffentliche Hand Stiftungen, muss dies nicht durch den Bund geschehen. Ebenso können Länder und Kommunen als Stifter aktiv werden. Belastbare Übersichten dazu waren lange kaum vorhanden[97] und fehlen auf Bundesebene bis heute. Die Länder dagegen sind mittlerweile allesamt zu einer Führung von offiziellen Stiftungsverzeichnissen übergegangen, nachdem die Bund-Länder-Arbeitsgruppe Stiftungsrecht den Ländern die Einführung empfohlen hatte[98]. Möglich bleibt der Rückgriff auch auf allgemeine Verzeichnisse nichtstaatlicher Organisationen, wie das Verzeich-

---

91 Ebd.
92 *Kilian*, in: Werner/Saenger, Die Stiftung, 2008, Rn. 1001.
93 Zu den Besonderheiten der kommunaler Stiftungen vgl. *v. Campenhausen/Stumpf*, in: v. Campenhausen/Richter, Stiftungsrechtshandbuch, 4. Aufl. 2014, § 29 Rn. 1 ff.
94 *Gölz*, Der Staat als Stifter, 1999, S. 47.
95 Name der Stiftung ist nach § 1 Abs. 1 der Satzung „Stiftung Datenschutz".
96 Vgl. die zusammengetragene Übersicht von *Müller*, Die Bundesstiftung, 2009, S. 135 f.
97 *Kilian*, Stiftungserrichtung durch die öffentliche Hand, in: Der Staat als Stifter, 2003, S. 14.
98 *Schlüter/Stolte*, Stiftungsrecht, 3. Aufl. 2016, S. 138.

nis Deutscher Stiftungen des Bundesverbandes Deutscher Stiftungen oder der Maecenata Stiftung[99]. Jedoch ergibt sich daraus nicht ohne Weiteres eine Zuordnung des Stifters. Darüber hinaus können einschlägige wissenschaftliche Ausarbeitungen herangezogen werden, um sich einen Überblick zu verschaffen[100].

Auch der Bereich des Bundes, um den es in der vorliegenden Arbeit geht, ist schwer zu überblicken[101]. In diesem Zusammenhang erfreulich ist, dass die Bundesregierung selbst, vor relativ kurzer Zeit im Juli 2012, eine Übersicht der Bundesstiftungen zur Verfügung stellte[102]. Anlass war eine „Kleine Anfrage" an den Wissenschaftlichen Dienst des Deutschen Bundestages[103].

Dabei gibt die Bundesregierung selbst an, dass sie keine Übersichten über Stiftungen des Bundes bzw. Stiftungen mit Beteiligung des Bundes in Deutschland führe[104]. Die Beantwortung der „Kleinen Anfrage" habe daher eine Abfrage bei allen obersten Bundesbehörden und Verfassungsorganen erforderlich gemacht. Die Ergebnisse dieser Abfrage wurden in einer Tabelle zusammengefasst, die, soweit ersichtlich, als bisher umfassendste Übersicht auf diesem Gebiet gewertet werden kann[105].

Anhand der dortigen Übersicht ergibt sich folgendes Bild für das Jahr 2011:

Der Bund war im Haushaltsjahr 2011 in 49 Fällen finanziell an Stiftungen beteiligt. Die Rolle als Stifter im formellen Sinn nimmt der Bund in 30 Fällen ein. Von diesen 30 Fällen ist der Beauftragte der Bundesregierung für Kultur und Medien (BKM) mit 14 Stiftungen das anführende Ressort. Die restlichen Stiftungen sind unter den Ressorts wie folgt verteilt:

Hinter jeweils drei Stiftungen stehen das Bundesministerium des Innern (BMI) und das Bundesministerium für Bildung und Forschung (BMBF). An jeweils zwei Stiftungen sind das Bundesministerium für Verkehr, Bau und Stadtentwicklung (BMVBS) und das Bundesministerium für Familie, Senioren, Frauen und Jugend (BMFSFJ) als Stifter beteiligt. Die restlichen Stiftungen verteilen sich pro rata auf das Auswärtige Amt (AA), das Bundesministerium der Justiz (BMJ), das Bundesfi-

---

99 Zur Geschichte der Maecenata Stiftung vgl. *Graf Strachwitz*, Die Maecenata Stiftung, ZStV, 70.

100 Eine umfassende (mittlerweile aber nicht mehr aktuelle) Übersicht liefert etwa *Gölz*, Der Staat als Stifter, 1999, S. 41 ff.; eine umfangreiche Darstellung erfolgt auch durch *Kilian*, Stiftungserrichtung durch die öffentliche Hand, in: Der Staat als Stifter, 2003, S. 102 ff.

101 Länder- oder kommunale Stiftungen bleiben in Rahmen der Abhandlung unberücksichtigt, es sei denn, der Bund war an ihrer Errichtung mitbeteiligt oder trägt sie wesentlich finanziell mit.

102 Vgl. BT-Drs. 17/10227.

103 BT-Drs. 17/9946.

104 Die Frage der Einführung eines Stiftungsregisters auf der Agenda der vom BMJ eingesetzten Bund-Länder-Arbeitsgruppe, mit deren Abschlussbericht bis Ende 2016 zu rechnen ist, vgl. *Backert*, in: BeckOK BGB, § 80 Rn. 29a; zur notwendigen Einführung aufgrund der EU-Richtlinie 2015/849 (Anti-Geldwäsche) vgl. *Theuffel-Werhahn*, SB 06/2016, 107 ff.

105 Vgl. BT-Drs. 17/10227.

nanzministerium (BMF), das Bundesministerium für Ernährung und Landwirtschaft (BMELV), das Bundesministerium für Gesundheit (BMG) und das Bundesministerium für Umwelt (BMU).

In weiteren vier Fällen ist der Bund lediglich durch Vertreter in Stiftungsgremien beteiligt. Insgesamt wirkt der Bund damit nach eigenen Angaben an 56 Stiftungen, finanziell oder durch Vertreter in den Stiftungsgremien, mit.

Nicht ersichtlich aus der Übersicht ist die Rechtsform der einzelnen Stiftungen, sodass sich auch keine Rückschlüsse ziehen lassen, wie viele Stiftungen (neben der Stiftung Datenschutz) als Stiftungen des privaten Rechts organisiert sind.

IV. Errichtungsmotive des Stifters

Die Motivationslagen, eine Stiftung zu gründen, können vielfältiger Natur sein. Dem Wesen nach ist das Stiften eine bürgerschaftliche Aktivität[106]. Das gemeinsame Grundprinzip einer Stiftungsgründung ist dabei in der Regel, dass dem Stifter die Möglichkeit geboten wird, ein von ihm eingesetztes Vermögen auf Dauer zur Errichtung und Erfüllung eines von ihm bestimmten Zwecks derart zu verwenden, dass bei wertmäßiger Unantastbarkeit die Zweckerfüllung allein aus den Erträgen und/oder eingeworbenen Spenden erfolgt[107]. Die Übertragung dieses Grundprinzips auf hoheitliche Stifter ist allerdings nicht per se möglich, denn neben der Errichtung und sodann Entlassung der Stiftung zur Zweckerfüllung kann die staatliche Stiftung auch andere Ziele mit der Stiftung verfolgen. In Betracht kommt vor allem die Verlagerung hoheitlicher Aufgaben auf die Stiftung[108]. Daneben kann sogar die Umgehung bestehenden EU-Rechts (sog. „Strohmanngründungen") Hintergrund einer Gründung sein[109].

V. Funktionen der Stiftung Datenschutz

Je nach konkreter Ausgestaltung und rechtspolitischer Zielsetzung können staatliche Stiftungen zur Erfüllung mannigfaltiger Funktionen benutzt werden[110]. Dabei kann eine Stiftung auch mehrere Funktionen erfüllen, so auch die Stiftung Datenschutz.

---

106 *Graf Strachwitz*, Stiftungen, 1994, S. 76.
107 *O. Werner*, in: Erman BGB, Bd. 2, 14. Aufl. 2014, vor § 80 Rn. 3.
108 Vgl. *Kaluza*, Die Stiftung privaten Rechts als öffentlich-rechtliches Organisationsmodell, 2010, S. 11 ff.
109 Ebd.
110 Für eine gute Übersicht mit konkreten Beispielen vgl. *Kilian*, Stiftungserrichtung durch die öffentliche Hand, in: Der Staat als Stifter, 2003, S. 102 ff.

1. Neutralisierungsfunktion

Einerseits kann die Stiftung als Gegenmittel auf die „Datenschutzskandale"[111] im Jahr 2008 betrachtet werden. Durch diverse öffentlichkeitswirksame Pannen im Umgang mit persönlichen Daten, entstand ein gewisser Handlungsdruck, der ein politisches Tätigwerden erforderlich machte. Eine Stiftung, die Datenschutz im Namen trägt, „Datentests" durchführen und ein „Datenschutzgütesiegel" etablieren soll, diente als Reaktion und Nachweis politischer Handlungsfähigkeit und sollte dieser Stimmung entgegensteuern – mit anderen Worten: „neutralisierend" – wirken. Der Rückgriff auf die Stiftung als Organisationstyp könnte mit der positiven Assoziation des Begriffs innerhalb der Bevölkerung verbunden gewesen sein. Hier wird auch die Parallele zur Stiftung Warentest sichtbar. Auch diese hatte damals eine Neutralisierungsfunktion[112]. Zudem verfügt die Stiftung Warentest über einen hervorragenden Ruf und wird – zurecht – als Erfolgsgeschichte bezeichnet[113]. Vom Glanz der Stiftung Warentest sollte auch etwas auf die „kleine Schwester" Stiftung Datenschutz abfallen. Auf die (vermeintliche) Ähnlichkeit mit der Stiftung Warentest wurde von Anfang gesetzt – und das mit Erfolg! Nur wenige sahen die „Datentests", welche die Stiftung Datenschutz durchführen soll, skeptisch – eine der wenigen kritischen Stimmen kam dabei vom Vorbild selbst[114]. Im Großen und Ganzen wurde die Ausrichtung an der Stiftung Warentest jedoch begrüßt. Auch die sonstigen angedachten Aufgaben der Stiftung Datenschutz stießen auf größtenteils positive Resonanz. In der Anfangsphase herrschte eine gewisse „Aufbruchsstimmung" in Bezug auf die Stiftung, die im Laufe der Konzeptionsphase in leichte, dann große Skepsis umschlug und später in der „Boykottierung" endete[115]. Zumindest in der ersten Zeit war die Neutralisierungsfunktion jedoch durchaus gegebenen.

2. Entlastungsfunktion

Während der Entstehungsgeschichte wurde seitens der Stifterin kein Geheimnis daraus gemacht, dass die Verfolgung der satzungsgemäßen Zwecke ohne Drittmittel nicht möglich sein werde. So habe man von der Wirtschaft „einen konstruktiven Beitrag" erwartet[116]. Die Stiftung über laufende Zuwendungen aus Haushaltsmitteln zu finanzieren, sei nicht vorgesehen gewesen[117]. Mit der Bereitstellung von Stiftungsvermögen, sollte also für den Staat eine laufende Ausgabenposition entfallen und von Drittmitteln kompensiert werden. Die Organisationsform der Stiftung ist dafür vom

---

111 Dazu schon oben S. 10.
112 *Kilian*, Stiftungserrichtung durch die öffentliche Hand, in: Der Staat als Stifter, 2003, S. 49.
113 *Franz*, GRUR 2014, 1052.
114 Oben S. 13.
115 Oben S. 21.
116 Wörtlich *Stephan Mayer* (CDU/CSU), Plenarprotokoll 17/187, S. 22444.
117 BT-Drs. 17/8692, 16.02.2012, S. 2.

Grundsatz her prädestiniert. Die steuerliche Privilegierung von Zuwendungen[118] ist dabei ein Aspekt – jedoch nicht der wichtigste. Gem. § 51 AO betrifft diese Privilegierung auch andere Gesellschaftsformen. Der andere (ausschlaggebende) Aspekt für die Wahl einer Stiftung ist ihre öffentliche Wahrnehmung als vermeintlich staatsferne Organisation (selbst wenn der Staat als Stifter auftritt). Diese Wahrnehmung ist insbesondere dem eingangs zitierten Grundprinzip jeder Stiftung geschuldet – die eigenständige Verfolgung eines bestimmten Zwecks durch die Verselbstständigung eines gestifteten Vermögens.

B. Wahl der Rechtsform – Abgrenzung der Stiftung privaten und öffentlichen Rechts

Neben gewissen Funktionen einer Stiftung, die Auslöser für die Errichtung sein können, scheinen Motive für Stiftungsgründungen aber auch oft weniger durch ein geplantes Vorgehen, als durch eine „Augenblicksentscheidung" aus politischer oder sozialer Opportunität zu sein. Die vermeintliche Zufälligkeit spiegelt sich teilweise sogar in der Rechtsformwahl wider (Stiftung als Gesellschaftsform? Öffentlich-rechtlich oder privatrechtlich?), in der Planung und klare Vorgaben bezüglich der Entscheidung von außen nicht erkennbar sind[119].

Könnte die Gründung der Stiftung Datenschutz demnach auch kein konzeptionierter und durchdachter Vorgang gewesen sein? War die Wahl einer privatrechtlichen Stiftung eher dem Zufall geschuldet?

Vorstehend wurde festgestellt, dass der Stiftung Datenschutz sowohl eine Neutralisierungs- als auch eine Entlastungsfunktion zukommt. Nicht geklärt ist damit, ob nicht auch andere Organisationsformen selbige Funktionen erfüllen könnten und vielleicht sogar eine bessere Alternative gewesen wären. Nachfolgend soll daher erörtert werden, ob mit der Stiftung als Rechtsform eine gute Wahl getroffen wurde und, wenn ja, warum die Wahl auf eine Stiftung privaten und nicht öffentlichen Rechts fiel.

I. Abgrenzung zur Stiftung des öffentlichen Rechts

Der Staat kann als Stifter durch Stiftungen des öffentlichen Rechts oder des privaten Rechts auftreten[120]. Ein bestehender Unterschied zwischen den beiden Ausgestaltungen ist bereits aus § 89 BGB ersichtlich, der die Stiftung öffentlichen Rechts ge-

---

118 Vgl. § 52 AO.
119 *Kilian*, in: Werner/Saenger, Die Stiftung, 2008, Rn. 1041.
120 Zum Meinungsstand sogleich unten S. 35.

sondert aufführt. Das für die Stiftung Datenschutz einschlägige SächsStiftG definiert Stiftungen öffentlichen Rechts als Stiftungen, die ausschließlich öffentliche Zwecke verfolgen und mit einer Körperschaft oder Anstalt des öffentlichen Rechts in einem organisatorischen Zusammenhang stehen[121]. Die Definition ist indes nicht immer geeignet, eine eindeutige Abgrenzung vorzunehmen. So können auch privatrechtliche Stiftungen öffentliche Zwecke erfüllen[122].

Auch eine organisatorische Ankopplung an Körperschaften oder Anstalten des öffentlichen Rechts ist möglich, etwa dann, wenn eine Körperschaft des öffentlichen Rechts selbst als Stifter tätig wird[123].

Des Weiteren muss ein „Errichtungsgesetz" nicht zwingend für eine Stiftung öffentlichen Rechts sprechen[124]. Zum einen ist bereits streitig, wie weit der Gesetzesvorbehalt im Einzelnen reicht[125]. Für den Bund dürfte sich der Gesetzesvorbehalt jedenfalls aus Art. 87 Abs. 3 GG ergeben, wonach bundeseigene Verwaltungen – also auch bundesunmittelbare Stiftungen des öffentlichen Rechts[126] – nur durch Bundesgesetz errichtet werden dürfen[127]. Auch einige Landesgesetze, darunter auch das sächsische Stiftungsgesetz, sehen gem. § 12 Abs. 2 die Notwendigkeit eines Errichtungsgesetzes vor, soweit es sich nicht um kommunale oder kirchliche Stiftungen handelt. Die Abgrenzung kann dennoch nicht am Vorliegen eines Errichtungsgesetzes festgemacht werden, da auch privatrechtliche Stiftungen des Bundes aufgrund eines Gesetzes errichtet werden können[128].

Die aufgezeigten Schwierigkeiten machen deutlich, dass es, ohne die Satzung zu kennen, kaum möglich ist, die Ausgestaltung der Stiftung einzuordnen.

Gleichwohl machen diese Umstände die Abgrenzung nicht obsolet, da es erhebliche Unterschiede in der rechtlichen Behandlung von Stiftungen bürgerlichen und öffentlichen Rechts gibt. Der wesentliche Unterschied dabei ist, dass die Stiftung öffentlichen Rechts hoheitliche Befugnisse ausüben kann[129]. Sie tritt nach außen als öf-

---

121 § 12 Abs. 1 SächsStiftG.
122 *Hof*, in: v. Campenhausen/Richter, Stiftungsrechtshandbuch, 4. Aufl. 2014, § 7 Rn. 70.
123 Zum Beispiel die Stiftung der Sächsischen Ingenieurkammer „Sachsen, Land der Ingenieure"; vgl. *Kaluza*, Die Stiftung privaten Rechts als öffentlich-rechtliches Organisationsmodell, 2010, S. 26.
124 Zur Notwendigkeit eines Errichtungsgesetzes bei Stiftungen öffentlichen Rechts s. *Müller*, Die Bundesstiftung, 2009, S. 132, Fn. 510.
125 Vgl. *v. Campenhausen/Stumpf*, in: v. Campenhausen/Richter, § 18 Rn. 7.
126 Die öffentlich-rechtliche Stiftung wird nahezu allgemein als eine der drei juristischen Personen des öffentlichen Rechts anerkannt (neben der Körperschaft des öffentlichen Rechts und der Anstalt des öffentlichen Rechts), vgl. *Stettner*, ZUM 2012, 205.
127 *Stettner*, ZUM 2012, 205.
128 Zum Beispiel das Gesetz zur Errichtung einer Stiftung „Deutsche Bundesstiftung Umwelt" (BStiftUG) vom 18. Juli 1990 (BGBl. I S. 1448) zuletzt geändert durch Art. 2 G zur Neuregelung des Kulturgutschutzrechts vom 31.7.2016 (BGBl. I S. 1914).
129 *Schlüter/Stolte*, Stiftungsrecht, 3. Aufl. 2016, S. 18.

fentliche Einrichtung, als organisatorischer Bestandteil der Verwaltung und als Funktionsbereich derselben auf[130]. Ferner werden rechtsfähige Stiftungen des öffentlichen Rechts durch einen Stiftungsakt aufgrund öffentlichen Rechts errichtet, im Gegensatz zum Stiftungsgeschäft bei privatrechtlichen Stiftungen[131]. Ein weiterer fundamentaler Unterschied liegt in der limitierten Aufhebungsmöglichkeit einer privatrechtlichen Stiftung. So kann diese nur unter den Voraussetzungen des § 87 Abs. 1 BGB aufgehoben werden, also bei unmöglicher Zweckerreichung des Stiftungszwecks oder Gefährdung des Gemeinwohls. Als weitere Auflösungsgründe in Betracht kommen vor allem Beschlüsse des zuständigen Stiftungsorgans sowie die Eröffnung des Insolvenzverfahrens[132].

II. Staatliche Stiftung in Privatrechtsform

Staatliche Stiftungen in Privatrechtsform scheinen in den letzten Jahren die präferierte Ausgestaltungsvariante der öffentlichen Hand zu sein[133]. Dies verwundert insofern, da bereits die prinzipielle Zulässigkeit dieser Rechtsform umstritten ist, sobald der Staat als Stifter auftritt.

1. Zulässigkeit der Stiftung in Privatrechtsform

a. Meinungsstand

Die herrschende Meinung der Staats- und Verwaltungsrechtslehre schließt grundsätzlich Handlungen des Staates in Formen des Privatrechts nicht aus[134]. Diese von einzelnen Ausnahmen abgesehene Typenwahlfreiheit wird in Bezug auf Stiftungen jedoch vereinzelt kritisch gesehen[135] und im Hinblick auf die Gründung privatrechtlicher

---

130 *Gölz*, Der Staat als Stifter, 1999, S. 51.
131 Vgl. *v. Campenhausen/Stumpf*, in: v. Campenhausen/Richter, § 18 Rn. 1 ff.
132 Mit weiteren Beispielen *Ellenberger*, in: Palandt BGB, 75. Aufl. 2016, § 87 Rn. 3; zu konkreten Aufhebungsmöglichkeiten der Stiftung Datenschutz unten S. 139.
133 Dazu schon oben S. 27.
134 *Grzeszick*, in: Maunz/Dürig, GG, Art. 20, Rn. 95 ff; m. w. N. *Müller*, Die Bundesstiftung, 2009, S. 39, Fn. 64.
135 Diesen Ansichten liegt meist ein Verständnis des Art. 87 Abs. 3 GG als Numerus clausus hinsichtlich der dort genannten Organisationsformen zugrunde. Eine derart enge Bindung an den Wortlaut ist mit Hinblick auf die Rechtsprechung des Bundesverfassungsgerichts – BVerfG, Beschluss vom 12. Januar 1983 – 2 BvL 23/81 = BVerfGE 63, 1 (Schornsteinfegerversorgung) – kaum haltbar; s. auch *Ibler*, in: Maunz/Dürig, GG, Art. 87 Rn. 262 f.; m. w. N. *Suerbaum*, in: Stumpf/Suerbaum/Schulte/Pauli, Stiftungsrecht, 2. Aufl. 2015, C Rn. 396 mit Fn. 657.

Stiftungen sogar teilweise gänzlich abgelehnt[136]. So wird als Argument angeführt, dass durch das Demokratieprinzip die Forderung nach der Reversibilität einer getroffenen Entscheidung aufkommt, was mit dem Ewigkeitsgedanken der bürgerlich-rechtlichen Stiftung von Natur aus in Konflikt stehe. Selbst wenn der Bund als Stifter sich die Satzung so „ausgestaltet", dass die Stiftung jederzeit wieder durch seine Entscheidung (bei entsprechender Besetzung des Stiftungsorgans) aufgelöst werden könnte, würde ein Formmissbrauch vorliegen, weil das Grundprinzip der rechtsfähigen Stiftung des privaten Rechts durch die organisatorische Ausgestaltung ausgehöhlt werden würde[137]. Auch könne die staatliche Stiftungsaufsicht die Legitimation nicht ausreichend absichern, da die Stiftungen insoweit nur einer Rechtsaufsicht unterliegen, im Rahmen derer lediglich die Einhaltung von Satzung und Gesetz, nicht aber die Zweckmäßigkeit der Handlungen überprüft werden[138].

Nach *Fiedler* sei die Errichtung einer privatrechtlichen Stiftung durch die öffentliche Hand daher zwangsläufig verfassungswidrig[139]. Auch nach *Muscheler* solle sich die öffentliche Hand an privatrechtlichen Stiftungen allenfalls als Mitstifter beteiligen dürfen. Eine Alleinstiftung sei ausgeschlossen[140].

Die behördliche Anerkennungspraxis (unterstützt von Teilen der Lehre) geht dagegen von einer uneingeschränkten privatrechtlichen Stifterfähigkeit der öffentlichen Hand aus[141]. Jedenfalls wenn das den Art. 83 ff. GG zugrunde liegende Regel-Ausnahme-Prinzip beachtet wird, nach dem eine staatliche Aufgabenerfüllung in der Regel durch öffentlich-rechtliche Träger und nur ausnahmsweise durch privatrechtliche Organisationseinheiten zu erfolgen hat, soll die privatrechtliche Stiftung zumindest nicht ausgeschlossen sein[142]. Dies soll insbesondere dann der Fall sein, wenn Zustiftungen und Spenden von Dritten angestrebt werden[143]. In solchen „Sonderfällen"[144] ließe sich die privatrechtliche Stifterfähigkeit der öffentlichen Hand mit besonderen Vorteilen einer staatsfernen Zweckerfüllung, vor allem in grundrechtlich geschützten

---

136 *Müller*, Die Bundesstiftung, 2009, S. 167; *Fiedler*, Staatliches Engagement im Stiftungswesen, 2004, S. 212 ff.; *Muscheler*, Sammelband Stiftungsrecht, 2. Aufl. 2011, S. 251.
137 So auch *Müller*, Die Bundesstiftung, 2009, S. 168.
138 *Schulte*, Der Staat als Stifter: Die Errichtung durch die öffentliche Hand, in: Non Profit Law Yearbook 2001, S. 127, 137.
139 *Fiedler*, Staatliches Engagement im Stiftungswesen, 2004, S. 213.
140 *Muscheler*, Anforderungen an die (Mit-)Errichtung privatrechtlicher Stiftungen durch die öffentliche Hand, in: Non Profit Law Yearbook 2007, S. 149, 182 ff.
141 M.w.N. *Weitemeyer*, in: MüKo BGB Bd. 1, 7. Aufl. 2015, § 80, Rn. 178.
142 *Schröder*, in: Hüttemann/Richter/Weitemeyer, Landesstiftungsrecht, 2011, Rn. 33.12.
143 M.w.N. *Weitemeyer*, in: MüKo BGB Bd. 1, 7. Aufl. 2015, § 80, Rn. 178; *Schulte*, Staat und Stiftung, S. 67 f.
144 Vgl. *Schulte*, Staat und Stiftung, 1989, S. 67.

Bereichen, begründen, sodass in Erwartung einer wirkungsvollen und nachhaltigen Zweckerfüllung nichts gegen die Wahl der privaten Rechtsform spräche[145].

Eine zunehmend vordringende vermittelnde Ansicht unterstützt die Anerkennungspraxis dem Grunde nach, will jedoch dahingehend differenzieren, ob sich das Verwaltungshandeln in der Stiftungstätigkeit fortsetzt, oder ob die Stiftung nach der Errichtung in den Dritten Sektor entlassen wird[146]. Die Gründung einer privatrechtlichen Stiftung soll dabei nur bei der zweiten Alternative erlaubt sein, da sich bei fortgesetzter (mittelbarer) Verwaltungstätigkeit dazu notwendige Legitimationsanforderungen und die Unabhängigkeit einer privatrechtlichen Stiftung gegenseitig ausschließen würden[147].

b. Stellungnahme

Die Ansichten kommen im Hinblick auf die zulässige Ausgestaltung der Stiftung Datenschutz als privatrechtliche Stiftung zu unterschiedlichen Ergebnissen. Nach der (wohl) herrschenden Lehre wäre grundsätzlich nur die öffentlich-rechtliche Stiftung zu wählen gewesen.

Die behördliche Anerkennungspraxis lässt dagegen auch die privatrechtliche Form zu, so wie bei der Stiftung Datenschutz geschehen. Bei der vermittelnden Ansicht käme es dagegen darauf an, ob die Stiftung Datenschutz Teil von (mittelbarer) Verwaltungstätigkeit ist oder in den Dritten Sektor entlassen wurde.

Streitentscheidend erscheint hier die behördliche Praxis mit der Maßgabe vorzugswürdig, dass das den Art. 83 ff. GG zugrunde liegende Regel-Ausnahme-Prinzip beachtet wird, nach dem eine staatliche Aufgabenerfüllung in der Regel durch öffentlich-rechtliche Träger und nur ausnahmsweise durch privatrechtliche Organisationseinheiten zu erfolgen hat. Gegen die wohl herrschende Lehre spricht, dass es keinen wirklich überzeugenden Grund gibt, der öffentlichen Hand die Möglichkeit, Stiftungen privaten Rechts zu gründen, gänzlich zu verwehren. Dieser Ansicht muss zwar insoweit Recht gegeben werden, dass stets ein Spannungsverhältnis zwischen demokratischer Legitimation und der Stiftungsautonomie besteht. Allerdings geht damit nicht einher, dass die richtige Justierung unmöglich ist[148]. Auf der anderen Seite erlaubt bereits das Grundgesetz die Wahrnehmung von Staatsaufgaben durch Selbstverwaltungsträger, die lediglich der Rechtsaufsicht unterliegen[149]. Vor diesem Hintergrund reicht es auch aus, wenn die Stiftungsaufsicht „nur" die Einhaltung von Satzung und

---

145 *Hof*, in: v. Campenhausen/Richter, Stiftungsrechtshandbuch, 4. Aufl. 2014, § 4 Rn. 110.
146 Zur Entlassung in den „Dritten Sektor" vgl. *Kaluza*, Die Stiftung privaten Rechts als öffentlich-rechtliches Organisationsmodell, 2010, S. 10.
147 Zum Ganzen: *Weitemeyer*, in: MüKo BGB Bd. 1, 7. Aufl. 2015, § 80, Rn. 179.
148 So auch *Battis*, Entlastung des Staates durch Outsourcing, in: Mecking/Schulte, Grenzen der Instrumentalisierung von Stiftungen, 2003, S. 45, 55.
149 Mit Hinweis auf Sozialversicherungsträger: *Ehlers*, Verwaltung in Privatrechtsform, 1984, S. 125.

Gesetz überwacht, denn gerade bei gemeinnützigen Stiftungen findet dennoch eine (mittelbare) Überprüfung der Zweckmäßigkeit der Handlungen statt. So implizieren bereits die Grundsätze des Gemeinnützigkeitsrechts bestimmte Handlungsweisen[150], bei deren Nichteinhaltung die Aberkennung als gemeinnützige Stiftung droht. Eine weitere Möglichkeit, dem Legitimationsdefizit entgegenzutreten kann die in der Satzung vorgesehene Prüfung durch den Rechnungshof sein[151]. Ferner geht der Großteil der Literatur davon aus, dass bei durch den Bund gegründeten Stiftungen bürgerlichen Rechts eine Einordnung als Träger mittelbarer Bundesverwaltung geboten ist[152]. Eine Differenzierung dahingehend, ob die Stiftung in den Dritten Sektor entlassen wurde, wird insoweit nicht vorgenommen. Auch vor dem Hintergrund des „Ewigkeitsprinzips" bei Stiftungen, ist nicht von vornherein ausgeschlossen, dass die durch das Demokratieprinzip geforderte Reversibilität berücksichtigt werden kann. Die Ansichten, die zu diesem Ergebnis gelangen[153], scheinen zu verkennen, dass eine Aufhebungsmöglichkeit durch Organbeschluss nicht per se zu rechtsstaatlichen Bedenken führen muss. So sehen bereits viele Landesstiftungsgesetze neben der hoheitlichen Aufhebung auch die Möglichkeit einer satzungsgemäßen Aufhebung vor[154].

Kurzum: Es kann gute Gründe für die öffentliche Hand geben, eine Stiftung privatrechtlich auszugestalten, insbesondere wenn es um die Akquirierung von Drittmitteln geht. Je nach Zweckbestimmung müssen die Kontrollelemente ausbalanciert werden. Dies macht bereits das „Verbot weisungsfreier Räume"[155] erforderlich, wonach stets eine Rückkopplung zum Volk als Träger der Staatsgewalt gegeben sein muss. Dabei kommen vielfältige Kontrollinstrumente in Betracht: Zum Beispiel können bestimme Vorkehrungen in der Satzung verankert werden (Genehmigungsvorbehalte, Vertreter des Bundes in den Gremien, Verpflichtung zur Prüfung durch den Rechnungshof usw.). Ob die Balance im Einzelfall gefunden wurde, sollte vor Anerkennung der Stiftung verstärkt von der Stiftungsaufsicht, unter Berücksichtigung von

---

150 Selbstlosigkeit (§ 55 AO), Ausschließlichkeit (§ 56 AO), Unmittelbarkeit (§ 57 AO).
151 Für Stiftungen öffentlichen Rechts folgt diese bereits aus § 55 HGrG, 111 Abs. 1 BHO/LHO; Zum Teil wird eine fehlende Kontrolle des Rechnungshof sogar als unzulässige Umgehung des demokratischen Kontrollerfordernisses angesehen, vgl. *Dewald*, Die privatrechtliche Stiftung als Instrument zur Wahrnehmung öffentlicher Zwecke, 1990, S. 81 ff., 198 f.
152 *Burgi*, in: v. Mangoldt/Klein/Starck GG Bd. 3, 6. Aufl. 2010, Art. 87 Rn. 107 f.; *Hermes*, in: Dreier, GG, Bd. 3, 2. Aufl. 2008, Art. 87 Rn. 79; *Ibler*, in: Maunz/Dürig, GG, Art. 86 Rn. 85 ff., Art. 87 Rn. 262 f.; *Sachs*, in: Sachs, GG, 6. Aufl. 2011, Art. 87 Rn. 70; *Ehlers*, Verwaltung in Privatrechtsform, 1984, S. 154.
153 Vgl. hier vor allem *Fiedler*, Staatliches Engagement im Stiftungswesen, 2004, S. 206 ff.; *Müller*, Die Bundesstiftung, 2009, S. 168.
154 Hier einschlägig § 10 i. V. m. § 9 Abs. 1 Nr. 1 SächsStiftG; darüber hinaus u. a. § 5 Abs. 2 StiftG NRW; § 7 Abs. 1 NStiftG; § 5 Abs. 1 StiftG Bln.
155 Dazu m. w. N. *Thomé*, Reform der Datenschutzaufsicht, 2015, S. 112 ff.; *v. Lewinski*, DVBl. 2013, 339 ff.; *Gölz*, Der Staat als Stifter, 1999, S. 88 ff.

Elementen wie der konkreten Ausgestaltung der Satzung, finanziellen Ausstattung und Aufgaben der Stiftung, geprüft werden – auch wenn dies der momentan gängigen Praxis eher widerspricht und zu nicht unerheblichen Folgeproblemen bezüglich der hinreichenden Trennung zwischen Stifter und Anerkennungsbehörde führen kann[156].

2. Zwischenergebnis

Der Staat darf auch privatrechtliche Stiftungen gründen, muss aber gewährleisten, dass gewisse Kontrollmechanismen erhalten bleiben. Diese Rückkopplung muss gesichert sein, um dem „Verbot weisungsfreier Räume" zu entgehen. Je weniger Eingriffsintensität durch die Aufgabenwahrnehmung vorliegt, desto geringer sind die Erfordernisse an die Kontrollmechanismen. Inwieweit diese Erfordernisse bei der Stiftung Datenschutz eingehalten wurden, ist Gegenstand der weiteren Ausarbeitung.

III. Kriterien für die Rechtsformwahl

Eine Begründung für Organisationsentscheidungen der öffentlichen Hand wird nur in seltenen Fällen vorgelegt[157]. Sie erscheinen daher oft vom Zufall geprägt[158]. Gewisse Kriterien werden sich in der Regel schon aus den Aufgaben ergeben, welche durch die Organisation verfolgt werden sollen. So ist etwa eine privatrechtliche Ausgestaltung ausgeschlossen, sofern eine Aufgabe nach ausdrücklicher Vorgabe einer Zuweisungsnorm (Art. 87 ff. GG) oder kraft Natur der Sache nur in öffentlich-rechtlicher Organisationsform erfüllt werden darf (z. B. im Rahmen der Eingriffsverwaltung)[159]. In den Bereichen dagegen, die dem Privatisierungsverbot nicht unterfallen, sodass sowohl eine privatrechtliche als auch eine öffentlich-rechtliche Ausgestaltung in Betracht kommt, erscheinen die Entscheidungsgründe oft austauschbar, bzw. sind nicht mit juristischen Argumenten zu beschreiben[160]. Hierbei können dann auch subjektive Empfindungen der einzelnen Entscheidungsträger eine tragende Rolle spielen. So scheint auch bei der Stiftung Datenschutz die Wahl der Organisationsform erheblich durch das Vorbild der Stiftung Warentest beeinflusst gewesen zu sein[161].

Dem Grunde nach kommen als Organisationsformen öffentlich-rechtliche und privatrechtliche Ausgestaltungen in Betracht, neben der öffentlich-rechtlichen Stiftung,

---

156 Zum Prüfungsumfang der Anerkennungsbehörde unten S. 95 f.
157 Vgl. die Untersuchung von *Becker*, DV 1979, 161 ff.
158 So für Stiftungen *Kilian*, in: Werner/Saenger, Die Stiftung, 2008, Rn. 1041.
159 *Ibler*, in: Maunz/Dürig, GG, Art. 86 Rn. 104.
160 *Neumann*, Das Ausweichen der öffentlichen Hand durch Stiftungsgründungen, 2005, S. 42.
161 Ausdrücklich von einer Vorbildfunktion sprach damals auch *Philipp Spauschus* vom Bundesinnenministerium, interviewt zur Stiftung Datenschutz von *Charlie Rutz*, unter: http://politik-digital.de/news/interview-zur-stiftung-datenschutz-5152 [abgerufen am: 01.10.2016].

auf die sogleich näher eingegangen wird, wären öffentlich-rechtliche Körperschaften und Anstalten zu nennen. Auf privatrechtlicher Seite wären der Verein oder die (gemeinnützige) GmbH eine Alternative. Jede der Organisationsformen hat eigene charakteristische Unterschiede, die im konkreten Fall Vor- und Nachteile mit sich bringen können[162].

Bei den öffentlich-rechtlichen Körperschaften und Anstalten dürften die strukturellen Unterschiede gegen eine funktionale Austauschbarkeit in Bezug auf die Stiftung sprechen. Deswegen werden diese Organisationsformen hier nicht im Einzelnen beleuchtet. Anders liegt es bei der Stiftung öffentlichen Rechts.

1. Stiftung öffentlichen Rechts

Wie oben dargestellt, wäre auch die Errichtung der Stiftung als solche des öffentlichen Rechts möglich gewesen. Bis auf wenige Kernbereiche staatlichen Tätigwerdens besteht eine grundsätzliche Formenwahlfreiheit. Beschränkungen bestehen nur in der Hoheits-/Eingriffsverwaltung und zum Teil (gem. Art. 87 Abs. 2 GG für die Sozialversicherungsträger) auch in der Leistungsverwaltung[163]. Als Hauptgründe für die privatrechtliche Ausgestaltung werden oft die vermeintliche Staatsferne und die damit einhergehende bessere „Vermarktbarkeit" im Hinblick auf die Akquirierung von Drittmitteln genannt. Weiterhin werden der Privatrechtsform auch Effizienzvorteile nachgesagt. *Schröder* hat in einer Überprüfung der Gründe für die Wahl der privatrechtlichen Rechtsform bestimmte Hauptmotivstränge herausgearbeitet[164]. Diese waren größtenteils Flexibilitätsvorteile bei Gründung und Auflösung, im Dienst- und Besoldungsrecht, im Haushaltsgebaren (beschränkte Prüfungsrechte von Bund und Ländern), bei der sachlichen Aufgabenerfüllung (z.B. durch Entpolitisierung), bei der Assoziation zwischen verschiedenen Hoheitsträgern und evtl. Privaten sowie darüber hinaus die erleichterte Einwerbung privater Zuwendungsgeber. *Schröder* selbst stellt jedoch gleichzeitig fest, dass die untersuchten Motive wenig bis gar nicht haltbar sind[165]. Zu diesem Ergebnis kommt auch *Kilian*, der die gängigen Errichtungsmotive ebenfalls untersucht hat und ihre Belastbarkeit zunehmend als fraglich ansieht[166]. Die vermeintlichen Vorteile würden wieder dadurch kompensiert werden, dass die Eigenarten der staatlichen bürgerlich-rechtlichen Stiftung, durch entsprechende Kontrollmechanismen, der öffentlich-rechtlichen Form angeglichen werden. Ohne (echte) Emanzipation vom Staat bestehen zwischen den beiden Ausgestaltungsarten jedoch keine nennenswerten Unterschiede.

---

162 Eingehend *Neumann*, Das Ausweichen der öffentlichen Hand durch Stiftungsgründungen, 2005, S. 44 ff.
163 *Kilian*, in: Bellezza/Kilian/Vogel, Der Staat als Stifter, 2003, S. 73.
164 *Schröder*, in: Hüttemann/Richter/Weitemeyer, Landesstiftungsrecht, 2011, Rn. 33.41 ff.
165 *Schröder*, in: Hüttemann/Richter/Weitemeyer, Landesstiftungsrecht, 2011, Rn. 33.56.
166 Mit weiteren Ausführungen *Kilian*, in: Werner/Saenger, Die Stiftung, 2008, S. 733.

Die Stiftung Datenschutz ist ein anschauliches Beispiel für die soeben kritisierte Angleichung. So regelt die Satzung in § 15 Abs. 1, dass für Aufstellung und Ausführung des Wirtschaftsplans die Bestimmungen der Bundeshaushaltsordnung entsprechend gelten und die Haushalts- und Wirtschaftsführung der Stiftung der Prüfung durch den Bundesrechnungshof gemäß § 104 Absatz 1 Nr. 4 BHO unterliegt. Damit findet eine weitgehende Angleichung an eine Stiftung öffentlichen Rechts statt. Eine weitere Angleichung erfolgt durch umfangreiche Kontrollmechanismen der Stifterin, was Fragen bezüglich der für die Stiftung des privaten Rechts charakteristischen Autonomie aufwerfen muss[167].

Auch das Argument der besseren „Vermarktbarkeit" kann hinterfragt werden. Die Unterschiede hinsichtlich der Außenwahrnehmung dürften – wenn überhaupt – marginal ausfallen. Wo der Begriff „Stiftung" zwar regelmäßig mit positiven Assoziationen verbunden wird, dürfte der (rechtliche) Unterschied zwischen Stiftung bürgerlichen oder öffentlichen Rechts kaum geläufig sein.

Nicht auszuschließen ist dennoch, dass gerade die Staatsferne einer privatrechtlichen Stiftung einen „unique selling point" darstellen kann. Es ist nicht von der Hand zu weisen, dass eine Stiftung bürgerlichen Rechts zumindest im Außenauftritt die Tatsache, dass sie rechtlich eben keine öffentliche Einrichtung ist, für sich nutzen kann. Dies kann für einen potenziellen Mittelgeber einen erheblichen Unterschied ausmachen. Dass diese Eigenart, durch entsprechende Kontrollmechanismen, der öffentlich-rechtlichen Form oft angeglichen wird, mag tatsächlich zutreffen. Daraus einen Grund gegen die Daseinsberechtigung einer staatlichen Stiftung privaten Rechts herzuleiten, wäre dennoch zu kurz gegriffen. Wenngleich oft eine Angleichung stattfindet, wird mit ihr auch – und das haben die bisherigen Untersuchungen auf diesem Gebiet belegt – oft ein rechtswidriger Zustand begründet[168]. Die Argumentation läuft demnach dann leer, wenn der staatliche Stifter die privatrechtliche Stiftung „systemgerecht"[169] ausgestaltet und ihr damit einen echten Mehrwert und ein rechtliches Alleinstellungsmerkmal verschafft.

2. Alternative (gemeinnützige) Rechtsformen

Unter der Prämisse, dass der Rechtsträger auf jeden Fall im Sinne der §§ 51 ff. AO gemeinnützig sein sollte, um in den Genuss der steuerlichen Erleichterungen zu kommen, beschränken sich die Wahlmöglichkeiten nicht nur auf eine Stiftung öffentlichen oder privaten Rechts. Gerade vor dem Hintergrund der staatlichen Aufsicht bei Stiftungen, hätte auch eine alternative Rechtsform, wie etwa eine gemeinnützige GmbH,

---

167 Ausführlich dazu unten S. 72.
168 Exemplarisch genannt seien hier die Untersuchungen von *Kaluza*, Die Stiftung privaten Rechts als öffentlich-rechtliches Organisationsmodell, 2010; *Müller*, Die Bundesstiftung, 2009; *Neumann*, Das Ausweichen der öffentlichen Hand durch Stiftungsgründungen, 2005; *Fiedler*, Staatliches Engagement im Stiftungswesen, 2004.
169 Dazu unten S. 143.

in Erwägung gezogen werden können[170]. Da die Bezeichnung „Stiftung" rechtlich nicht geschützt ist[171], würde sich eine „Stiftung Datenschutz GmbH" oder ein „Stiftung Datenschutz e. V." in gute Gesellschaft einreihen[172].

Betrachtet man prominente Beispiele wie die „Konrad Adenauer Stiftung" und die „Stiftung Jugend forscht" (die eigentliche eingetragene Vereine sind) oder auch die „Robert Bosch Stiftung" (eigentlich eine GmbH), erscheint bereits fraglich, ob – um von dem „guten Ruf" der Stiftung zu profitieren – tatsächlich auch eine Ausgestaltung als Stiftung im Rechtssinne erforderlich ist[173]. Die Verwendung des Namensbestandteiles „Stiftung" wird vor allem von der Rechtsprechung schon dann als zulässig erachtet, wenn die Organisation eine stiftungsähnliche Struktur aufweisen kann[174]. Hierzu gehören ein auf Dauer angelegter Stiftungszweck, eine stiftungsähnliche Organisation und eine ausreichende Vermögensausstattung.

Alternative Rechtsträger in diesem Sinne können für sich in Anspruch nehmen, ihre Satzung wesentlich leichter an geänderte Bedürfnisse anpassen zu können. Bei Änderungen der Satzung besteht insoweit kein Mitspracherecht einer staatlichen Stiftungsaufsicht, was gerade zu Beginn der Tätigkeit eines gemeinnützigen Rechtsträgers oft wichtig werden kann; häufig wird erst nach einigen Wochen, Monaten oder Jahren der Tätigkeit der genau zu beschreibende Zweck der Stiftung feststehen. So scheint es auch bei der Stiftung Datenschutz gekommen zu sein, wo der Stiftungszweck mangels ausreichender Finanzausstattung teilweise bisher nicht erfüllt werden konnte, was zu stiftungsrechtlichen Problemen führt[175]. Gerade vor diesem Hintergrund hätte eine alternative Rechtsform wie die gGmbH durchaus ihren Charme gehabt[176].

---

170 Zu Stiftungsvereinen und -gesellschaften *Hüttemann/Rawert*, in: Staudinger BGB, 2011, Vorbem. zu §§ 80 ff. Rn. 291 ff.

171 Kritisch *Hof*, in: v. Campenhausen/Richter, Stiftungsrechtshandbuch, 4. Aufl. 2014, § 6 Rn. 149.

172 Zu diesen sog. Ersatzformen der Stiftung *Reuter*, in: MüKo BGB Bd. 1, 6. Aufl. 2012, Vor. § 80 Rn. 124 ff.

173 Mit ähnlicher Argumentation wird im vielbeachteten Urteil des BVerwG vom 12. Februar 1998 – 3 C 55/96 = BVerwGE 106, 177 im Verbot der „Franz-Schönhuber-Stiftung" keine Verletzung der Chancengleichheit politischer Parteien gesehen, weil eine Partei statt einer Stiftung im Rechtssinne einen Verein gründen kann, der als parteinahe Stiftung i. S. d. Parteiengesetzes gewertet werden kann. Das BVerwG sieht anscheinend keinen nennenswerten Unterschied zwischen Stiftung und Verein in der Außenwahrnehmung.

174 OLG Frankfurt, Beschluss vom 20. November 2000 – 20 W 192/2000, 20 W 192/00 = NJW-RR 2002, 176; Bayerisches Oberstes Landesgericht, Beschluss vom 25. Oktober 1972 – BReg 2 Z 56/72 = NJW 1973, 249.

175 Für eine ggf. notwendige Satzungsänderung unten S. 129.

176 So auch *Bräutigam/Sonnleithner*, AnwBl 4/2011, 240, 241 mit Verweis auf das Eckpunktepapier zur Stiftung Datenschutz des Deutschen Anwaltverein e. V. die sich für eine gGmbH in der Anfangsphase aussprechen.

Ein nicht zu verkennender (steuerrechtlicher) Vorteil einer Stiftung ist freilich die Möglichkeit der Zustiftungen. Zuwendungen in den Vermögensstock (Zustiftungen) können nach § 10b Abs. 1 a S. 1 EStG bis zu 1 Million Euro an eine gemeinnützige Stiftung im Jahr der Zuwendung und in den darauffolgenden neun Jahren steuermindernd geltend gemacht werden. Diese Abzugsmöglichkeit besteht zusätzlich zu den oben abzugsfähigen Spenden, die auch an alternative gemeinnützige Rechtsformen geleistet werden können. Um Drittmittel zu akquirieren, hätte man dadurch ein zusätzliches Vehikel, insbesondere wenn es um größere Zuwendungen geht.

3. Zwischenergebnis

Die Ausgestaltung als Stiftung bürgerlichen Rechts scheint als Organisationsform nicht alternativlos gewesen zu sein. Gerade im Vergleich zu einer Stiftung öffentlichen Rechts dürften die Vorteile, die der privatrechtlichen Form nachgesagt werden, praktisch kaum bestehen, und zwar dann nicht, wenn sie durch entsprechende Kontrollmechanismen der öffentlich-rechtlichen Form angeglichen wird. Dass die Wahl auf eine Stiftung bürgerlichen Rechts gefallen ist, dürfte nicht zuletzt auch mit der Stiftung Warentest zusammenhängen, die offenkundig als Vorbild diente. Zumindest dürfte dies ein nicht unwesentlicher Aspekt bei der Entscheidungsfindung gewesen sein. Gleichzeitig ist nicht zu verachten, dass eine bürgerlich-rechtliche Stiftung – bei systemgerechter Ausgestaltung – den Mehrwert der größeren Staatsferne bietet und damit auch eine echte Alternative gegenüber der Stiftung öffentlichen Rechts darstellt.

Eine andere Rechtsform wie die gGmbH hätte gerade im Hinblick auf die größere Flexibilität Vorteile gehabt, insbesondere auch vor dem Hintergrund, dass eine Bezeichnung als „Stiftung" nicht notwendigerweise mit derselben Rechtsform einhergeht. Zur Drittmittelakquise erscheint dagegen die „echte" Stiftung als Rechtsform aufgrund der Möglichkeit von Zustiftungen, gerade bei größeren Zuwendungen, gewisse Vorzüge zu bieten. Insoweit bleibt ein „unique selling point" der staatlichen Stiftung bürgerlichen Rechts erhalten.

C. Die Stiftung Datenschutz zwischen der Kompetenzstruktur von Bund und Ländern

Auch wenn die Gründung einer staatlichen Stiftung in privatrechtlicher Form dem Grunde nach zulässig erscheint, sind doch von zwei Seiten her Begrenzungen zu beachten: Einerseits ist das Tätigwerden organisationsrechtlich beschränkt. Eine privatrechtliche Stiftung der öffentlichen Hand darf zwar auch öffentliche Aufgaben verfolgen, diese dürfen (ohne Beleihung) jedoch nur solche der Nicht-Eingriffsverwaltung sein.

Darüber hinaus ist auch bei Errichtung privatrechtlicher Stiftungen durch die öffentliche Hand auf die Schrankensystematik der verfassungsrechtlichen Kompetenzverteilung zwischen Bund und Ländern zu achten. Nur soweit der Bund nach Art. 30 GG eine eigene Verwaltung errichten darf, ist er auch zur Errichtung einer Stiftung berechtigt[177].

I. Organisationsrechtliche Schranken

1. „Datenschutz" als öffentliche Aufgabe

Nach § 80 Abs. 2 S. 1 BGB bildet lediglich die Gemeinwohlgefährdung[178] die äußerste Grenze der möglichen Zwecke, die eine Stiftung verfolgen darf. Diese weitergehende Freiheit soll freilich nur für den privaten Stifter gelten. Dagegen soll nach allgemeiner Ansicht die Freiheit des öffentlichen Stifters weiter begrenzt werden (was – wie sich sogleich zeigen wird – im Ergebnis keine Auswirkungen hat). So sollen zulässige Stiftungszwecke des Staates lediglich dem Gemeinwohl dienende, öffentliche Aufgaben sein, wozu auch solche Aufgaben gehören können, die ein Privater wahrnehmen kann[179].

a. Begriffsbestimmung

Der Begriff der öffentlichen Aufgabe als solcher ist schwer greifbar. Vereinfacht ausgedrückt, könnte man die öffentliche Aufgabe als eine Aufgabe bezeichnen, deren Erfüllung – durch wen auch immer – im öffentlichen Interesse liegt[180]. Ob diesem weiten Verständnis noch ein juristischer Erkenntniswert zukommt, kann jedenfalls angezweifelt werden. Aus pragmatischer Sicht spricht aber vieles dafür, öffentliche Aufgaben mit Gemeinwohlaufgaben gleichzustellen[181]. Aus der stiftungsrechtlichen Perspektive hätte man damit einen Gleichlauf mit dem Wortlaut des § 80 Abs. 2 S. 1 BGB erreicht, sodass die Stifterfreiheit des privaten Stifters de facto auch für die öffentliche Hand zur Geltung kommt.

Ein derart weites Verständnis mag auf Kritik stoßen. Insbesondere vor dem Hintergrund des Wortlauts aus Art. 30 GG, wo weder von öffentlicher Aufgabe, noch von Gemeinwohl, sondern von staatlicher Aufgabe die Rede ist. Bedenkt man dazu, dass

---

177 *Fraatz-Rosenfeld*, Die Erfüllung öffentlicher Aufgaben durch staatliche Stiftungen, in: Mehde/Ramsauer/Seckelmann, FS Bull, 2011, S. 7 ff.
178 Den Begriff kritisierend *Muscheler*, NJW 2003, 3161.
179 M.w.N. *Schröder*, in: Hüttemann/Richter/Weitemeyer, Landesstiftungsrecht, 2011, Rn. 33.27.
180 *Korioth*, in: Maunz/Dürig, GG, Art. 30 Rn. 14.
181 M.w.N. *Korioth*, in: Maunz/Dürig, GG, Art. 30 Rn. 14.

öffentliche Aufgaben mit staatlichen Aufgaben keineswegs gleichzusetzen sind[182], scheint es doch noch einen Unterschied zwischen der Stifterfreiheit Privater und des Staates geben zu müssen. So könnte man meinen, dass jegliche staatliche Tätigkeit eine Staatsaufgabe voraussetzt, die ein „Mehr" zur öffentlichen Aufgabe oder Gemeinwohlaufgabe darstellt.

Einen Erkenntniswert für die Begriffsbestimmung hätte dies jedoch nur dann, wenn sich der Begriff der öffentlichen Aufgaben zu dem der staatlichen Aufgabe abgrenzen ließe. Betrachtet man die vom Bundesverfassungsgericht verwendete Definition der staatlichen Aufgabe, scheint eine Abgrenzung jedoch nicht wirklich erfolgsversprechend. Das Bundesverfassungsgericht bezeichnet in seiner Rechtsprechung Staatsaufgaben als solche, mit denen sich der Staat selbst mittels einer Behörde befasst[183]. Eine „Staatsaufgabe" bestimmt sich formal, sodass sie dann gegeben ist, wenn sich der Staat nach Maßgabe und in Grenzen der Verfassung einer „öffentlichen Aufgabe" annimmt[184]. Damit lässt sich mit Sicherheit sagen, dass staatliche Aufgaben immer auch öffentliche Aufgaben sind und dies umgekehrt gerade nicht gelten muss (aber kann). Wann eine „öffentliche Aufgabe" zur „staatlichen Aufgabe" wird, bestimmt der Staat damit aber offenkundig selbst. Eine sinnvolle Eingrenzung der staatlichen Stifterfreiheit gelingt so jedenfalls nicht.

Diese scheinbare „Aufgabendefinition des Staates" kann und wird – gerade im Bereich des staatlichen Stiftungswesens – kritisiert[185]. Am lautesten ertönte die Kritik im Zusammenhang mit der „Stiftung Warentest". Dem Bund wird vorgeworfen, unter Hinweis auf den Verbraucherschutz, sein Aufgabenbereich immer weiter in den gesellschaftlichen Sektor hinein auszudehnen. Diese Kritik ließe sich auch auf die „Stiftung Datenschutz" übertragen. Auch hier sieht die Satzung die Prüfung von Produkten und Dienstleistungen auf ihre Datenschutzfreundlichkeit vor. Auf der anderen Seite kann der Verbraucherschutz durch Informationen auch als staatliche Aufgabe gesehen werden[186]. Dem entspricht auch die Rechtsprechung des Bundesverfassungsgerichts[187].

Diese Abgrenzungsprobleme zeigen, dass eine Orientierung am Gemeinwohl, so wie es auch der Wortlaut des § 80 Abs. 2 S. 1 BGB vorsieht, nicht nur am praktikabelsten, sondern auch am sinnvollsten ist, zumindest solange keine Lehre der Staats-

---

182 *Isensee*, in: Isensee/Kirchhof, Handbuch des Staatsrechts, Bd. 3, 3. Aufl. 2005, § 57 Rn. 136 ff.
183 Übersichtlich *Korioth*, in: Maunz/Dürig, GG, Art. 30 Rn. 14, Fn. 8.
184 BVerfG, Entscheidung vom 28. Februar 1961 – 2 BvG 1/60, 2 BvG 2/60 = NJW, 1961, 547 (1. Rundfunkurteil); m.w.N. *Müller*, Die Bundesstiftung, 2009, S. 89.
185 *Kilian*, in: Werner/Saenger, Die Stiftung, 2008, Rn. 1136.
186 *Schantz*, in: BeckOK DatenSR, BDSG § 9a Rn. 20.
187 BVerfG, Beschluss vom 26. Juni 2002 – 1 BvR 558/91, 1 BvR 1428/91 = BVerfGE 105, 252, 269 und 273 f. (Glykolwarnung).

aufgaben begründet wird[188]. Vor diesem Hintergrund werden die Aufgaben der Stiftung Datenschutz unter den Begriff des Gemeinwohls subsumiert werden können. Gemäß § 2 ihrer Satzung fördert die Stiftung die Belange des Datenschutzes und damit im Sinne der Gemeinnützigkeit auch Wissenschaft und Forschung, die Volks- und Berufsbildung, die Kriminalprävention sowie Verbraucherberatung und Verbraucherschutz. Diese Aufgaben kommen der Allgemeinheit zugute, was jedenfalls – trotz aller Konturlosigkeit – Kernelement einer Gemeinwohlorientierung ist[189].

b. Abgrenzung zu hoheitlichem Handeln

Sieht man öffentliche Aufgaben als Oberbegriff an, muss eine weitere Unterteilung getroffen werden, die für die Frage, ob eine öffentliche Aufgabe auf eine privatrechtliche Stiftung übertragen werden kann, entscheidend ist. Der Bereich des hoheitlichen Handelns gliedert sich in Eingriffs- und Leistungsverwaltung. Im Rahmen der Eingriffsverwaltung darf der Staat nur durch juristische Personen des öffentlichen Rechts handeln[190] und durch Private nur insoweit die erforderlichen hoheitlichen Befugnisse durch Gesetz verliehen wurden („Beleihung"). Im Rahmen der Leistungsverwaltung steht es der öffentlichen Verwaltung dagegen frei zu wählen, zwischen öffentlich-rechtlicher oder privatrechtlicher Ausgestaltung der Tätigkeit[191].

(1) Datenschutzaudit/Datenschutzauditverfahren

Der oben genannten Differenzierung folgend, wird offenkundig, wieso sich die Stiftung Datenschutz mit der Entwicklung (also unverbindlichen Erforschung) eines Datenschutzaudits/Datenschutzauditverfahrens beschäftigen, diese jedoch nicht selbst durchführen darf: Würde die Stiftung Datenschutz in diesem Bereich selbst einseitig verbindliche Regelungen oder Entscheidungen treffen, würde sie sich (vollständig) im obrigkeitlichen Bereich bewegen, was ohne Beleihung nicht zulässig ist[192]. In diesem

---

188 Mit einer diesbezüglichen Aufforderung *Müller*, Die Bundesstiftung, 2009, S. 89, Fn. 311.
189 Als allgemeindienliche Zwecke in Betracht kommen nach *v. Campenhausen/Stumpf*, in: v. Campenhausen/Richter, Stiftungsrechtshandbuch, 4. Aufl. 2014, § 1 Rn. 10 (insb. Religion, Umweltschutz, Wissenschaft, Forschung, Bildung, Erziehung, Unterricht, Kunst etc.).
190 *Isensee*, in: Isensee/Kirchhof, Handbuch des Staatsrechts, Bd. III, § 57 Rn. 42, 44.
191 *Feddersen*, Stiftungen als Träger öffentlicher Aufgaben?, 1998, S. 282.
192 Dazu ausführlich unten S. 111; Ein neuerliches Beispiel für die Beleihung einer privatrechtlichen (wenn auch nicht staatlichen) Stiftung ist in etwa die „Stiftung Elektro-Altgeräte Register".

Fall hätte die Stiftung Datenschutz öffentlich-rechtlich ausgestaltet werden müssen[193]. Ob eine nachträgliche Beleihung sinnvoll ist, wird an späterer Stelle thematisiert[194].

(2) „Datentests"

Dagegen klärungsbedürftig ist, ob die Prüfung von Produkten und Dienstleistungen auf ihre Datenschutzfreundlichkeit der Leistungs- oder der Eingriffsverwaltung zuzuordnen ist. Da diese Arbeit den „Datentests" im weiteren Verlauf einen eigenen Abschnitt widmet, wird diese Frage erst dort eingehend erörtert[195]. Nur so viel vorweg: Unter Zugrundelegung der Rechtsprechung des Bundesverfassungsgerichts zu staatlichen Produktwarnungen[196] und der späteren Weiterentwicklung auf von der Regierung geschaffenen Informationseinrichtungen[197] werden Produktprüfungen von der Stiftung Warentest als zulässig erachtet, da diese Einrichtung nach einem grundlegenden BGH-Urteil[198] die Voraussetzungen von Objektivität, Neutralität und Sachkunde gewährleistet. Diese Grundsätze könnten, sofern diese Rechtsprechung nicht von vornherein abgelehnt wird[199], analog auch auf die Stiftung Datenschutz übertragbar sein. Im Ergebnis wäre – falls die o. g. Voraussetzungen auch bei der Stiftung Datenschutz vorliegen – die Eingriffsqualität der „Datentests" abzulehnen.

2. *Zwischenergebnis*

Die satzungsgemäßen Aufgaben der Stiftung stellen öffentliche Aufgaben dar und dürfen durch eine privatrechtliche Stiftung wahrgenommen werden, soweit die bundesstaatliche Kompetenzverteilung berücksichtigt wird (dazu sogleich). Im Rahmen der Entwicklung eines Datenschutzaudits/Datenschutzauditverfahrens bewegt sich die Stiftung im Bereich der Leistungsverwaltung, sodass hierzu keine Beleihung notwendig ist – die im Übrigen auch nicht vorliegt. Nach stark kritisierter Rechtsprechung in

---

193 *v. Campenhausen/Stumpf*, in: v. Campenhausen/Richter, Stiftungsrechtshandbuch, 4. Aufl. 2014, § 16 Rn. 6.
194 Unten S. 129.
195 Unten S. 103.
196 BVerfG, Beschluss vom 26. Juni 2002 – 1 BvR 558/91, 1 BvR 1428/91 = BVerfGE 105, 252, 268 ff. (Glykolwarnung); mit Verweis auf die Parallelentscheidung BVerfG, Beschluss vom 26. Juni 2002 – 1 BvR 670/91 = BVerfGE 105, 279, 301 ff. (Osho-Bewegung), dazu und m. w. N. auch *Görisch*, JURA 2013, 883, 889 ff.
197 BVerfG, Stattgebender Kammerbeschluss vom 17. August 2010 – 1 BvR 2585/06 = NJW 2011, 511, 512, mit Verweis auf BVerfG, Beschluss vom 26. Juni 2002 – 1 BvR 670/91 = BVerfGE 105, 279, 299 ff. (Osho-Bewegung).
198 BGH, Urteil vom 09. Dezember 1975 – VI ZR 157/73 = NJW 1976, 620, 622 (Warentest II).
199 Insbesondere die erstere Rechtsprechung ist in der Literatur heftig kritisiert worden: Mit umfangreichen Nachweisen *Schoch*, NJW 2012, 2844, 2846 dort Fn. 35; aber auch die spätere Entwicklung ist umstritten, *Ders.*, NVwZ 2011, 193, 195 ff.

Bezug auf die Stiftung Warentest muss selbiges auch für die Prüfung von Produkten und Dienstleistungen auf ihre Datenschutzfreundlichkeit gelten, soweit die Stiftung Datenschutz ebenfalls die Grundsätze von Objektivität, Neutralität und Sachkunde gewährleistet.

II. Kompetenzrechtliche Schranken

Die Verteilung der Verwaltungskompetenzen zwischen Bund und Ländern darf durch die Gründung von Stiftungen der öffentlichen Hand nicht durchbrochen oder unterlaufen werden[200]. Dies gilt für die Errichtung von Stiftungen des öffentlichen Rechts und des Privatrechts gleichermaßen[201]. Die privatrechtliche Rechtsform ändert nichts an der Geltung der Kompetenzverteilungsregeln des Grundgesetzes[202]. Die Grundregel für das Verhältnis zwischen den Ländern und dem Bund findet sich in Art. 30 GG. Die Ausübung der staatlichen Befugnisse und die Erfüllung der staatlichen Aufgaben obliegen danach den Ländern, soweit das Grundgesetz keine andere Regelung trifft oder zulässt. Nur soweit der Bund im Sinne des Art. 30 GG eine eigene Verwaltung zu errichten berechtigt ist, darf er auch eigene Stiftungen einrichten[203]. Mit Ausnahme der Stiftung Preußischer Kulturbesitz, deren Errichtung auf die Sonderregelung des Art. 135 Abs. 4 GG gestützt worden ist[204], sind bestehende Bundesstiftungen auf der verfassungsrechtlichen Grundlage des Art. 87 Abs. 3 GG errichtet worden[205]. Diese Norm kommt auch für die Stiftung Datenschutz als Rechtsgrundlage in Betracht.

1. Art. 87 Abs. 3 S. 1 GG als Ermächtigungsgrundlage zur Stiftungserrichtung

Art. 83 ff. GG verdeutlichen, dass der Grundsatz des Art. 30 GG auch im Bereich der Verwaltung gilt. Danach sind die Verwaltungssphären zwischen Bund und Ländern grundsätzlich auseinanderzuhalten, wobei im Zweifel eine Zuständigkeit der Länder besteht. Die Errichtung einer Stiftung wird allenfalls da möglich, wo dem Bund

---

200 *v. Campenhausen/Stumpf*, in: v. Campenhausen/Richter, Stiftungsrechtshandbuch, 4. Aufl. 2014, § 15 Rn. 7 ff.; *Gölz*, Die vom Staat gegründete Stiftung – Der Staat als Stifter und Anstifter, in: Strachwitz/Mercker, Stiftungen in Theorie, Recht und Praxis, 2005, S. 365 f.
201 *Schulte*, Grundfragen der Errichtung, Umwandlung und Auflösung von Stiftungen der öffentlichen Hand, in: Kohl/Kübler/Ott/Schmidt, GS Walz, 2008, S. 691.
202 BVerfG, Entscheidung vom 28. Februar 1961 – 2 BvG 1/60, 2 BvG 2/60 = BVerfGE 12, 205, 246, 253 (1. Rundfunkurteil).
203 *Fraatz-Rosenfeld*, Die Erfüllung öffentlicher Aufgaben durch staatliche Stiftungen, in: Mehde/Ramsauer/Seckelmann, FS Bull, 2011, S. 4.
204 BVerfG, Urteil vom 14. Juli 1959 – 2 BvF 1/58 –, BVerfGE 10, 20, 45 (Preußischer Kulturbesitz).
205 *Suerbaum*, in: Stumpf/Suerbaum/Schulte/Pauli, Stiftungsrecht, 2. Aufl. 2015, C Rn. 396.

zumindest eine Gesetzgebungskompetenz zukommt. Diese ist regelmäßig äußerste Grenze seiner Verwaltungskompetenz[206].

Es stellt sich somit zunächst die Frage, ob der Bund die Gesetzgebungskompetenz für die Bereiche hat, in denen die Stiftung tätig wird.

a. Gesetzgebungskompetenz für „Datenschutz"

Die Stiftung soll nach ihrem satzungsgemäßen Auftrag die Belange des Datenschutzes fördern. Für die Zweckverwirklichung sind konkrete Beispiele genannt: die Entwicklung eines Datenschutzaudits sowie eines Datenschutzauditverfahrens, die Stärkung der Bildung im Bereich des Datenschutzes, die Verbesserung des Selbstdatenschutzes durch Aufklärung und die Prüfung von Produkten und Dienstleistungen auf ihre Datenschutzfreundlichkeit.

Um die Prüfung klar zu erfassen, muss zunächst ihr Umfang herausgearbeitet werden. Es stellt sich daher vorab die Frage nach dem Prüfungsgegenstand. Geht es hier um die Regelungskompetenz für den „Datenschutz" als Oberbegriff, die – sofern sie vorliegt – die weiteren genannten Bereiche mit umfasst? Oder ist die Regelungskompetenz für jedes der aufgezählten Beispiele einzeln (und ggf. unabhängig voneinander) zu beurteilen?

Im Hinblick auf den Datenschutz als Oberbegriff fällt die Einordnung schwer. Datenschutz lässt sich nicht reibungslos in den Kompetenzkanon des Grundgesetzes einfügen[207]. Das Recht des Datenschutzes ist zwar mangels ausdrücklicher Kompetenzzuweisung grundsätzlich Sache der Länder, eine bundesgesetzliche Zuständigkeit kann sich jedoch kraft Sachzusammenhang insoweit ergeben, wie der Bund eine ihm zur Gesetzgebung zugewiesene Materie verständlicherweise nicht regeln kann, ohne dass die datenschutzrechtlichen Bestimmungen mitgeregelt werden[208]. Die Beurteilung der Gesetzgebungszuständigkeit muss deshalb im konkreten Regelungszusammenhang als Anknüpfungspunkt erfolgen.

Bei der Stiftung Datenschutz ist allerdings zu berücksichtigen, dass es bei ihren Aufgaben bei der Entwicklung eines Datenschutzaudits sowie eines Datenschutzauditverfahrens um Aufgaben geht, für die das BDSG eine Regelung enthält. Die eingangs gestellte Frage ist daher umzuformulieren: Es geht nicht um die Gesetzgebungskompetenz für die Materie Datenschutz als solche, sondern um die Bundeskompetenz, Regelungen im Bereich des § 9a BDSG zu treffen. Hierbei ist die Gesetzgebungskompetenz des Bundes schon wegen § 9a S. 2 BDSG nicht zu bestreiten[209]. Damit ist es der Bundesregierung auch unbenommen, eine Stiftung zu errichten, wel-

---

206 M.w.N. *Kirchhof*, in: Maunz/Dürig, GG Art. 83 Rn. 58.
207 *Simitis*, in: Simitis, BDSG Kommentar, 8. Aufl. 2014, § 1 Rn. 1.
208 Vgl. *Wagner*, in: BeckOK DatenSR, Landesdatenschutz Rn. 57.
209 So hat es auch bereits – zuletzt im Jahr 2009 – seitens der Bundesregierung Versuche gegeben, ein Datenschutzauditgesetz (DSAG) zu erlassen; dazu auch *Scholz*, in: Simitis, BDSG Kommentar, 8. Aufl. 2014, § 9a Rn. 40 ff. In landesgesetzlichen Regelungen finden sich

che die Rahmenbedingungen des § 9a BDSG weiterentwickelt und vereinheitlicht, auch wenn die in Satz 1 vorgesehene finale Prüfung und Bewertung (ohne Beleihung) unzulässig bleibt[210].

Dem entgegenstehend sieht *Wagner* bereits in der Entwicklung eines Datenschutzaudits sowie eines Datenschutzauditverfahrens durch die Stiftung Datenschutz, aufgrund einer möglichen Öffentlichkeits- und Breitenwirkung der Tätigkeit, eine Beeinträchtigung von Länderkompetenzen[211]. Als Begründung führt er an, dass die Stiftung Datenschutz, bei entsprechender Größe (die freilich noch nicht gegeben ist), mit ihren Feststellungen faktische Maßstäbe setzen könnte, die nicht zwangsläufig mit den Ansichten der Landesaufsichtsbehörden im Einklang stehen. Dadurch könnten Widersprüche zu den rechtlich verbindlichen Anordnungen und Maßnahmen der Datenschutzaufsichtsbehörden nach § 38 BDSG auftreten. Dies soll auch – wegen der vermeintlich großen Strahlkraft einer Bundesstiftung – gelten, obwohl die Stiftung Datenschutz gerade keine verbindlichen Regelungen und Entscheidungen treffen darf, sondern sich laut Satzung nur mit der Entwicklung eines Datenschutzaudits/Datenschutzauditverfahrens beschäftigt.

Dem Grunde nach ist der Einwand, die Stiftung könne die Unabhängigkeit der Aufsichtsbehörden gefährden, nicht unberechtigt. Allerdings ist dies weniger eine kompetenzrechtliche Problematik zwischen Bund und Ländern, sondern vielmehr eine Frage danach, wie weit selbstregulatorische Ansätze wie Datenschutzaudits und Gütesiegel überhaupt in die „absolute Unabhängigkeit" der Datenschutzaufsichtsbehörden eingreifen können[212]. Die Fragestellung wird daher an entsprechender Stelle dieser Arbeit behandelt[213].

b. Bundeskompetenz für Bildung

An dieser Stelle richtig verortet ist dagegen die Frage nach der Kompetenzverteilung zwischen Bund und Ländern für Bildung im Datenschutzbereich.

Die Kultushoheit und damit auch die Bildungskompetenzen liegen bei den Ländern. Davon ausgenommen sind die Bereiche der Ausbildungsbeihilfen (Art. 74 Abs. 1 Nr. 13 Alt. 1. GG), der (außerschulischen) beruflichen Bildung (Art. 74 Abs. 1 Nr. 11 bzw. Nr. 12 GG) und gegebenenfalls der frühkindlichen Betreuung (vgl. Art. 74 Abs. 1 Nr. 7 GG). Im Bereich der Wissenschaft bestehen hingegen konkurrierende Gesetzgebungskompetenzen nach Art. 74 Abs. 1 Nr. 13 GG (Forschungsförderung) und Art. 74 Abs. 1 Nr. 33 GG (Hochschulzulassung und

---

dagegen einige Auditierungsvorgaben, vgl. etwa § 43 Abs. 2 DSG SH, § 7b BremDSG, § 5 Abs. 2 DSG M-V, § 11c Bbg DSG und § 10a NRWDSG.
210 Dazu oben S. 46.
211 *Wagner*, DUD 2012, 825, 828.
212 Zum Verhältnis zwischen Gesetzgebung und selbstregulatorischen Ansätzen *Schröder*, ZD 2012, 418 ff.
213 Unten S. 114.

-abschlüsse)[214]. Auf dem Gebiet der schulischen Bildung haben die Länder ausschließliche Gesetzgebungsbefugnisse, wie sich aus Art. 23 Abs. 6 GG ergibt. Hat daher der Bund mit der Errichtung einer Stiftung, die Bildungsaufgaben im Datenschutzbereich wahrnimmt, seine Verwaltungskompetenz überschritten? Diese Frage wurde bereits von *Wagner* aufgeworfen[215].

Aufgrund der Bildungshoheit der Länder kommt nur eine ungeschriebene Bundeszuständigkeit in Betracht. Diese ist wiederum, gleich, ob man von Annexkompetenz oder Kompetenz kraft Natur der Sache spricht (oder gar nicht zwischen den Unterfällen unterscheidet[216]), an den Bezugsgegenstand geknüpft. Damit müsste die Frage, ob der Bund eine Bildungskompetenz im Bereich des Datenschutzes hat, jedenfalls dann negativ beantwortet werden, wenn ihm schon die Regelungskompetenz für den Datenschutz als solchen fehlen würde.

Wie oben aber bereits festgestellt, ist „Datenschutz" weder dem Bund noch den Ländern zugeordnet. Die Zuständigkeit des Bundes ist daher zwar begrenzt, kann aber dennoch kraft Sachzusammenhang bestehen. Deswegen stand es dem Bund aus kompetenzrechtlicher Sicht auch zu, mit dem BfDI ein neues, unabhängiges Bundesorgan im Organisationsbereich der Bundesregierung zu schaffen[217]. Eine ungeschriebene Kompetenz des Bundes ist folglich auch für Bildungsförderung im Datenschutz nicht grundsätzlich auszuschließen und bedarf weiterer Prüfung.

(1) Bestimmung der Aufgaben

Insofern bietet sich zunächst eine Bestimmung dahingehend an, welche Bildungsaufgaben überhaupt von der Stiftung satzungsgemäß wahrgenommen werden sollen. Die Satzung spricht in § 2 Abs. 1 von der Stärkung der Bildung im Bereich des Datenschutzes, die u. a. durch das Anbieten von Seminaren und branchenspezifischen Aufklärungsmaßnahmen verwirklicht werden soll.

Darüber hinaus äußerten sich einige Stimmen im Vorfeld der Errichtung zu den angedachten Bildungsaufgaben[218]. *Gisela Piltz* umschrieb das „Bereitstellen von Bildungsangeboten im Bereich Datenschutz" als Entwicklung von Strategien beim Umgang mit den eigenen persönlichen Daten, etwa durch Schulungen und Verbreitung von Informationsmaterial. Der föderalen Kompetenzordnung im Bereich Bildung sei Rechnung zu tragen und eine Zusammenarbeit mit der Kultusministerkonferenz sowie eine enge Kooperation mit der Arbeitsgruppe „Datenschutz und Bildung" der Datenschutzbeauftragten von Bund und Ländern anzustreben.

---

214 *Seckelmann*, ZRP 2013, 82 f.
215 *Wagner*, DUD 2012, 825, 828.
216 Wie auch das BVerfG, Urteil vom 27. Oktober 1998 – 1 BvR 2306/96, 1 BvR 2314/96, 1 BvR 1108/97, 1 BvR 1109/97, 1 BvR 1110/97 = NJW 1999, 841, 842 (Bayerisches Schwangerenhilfeergänzungsgesetz).
217 *Simitis*, in: Simitis, BDSG Kommentar, 8. Aufl. 2014, § 1 Rn. 15.
218 Zu den Stellungnahmen der einzelnen Stellen vgl. oben S. 12–15.

Der damalige Bundesbeauftragte für den Datenschutz und die Informationssicherheit, *Peter Schaar*, sprach sich dafür aus, dass die Stiftung als Aufgabe die Bildung in Richtung Selbstdatenschutz fördern solle. Der Antrag an die Bundesregierung zur Errichtung der Stiftung Datenschutz[219] zielte in Punkt 5 ebenfalls auf einen kooperativen Ansatz zwischen Bund und Ländern ab, indem von der Bundesregierung gefordert wurde, gemeinsam mit den Ländern die Arbeit der Stiftung Datenschutz im Bereich der schulischen wie außerschulischen Bildung und Aufklärung zu unterstützen.

Es zeigt sich, dass bei der Gründung der Stiftung Datenschutz durchaus klar war, dass die Stiftung bei Wahrnehmung von Bildungsaufgaben Kompetenzen der Länder tangiert. Wenn dieser Umstand aber bei der Erstellung der Satzung bewertet wurde, die „Stärkung der Bildung im Bereich des Datenschutzes" aber trotzdem Eingang in die Satzung fand, stellt sich die Frage, welche konkreten Maßnahmen zur Bildungsförderung der Stiftung Datenschutz überhaupt übrig bleiben, ohne dass Länderkompetenzen beschnitten werden.

(2) Begrenzung der Aufgabenwahrnehmung

Ohne Mitwirkung der Länder dürften sich die benannten Seminare und branchenspezifische Aufklärungsmaßnahmen allenfalls auf die Bereiche der (außerschulischen) beruflichen Bildung (Art. 74 Abs. 1 Nr. 11 bzw. Nr. 12 GG) beschränken. Maßnahmen der schulischen Bildung, bei denen die Länder die ausschließlichen Gesetzgebungskompetenzen haben (vgl. Art. 23 Abs. 6 GG), werden allerdings nur in enger Abstimmung mit den Ländern erfolgen dürfen. Eine Kompetenz des Bundes kraft „Natur der Sache" lässt sich hier nicht begründen, auch dann nicht, wenn der „Datenschutz" als überregionale Aufgabe verstanden wird[220]. In diesem Bereich bliebe nur noch Raum für (finanzielle) Fördermaßnahmen von Projekten der Länder im Bildungsbereich[221]. Zu beachten wäre dann allerdings das föderale Gleichbehandlungsgebot, das aus dem Bundesstaatsprinzip und dem allgemeinen Gleichheitsgrundsatz folgt[222]. Die föderale Gleichheit bewirkt zwar nicht die schematische Gleichheit, gebietet aber, dass vergleichbare Sachverhalte in allen Ländern gleich behandelt werden. Was die Projektförderung angeht, müsste die Stiftung Datenschutz ihre Förderentscheidungen daher an sachgerechten und überprüfbaren Merkmalen ausrichten.

---

219 Oben S. 18.
220 So schon BVerfG, Entscheidung vom 28. Februar 1961 – 2 BvG 1/60, 2 BvG 2/60 = NJW 1961, 547 ff. (1. Rundfunk-Urteil).
221 Zum Datenschutz als Bildungsaufgabe vgl. *Wagner*, in: BeckOK DatenSR, Landesdatenschutz, Rn. 83 ff.
222 BVerfG, Urteil vom 24. Juni 1986 – 2 BvF 1/83, 2 BvF 5/83, 2 BvF 6/83, 2 BvF 1/85, 2 BvF 2/85 = BVerfGE 72, 330 (Länderfinanzausgleich).

Unabhängig davon sollte es für die Stiftung Datenschutz auch möglich sein, sich auf dem Gebiet der Forschungsförderung i. S. d. Art. 74 Abs. 1 Nr. 13 GG zu betätigen[223].

c. Aufklärungs- und Informationsaufgaben

Die Stiftung Datenschutz soll satzungsgemäß die Produkte und Dienstleistungen auf ihre Datenschutzfreundlichkeit hin prüfen (§ 2 lit. d) der Satzung). Als Stiftung bürgerlichen Rechts bewegt sie sich damit nicht direkt im Bereich staatlicher Informationstätigkeit. Mit diesem Problemkreis hat sich sowohl Lehre als auch Rechtsprechung[224] umfassend auseinandergesetzt und dem Staat Grenzen aufgezeigt. Aber auch wenn die Informationstätigkeit durch eine private, jedoch staatlich organisierte und finanzierte, Organisationsform erfolgt, können diese Grundsätze nicht ausgeblendet werden[225]. Insbesondere für die Stiftung Warentest wurden von der Rechtsprechung Kriterien herausgebildet, nach denen ihre Äußerungen auch als „amtliche" Äußerungen zulässig sind[226].

Einen gedanklichen Schritt vorher zu klären ist jedoch die Frage, ob der Staat auch kompetenzrechtlich befugt ist, privatrechtliche Stiftungen zu gründen, die sich der Informationstätigkeit von Verbrauchern widmen. Dies wurde bei Gründung der Stiftung Warentest noch infrage gestellt, weil die Durchführung und Veröffentlichung von Warentests nicht als Aufgabe des Staates angesehen wurden[227]. Mittlerweile herrscht jedoch die allgemeine Ansicht vor, dass Verbraucherschutz durch Informationen auch als Staatsaufgabe anzusehen ist[228].

(1) Bundeszuständigkeit aus der „Staatsleitung zur gesamten Hand"

Aus der Einstufung als Staatsaufgabe folgt jedoch nicht gleichzeitig auch die Kompetenz des Bundes zur Erfüllung dieser Aufgabe. Geht man davon aus, dass Prüfun-

---

223 Auch die Satzung lässt dies zu. So ist in § 2 Abs. 1 S. 2 die Förderung der Wissenschaft und Forschung ausdrücklich genannt.
224 BVerfG, Beschluss vom 26. Juni 2002 – 1 BvR 558/91, 1 BvR 1428/91 = BVerfGE 105, 252 (Glykolwarnung); BVerfG, Beschluss vom 26. Juni 2002 – 1 BvR 670/91 –, BVerfGE 105, 279 (Osho-Bewegung); BVerwG, Urteil vom 23. Mai 1989 – 7 C 2/87 –, BVerwGE 82, 76 (Jugendsekte I); bestätigt durch BVerfG, Kammerbeschluss vom 15. August 1989 – 1 BvR 881/89 = NJW 1989, 3269; BVerwG, Urteil vom 07. Dezember 1995 – 3 C 23/94 = NJW 1996, 3161 (Veröffentlichung von Warentests durch eine Behörde); BVerwG, Urteil vom 18. April 1985 – 3 C 34/84 = BVerwGE 71, 183 (Arzneimitteltransparenzliste).
225 So für die Informationstätigkeit durch einen privaten Verein: BVerwG, Urteil vom 27. März 1992 – 7 C 21/90 = BVerwGE 90, 112; dazu *Badura*, JZ 1993, 37.
226 Dazu und ob dies auch für die Stiftung Datenschutz gilt unten S. 105 f.
227 BT-Drs. IV/2728, S. 2.
228 BVerfG, Beschluss vom 26. Juni 2002 – 1 BvR 558/91, 1 BvR 1428/91 = BVerfGE 105, 252, 269 und 273 f.; *Dolde*, ZHR 174 (2010), 517, 523.

gen von Produkten oder Dienstleistungen auf ihre Datenschutzfreundlichkeit stets länderübergreifenden Bezug aufweisen, ließe sich eine Kompetenzzuweisung aus der „Staatsleitung zur gesamten Hand" begründen[229]. Anderer Ansicht nach soll dadurch lediglich das Informationshandeln der Bundesregierung legitimiert werden können[230]. Im Anwendungsbereich des Art. 87 Abs. 3 S. 1 GG, der hier als Ermächtigungsnorm für die Stiftungserrichtung in Frage kommt, wird man jedoch zumindest fordern müssen, dass dem Bund eine Gesetzgebungskompetenz zukommt. Die Errichtungskompetenz steht in Bestand und Umfang akzessorisch zu den Zuständigkeiten des Bundesgesetzgebers, die dieser für eine Sachregelung hat[231]. Ob sich aus dem Gedanken der Staatsleitung zugleich auch eine ungeschriebene Gesetzgebungskompetenz ergibt, erscheint dagegen unklar.

Die ständige Staatspraxis scheint dafür zu sprechen, dass von einer entsprechenden Gesetzeskompetenz ausgegangen wird. Ohne dass dafür eine eindeutige verfassungsrechtliche Kompetenzzuweisung erkennbar ist, sind in der Vergangenheit vor allem im politischen Bereich einige Bundesstiftungen errichtet worden, die einem Informations- und Bildungsauftrag nachgehen[232]. Soweit ersichtlich, wurde in diesen Fällen eine Kompetenzzuweisung zumeist nicht angezweifelt[233].

Die Lehre begründet eine entsprechende Gesetzeskompetenz teilweise aus der „Staatsleitung zur gesamten Hand"[234]. Die Staatsleitung wäre demnach nicht allein auf exekutives Regierungshandeln beschränkt, sondern decke auch gesetzgeberisches Handeln ab. So argumentiert *Grigoleit*, dass es von staatspraktischen Zweckmäßigkeitserwägungen abhinge, ob die staatsleitenden Funktionen im Einzelfall durch Gesetz – und damit durch das Parlament – oder exekutiv durch die Bundesregierung gesteuert werden[235]. Die entsprechende Bundesgesetzgebungskompetenz müsse dann kraft Natur der Sache aus der Aufgabe der Staatsleitung folgen.

Nach der hier vertretenen Ansicht stößt ein derartig weites Verständnis des Staatsleitungsbegriffs jedoch nicht nur im Hinblick auf den Gewaltenteilungsgrundsatz auf

---

229 So für die Prüfung von bundesweit vertriebenen Produkten der Stiftung Warentest *Görisch*, JURA 2013, 883, 891.
230 *Schantz*, in: BeckOK DatenSR, BDSG § 9a Rn. 20.
231 *Jestaedt*, in: Umbach/Clemens GG, Bd. 2, 2002, Art. 87, Rn. 99.
232 In nicht abschließender Aufzählung seien hier etwa die „Bundeskanzler-Stiftungen" (Stiftung „Bundeskanzler-Adenauer-Haus", „Bundeskanzler-Willy-Brandt-Stiftung"), die Stiftung „Reichspräsident-Friedrich-Ebert-Gedenkstätte", die Stiftung „Bundespräsident-Theodor-Heuss-Haus", oder die „Otto-von-Bismarck-Stiftung" erwähnt. Auch wurde die (privatrechtliche) „Bundesstiftung Magnus Hirschfeld" errichtet, die insbesondere der Diskriminierung Homosexueller entgegenwirken soll.
233 Allerdings war dieser Punkt zumindest bei der „Bundesstiftung Magnus Hirschfeld" Gegenstand einer „Kleinen Anfrage", vgl. BT-Drs. 17/7448.
234 Zum Begriff *Friesenhahn*, VVDStRL 16 (1958), 37 f.
235 Zu dem Schluss und die Formel von *Friesenhahn* aufgreifend kommt *Grigoleit*, Bundesverfassungsgericht und deutsche Frage, 2004, S. 19 ff.

Bedenken. Darüber hinaus ist der Anwendungsbereich der Kompetenz kraft Natur der Sache von vornherein erheblich eingeengt[236] und kommt nur dort zum Tragen, wo eine landesgesetzliche Regelung a priori ausscheidet, also unmöglich ist[237]. Bei Aufklärungs- und Informationsaufgaben sind landesgesetzliche Regelungen aber durchaus denkbar.

(2) Art. 74 Abs. 1 Nr. 11 GG

Der Rückgriff auf ungeschriebene Gesetzgebungskompetenzen würde sich aber dann erübrigen, wenn bereits ein geschriebener Kompetenztitel vorliegen würde. Als solcher kommt hier Art. 74 Abs. 1 Nr. 11 GG in Betracht, der das Recht der Wirtschaft regelt. Inwieweit Aufklärungs- und Informationsaufgaben unter das Recht der Wirtschaft subsumiert werden können, erscheint auf den ersten Blick zweifelhaft. Allerdings ergibt sich bei Berücksichtigung der Rechtsprechung des Bundesverfassungsgerichts ein anderes Bild. So hat das Bundesverfassungsgericht ausgeführt, dass der Kompetenztitel zwar nicht direkt Aufklärungs- und Informationsaufgaben, wohl aber den Verbraucherschutz umfasst[238]. Dies muss zu dem Schluss führen, dass Aufklärungs- und Informationsaufgaben, sofern sie dem Verbraucherschutz dienen, ebenfalls umfasst sind. Durch Prüfung von Produkten und Dienstleistungen auf ihre Datenschutzfreundlichkeit fördert die Stiftung Datenschutz den Verbraucherschutz (vgl. auch § 2 Abs. 1 S. 1 und 2 der Satzung). Eine diesbezügliche Bundeskompetenz im Bereich der Gesetzgebung ist folglich gegeben[239].

d. Zwischenergebnis

Die Stiftung Datenschutz durfte auf Grundlage des Art. 87 Abs. 3 GG errichtet werden. Eine Erfüllung der Stiftungszwecke ist unter Wahrung der Kompetenzverteilungsregeln des Grundgesetzes möglich. Gleichzeitig erfolgt eine Beschränkung der Aufgaben insoweit, wie Länderkompetenzen tangiert werden. Für den Stiftungszweck Bildung hat dies zur Folge, dass schulische Datenschutzprojekte grundsätzlich nur als Maßnahmen der Länder gefördert werden dürfen, wobei dann eine Gleichbehandlung aller Bundesländer sichergestellt werden muss.

---

236 *Uhle*, in Maunz/Dürig, GG, § 70 Rn. 76.
237 BVerfG, Gutachten vom 16. Juni 1954 – 1 PBvV 2/52 = BVerfGE 3, 407, 422 (Baugutachten).
238 BVerfG, Beschluss vom 25. Juni 1969 – 2 BvR 128/66 = BVerfGE 26, 246, 254 (Ingenieurgesetz).
239 So auch für die Stiftung Warentest *Görisch*, JURA 2013, 883, 891.

2. Zentrale Erledigung der Aufgaben

Über die Gesetzgebungskompetenz hinaus ist im Rahmen des Art. 87 Abs. 3 Satz. 1 GG zusätzlich erforderlich, dass die Aufgaben auch sinnvoll durch den Bund erledigt werden können. So führt das Bundesverfassungsgericht aus, dass der Verwaltungsinitiative des Bundes eine Grenze gesetzt werden muss, weil sich nur bestimmte Sachaufgaben zur zentralen Erledigung eignen[240]. Art. 87 Abs. 3 S. 1 GG kann daher nur Anwendung finden, wenn durch einen bundesweit tätigen Verwaltungsträger Aufgaben sich zentral erledigen lassen[241]. Nach der hier vertretenen Ansicht muss sich das Erfordernis auch auf privatrechtliche Bundesstiftungen erstrecken. Folglich müssen die der Stiftung Datenschutz übertragenen Aufgaben für die zentrale Erledigung geeignet sein. Da es vorliegend nicht um aufsichtsbehördliche Tätigkeiten geht, ist im hier betroffenen Bereich nicht ersichtlich, aus welchem Grund die Förderung des Datenschutzes nicht zentral organisiert sein sollte. Im heutigen digitalen Zeitalter kann Datenschutz, zumindest im Sinne des Grundrechtsschutzes, nicht regional betrachtet werden. Das Recht auf informationelle Selbstbestimmung betrifft jeden Einzelnen und steht damit im überregionalen Kontext. Diese Einstufung erfordert daher auch eine zentrale Befassung.

3. Finanzverfassungsrechtliche Betrachtung

Geht man mit dem oben Gesagten von einer Bundeskompetenz zur Errichtung der Stiftung Datenschutz aus, stellt sich die weitergehende Frage, ob es dem Bund auch erlaubt wäre, die Stiftung finanziell zu fördern – etwa durch jährliche Zuschüsse im Rahmen einer institutionellen Förderung. Hierzu ist der Art. 104 a GG heranzuziehen, der die Konnexität zwischen Aufgaben- und Ausgabenverantwortung normiert. Aus der Norm ergibt sich, dass das Vorliegen einer Verwaltungskompetenz mit der Finanzierungsverantwortung einhergeht[242]. Die Vorschrift regelt neben der Verteilung der Finanzlasten auch Finanzierungsbefugnisse, indem sie dem Bund einen diesbezüglich zulässigen Rahmen setzt. So steht die Finanzierungskompetenz nach Art. 83 GG i. V. m. Art. 104 a GG grundsätzlich den Ländern zu, sofern das Grundgesetz nichts anderes bestimmt. Wurde aber die Verwaltungskompetenz auf den Bund übertragen, sodass der Bund eine Organisation nach Art. 87 Abs. 3 GG errichtet hat, kommt Art. 104 a GG i. V. m. Art. 87 Abs. 3 S. 1 GG zum Tragen, der dem Bund dann die Finanzierungskompetenz zuspricht[243].

---

240 BVerfG, Urteil vom 24. Juli 1962 – 2 BvF 4/61, 2 BvF 5/61, 2 BvF 1/62, 2 BvF 2/62 = BVerfGE 14, 197, 211 (Kreditwesen).
241 Für die Stiftung öffentlichen Rechts vgl. *Borchmann*, DÖV 1984, 881, 883.
242 *Robbers*, DVBl. 2011, 140.
243 Wohl anders, aber zumindest in Frage stellend *Dolde*, ZHR 174 (2010), 517, 523.

III. „Mischverwaltung" durch Ländervertreter im Beirat

Aus der grundgesetzlichen Kompetenzordnung nach Art. 30 und Art. 83 ff. GG folgt, dass die verfassungsrechtlich bestimmten Verwaltungsträger die Verantwortung für die ihr zugewiesenen Aufgaben ausüben müssen[244]. Dieser Grundsatz der selbstständigen Eigenverwaltung führt aber nicht zu einem vielfach zitierten „Verbot der Mischverwaltung"[245].

1. Eingrenzung des Begriffs

Eine Verwaltungsform, bei der Bundes- und Landesbehörden nacheinander und nebeneinander tätig werden, ist nicht immer unzulässig. Zum einen sieht bereits das Grundgesetz ausdrückliche Ausnahmen, wie etwa Art. 91a, 91b, 85 oder 108, vor[246]. Zum anderen wurde von der bundesverfassungsgerichtlichen Rechtsprechung ein „totales Verbot der Mischverwaltung" auch nie begründet[247]. Auch beim Fehlen einer verfassungsrechtlichen Ausnahmevorschrift ist eine Kooperation zwischen Bund und Ländern demnach denkbar.

Die Zulässigkeit einer Kooperation ist am Maßstab der allgemeinen Kompetenz- und Organisationsordnung des Grundgesetzes zu prüfen. Für die Prüfung wäre allerdings nur dann Raum, sofern man die Besetzung im Beirat durch Vertreter der Länder schon als Kooperation im o. g. Sinne qualifizieren kann. Denn für gewöhnlich wird die Kritik hinsichtlich des Vorwurfs einer verbotenen Mischverwaltung im Stiftungswesen an der Errichtung von Bund-Länder-Stiftungen festgemacht, nicht an der Besetzung der einzelnen Organe[248]. Nichtsdestotrotz kann auch schon das gemeinsame Treffen von Entscheidungen in gemeinsamen Entscheidungsgremien sog. „unechter"

---

244 BVerfG, Urteil vom 10. Mai 1960 – 1 BvR 190/58, 1 BvR 363/58, 1 BvR 401/58, 1 BvR 409/58, 1 BvR 471/58 = BVerfGE 11, 105, 125 (Familienlastenausgleich); BVerfG, Urteil vom 04. März 1975 – 2 BvF 1/72 = BVerfGE 39, 122 f. (Städtebauförderungsgesetz).
245 BVerfG, Beschluss vom 12. Januar 1983 – 2 BvL 23/81 = BVerfGE 63, 1, 36 ff.; BVerfG, Urteil vom 15. Juli 2003 – 2 BvF 6/98 = BVerfGE, 108, 169, 182; *Kirchhof*, in: Maunz/Dürig, GG, Art. 83 Rn. 88 f.; zum Ganzen monografisch auch *Küchenhoff*, Die verfassungsrechtlichen Grenzen der Mischverwaltung, 2010, S. 120 ff. und *Ronellenfitsch*, Die Mischverwaltung im Bundesstaat, 1975; mit einer Übersicht der bundesverfassungsgerichtlichen Rechtsprechung *Trapp*, DÖV 2008, 277 ff.
246 *Suerbaum*, in: BeckOK GG, Art. 83 Rn. 23.
247 *Kirchhof*, in: Maunz/Dürig, GG, Art. 83 Rn. 88; *Trapp*, DÖV 2008, 282.
248 Exemplarisch *Schulte*, Grundfragen der Errichtung, Umwandlung und Auflösung von Stiftungen der öffentlichen Hand, in: Kohl/Kübler/Ott/Schmidt, GS Walz, 2008, S. 691; *Müller*, Die Bundesstiftung, 2009, S. 103 f.; ganz anders dagegen *Weitemeyer*, in: MüKo BGB Bd. 1, 7. Aufl. 2015, § 80, Rn. 183, die privatrechtliche Stiftungen der öffentlichen Hand schon dem Grunde nach nicht der Verwaltung zuordnen will: „Was nicht Verwaltung ist, kann nicht einem Verbot der Mischverwaltung unterliegen".

gemeinsamer Einrichtungen eine Form des Zusammenwirkens sein[249]. Beispiele finden sich z. B. bei dem ZDF-Fernsehrat, der u. a. aus Vertretern von Bund und Ländern besteht (§ 21 Abs. 1 ZDF-StV[250]) oder dem Stiftungsrat der Stiftung Preußischer Kulturbesitz.

Auch der Beirat der Stiftung Datenschutz setzt sich nach § 11 Abs. 2 der Satzung aus bis zu neun Mitgliedern auf Vorschlag des Bundestages und bis zu vier Mitgliedern auf Vorschlag von Ländereinrichtungen in einem Beirat von insgesamt 34 Mitgliedern zusammen[251]. Die Ländervertreter machen insofern nur einen kleinen Anteil aus. Dennoch kann – zumindest, wenn Mischverwaltung als Verflechtung von Bund und Ländern jeglicher Art verstanden wird[252] – von einer „Mischverwaltung" ausgegangen werden.

2. Zulässigkeit ohne verfassungsrechtliche Ausnahme/Abgrenzung zur zulässigen Kooperation

Offen bleibt, ob die vorliegende „Mischverwaltung" auch unzulässig ist, da vorliegend keine der im Grundgesetz genannten Ausnahmen greift. Dem wäre dann zuzustimmen, wenn die Mischverwaltung als prinzipiell unzulässig und nur unter den im Grundgesetz ausdrücklich genannten Ausnahmen erlaubt wird. Ein solch enges Verständnis wäre jedoch problematisch, denn so würde ausgeblendet werden, dass „Mischverwaltung" verschiedene Ausgestaltungen haben kann. So können die Formen einer Vermischung besonders intensiv oder auch nur unwesentlich sein. Bei der Frage nach der Zulässigkeit ist daher eine Differenzierung geboten, der ein „Entweder-oder-Prinzip" nicht gerecht wird. Stattdessen ist eine Betrachtung und Abwägung im Einzelfall geboten, wie sie auch durch das Bundesverfassungsgericht am o. g. Maßstab vorgenommen wird. Daher muss nicht schon jede Form der „Mischverwaltung" zwangsläufig unzulässig sein, sondern erst dann, wenn gewisse Grenzen überschritten werden. Diese dürften verfassungsrechtlich erst dort beginnen, wo die eine Gliedkörperschaft in die organisatorische Selbstständigkeit, in die Aufgabenerfüllung

---

[249] Zum Begriff sowie differenzierend zwischen „echter" und „unechter" gemeinsamer Einrichtungen *Küchenhoff*, Die verfassungsrechtlichen Grenzen der Mischverwaltung, 2010, S. 120 ff.

[250] Auch das BVerfG hat in einem kürzlich ergangenen Urteil vom 25. März 2014 – 1 BvF 1/11, 1 BvF 4/11 = NVwZ 2014, 867 kein Wort zu einem möglichen Verbot der Mischverwaltung verloren, obwohl es in der Sache um die verfassungswidrige Zusammensetzung der Gremien – wenn auch aus anderen Gründen – ging.

[251] Diese sind im Einzelnen die Innenministerkonferenz der Länder, die Kultusministerkonferenz der Länder, die Datenschutzbeauftragten der Länder sowie die Datenschutzaufsichtsbehörden der Länder mit jeweils einem Mitglied.

[252] Zum Beispiel *Erichsen/Büdenbender*, NWVBl 2001, 161, 164.

oder in das Verwaltungsverfahren der anderen durch verbindliche Weisungen, Vetorechte o. ä. eingreifen und damit deren Integrität beeinträchtigen kann[253].

3. Beiratsmitglieder der Stiftung als zulässige Kooperationsform

Übertragen auf die Stiftung Datenschutz hat dies zur Folge, dass die Besetzung der Ländervertreter im Beirat dann unzulässig wäre, wenn die Länder etwa durch verbindliche Weisungen, Vetorechte oder Ähnliches auf Entscheidungen der Bundesstiftung Einfluss nehmen könnten. Dies ist vorliegend aber nicht der Fall.

Der Beirat an sich hat innerhalb der Stiftung nur eine beratende Funktion[254]. Faktisch kann er nach § 12 Abs. 5 der Satzung Entscheidungen nur verzögern, jedoch nicht endgültig beeinflussen. Beschlüsse des Beirats müssen nach § 12 Abs. 2 der Satzung in den meisten Fällen mit einfacher Mehrheit gefasst werden (einer Mehrheit von zwei Dritteln braucht es nur bei Entscheidungen über die Aufhebung der Stiftung, vgl. § 18 Abs. 2 S. 2 der Satzung).

Mit den vier Plätzen im Beirat können die Länder daher weder die einfache Mehrheit noch die Zwei Drittel-Mehrheit verhindern. Sie üben somit weder auf das Organ und erst Recht nicht auf die Stiftung einen Einfluss aus, der mit verbindlichen Weisungen oder Vetorechten vergleichbar wäre. Insofern ist in den Ländervertretern im Beirat keine unzulässige „Mischverwaltung", sondern eine zulässige Kooperation zu sehen.

4. Zwischenergebnis

Trotz Ländervertreter im Beirat liegt keine unzulässige „Mischverwaltung" vor. Da es in diesem Zusammenhang kein „Totalverbot" gibt, kommt es auf die konkreten Einflussmöglichkeiten der Länder im Einzelfall an. Dieser ist hier durch lediglich 4 Vertreter in einem 34-köpfigen Beirat eher gering. Die verfassungsrechtlich kritischen Grenzen dürften erst dort beginnen, wo die eine Gliedkörperschaft in die organisatorische Selbstständigkeit, in die Aufgabenerfüllung oder in das Verwaltungsverfahren der anderen durch verbindliche Weisungen, Vetorechte oder Ähnliches eingreifen und damit deren Integrität beeinträchtigen kann. Ein solcher Einfluss kommt den Ländervertretern im Beirat bei Weitem nicht zu.

---

253 *Kirchhof*, in: Maunz/Dürig, GG, Art. 83 Rn. 89.
254 Vgl. unten S. 78.

D. Grundrechtsberechtigung der Stiftung Datenschutz
I. Prinzipielle Grundrechtsberechtigung privater Stiftungen

Für rechtsfähige Stiftungen gilt – für solche des privaten Rechts unstreitig –, dass sie als juristische Personen im Sinne von Art. 19 Abs. 3 GG Träger von Grundrechten sein können und dadurch Grundrechtsschutz genießen[255]. Die private Organisationsform der Stiftung Datenschutz spricht daher zunächst für eine Grundrechtsberechtigung.

II. Auswirkungen aufgrund der staatlichen Stiftungserrichtung

Bei der Stiftung Datenschutz besteht allerdings die Besonderheit, dass hinter ihr ein staatlicher Stifter steht. Da die öffentliche Hand aber nicht Grundrechtsträger sein kann, zeichnet sich augenscheinlich ein Konflikt ab.

Die Stiftung wurde vom Bund ausdrücklich in privatrechtlicher Form gegründet. Sie ist daher keine Stiftung öffentlichen Rechts, sondern ein vom Staat geschaffenes Privatrechtssubjekt[256]. Weil die öffentliche Hand aber grundsätzlich nicht Grundrechtsträger sein kann, stellt sich die Frage, inwieweit die Grundrechtsberechtigung für die Stiftung Datenschutz gilt.

Innerhalb der Lehre finden sich hierzu zahlreiche, teilweise kontrovers umstrittene Positionen vor[257]. Von der einen Seite spricht sich ein Teil der Lehre, angeführt von *Muscheler*, prinzipiell gegen einen Grundrechtsschutz aus[258]. Ein solcher genereller Ausschluss wird insbesondere von *Hof* mit dem Argument kritisiert, dass der Staat die von ihm geschaffenen Stiftungen privaten Rechts nicht generell dem Grundrechtsschutz entziehen könne, da er, wenn er diese Rechtsform wählt, auch die daraus resultierenden rechtlichen Konsequenzen tragen müsse, zu denen die Grundrechte zählen[259]. In diese Richtung argumentiert auch *Schulte,* unter Verweis auf den Gleichbehandlungsgrundsatz[260].

Die letztere Argumentation ist im Ergebnis stimmig, denn einen völligen Ausschluss der Grundrechtsberechtigung kann es nicht geben. Als Mindestmaß muss jedenfalls der Grundrechtsschutz in speziellen „grundrechtstypischen Gefährdungsla-

---

255 BVerwG, Urteil vom 22. September 1972 – VII C 27.71 = BVerwGE 40, 347; *Schlüter/Stolte*, Stiftungsrecht, 3. Auflage 2016, S. 28.
256 Zu den unterschiedlichen Privatisierungsformen vgl. *Görisch*, JA 2013, 883, 886.
257 Für eine gute und umfangreiche Darstellung des Meinungsstands zum generellen Grundrechtschutz von Stiftungen s. *Neumann*, Das Ausweichen der öffentlichen Hand durch Stiftungsgründungen, 2005, S. 62 ff. (ab S. 74 in Bezug auf den öffentlich-rechtlichen Stifter).
258 Vgl. *Muscheler*, Sammelband Stiftungsrecht, 2. Aufl. 2011, S. 245, 250.
259 *Hof*, in: v. Campenhausen/Richter, Stiftungsrechtshandbuch, 4. Aufl. 2014, § 4 Rn. 108.
260 *Schulte*, Staat und Stiftung, 1989, S. 72 ff., 76.

gen" verbleiben[261]. Sogar innerhalb der mittelbaren Staatsverwaltung müsste er dann gegeben sein, wenn der Kernbereich der Selbstverwaltung betroffen ist[262].

Entscheidendes Kriterium ist damit die Autonomie der Stiftung vom Stifter, die im Einzelfall zu prüfen ist. Die grundrechtstypische Gefährdungslage ergibt sich dann, wenn die Stiftung dem Staat als selbstständiges Rechtssubjekt gegenübertreten kann und nicht in die Strukturen einer weisungsabhängigen Staatsorganisation eingebunden ist[263].

Dies muss bei Stiftungen privaten Rechts zu der grundsätzlichen Frage führen, wie diese denn überhaupt in eine weisungsabhängige Staatsorganisation eingebunden sein können, wo sie doch vom Grundprinzip her weisungsfeindliche Institutionen sind[264]. An dieser Stelle wird das Spannungsverhältnis zwischen Demokratie- und Rechtsstaatsprinzip deutlich, in dem sich jede privatrechtliche Stiftung mit öffentlich-rechtlichem Stifter befindet. Sofern also mit der hier vertretenen Auffassung die Rechtsfigur einer privatrechtlichen Stiftung mit öffentlich-rechtlichem Stifter nicht grundsätzlich abgelehnt wird, muss anerkannt werden, dass die Weisungsfeindlichkeit in gewissem Maße durchbrochen werden muss.

1. Zusammenhang zwischen Autonomie und Grundrechtsschutz

Um dem Demokratieprinzip Rechnung zu tragen, müssen der Stiftung gewisse Kontrollmechanismen auferlegt werden. Die Ausgestaltung der Stiftungsorganisation muss aber auch das Rechtsstaatsprinzip beachten, was die öffentliche Hand verpflichtet, nicht vom Numerus clausus der privatrechtlichen Organisationsformen abzuweichen[265]. Wenn eine Stiftung in die Strukturen einer weisungsabhängigen Staatsorganisation eingebunden ist, dürfte dies vom Numerus clausus nicht mehr gedeckt sein. Die Stiftung wäre dadurch im Kern ihrer Autonomie getroffen. Dies wäre mit Rechtssicherheit und Vertrauensschutz (vor allem der privaten Zustifter und Spender) als Ausprägungen des Rechtsstaatsprinzips nicht vereinbar[266].

Mit anderen Worten: Der Grundrechtsschutz kann nicht da aufhören, wo eine Stiftung ihn am meisten braucht. Wenn eine Stiftung Gefahr läuft, ihre Autonomie zu verlieren, erscheint es in besonderem Maße geboten, dass die Stiftung zur Abwehr auf ihre Grundrechte zurückgreifen kann.

---

261 *Enders*, in: BeckOK GG, Art. 19 Rn. 35.
262 M.w.N. *Neumann*, Das Ausweichen der öffentlichen Hand durch Stiftungsgründungen, 2005, S. 75.
263 *Hüttemann/Rawert*, in: Staudinger BGB, 2011, Vorbem. zu §§ 80 ff., Rn. 41.
264 M.w.N. *Schröder*, in: Hüttemann/Richter/Weitemeyer, Landesstiftungsrecht, 2011, Rn. 33.21.
265 *Schröder*, in: Hüttemann/Richter/Weitemeyer, Landesstiftungsrecht, 2011, Rn. 33.19; ausführlich dazu unten S. 73.
266 So auch *Muscheler*, Sammelband Stiftungsrecht, 2. Aufl. 2011, S. 250, der jedoch die von der öffentlichen Hand errichtete Stiftung bürgerlichen Rechts für generell unzulässig hält.

2. Reichweite des Grundrechtsschutzes

Der Grundrechtsschutz ist gegen die öffentliche Hand als Stifterin gerichtet. In etwa darf die Stifterin die ihrerseits errichtete Stiftung nicht ohne zwingende Notwendigkeit besonderen Kontrollen unterwerfen, denen andere privatrechtliche Stiftungen nicht unterliegen, weil hierbei der Grundrechtsschutz aus Art. 3 Abs. 1 GG mit dem Schutz vor übermäßigem staatlichen Eingriffen aus Art. 2 Abs. 1 GG und dem Grundsatz der Verhältnismäßigkeit ineinandergreift[267].

Damit kommt es offenkundig zur Kollision von Stifterwille und Stiftungsautonomie. Auf den ersten Blick erscheint dieses Ergebnis befremdlich, denn der Stifterwille ist grundsätzlich oberstes Gebot für die Stiftung. Dennoch steht die Stiftung – auch gegenüber dem Stifterwillen – nicht schutzlos da[268]. Gerade wenn der Stifter die öffentliche Hand ist, ist er über Art. 1 Abs. 3 GG an die Beachtung der Grundrechte gebunden. Der Stifterwille muss insoweit eine Grenze erfahren, weil auch die eigene Stiftung ihm nach der Errichtung als Rechtssubjekt gegenübersteht[269].

3. Grundrechtsberechtigung durch Private in den Stiftungsorganen?

Nach der hier vertretenen Auffassung ist die Stiftung selbst Trägerin von Grundrechten. Insoweit kommt es auf die Grundrechtsberechtigung der einzelnen Organmitglieder und einer damit ggf. verbundenen Ausweitung der Grundrechtsberechtigung auf die Stiftung als eigenständige Rechtsperson nicht an.

Sofern man einen solchen „Durchgriff" zulassen will[270], kämen hier die Beiratsmitglieder als Anknüpfungspunkt in Betracht, da diese teilweise als Privatpersonen gem. § 11 Abs. 2 der Satzung durch den Verwaltungsrat in den Beirat berufen werden. Vor diesem Hintergrund fraglich bleibt, ob durch die Grundrechtsträger im Beirat tatsächlich auch eine Grundrechtsberechtigung für die Stiftung als juristische Person entsteht, zumal für die Beiräte auch die allgemein für natürliche Personen geltenden

---

267 Für eine Übersicht der Rechtsprechung zum allgemeinen Grundrechtsschutz der Stiftung s. *Werner* in: Werner/Saenger, Die Stiftung, 2008, S. 19.

268 Vgl. den Rechtsstreit der Stiftung Volkswagen (mittlerweile VolkswagenStiftung) mit dem Rechnungshof des Landes Niedersachsen, BVerwG, Urteil vom 28. Februar 1986 – 7 C 42/82 = DÖV 1986, S. 518 ff.; dazu eingehend *Hof*, in: v. Campenhausen/Richter, Stiftungsrechtshandbuch, 4. Aufl. 2014, § 4 Rn. 151 ff.

269 *Hof*, in: v. Campenhausen/Richter, Stiftungsrechtshandbuch, 4. Aufl. 2014, § 4 Rn. 153; anders insb. *Muscheler*, Sammelband Stiftungsrecht, 2. Aufl. 2011, S. 250.

270 So *Scholz/Langer*, Stiftung und Verfassung, 1990, S. 37; kritisch *Görisch*, JA 2013, S. 883, 888; *Neumann*, Das Ausweichen der öffentlichen Hand durch Stiftungsgründungen, 2005, S. 70.

Grundsätze anwendbar sind[271]. Zumindest mit der hier vertretenen Auffassung der Stiftung als Grundrechtsträgerin fehlt es insoweit an der Notwendigkeit.

E. Ergebnis Kapitel 1

Die Betrachtung aus verfassungsrechtlicher Perspektive hat zunächst ergeben, dass der Bund dem Grunde nach befugt ist, auch privatrechtliche Stiftungen zu gründen. Für die Rechtsform Stiftung als solche gibt es tragende Argumente, vor allem im Hinblick auf die Außenwahrnehmung und die steuerlichen Vorteile. Ob es wirklich nachvollziehbare Gründe dafür gibt, eine staatliche Stiftung privatrechtlich auszugestalten, ist zweifelhaft, da in der Regel und auch bei der Stiftung die Unterschiede zur Stiftung öffentlichen Rechts weitgehend durch Satzungsregelungen angeglichen werden. Rechtlich sauberer erscheint daher gleich der Rückgriff auf die öffentlich-rechtliche Form, zumal dem Außenstehenden der Unterschied kaum geläufig sein dürfte.

Unabhängig von der öffentlich- oder privatrechtlichen Ausgestaltung sind bei der Stiftungserrichtung die Kompetenzstrukturen von Bund und Ländern zu beachten. Vor diesem Hintergrund war die Errichtung der Stiftung Datenschutz auf Grundlage des Art. 87 Abs. 3 GG zulässig. Verfassungsrechtlich zulässig ist weiterhin auch die Vertretung der Länder im Beirat, da sich deren Einfluss mit lediglich 4 von 34 Plätzen stark in Grenzen hält. Problematisiert wurde darüber hinaus die Grundrechtsfähigkeit der Stiftung, die hier aufgrund des staatlichen Stifters besonders infrage steht. Unter gewissen Umständen wird man der Stiftung jedoch Grundrechtsschutz zubilligen müssen, insbesondere dann, wenn ihre Autonomie in unverhältnismäßigem Maß eingeschränkt wird.

---

271 *Hof*, in: v. Campenhausen/Richter, Stiftungsrechtshandbuch, 4. Aufl. 2014, § 4 Rn. 225; zu Rechtsnatur und Durchsetzbarkeit organschaftlicher Rechte *Burgard*, Gestaltungsfreiheit im Stiftungsrecht, S. 432 ff.

Kapitel 2

Stiftungsrechtliche Würdigung

Kern des nachfolgenden Kapitels ist die Untersuchung des Errichtungsvorgangs der Stiftung Datenschutz und der Inhalt ihrer Satzung. Neben dem nicht unproblematischen Stiftungsgeschäft ohne Errichtungsgesetz, werden insbesondere die Stiftungsorganisation und das Stiftungsvermögen thematisiert, wo jeweils erhebliche strukturelle Mängel aufgezeigt werden können. Dies führt zur nachfolgenden Frage, ob die Anerkennung der Stiftung unter diesen Voraussetzungen rechtmäßig erfolgen konnte.

A. Errichtung der Stiftung Datenschutz

I. (Vorgelagerte) Treuhandstiftung

Die Stiftung Datenschutz wurde über den „Umweg" einer zivilrechtlichen Treuhandstiftung errichtet[272]. Unter einer Treuhandstiftung – der dogmatisch korrektere Ausdruck ist „Nichtrechtsfähige Stiftung"[273] – versteht man die „Übertragung von Vermögenswerten auf eine natürliche oder juristische Person mit der Maßgabe, diese als ein vom übrigen Vermögen des Empfängers getrenntes wirtschaftliches Sondervermögen zu verwalten und dauerhaft zur Verfolgung der vom Stifter gesetzten Zwecke zu verwenden"[274]. Eine Treuhandstiftung als Vorstufe einer selbstständigen Stiftung zu gründen ist bei der öffentlichen Hand als Geldgeber dann eine einschlägige Konstruktion, wenn Haushaltsmittel gebunden werden sollen, um später in eine selbstständige Stiftung überführt zu werden. Praktisch von Bedeutung wird dies dann, wenn der Zeitraum für eine Stiftungsgründung das Haushaltsjahr überschreitet[275]. Diese Umstände lagen auch im Vorfeld der Errichtung der Stiftung Datenschutz vor: Aufgrund sich hinziehender Abstimmungsprozesse konnte die Errichtung nicht mehr im Jahre 2011 erfolgen, sodass zunächst eine Treuhandstiftung zur Verwaltung des Stiftungsvermögens gegründet wurde. Dies erfolgte durch Übertragung des späteren Stiftungsvermögens an den Stifterverband für die Deutsche Wissenschaft e. V. zur treuhänderischen

---

272 Zur Gründungsgeschichte oben S. 20.
273 Dazu vgl. *Schlüter/Stolte*, Stiftungsrecht, 3. Aufl. 2016, S. 94 ff.
274 BGH, Urteil vom 12. März 2009 – III ZR 142/08 = ZEV 2009, 410, 411; zum Ganzen auch *Hof*, in: v. Stiftungsrechtshandbuch, 4. Aufl. 2014, § 36 Rn.1 ff.
275 *Neumann*, Das Ausweichen der öffentlichen Hand durch Stiftungsgründungen, 2005, S. 40.

Verwaltung mit dem Zweck, dieses auf die Stiftung Datenschutz zu übertragen, sobald sie errichtet wäre. Praktisch gestaltet sich diese „Umwandlung" folglich in zwei rechtlichen Schritten: Zunächst wird die neue rechtsfähige Stiftung errichtet; sodann wird die Treuhandstiftung aufgelöst und ihr Vermögen auf die rechtsfähige Stiftung übertragen[276].

II. Stiftungsgeschäft

Zur Entstehung einer privatrechtlichen Stiftung ist ein Stiftungsgeschäft nach § 80 Abs. 1 BGB sowie die Anerkennung durch die jeweils landesrechtlich zuständige Behörde notwendig. An der Zuständigkeit der Landesstiftungsbehörde ändert sich auch dann nichts, wenn der Bund Stifter ist[277]. Dem Staat als Stifter wird dabei grundsätzlich derselbe Dispositionsspielraum zugestanden wie einer Privatperson, sodass auch für ihn die privatrechtlichen Gesichtspunkte maßgeblich sind[278]. Ihm wird insoweit die Stifterfähigkeit zugesprochen. Die §§ 80, 81 BGB gelten uneingeschränkt.

Demnach ist das Stiftungsgeschäft eine einseitige, nicht empfangsbedürftige Willenserklärung[279], die nach § 81 Abs. 1 BGB der schriftlichen Form bedarf. Als Grundlage dazu dient ihre Satzung bzw. Stiftungsverfassung (so die Terminologie in § 85 BGB). Diese bedarf ebenfalls der Schriftform und muss den gesetzlichen Mindestinhalt nach § 81 Abs. 1 S. 3 BGB regeln. Demnach muss jede Satzung die Elemente Name, Sitz, Zweck, Vermögen und die Bildung des Vorstands der Stiftung enthalten.

Wird die öffentliche Hand als Stifter tätig, geschieht dies teilweise im Akt förmlicher Rechtssetzung, wie z. B. bei der VolkswagenStiftung durch förmlichen Vertrag zwischen Bund und Land Niedersachsen oder bei der Stiftung „Mutter und Kind" durch ein Bundesgesetz[280]. Bei der Stiftung Datenschutz dagegen wurde auf einen Akt förmlicher Rechtssetzung verzichtet.

1. Parlamentsbeschluss

Die Errichtung der Stiftung Datenschutz erfolgte (lediglich) aufgrund eines Parlamentsbeschlusses[281]. Nachdem mit den Stimmen der Koalition CDU/CSU/FDP gegen die Stimmen der Opposition positiv über den Antrag abgestimmt worden war, wurde das Stiftungsgeschäft vorgenommen. Zuvor war die Errichtung in der Koalitionsvereinbarung 2009 festgelegt worden.

---

276 Zur sog. „Umwandlung" s. *Schlüter/Stolte*, Stiftungsrecht, 3. Aufl. 2016, S. 112 ff.
277 *Weitemeyer*, in: MüKo BGB Bd. 1, 7. Aufl. 2015, § 80 Rn. 184.
278 *Werner*, in: Werner/Saenger, Die Stiftung, 2008, Rn. 270.
279 *Hof*, in: v. Campenhausen/Richter, Stiftungsrechtshandbuch, 4. Aufl. 2014, § 6 Rn. 11.
280 *Hof*, in: v. Campenhausen/Richter, Stiftungsrechtshandbuch, 4. Aufl. 2014, § 6 Rn. 19.
281 Vgl. Plenarprotokoll 17/187 und den zugehörigen Antrag BT-Drs. 17/10092.

2. Institutioneller Gesetzesvorbehalt

a. Meinungsstand

Der Errichtung lag folglich kein Errichtungsgesetz zugrunde. Ob die Errichtung einer Stiftung der öffentlichen Hand ohne Errichtungsgesetz überhaupt möglich ist, mit anderen Worten ob bzw. inwieweit der institutionelle Gesetzesvorbehalt aus Art. 87 Abs. 3 GG auch für staatliche Stiftungen des privaten Rechts gilt, ist bisweilen umstritten und mitunter unübersichtlich[282].

Zahlreiche Stimmen[283] plädieren für die generelle Notwendigkeit eines Errichtungsgesetzes, wobei die Begründungen teilweise unterschiedlich ausfallen. *Fraatz-Rosenfeld* bspw. wendet den Art. 87 Abs. 3 S.1 GG entsprechend auf privatrechtliche Stiftungen an und begründet dies mit der Normhistorie[284]. Andere Meinungen fordern den Gesetzesvorbehalt unter dem Gesichtspunkt der Wesentlichkeitstheorie[285], zumindest wenn eine Übertragung von staatlichen Aufgaben auf die Stiftung erfolgt[286] oder die Stiftung eine gewisse Größe hat[287]. Nach *Ehlers* findet der Gesetzesvorbehalt seinen Ursprung in einer möglichst lückenlosen demokratischen Legitimierung und Kontrolle aller Staatstätigkeit durch die demokratisch gewählte Volksvertretung[288]. Die Organisationsgewalt der Exekutive könne nicht so weit gehen, gänzlich auf einen Gesetzesvorbehalt zu verzichten, insbesondere wenn die Rechtsstellung Dritter tangiert wird. Vor diesem Hintergrund plädieren *Schulte* und *Kilian* für die Einführung eines allgemeinen Gesetzesvorbehalts, dem mit einem allgemeinen Bundesstiftungsgesetz Genüge getan wäre[289].

Nach anderer Ansicht soll in diesem Zusammenhang schon eine „Modellvorschrift" genügen – wie § 65 BHO für den Bund. Mit deren Erlass habe sich der Ge-

---

282 Für eine umfassende Übersicht der einzelnen Stimmen vgl. *Kaluza*, Die Stiftung privaten Rechts als öffentlich-rechtliches Organisationsmodell, 2010, S. 73 ff.; gänzlich anders *Weitemeyer*, in: MüKo BGB Bd. 1, 7. Aufl. 2015, § 80 Rn. 183, die den Streit für hinfällig hält, da sie den Einsatz der privatrechtlichen Stiftung als Verwaltungsträgerin prinzipiell ausschließt.
283 Zu diesem Ergebnis kommt insb. *Gölz*, Der Staat als Stifter, 1999, S. 259; so auch *Neumann*, Das Ausweichen der öffentlichen Hand durch Stiftungsgründungen, 2005, S. 128 f., dort m.w.N. in Fn. 473.
284 *Fraatz-Rosenfeld*, Die Erfüllung öffentlicher Aufgaben durch staatliche Stiftungen, in: Mehde/Ramsauer/Seckelmann, FS Bull, 2011, S. 11.
285 Zur „Wesentlichkeitstheorie" (und deren Überkommenheit) vgl. *Kirchhof*, in: Maunz/Dürig, GG, Art. 83 Rn. 33.
286 Für viele vgl. *Fiedler*, Staatliches Engagement im Stiftungswesen, 2004, S. 102.
287 M.w.N. *Kilian*, in: Werner/Saenger, Die Stiftung, 2008, S. 687; dem entspricht auch, dass große Stiftungen wie die VolkswagenStiftung oder die Deutsche Bundesstiftung Umwelt aufgrund von Spezialgesetzen errichtet wurden.
288 *Ehlers*, Verwaltung in Privatrechtsform, 1984, S. 272.
289 *Schulte*, Der Staat als Stifter, 1999, S. 69; *Kilian*, in: Bellezza/Kilian/Vogel, Der Staat als Stifter, 2003, S. 91.

setzgeber jedenfalls entschieden, solche Einrichtungen zuzulassen, sofern die entsprechenden gesetzlichen Tatbestandsvoraussetzungen vorliegen[290]. Dem scheint auch die Staatspraxis zu folgen und fordert den Gesetzesvorbehalt nur bei juristischen Personen des öffentlichen Rechts[291]. Daran ändern auch die Errichtungsgesetze für die privatrechtliche Stiftungen wie bei der Stiftung „Deutsche Bundesstiftung Umwelt" nichts, da auf der anderen Seite nicht weniger Beispiele ohne Errichtungsgesetz benannt werden können (etwa Stiftung caesar, zuletzt Magnus Hirschfeld Stiftung oder auch die Stiftung Datenschutz).

b. Stellungnahme

Ist die Stiftung Datenschutz, da ohne spezielles Errichtungsgesetz entstanden, folglich in rechts- oder sogar verfassungswidriger Weise gegründet worden? Nach den oben dargestellten Ansichten wäre dies jedenfalls dann der Fall, wenn ein materieller Totaltvorbehalt verlangt wird. Dieser wird jedoch mit der allgemeinen Ansicht abzulehnen sein[292]. Ein derartig starres Verständnis wäre mit der Vielfältigkeit des Verwaltungshandelns heutiger Zeit nicht vereinbar. Insofern ist hier eine Abwägung im Einzelfall vorzunehmen.

Betrachtet man die ausschlaggebenden Argumente für ein Errichtungsgesetz, bleibt – unter dem Strich – der Ruf nach der demokratischen Legitimation für die Stiftungserrichtung stehen. Die Errichtung soll nicht nur in das Ermessen der Exekutive gestellt werden, gerade dann, wenn Rechte Dritter verletzt werden können. Doch auch wenn diese Bedenken im Kern geteilt werden, bleibt unklar, warum die Herstellung der demokratischen Legitimation lediglich auf das Vorhandensein eines Errichtungsgesetzes beschränkt werden sollte. Insbesondere ist vor diesem Hintergrund nicht ersichtlich, inwieweit dem Legitimationserfordernis nicht auch durch (einfachen) Parlamentsbeschluss genüge getan werden könnte. Dafür spricht, dass die Legitimationskette auch dann lückenlos gegeben wäre, zumindest, wenn der Abstimmung bereits die konkrete Stiftungssatzung zugrunde liegt und somit klar ist, welche konkrete Ausgestaltung die Stiftung erfahren wird.

Ein derartiger Parlamentsbeschluss dürfte im Hinblick auf die demokratische Legitimation keine nennenswerten Unterschiede zu einem Errichtungsgesetz ausmachen. Dies gilt insbesondere bei Berücksichtigung des Umstandes, dass der Inhalt des Errichtungsgesetzes im freien Ermessen des Gesetzgebers stehen soll[293]. So haben in den Fällen von privatrechtlichen Stiftungen, welchen Errichtungsgesetze zugrunde lagen, diese nur sehr wenige Bestimmungen enthalten und keine nennenswerte parla-

---

290 M.w.N. *Kilian*, in: Werner/Saenger, Die Stiftung, 2008, S. 730.
291 *Badura*, Die organisatorische Gestaltungsfreiheit des Staates und die juristischen Personen des öffentlichen Rechts, in: FS zum 50-jährigen Bestehen des Bayerischen Verfassungsgerichtshofs, S. 11 f.
292 *Kirchhof*, in: Maunz/Dürig, GG, Art. 83 Rn. 33.
293 *Müller*, Die Bundesstiftung, 2009, S. 133.

mentarische Kontrolle sichergestellt[294]. Bei derartig geringem Inhalt[295] droht das Erfordernis nach einem Errichtungsgesetz zum reinen Formalismus zu verkommen. Zumindest ist kein qualitativer Unterschied zu einem Parlamentsbeschluss ersichtlich. Insofern dürfte die Gründung der Stiftung Datenschutz in rechtlich zulässiger Art und Weise erfolgt sein.

III. Name der Stiftung

Der obligatorische Name jeder Stiftung ist vorliegend gem. § 1 Abs. 1 der Satzung „Stiftung Datenschutz". Damit wurde der Stiftungszweck „Förderung der Belange des Datenschutzes" bereits sichtwortartig umrissen[296]. Freilich ließe sich hinsichtlich der Begrifflichkeit überlegen, ob der Begriff „Datenschutz" nicht besser durch eine andere Terminologie ersetzt worden wäre. So warf *Schneider* die Frage auf, ob nicht, im Hinblick auf das eigentliche Schutzgut und die bessere Vergleichbarkeit im internationalen Kontext („Privacy"), besser von „Persönlichkeitsrecht" oder „Privatsphäre" gesprochen werden sollte[297]. Diese Einwände sind nicht neu und betonen den Gesichtspunkt der allgemeinen Ungenauigkeit des Begriffs „Datenschutz", der nicht unbedingt als glückliche Wortwahl gilt[298]. Da der Begriff jedoch seit nunmehr guten 50 Jahren benutzt wird und sich auch in zahlreichen Gesetzen und Einrichtungen wiederfindet, scheint bei der Namensfindung die einzig richtige Wahl getroffen worden zu sein[299].

Darüber hinaus dürfte es auch sicherlich nicht falsch sein, die Stiftung Datenschutz als Bundesstiftung zu bezeichnen, da die Bezeichnung „Stiftung" an sich nicht geschützt ist[300] und zudem alle Eigenschaften einer Bundesstiftung vorliegen[301].

---

294 *Neumann*, Das Ausweichen der öffentlichen Hand durch Stiftungsgründungen, 2005, S. 123.
295 So z.B. das Gesetz zur Errichtung der Stiftung „Deutsche Bundesstiftung Umwelt", wo lediglich die Aufgaben der Stiftung rudimentär beschrieben werden.
296 Ähnlich wie z.B. bei „Deutsche Bundestiftung Umwelt" oder „Stiftung Mutter und Kind".
297 Deutscher Anwaltverein e. V., Eckpunktepapier zur Stiftung Datenschutz, 9. Dezember 2009, S. 26, 49.
298 Dazu *Simitis*, in: Simitis BDSG, 8. Aufl. 2014, Einleitung Rn. 2; ausführlich zum Grundbegriff „Datenschutz" vgl. *v. Lewinski*, Die Matrix des Datenschutzes, 2014.
299 Obwohl eine „Stiftung Privacy" sicherlich eine gewisse Fortschrittlichkeit signalisieren würde (was gerade vor dem Hintergrund des stiftungsrechtlichen Ewigkeitsgedanken, durchaus einen gewissen Reiz ausstrahlen kann).
300 Oben S. 42.
301 Oben S. 27.

IV. Sitz der Stiftung

Der Sitz der Stiftung ist zum einen eine gesetzliche Mindestanforderung an die Satzung gem. § 81 Abs. 1 Nr. 2 BGB, zum anderen legt er fest, welches Stiftungsgesetz zur Anwendung kommt, welche Behörde örtlich zuständig ist und wo sich der Gerichtsstand der Stiftung (§ 17 ZPO) befindet[302]. Nach § 1 Abs. 2 der Satzung der „Stiftung Datenschutz" hat diese ihren Sitz in Leipzig. Folglich ist das sächsische Stiftungsgesetz anwendbar, sodass gem. § 3 Abs. 1 SächsStiftG die sächsische Landesdirektion die zuständige Aufsichtsbehörde ist.

B. Stiftungszweck

I. Begriff

Der Stiftungszweck ist das fundamentale Element einer Stiftung und daher bereits von Gesetzes wegen zwingender Inhalt der Stiftungssatzung (§ 81 Abs. 1 S. 3 Nr. 3 BGB). Durch den Stiftungszweck wird der Wille des Stifters in der Satzung verkörpert, sodass man in der Literatur auf die metaphorischen Bezeichnungen als „Seele" oder „Herzstück" der Stiftung stößt[303]. Hat der Stifter den Zweck nicht bestimmt, so sind Stiftungsgeschäft und Satzung unwirksam[304]. § 81 Abs. 2 BGB erfordert die dauernde und nachhaltige Erfüllung des Zwecks, was bei einer Verbrauchsstiftung[305] erst ab einem Mindestbestehen von 10 Jahren angenommen wird. Nach Anerkennung der Rechtsfähigkeit steht der Zweck, weder für den Stifter noch für die Stiftungsorgane, zur Disposition und kann nur noch nach Maßgabe des § 87 BGB oder auf Grundlage entsprechender Öffnungsklauseln in der Satzung geändert werden.

II. Abgrenzung zu den Errichtungsmotiven

Abzugrenzen ist der Stiftungszweck von den Errichtungsmotiven, die der Stifter mit der Stiftung verfolgt. Diese können bei einem privaten Stifter etwa der Wunsch sein, den eigenen Namen in die Zukunft tragen zu lassen oder sein Vermögen auf Dauer zu sichern[306]. Naturgemäß ist die Motivationslage damit anders gelagert als bei der öf-

---

302 *Hof*, in: v. Campenhausen/Richter, Stiftungsrechtshandbuch, 4. Aufl. 2014, § 6 Rn. 163.
303 *Schwarz*, DStR 2002, 1718, 1722.
304 *Hof*, in: v. Campenhausen/Richter, Stiftungsrechtshandbuch, 4. Aufl. 2014, § 6 Rn. 163.
305 Zur grundsätzlichen Zulässigkeit der Verbrauchsstiftung: *Segna*, JZ 2014, 126 ff.
306 *Hof*, in: v. Campenhausen/Richter, Stiftungsrechtshandbuch, 4. Aufl. 2014, § 7 Rn. 183.

fentlichen Hand als Stifterin[307]. Für die Stiftung Datenschutz wurde herausgearbeitet, dass die Stifterin ein öffentlichkeitswirksames Ausrufezeichen für den Datenschutz setzen wollte.

III. Zweck(e) der Stiftung Datenschutz

Der Stiftungszweck der Stiftung Datenschutz besteht darin, die Belange des Datenschutzes zu fördern. Diese zunächst weite Konturierung[308] wird dadurch eingegrenzt, dass gleichzeitig eine Aufzählung von konkreteren Aufgaben erfolgt. So soll die Förderung insbesondere durch die Entwicklung eines Datenschutzaudits sowie eines Datenschutzauditverfahrens, die Stärkung der Bildung im Bereich des Datenschutzes, die Verbesserung des Selbstdatenschutzes durch Aufklärung und die Prüfung von Produkten und Dienstleistungen auf ihre Datenschutzfreundlichkeit erfolgen[309]. Durch die Formulierung „insbesondere" soll regelmäßig ein möglichst weiter Aktionsradius erhalten bleiben, in dem der zunächst weite Zweck in mehrere bestimmte Stiftungszwecke aufgegliedert wird. Die Angabe mehrerer Zwecke ist im Prinzip zulässig[310], wobei teilweise die gleichzeitige Angabe gefordert wird, in welcher Reihenfolge die Stiftungszwecke im Konkurrenzfall zu verfolgen sind[311].

Zustimmungswürdig erscheint eine Angabe der Reihenfolge allenfalls dann, wenn die Stiftungszwecke (als „gemischte Stiftung") nebeneinander stehen. In dem Fall besteht tatsächlich das Risiko, dass aufgeführte Stiftungszwecke, durch Entscheidung der Stiftungsorgane, vernachlässigt werden, obwohl der Stifterwille eine gleichrangige Verfolgung beabsichtigte. Wird aber – wie vorliegend – ein weiter (Ober-) Zweck genannt und lediglich durch bestimmte (Unter-)Zwecke konkretisiert, wird der (Ober-)Zweck jedenfalls verfolgt, auch wenn einer der (Unter-)Zwecke vernachlässigt werden sollte. Insoweit erscheint es gerechtfertigt, die Wahl des konkret zu verfolgenden (Unter-)Zwecks den Stiftungsorganen zu überlassen, zumal es durchaus Umstände geben kann, welche die Wahl von vornherein auf bestimmte (Unter-)Zwecke beschränken. So ist es auch der Stiftung Datenschutz aufgrund eines unterdimensionierten Stiftungsstocks bis dato nicht möglich, alle satzungsgemäßen Aufgaben zu verfolgen[312]. Dies betrifft die unter § 2 Abs. 1 S. 1 lit. a) und d) genannten Aufgaben

---

307 Zu den sog. „Vermeidungsstrategien" s. *Kilian*, in: Werner/Saenger, Die Stiftung, 2008, S. 678.
308 Zu den Grenzen einer weiten Zwecksetzung vgl. BGH, Urteil vom 03. März 1977 – III ZR 10/74= BGHZ 68, 142 148.
309 § 2 Abs. 1 Satzung der Stiftung Datenschutz.
310 *Schlüter/Stolte*, Stiftungsrecht, 3. Aufl. 2016, S. 45.
311 *Weitemeyer*, in: MüKo BGB Bd. 1, 7. Aufl. 2015, § 81 Rn. 31; *Hüttemann/Rawert*, in: Staudinger BGB, 2011, § 81 Rn. 42.
312 Dazu unten S. 128.

(die Entwicklung eines Datenschutzaudits/Datenschutzauditverfahrens sowie Prüfungen von Produkten und Dienstleistungen auf ihre Datenschutzfreundlichkeit). Ein Verstoß gegen das Bestimmtheitsgebot wird hier insoweit nicht vorliegen, da der Zweck mit „Förderung des Datenschutzes" einen fest umrissenen Lebensbereich festlegt[313].

C. Stiftungsorganisation

Die Organisation einer privatrechtlichen Stiftung mutet beim Blick auf den § 81 BGB unkompliziert an. Das einzig zwingend vorgeschriebene Organ ist nach § 81 Abs. 1 Nr. 5 der Vorstand. So kommt es in der Praxis auch häufig vor, dass sog. „Ein-Mann-Stiftungen" gegründet werden, bei denen lediglich eine Person als Vorstand fungiert und zudem auch noch mit dem Stifter identisch ist.

Stiftet der Staat, sind die organisationsrechtlichen Vorgaben um ein Vielfaches erhöht, da das Demokratiegebot des Grundgesetzes beachtet werden muss[314]. Dies führt dazu, dass entsprechende Mechanismen der Einflussnahme auf die Stiftung erhalten bleiben müssen. Das notwendige Kontrollsystem bleibt jedoch selbst nicht ohne Schranke: Determiniert wird es durch das Rechtsstaatsprinzip, denn eine Stiftung bürgerlichen Rechts ist vom Grundprinzip eine weisungsfeindliche Institution[315]. Hier die richtige Balance zu finden, ist eine schwierige, wenn auch nicht unmögliche Aufgabe[316]. Ob und wie gut dies bei der Stiftung Datenschutz gelungen ist, soll nachfolgend erörtert werden.

I. Spannungsverhältnis zwischen Demokratie- und Rechtsstaatsprinzip

Das Demokratieprinzip[317] besagt, dass alle Staatsgewalt vom Volke ausgeht. Für eine staatliche Stiftung hat dies zur Folge, dass entsprechende Einwirkungs- und Kontrollpflichten der Staatsverwaltung auf die Stiftung verbleiben müssen. Eine Errichtung ganz ohne gesicherte Einwirkungsmöglichkeiten soll daher schon dem Grunde nach

---

313 Vgl. *Hüttemann/Rawert*, in: Staudinger BGB, 2011, § 81 Rn. 41.
314 *Fiedler*, Staatliches Engagement im Stiftungswesen, 2004, S. 194.
315 M. w. N. *Schröder*, in: Hüttemann/Richter/Weitemeyer, Landesstiftungsrecht, 2011, Rn. 33.19.
316 *Battis*, Entlastung des Staates durch Outsourcing, in: Mecking/Schulte, Grenzen der Instrumentalisierung von Stiftungen, 2003, S. 45, 55.
317 Zum Demokratieprinzip s. *Sachs*, in: Sachs, Grundgesetz, 7. Aufl. 2014, Art. 20 Rn. 11 ff.

nicht mit dem Demokratieprinzip vereinbar sein[318]. Neben der notwendigen demokratischen Rückkopplung stellt sich ein weiteres Problem, welches aus dem Demokratieprinzip herrührt: Die moderne Demokratie begründet lediglich eine Herrschaft auf Zeit[319]. Eine Stiftung wird dagegen (zumindest vom Grundgedanken in der privatrechtlichen Ausgestaltung) für die „Ewigkeit" gegründet. Dies hätte zur Folge, dass eine einmal von der Verwaltung festgesetzte Zielsetzung auch nach einem demokratischen Wechsel von der neuen Regierung weiterverfolgt werden muss, selbst wenn sie diese nicht teilt oder sogar ablehnt[320].

Auf der anderen Seiten werden die Einwirkungsmöglichkeiten des Staates durch das Rechtsstaatsprinzip begrenzt, welches die öffentliche Hand verpflichtet, nicht vom Numerus clausus der privatrechtlichen und öffentlichen-rechtlichen Organisationsformen abzuweichen[321]. Hierbei kommt insbesondere das „Verbot kooperativer Elemente im Stiftungsrecht" zum Tragen, das es dem Stifter verbietet, sich selbst oder Dritten „korporative" Einflussrechte einzuräumen und damit die Stiftung einer Körperschaft anzunähern[322]. Dies widerspricht der bürgerlich-rechtlichen Stiftung, die sich gerade durch ihre Apersonalität und Mitgliederunabhängigkeit auszeichnet[323]. Zu einer unzulässigen Vermischung von Stiftung und Körperschaft kann daher der satzungsmäßige Vorbehalt von Einwirkungsrechten führen[324]. Eine weitere Möglichkeit der Einflussnahme, besteht in der Besetzung der Stiftungsorgane mit staatlichen Vertretern.

Bei der Stiftung Datenschutz hat der Stifter von beiden Möglichkeiten Gebrauch gemacht und damit den Bogen zugunsten des Demokratieprinzips möglicherweise in unzulässiger Weise überspannt. Dies soll nachfolgend untersucht werden.

1. Einwirkungsmöglichkeiten der Stifterin

a. Prüfungs- und Informationsrechte

Die Stiftung Datenschutz ist zunächst zahlreichen Prüfungs- und Informationsrechten der Stifterin unterworfen. So muss der Vorstand der Stifterin jährlich einen unterzeichneten Bericht über die Tätigkeit der Stiftung vorlegen (§ 5 Abs. 3 der Satzung). Darüber hinaus hat die Stifterin ein jederzeitiges Prüfungsrecht über die zweckentsprechende Mittelverwendung und darf dazu Einsicht in Bücher und Belege sowie alle erforderlichen Auskünfte verlangen (§ 5 Abs. 4 der Satzung). Zudem ist die Stif-

---

318 *Fiedler*, Staatliches Engagement im Stiftungswesen, 2004, S. 197.
319 *Schröder*, in: Hüttemann/Richter/Weitemeyer, Landesstiftungsrecht, 2011, Rn. 33.28.
320 *Reuter*, Stiftung und Staat, in: Hopt/Reuter, Stiftungsrecht in Europa, 2001; insoweit muss die Stiftungsaufsicht auch stets den ursprünglichen Stifterwillen beachten, dazu unten S. 135.
321 *Fiedler*, Staatliches Engagement im Stiftungswesen, 2004, S. 196.
322 Zum Ganzen *von Hippel*, Grundprobleme von Nonprofit-Organisationen, 2007, S. 391 ff.
323 *Neumann*, Das Ausweichen der öffentlichen Hand durch Stiftungsgründungen, 2005, S. 146.
324 So *Schröder*, in: Hüttemann/Richter/Weitemeyer, Landesstiftungsrecht, 2011, Rn. 33.28.

terin berechtigt, einen nicht stimmberechtigten Vertreter mit Rede- und Antragsrecht zu Verwaltungsrat- und Beiratssitzungen zu entsenden (vgl. § 9 Abs. 4 und § 12 Abs. 4 der Satzung). Schließlich ist der Stifterin auch der Jahresabschluss zugänglich zu machen (§ 16 Abs. 1 der Satzung).

Die Prüfungs- und Informationsrechte sind demnach durchaus weitreichend; vor allem führen sie teilweise zu mehrfachen Prüfungen in bestimmten Bereichen (so wird der Jahresabschluss von der Stifterin, der Aufsichtsbehörde, dem Jahresabschlussprüfer und dem Rechnungshof geprüft). Zudem führt die Gleichstellung beim Jahresabschluss mit großen Kapitalgesellschaften (vgl. § 16 Abs. 2) zu nicht unerheblichen Mehraufwand für die Stiftung. Eine dermaßen hohe Prüfungsdichte kann im Verhältnis zur Stiftungsgröße Fragen im Hinblick auf die Verhältnismäßigkeit aufwerfen. Dem Grunde nach sind – auch weitrechende – Prüfungs- und Informationsrechte dennoch geboten und dem Demokratieprinzip geschuldet.

b. Kontrolle durch den Bundesrechnungshof

Eine weitere Form des staatlichen Einflusses ist die Prüfung durch den Bundesrechnungshof[325]. Es wird vertreten, dass bei staatlichen Stiftungen des privaten Rechts eine Kontrolle auch ohne Satzungsvorbehalt durchgeführt werden kann[326] (wobei dann die Daseinsberechtigung des § 104 Abs. 1 Nr. 4 Hs. 2 BHO infrage zu stellen wäre). Jedenfalls umfasst sind – dies darf nach dem diesbezüglichen Streit der Volkswagen-Stiftung als geklärt gelten[327] – Stiftungen des privaten Rechts, deren Stiftungsvermögen ganz oder teilweise vom Bund bereitgestellt worden ist und das Prüfungsrecht in der Satzung vorgesehen ist[328]. Die Satzung der Stiftung Datenschutz sieht gem. § 7 Abs. 2 und § 15 Abs. 1 ein Prüfungsrecht vor, sodass bei der Stiftung Datenschutz eine Kontrolle durch den Bundesrechnungshof durchgeführt werden kann.

c. Satzungsmäßige Vorbehalte

Die Satzung der Stiftung Datenschutz sieht ferner einige Zustimmungsvorbehalte der Stifterin vor. So bedürfen Entscheidungen des Verwaltungsrates über Personal-, Haushalts- und Programmangelegenheiten zu ihrer Wirksamkeit der schriftlichen Zustimmung der Stifterin (§ 7 Abs. 1 S. 3 der Satzung). Derselben Zustimmung bedarf zu

---

325 *Hof*, in: v. Campenhausen/Richter, Stiftungsrechtshandbuch, 4. Aufl. 2014, § 11a Rn. 84–99.
326 *Kilian*, in: Werner/Saenger, Die Stiftung, 2008, Rn. 1135, der dies mit den §§ 104 Abs. 1, 91 Abs. 1 Nr. 3 i. V. m. §§ 23, 44 BHO begründet sieht.
327 Vgl. zum Prüfungsrecht als solches: BVerwG, Urteil vom 28. Februar 1986 – 7 C 42/82 = BVerwGE 74, 58 und zu den Befugnissen, über die Ergebnisse unterrichten zu dürfen: BVerwG, Urteil vom 19. Dezember 1996 – 3 C 1/96 = BVerwGE 104, 20.
328 *v. Lewinski/Burbat*, BHO Kommentar, 2013, § 104 Rn. 7; m. w. N. auch *Muscheler*, Stiftungsautonomie und Stiftereinfluss in Stiftungen der öffentlichen Hand, in: Sammelband Stiftungsrecht, 2. Aufl. 2011, S. 245, 273.

seiner Wirksamkeit der Wirtschaftsplan[329] als solcher (§ 15 Abs. 2 S. 3 der Satzung), darüber hinaus aber auch jede Ausgabe oder Stelle, die nicht im Wirtschaftsplan veranschlagt war (§ 15 Abs. 3 S. 4 der Satzung). Ebenso bedarf eine Satzungsänderung (§ 17 Abs. 1 S. 1 der Satzung) oder die Aufhebung der Stiftung (§ 18 Abs. 1 S. 1 der Satzung) der schriftlichen Zustimmung der Stifterin.

Ob sich der Stifter derartige Rechte vorbehalten darf, ist nicht ausdrücklich geregelt und daher immer wieder Gegenstand wissenschaftlicher Diskussion[330]. Nach allgemeiner Auffassung ist die Grenze jedenfalls dann erreicht, wenn eine Fremdbestimmung der Stiftung droht[331], wobei als „Fremder" auch der Stifter selbst – nach Anerkennung „seiner" Stiftung – anzusehen ist[332]. Inwieweit dazwischen Raum für weitere Befugnisse des Stifters verbleiben, als solche kommen Bestellungs-, Weisungs-, Zustimmungs-, Informations-, oder Vetorechte in Betracht, wird teilweise unterschiedlich beurteilt. Die wohl herrschende Lehre lässt diese sog. „Reservatsrechte" zu, solange die Stiftung nicht lediglich zum „verlängerten Arm" des Stifters degradiert[333].

Im Hinblick auf die Stiftung Datenschutz erscheinen die Mitbestimmungsrechte der Stifterin kritisch. Das Mitbestimmungserfordernis bei einer Satzungsänderung oder Aufhebung der Stiftung ist dabei weniger bedenklich, da diese Maßnahmen nicht direkt in die Stiftungsrealisation eingreifen. Tolerabel – und mit dem Demokratieprinzip zu erklären – dürften auch die bereits erwähnten Prüfungs- und Informationsrechte sein, die in den §§ 5 Abs. 3, Abs. 4, § 9 Abs. 4, § 12 Abs. 4, § 16 Abs. 1 S. 2 der Satzung enthalten sind.

Bedenklich erscheint allerdings das Zustimmungserfordernis hinsichtlich des Wirtschaftsplans und – umso bedenklicher – für jede Ausgabe oder Stelle, die nicht im Wirtschaftsplan veranschlagt war.

So heißt es in der Satzung:

„Der Wirtschaftsplan bedarf zu seiner Wirksamkeit der schriftlichen Zustimmung der Stifterin" (§ 15 Abs. 2 S. 3) und *„Im Wirtschaftsplan nichtveranschlagte Ausgaben oder Stellen bedürfen der schriftlichen Zustimmung des Verwaltungsrates und der Stifterin"* (§ 15 Abs. 3 S. 4).

---

329 Zum Begriff vgl. *Hof*, in: v. Campenhausen/Richter, Stiftungsrechtshandbuch, 4. Aufl. 2014, § 9 Rn. 184.

330 Zuletzt *Saenger*, ZStV 2012, 94 ff.; *Sieger/Bank*, NZG 2010, 641 ff.; zum Ganzen *Hof*, in: v. Campenhausen/Richter, Stiftungsrechtshandbuch, 4. Aufl. 2014, § 8 Rn. 99 ff.

331 *Hof*, in: v. Campenhausen/Richter, Stiftungsrechtshandbuch, 4. Aufl. 2014, § 8 Rn. 128; *Scholz/Langer*, Stiftung und Verfassung, 1990, S. 112.

332 *Sieger/Bank*, NZG 2010, 641; *Saenger*, ZStV 2012, 94, 97; s. auch *Muscheler*, ZSt 2003, 67, 77, der den Begriff der „gefrorenen Stifterautonomie" verwendet.

333 *Hof*, in: v. Campenhausen/Richter, Stiftungsrechtshandbuch, 4. Aufl. 2014, § 8 Rn. 99, 129; *Sieger/Bank*, NZG 2010, S. 641, 644; *Scholz/Langer*, Stiftung und Verfassung, 1990, S. 112.

Faktisch hat die Stifterin damit Kontrolle über jegliche Handlungen der Stiftung, sofern diese Geld kosten (was aber praktisch immer der Fall sein dürfte). Ohne Zustimmung der Stifterin wird die Stiftung damit im operativen Bereich handlungsunfähig.

Durch diesen Umstand läuft die Stiftung Datenschutz Gefahr, „verlängerter Arm" der Stifterin zu werden. Im Ergebnis dürfte dies unzulässig sein – insbesondere wenn man die weiteren, sogleich dargestellten, Einwirkungsrechte in der Personalpolitik betrachtet.

2. *Einwirkungsmöglichkeiten durch Besetzung der Stiftungsorgane*

Die faktische Einflussnahme durch Besetzung der Stiftungsorgane gilt als gangbarer Weg, die demokratisch notwendige Kontrolle auf die Stiftung beizubehalten[334]. Auch die Satzung der Stiftung Datenschutz sieht zahlreiche Einwirkungsmöglichkeiten in der Personalpolitik vor. Bei der Stiftung Datenschutz ist eine dreigliedrige Organstruktur vorgesehen. Sie wird von einem einzigen Vorstand vertreten, der vom Verwaltungsrat benannt wird. Ferner ist ein Beirat eingerichtet.

a. Vorstand

Um die Handlungsfähigkeit der Stiftung zu gewährleisten, setzt § 81 Abs. 1 S. 3 Nr. 5 BGB die Bildung eines Vorstands voraus, indem sie dies zum zwingenden Satzungsinhalt macht. § 86 i. V. m. § 26 Abs. 1 BGB erfordert zumindest einen Vorstand. Dieser muss vorbehaltlich durch Gesetz oder Satzung normierter Ausnahmen ohne Drittbeeinflussung und in voller Unabhängigkeit dem Stifterwillen Geltung verschaffen[335]. Der Vorstand einer selbstständigen Stiftung kann dabei einen ungewöhnlich großen Dispositionsspielraum genießen. Dies vor allem dann, wenn nur einer Einzelperson dieses Amt anvertraut worden ist[336].

Bei der Stiftung Datenschutz wurde der Handlungsfreiheit des Vorstands insbesondere mit der Errichtung eines Verwaltungsrates mit weiten Befugnissen entgegengetreten. Da die Mitglieder des Verwaltungsrates von der Stifterin berufen werden, übt sie so zumindest einen indirekten Einfluss auf den Vorstand aus.

Bis auf umfassende Informations- und Prüfungsrechte nach § 5 Abs. 3 und 4 der Satzung ist keine direkte Einflussnahme durch die Stifterin vorgesehen. Allerdings ist sie an der Bestellung beteiligt: Nach § 6 Abs. 4 der Satzung bedürfen Bestellungen und Abberufungen ihrer schriftlichen Zustimmung. Von dieser Regelung abweichend wurde der erste Vorstand allein von der Stifterin bestellt[337].

---

334 *Schröder*, in: Hüttemann/Richter/Weitemeyer, Landesstiftungsrecht, 2011, Rn. 33.19.
335 BGH, Urteil vom 22. Januar 1987 – III ZR 26/85 = NJW 1987, 2364, 2365.
336 *Hof*, Die Unverfügbarkeit der selbstständigen Stiftung bürgerlichen Rechts, in: Zwischen Markt und Staat, GS Walz, S. 237.
337 Diesen erstmaligen Vorstand hat die Stifterin in *Frederick Richter* gefunden. Die Wahl ist in der Öffentlichkeit auf (wenig substanzielle) Kritik gestoßen. So kam unter anderem

b. Verwaltungsrat

Wichtigste Aufgabe des Verwaltungsrats ist gem. § 7 Abs. 1 S. 2 die Überwachung der Geschäftsführung des Vorstands. In gewisser Weise bleibt der Stifterin daher eine Einflussmöglichkeit auf die Stiftung, da die Berufung durch sie, auf Vorschlag der Ministerien BMI, BMJ, BMWi und BMELV[338] erfolgt (§ 8 Abs. 1).

Besonders stark ist die Rolle des BMI, welches zwei Mitglieder benennt, die darüber hinaus zum Vorsitzenden und stellvertretenden Vorsitzenden gewählt werden müssen (§ 9 Abs. 1 S. 1). Die weiteren Ministerien können jeweils ein Mitglied vorschlagen. Die Bundesregierung ist damit zumindest indirekt im Verwaltungsrat insgesamt vertreten. Dies ist grundsätzlich zulässig, sofern nicht durch die Satzungsbestimmung faktisch eine Fremdbestimmung der Stiftung ermöglicht wird, wobei der Stifter in diesem Fall auch als Fremder gilt. Die Grenze der Zulässigkeit soll demnach dann überschritten sein, wenn der Stifter die Entsendeten jederzeit abberufen kann[339]. Bei der Stiftung Datenschutz ist eine solche Möglichkeit nicht gegeben, da die Abberufung nur aus wichtigem Grund möglich ist (§ 8 Abs. 4).

Bedenklich ist jedoch die Einwirkungsmöglichkeit der Stifterin auf den Verwaltungsrat. Dabei sieht die Satzung gem. § 8 Abs. 2 sogar ausdrücklich vor, dass die Mitglieder des Verwaltungsrates aus Personen bestehen müssen, die Gewähr für eine unabhängige Ausübung dieser Tätigkeit haben und insbesondere gesichert sein muss, dass Interessenkonflikte ausgeschlossen sind.

Die Unabhängigkeit ist hier allerdings nicht durch die Besetzung des Verwaltungsrates an sich betroffen, sondern durch ein weiteres, in § 7 Abs. 1 S. 3 der Satzung festgeschriebenes Zustimmungserfordernis zu Entscheidungen des Verwaltungsrates.

---

im Rahmen eines öffentlichen Fachgesprächs der 31. Sitzung des Unterausschusses Neue Medien am 18. März 2013 der Vorwurf auf, *Richter* könne, aufgrund seiner früheren Tätigkeiten bei der FDP und beim BDI, keine unabhängige Wahrnehmung seiner Aufgaben gewährleisten. In der Folgezeit konnten sich für die geäußerten Bedenken keine Anhaltspunkte finden.

338 Auffällig ist in diesem Zusammenhang, dass das Bundesministerium für Ernährung, Landwirtschaft und Verbraucherschutz (BMELV) als solches nicht mehr existiert. 2013 ging die Zuständigkeit für den Verbraucherschutz an das neue Bundesministerium der Justiz und für Verbraucherschutz über. Damit stellt sich praktisch die Frage, welchem Ministerium das Vorschlagsrecht zukommen soll. Die sich hier stellende Frage ist für Stiftungen nicht untypisch: Es ist nicht ungewöhnlich, dass sich tatsächliche Umstände, die der Stiftungserrichtung zugrunde lagen, mit der Zeit ändern. Die Satzung wird dann insoweit auslegungsbedürftig und der tatsächliche Stifterwille muss ermittelt werden (vgl. auch VG Berlin, Urteil vom 27.02.2014 – VG 29 K 67.13, bei dem es um die amtswegige Neubesetzung handlungsunfähig gewordener Stiftungsorgane ging). Im konkreten Fall dürfte das Vorschlagsrecht dem neuen BMJV zufallen, da die Regelung nach ihrem Sinn und Zweck nicht auf ein konkretes Ministerium gerichtet ist, sondern auf das, welchem die Zuständigkeit für Verbraucherschutz zukommt.

339 *Neumann*, Das Ausweichen der öffentlichen Hand durch Stiftungsgründungen, 2005, S. 154.

So heißt es dort:

"Entscheidungen des Verwaltungsrates über Personal-, Haushalts- und Programmangelegenheiten bedürfen zu ihrer Wirksamkeit der schriftlichen Zustimmung der Stifterin" (§ 7 Abs. 1 S. 3).

Damit dürften alle maßgeblichen Entscheidungen des Verwaltungsrates abgedeckt sein. Ein derartig enger Satzungsvorbehalt revidiert die Unabhängigkeit der Mitglieder des Verwaltungsrats erheblich – höhlt sie förmlich aus. Stattdessen wird eine andere Abhängigkeit erzeugt, die in § 8 Abs. 2 der Satzung wohl nicht bedacht worden ist: die Abhängigkeit von der Stifterin selbst.

c. Beirat

(1) Stellung

Der Beirat der Stiftung Datenschutz ist hauptsächlich beratend tätig. Nach § 10 Abs. 1 der Satzung berät er den Vorstand und den Verwaltungsrat in allen grundsätzlichen Fragen, die der Verwirklichung des Stiftungszwecks dienen und macht insbesondere Vorschläge für Vorhaben und ihre Durchführung gegenüber dem Vorstand. Daneben ist er über wesentliche Vorhaben der Stiftung zu unterrichten und kann ihrer Durchführung widersprechen. Bleibt es auch bei einer weiteren Sitzung beim Widerspruch, kann das Vorhaben nur noch mit einstimmiger Zustimmung des Verwaltungsrats durchgeführt werden (§ 12 Abs. 5 der Satzung). Somit kann der Beirat Vorhaben faktisch nur verzögern[340]. Bei Gefahr, dass Objektivität und Richtigkeit beeinträchtigt werden, kann auf die Unterrichtung des Beirats unter den Voraussetzungen des § 12 Abs. 6 der Satzung sogar verzichtet werden.

Eine finale Einwirkungsmöglichkeit wurde dem Beirat allerdings bei der Aufhebung der Stiftung eingeräumt, die, ohne eine Zwei-Drittel-Zustimmung des Beirats, nicht möglich ist. Dies führt, wie noch zu zeigen sein wird, zu Problemen mit dem Demokratieprinzip.

(2) Diskussion um die Besetzung

Die Stellung des Beirats innerhalb der Stiftung ist damit eher von geringem Gewicht. Daher muss es schon fast verwundern, welche Diskussion[341] um die konkrete Besetzung des Beirats im Vorfeld der Stiftungsgründung entstanden ist. Hauptkritikpunkt war dabei stets eine vermeintliche Überbesetzung von Vertretern der datenverarbeitenden Wirtschaft. Zum Teil wurde auch von einer „Mehrheit der Wirtschaft" gesprochen. Mit Blick auf die Satzung ist zumindest keine Mehrheit gegeben. Der Beirat soll aus 25 Mitgliedern sowie bis zu 9 weiteren Mitgliedern aus dem Bundestag bestehen.

---

340 *Schantz*, in: BeckOK DatenSR, BDSG § 9a Rn. 16.
341 Vgl. oben S. 21.

Somit sieht die Satzung grundsätzlich einen 34 Mitglieder starken Beirat vor. Nach § 11 Abs. 2 S. 1 lit. f) kommen davon 14 Plätze auf die datenverwendende Wirtschaft, sodass eine Mehrheit nur dann in Betracht kommen kann, wenn die Bundestagsabgeordneten nicht mitgezählt werden.

Sicherlich lässt sich die Auffassung vertreten, dass 14 Plätze für die datenverarbeitende Wirtschaft – unabhängig von den Mehrheitsverhältnissen – ein Übergewicht an sich darstellen. Die zu bemühenden Argumente wären aber eher im symbolischen statt im sachlichen Bereich anzusiedeln, zumal es – wie oben dargestellt – dem Beirat an jeglichen endgültigen Entscheidungsbefugnissen fehlt.

In diesem Zusammenhang erwähnenswert ist auch, dass die Datenschutzbeauftragten den Verzicht auf die ihnen zustehenden Plätze nicht auf Mehrheitsverhältnisse im Beirat zurückführten, sondern auf drohende Interessenkonflikte mit ihren originären Aufsichtstätigkeiten[342].

Problematisch werden die 14 Mitglieder allerdings dann, wenn ohne ihre Zustimmung eine satzungsgemäße Aufhebung der Stiftung unmöglich wird (dazu sogleich).

3. *Notwendige Reversibilität der Stiftungserrichtung*

Staatlichen Stiftungen gegenüber werden Bedenken geäußert, dass die durch das Demokratieprinzip geforderte Reversibilität nicht mit den beschränkten Aufhebungsmöglichkeiten einer privatrechtlichen Stiftung in Einklang gebracht werden kann. Auch wenn der Bund als Stifter sich die Satzung so „ausgestaltet", dass die Stiftung jederzeit wieder durch seine Entscheidung (bei entsprechender Besetzung des Stiftungsorgans) aufgelöst werden könnte, würde ein Verstoß gegen das Rechtsstaatsprinzip vorliegen, weil das Grundprinzip der rechtsfähigen Stiftung des privaten Rechts durch die organisatorische Ausgestaltung ausgehöhlt werden würde[343]. Diese Argumentation berücksichtigt jedoch nicht ausreichend, dass auch etliche Landesgesetze eine Aufhebungsmöglichkeit durch Organbeschluss vorsehen[344]. Soweit der staatliche Stifter von diesen, bereits privaten Stiftern eingeräumten, Möglichkeiten Gebrauch macht, ist darin schwerlich ein Verstoß gegen das Rechtsstaatsprinzip zu sehen.

Vielmehr ist eine solche Aufhebungsmöglichkeit gerade aufgrund des Demokratieprinzips geboten und hat aus diesem Grund wohl auch Eingang in die Satzung der Stiftung Datenschutz gefunden. § 18 Abs. 1 der Satzung sieht dabei vor, dass die Stiftung durch übereinstimmende Beschlüsse von Verwaltungsrat und Beirat mit schriftlicher Zustimmung der Stifterin aufgehoben werden kann; wobei die Beschlüsse einer Mehrheit von zwei Dritteln der Stimmen der Mitglieder des Verwaltungsrates und des Beirates bedürfen.

---

342 M.w.N. *Schantz*, in: BeckOK DatenSR, BDSG, § 9a Rn. 18.
343 Vgl. insb. *Müller*, Die Bundesstiftung, 2009, S. 168.
344 Dazu unten S. 142.

Um der notwendigen Reversibilität zu genügen, ist diese Regelung jedoch nicht ausreichend. Der Grund dafür ist darin zu sehen, dass die Aufhebung ohne einen Zwei-Drittel-Beschluss des Beirats nicht möglich ist. Dadurch hängt die Aufhebung auch von einem Organ ab, dessen Mitglieder größtenteils außerhalb der demokratischen Legitimationskette angesiedelt sind. So kann die für den Aufhebungsbeschluss notwendige Zwei-Drittel-Mehrheit nicht ohne eine zumindest teilweise Zustimmung der 14 Mitglieder aus den Bereichen der datenverwendenden Wirtschaft erreicht werden.

Zwar dürften auch die Mitglieder des Verwaltungsrats den Interessen der Stiftung verpflichtet und damit der Stifterin gegenüber nicht weisungsgebunden sein[345]; jedoch ist zumindest davon auszugehen, dass sie auch im Sinne der entsendeten Institution handeln und damit dem Gemeinwohl verpflichtet sind. Ein Handeln im Sinne der entsendenden Bundesministerien fördert insoweit das Demokratieerfordernis, ein Handeln im Sinne der datenverwendenden Wirtschaft dagegen nicht. Berücksichtigt man diesen Umstand, muss die Möglichkeit der Aufhebung alleine in demokratisch legitimierten Händen liegen. Insoweit bedarf es einer hier fehlenden finalen Einwirkungsmöglichkeit des staatlichen Stifters.

II. Stellungnahme und Zwischenergebnis

Ausgehend von der eingangs dargestellten Problematik des Spannungsverhältnisses zwischen Demokratie- und Rechtsstaatsprinzips wurde untersucht, ob bei der Stiftung Datenschutz eine zulässige Balance gefunden wurde. Betrachtet man insbesondere die satzungsrechtlichen Zustimmungsvorbehalte, schlägt das Pendel zunächst zu stark zum Demokratieprinzip und zulasten des Rechtsstaatsprinzips aus. Die für die Stiftung des privaten Rechts charakteristische Autonomie reduziert die Möglichkeit der inhaltlichen Einwirkungen erheblich und macht – so eine stark vertretene Auffassung – Einwirkungsrechte des Stifters im Prinzip unzulässig[346]. Dem ist jedenfalls dann zuzustimmen, wenn die Rechte soweit gehen, dass sie maßgeblich in das operative Geschäft eingreifen können. Dann wird die Stifterin endgültig zum vierten (und vorliegend auch entscheidendem) Organ, neben Vorstand, Verwaltungsrat und Beirat. Bereits eine solche Organstellung wird für sich genommen teilweise als per se unzulässig eingestuft[347]; spätestens aber dann, wenn die Einwirkungsmöglichkeiten die

---

345 Teilweise wird dieser Schluss aus dem BGH, Urteil vom 28. Oktober 1976 – III ZR 136/74 = BB 1977, 263 gezogen; mit Verweis auf *Leisner,* selbst jedoch mit anderer Begründung *Neumann*, Das Ausweichen der öffentlichen Hand durch Stiftungsgründungen, 2005, S. 96.

346 Für viele *Schulte*, Grundfragen der Errichtung, Umwandlung und Auflösung von Stiftungen der öffentlichen Hand, in: Zwischen Markt und Staat, GS Walz, 2008, S. 698.

347 *Sieger/Bank*, NZG 2010, 641, 643; vgl. auch *Saenger*, ZStV 2012, 94, 97 f. und *Jakob*, Schutz der Stiftung, S. 142 ff.; anders aber *Burgard*, Gestaltungsfreiheit im Stiftungsrecht, S. 275; anders auch *Muscheler*, Sammelband Stiftungsrecht, 2. Aufl. 2011, S. 245, 264, der

Stiftung zum „verlängerten Arm" des Stifters werden lassen. Diese Grenze dürfte hier vor allem durch die Zustimmungserfordernisse zum Wirtschaftsplan nach § 15 und zu den in § 7 Abs. 1 genannten Entscheidungen des Verwaltungsrates überschritten sein. Über das Ziel – wenn dieses als demokratisch notwendiger Erhalt von Einwirkungs- und Kontrollpflichten definiert wird – ist die Stifterin damit hinausgeschossen, denn diese sind, durch die (mittelbare) Präsenz in den Organen, die Prüfung des Bundesrechnungshofes und – wie sich sogleich zeigen wird – eine finanzielle Abhängigkeit zur Stifterin, auch so gegeben.

Gleichzeitig sind aber auch die Einwirkungsmöglichkeiten der Stifterin an anderer Stelle nicht ausreichend: Das Demokratieprinzip begründet nur eine „Herrschaft auf Zeit", sodass dem Stifter ein zumindest mittelbarer Einfluss dahingehend erhalten bleiben muss, die Stiftungserrichtung auch wieder rückgängig machen zu können. Diesem dem Grunde nach notwendigen Ruf nach Reversibilität ist nicht ausreichend Rechnung getragen worden. Geboten wäre eine nach Landesrecht mögliche Aufhebung durch Organbeschluss; jedoch darf der Beschluss nicht von Organmitgliedern abhängig sein, die außerhalb der demokratischen Legitimationskette anzusiedeln sind. Dies ist bei der gegebenen Satzung der Stiftung Datenschutz nicht gewährleistet, da die Aufhebung nicht ohne eine Zwei-Drittel-Zustimmung des Beirats beschlossen werden kann (vgl. § 18 Abs. 1 der Satzung). Das notwendige Quorum kann folglich nicht ohne die Stimmen der Mitglieder aus den Bereichen der datenverwendenden Wirtschaft erreicht werden. Insoweit fehlt es an einer finalen Einwirkungsmöglichkeit des staatlichen Stifters.

D. Stiftungsvermögen

Zur Erfüllung des Stiftungszwecks dient das Stiftungsvermögen. Es stellt damit ein weiteres Wesensmerkmal der Stiftung dar und ist gem. § 81 Abs. 1 S. 3 Nr. 4 BGB unabdingbarer Bestandteil der Stiftungssatzung.

Vermögen i. S. d. § 81 Abs. 1 S. 3 sind alle sachlichen Mittel, die der Stiftung mit dem Ziel zugewendet werden, ihr eine dauerhafte Grundlage für die unmittelbare oder mittelbare Verwirklichung des Stiftungszwecks zu verschaffen[348]. Eine weitere Unterteilung erfolgt in Grundstockvermögen und Stiftungserträge. Das Grundstockvermögen kann als das Stiftungskapital angesehen werden, welches grundsätzlich erhalten werden muss. Eine Ausnahme ist nur dann denkbar, wenn der Stiftungszweck nicht anders verwirklicht werden kann (vgl. § 4 Abs. 3 SächsStiftG).

---

die von der öffentlichen Hand errichtete Stiftung bürgerlichen Rechts aber generell für unzulässig hält.
348 *Reuter*, in: Münchener Kommentar zum BGB, 6. Aufl. 2012, § 81 Rn. 36.

In der Regel ist der Zweck allerdings aus den Erträgen zu erfüllen. Dies sind Mittel, die aus der Verwendung des Grundstockvermögens erwirtschaftet werden (Früchte oder Nutzungen des Grundstockvermögens). Sie müssen grundsätzlich zum Erreichen des Stiftungszwecks verwendet werden[349]. Eine Erhöhung des Grundstockvermögens ist durch Zustiftungen möglich. Zu verstehen sind darunter Vermögenswerte, die der Stifter oder Dritte dem Grundstockvermögen der Stiftung zuwenden[350], sodass nur die Erträge der Zustiftung zur Erfüllung des Stiftungszwecks verwendet werden dürfen. Im Unterschied dazu können Spenden und Zuwendungen an die Stiftung unmittelbar verbraucht werden.

I. Finanzausstattung der Stiftung Datenschutz

Für das Grundstockvermögen der Stiftung Datenschutz wurden 10 Millionen Euro aus dem Bundeshaushalt bereit gestellt[351]. Davon darf in den Jahren 2012 bis 2017 bis zu 1 Million Euro des Stiftungsvermögens, pro Kalenderjahr jeweils bis zu 200.000 Euro, für laufende angemessene Ausgaben verwendet werden (§ 3 Abs. 2 der Satzung). Im Übrigen ist das Stiftungsvermögen in seinem Bestand ungeschmälert zu erhalten und nach den Grundsätzen einer sicheren und wirtschaftlichen Vermögensverwaltung anzulegen. Das Stiftungsvermögen darf durch Zustiftungen auch aus dem Bundeshaushalt erhöht werden. Mit Zustimmung des Verwaltungsrates dürfen auch Zuwendungen, Zustiftungen und Spenden Dritter angenommen werden, soweit dadurch die Unabhängigkeit ihrer Arbeit nicht gefährdet wird[352].

Die finanzielle Ausstattung einer Stiftung muss grundsätzlich so ausgestaltet sein, dass die nachhaltige Erfüllung des Stiftungszwecks gesichert ist (vgl. § 80 Abs. 2 BGB). Ein kostenintensiver Stiftungszweck wird nicht erfüllt werden können, wenn das dafür notwendige Vermögen nicht zur Verfügung steht. Der Aspekt des zur Verfügung stehenden Vermögens ist daher eine zentrale Vorüberlegung jeder Stiftungsgründung. Im Fall der Stiftung Datenschutz scheint der zweite Schritt vor dem ersten gegangen worden zu sein: Bereits von Beginn an wurden die ambitionierten Ziele „Datentests" durchzuführen und ein anerkanntes Datenschutzgütesiegel am Markt zu platzieren in den Raum gestellt. Zu diesem Zeitpunkt konnte noch nicht klar gewesen sein, wie die späteren finanziellen Gegebenheiten aussehen werden. Dennoch wurde bereits von vornherein eine Art Bringschuld begründet, den großen Ankündigungen auch Taten folgen zu lassen. Das Ergebnis war schließlich ein unglücklicher Kompromiss, indem die ambitionierten Ziele der Stiftung zwar größtenteils Eingang in die Satzung gefunden haben, das dafür benötigte Vermögen jedoch nicht zur Verfügung gestellt wurde.

---

349 *Froning*, in: Sudhoff, Unternehmensnachfolge, 5. Aufl. 2005, § 50 Rn. 19.
350 *Seifart*, in: v. Campenhausen/Richter, Stiftungsrechtshandbuch, 4. Aufl. 2014, § 9 Rn. 11.
351 Vgl. § 3 Abs. 1 der Satzung der Stiftung Datenschutz.
352 Vgl. § 3 Abs. 2 der Satzung der Stiftung Datenschutz.

1. Einordnung als Vermögensstiftung

Die Stiftung wurde von der Bundesrepublik Deutschland als Stifterin mit einem Vermögen von 10 Millionen Euro ausgestattet. Der Betrag ist auf den ersten Blick durchaus beträchtlich und dürfte selbst im Vergleich zu anderen Bundesstiftungen im oberen Drittel einzuordnen sein[353].

Die fehlende Finanzkraft der Stiftung kommt allerdings dann zum Vorschein, wenn die weiteren Umstände berücksichtigt werden. So wäre ein (anfängliches) Stiftungskapital von 10 Millionen dann eine hinreichende Basis, wenn im Laufe der Zeit weitere Zuwendungen aus dem Bundeshaushalt zugesagt worden wären. Dann wäre die Stiftung Datenschutz als Einkommens- oder Zuwendungsstiftung[354] zu klassifizieren. Eine Einkommensstiftung kommt jedoch nur dann in Betracht, wenn ihr satzungsgemäß durchsetzbare Ansprüche auf die Zuwendungen zustehen. Erst dann wird eine Einkommensstiftung anerkennungsfähig[355]. Laufende Zuwendungen waren von Anfang an nicht vorgesehen[356], sodass entsprechende Reglungen innerhalb der Satzung fehlen. Die Stiftung Datenschutz kann daher keine Einkommensstiftung sein.

Unabhängig von der Frage der grundsätzlichen Zulässigkeit[357], ist die Stiftung Datenschutz auch keine Verbrauchsstiftung. In § 3 Abs. 2 S.1 der Satzung ist lediglich vorgesehen, dass in den Jahren 2012 bis 2017 bis zu 1 Million Euro des Stiftungsvermögens, pro Kalenderjahr jeweils bis zu 200.000 Euro, für laufende angemessene Ausgaben verwendet werden können. Im Übrigen ist das Vermögen ungeschmälert zu erhalten. Insoweit liegt nur eine auslaufende (Teil-)Verbrauchsstiftung vor.

Folglich ist die Stiftung Datenschutz in erster Linie als Vermögensstiftung[358] einzustufen. Diese Einstufung impliziert, dass die satzungsgemäße Aufgabenerfüllung durch Anlage des Kapitalstocks, bei gleichzeitiger Vermögenserhaltung, finanziert werden muss.

2. Unterdimensionierter Stiftungsstock

Als Vermögensstiftung muss sich die Stiftung Datenschutz über die Anlage ihres Stiftungskapitals finanzieren. Dieses ist nach § 3 Abs. 2 S. 2 der Satzung nach den Grund-

---

353 Verlässliche (und vor allem aktuelle) Übersichten hierzu fehlen, jedoch geht der Trend der jüngeren Vergangenheit zu Einkommensstiftungen ohne nennenswertes Kapitalvermögen; vgl. dazu die Übersicht von *Kilian*, in: Bellezza/Kilian/Vogel, Der Staat als Stifter, 2003, S. 52 ff.; zur finanziellen Ausstattung von Stiftungen allgemein unten S. 87.
354 Zu den Begrifflichkeiten *Alscher*, Die Stiftung des öffentlichen Rechts, 2006, S. 141 ff.
355 *Weitemeyer*, in: MüKo BGB Bd. 1, 7. Aufl. 2015, § 81 Rn. 18.
356 BT-Drs. 17/8692, 16.02.2012, S. 2.
357 Mit Einführung des § 80 Abs. 2 S. 3 BGB im Rahmen des Ehrenamtsstärkungsgesetzes vom 21.03.2013 wird von der grundsätzlichen Zulässigkeit auszugehen sein; zu der Entwicklung vgl. *Weitemeyer*, in: MüKo BGB Bd. 1, 7. Aufl. 2015, § 80 Rn. 82 ff.
358 Da hier kein Sachvermögen vorliegt, wird teilweise auch die Bezeichnung „Kapitalstiftung" verwendet, vgl. *Alscher*, Die Stiftung des öffentlichen Rechts, 2006, S. 141 ff.

sätzen einer sicheren und wirtschaftlichen Vermögensverwaltung anzulegen. Risikoreiche Anlagen dürften damit von vornherein ausgeschlossen sein. Ansonsten dürften alle denkbaren Anlageformen in Frage kommen. Als solche wären in etwa zu nennen: Direktanlage in Immobilien, geschlossene und offene Immobilienfonds, Aktien, festverzinsliche Wertpapiere, Aktien- bzw. Rentenfonds, gemischte Fonds, Dachfonds oder auch Hedge-Fonds[359].

Das Anlagemanagement kann dabei auch durch Dritte vorgenommen werden. Unter dem Postulat der satzungsgerechten Vermögensverwaltung dürfte jedoch auch ein besonders talentierter Anlagemanager, in Zeiten historisch niedriger Zinsen[360], kaum Erträge erwirtschaften können, die der Stiftung auch nur ansatzweise die Erfüllung ihrer vorgesehenen Aufgaben ermöglichen. Aufgrund § 3 Abs. 4 der Satzung ist ferner die Aufnahme von Krediten verboten. Gemäß § 3 Abs. 5 der Satzung dürfte die Stiftung zwar ihre Untersuchungsergebnisse, Erkenntnisse und Informationen sowie die Lizenzierung von Prüfparametern verwerten; dazu müsste sie jedoch zunächst in der Lage sein, verwertbare Ergebnisse zu produzieren, was wiederum an der mangelnden finanziellen Ausstattung scheitern dürfte.

Damit bleibt festzuhalten, dass die Stiftung allein von den Erträgen aus ihrem Stiftungsvermögen in absehbarer Zeit nicht in der Lage sein wird, operativ zu arbeiten. Um die in der Satzung genannten Aufgaben in nennenswerter Weise erfüllen zu können, braucht die Stiftung eine Reihe von qualifizierten Mitarbeitern. Daneben fallen laufende Kosten für Miete, Buchhaltung, Veranstaltungen, Kommunikation etc. an. Die ausbleibenden Erträge aus der Geldanlage führen daher zu einem erheblichen Budgetdefizit, dem eine kalkulatorische Fehlplanung des Stifters zugrunde liegt[361].

Durch die Diskrepanz zwischen Aufgabenerfüllung und vorhandenem Vermögen kann bei der Stiftung Datenschutz von einem unterdimensionierten Stiftungsstock gesprochen werden[362].

II. Abhängigkeit von der Wirtschaft

Eine weitere Möglichkeit, die finanzielle Situation der Stiftung zu verbessern, wären Zuwendungen (privater) Dritter. Nach § 3 Abs. 4 S. 4 der Satzung, ist die Stiftung für Zustiftungen und Spenden Dritter geöffnet.

---

359 Vgl. *Schlüter/Stolte*, Stiftungsrecht, 3. Aufl. 2016, S. 128.
360 Der Leitzins in der Eurozone betrug im Jahr 2012 0,75 % und fiel bis zum Jahr 2016 auf 0,00 %.
361 Dazu unten S. 87.
362 *Kilian,* in: Werner/Saenger, Die Stiftung, 2008, Rn. 1068 ff.

1. Finanzielle Abhängigkeit durch Zuschüsse

Dass die Stiftung auf finanzielle Unterstützung von Unternehmen und Verbänden angewiesen sein wird, war von Anfang an Teil des Konzepts[363]. Ebenfalls von Anfang an stieß dieser Punkt, mit Hinweis auf Bedenken hinsichtlich der Unabhängigkeit, auf erhebliche Kritik[364]. Innerhalb der Satzung wurde den Bedenken dadurch Rechnung getragen, als dass Zustiftungen und Spenden Dritter nur angenommen werden dürfen, soweit dadurch die Unabhängigkeit ihrer Arbeit nicht gefährdet wird. Insoweit bedürfen die Zuwendungen Dritter der Erlaubnis des Verwaltungsrats.

a. „Ähnlichkeit" mit Stiftung Warentest

Die oben genannte Regelung orientiert sich an der Satzung der Stiftung Warentest, in der sie sich sinngemäß wiederfindet[365]. Diese Parallelität ist kein Zufall: In Anbetracht der Vorbildfunktion, welche die Stiftung Warentest von Beginn einnahm, wird hier der Versuch unternommen worden sein, ein bewährtes Konzept auf die Stiftung Datenschutz zu übertragen. So wird der Stiftung Warentest „Objektivität" als Eigenschaft in besonderem Maße zugesprochen[366]. Die in den Statuten verankerte Unabhängigkeit trägt maßgeblich zu dieser Außenwahrnehmung bei, und obwohl die Stiftung Warentest berechtigt ist, Zuwendungen Dritter anzunehmen, wird ihre Unabhängigkeit zuweilen nicht in Zweifel gezogen.

Sind Bedenken in dieser Richtung demnach auch bei der Stiftung Datenschutz unbegründet? Schließlich können Zuwendungen Dritter nur nach Zustimmung des Verwaltungsrats angenommen werden, nachdem dieser die weiterhin gewährleistete Unabhängigkeit festgestellt hat. Auch wenn der Verwaltungsrat der Stiftung Datenschutz hier dieselbe Prüfung vornehmen muss wie der Verwaltungsrat der Stiftung Warentest, bleibt fraglich, ob dieser Mechanismus ausreichend ist, um die Unabhängigkeit der Stiftung Datenschutz zu gewährleisten. Die Problematik ist hier jedoch nicht an der personellen Besetzung des Verwaltungsrats auszumachen: Die personelle Eignung der Mitglieder ist in § 8 Abs. 2 der Satzung statuiert und wirft insoweit keine Bedenken auf.

Die Schwierigkeit besteht vielmehr darin, dass die Stiftung Datenschutz und die Stiftung Warentest zwar von ihrer Aufgabe vergleichbar sein mögen, von den finanziellen Rahmenbedingungen allerdings aus völlig verschieden Blickwinkeln betrachtet werden müssen. So erhält die Stiftung Warentest, neben eigenen Umsatzerlösen von zuletzt ca. 40 Millionen Euro, bis heute jährliche „Ausgleichszahlungen" aus dem

---

363 BT-Drs. 17/8692, 16.02.2012, S. 2; zur generellen Kritik von Stiftungen als „Funding-Organisationen" s. *Kilian*, in: Bellezza/Kilian/Vogel, Der Staat als Stifter, 2003, S. 60.
364 Dazu oben S. 19, die Kritik insbesondere aus Richtung der Oppositionsparteien.
365 § 12 Abs. 2 der Satzung (Stand 1. November 2014).
366 *Franz*, GRUR 2014, 1051, 1052.

Bundeshaushalt[367]. Darüber hinaus hat die Bundesrepublik Deutschland als Stifterin vor wenigen Jahren den „Geburtsfehler" der Stiftung Warentest (die Stiftung wurde ohne Stiftungskapital errichtet) korrigiert und sie mit einem Stiftungskapital in Höhe von 75 Millionen Euro ausgestattet[368]. Die Stiftung Warentest ist damit auf Zuwendungen Dritter, die ihre Unabhängigkeit beeinträchtigen können, nicht nur nicht angewiesen, sondern nimmt Zuwendungen Dritter (bis auf die „Ausgleichszahlungen" der Stifterin) schlichtweg gar nicht erst an[369].

Die Stiftung Datenschutz dagegen soll gerade Drittmittel akquirieren. Die Zuwendungen Dritter gehören damit zum Konzept. Vor diesem Hintergrund ist der Vergleich mit der Stiftung Warentest nicht nur hinkend, sondern gänzlich unbrauchbar.

b. Drittmittel und Unabhängigkeit im Spannungsverhältnis

Sofern man sogar der Stiftung Warentest den oben genannten „Geburtsfehler" eines fehlenden Stiftungskapitals zuspricht, wird man, im Fall der Stiftung Datenschutz, von einem umso größeren „Fehler" ausgehen müssen. Die Stiftung Warentest war, aufgrund der jährlichen Zuwendungen der Stifterin, auch ohne eigenes Kapital lebensfähig. Die Stiftung Datenschutz ist es, trotz Stiftungskapital, aber ohne jährliche Zuwendungen, nicht – jedenfalls nicht auf Dauer (nach Auslaufen der Verbrauchsstiftung).

Durch das Angewiesensein auf Drittmittel einerseits und der statuierten Unabhängigkeit andererseits, gerät die Stiftung Datenschutz in ein kaum aufzulösendes Spannungsverhältnis. Wo es die Stiftung Warentest zugunsten der Unabhängigkeit nicht einmal in Betracht ziehen muss, Zuwendungen Dritter anzunehmen, ist die Stiftung Datenschutz vor dieser Konfliktsituation nicht gewahrt. Wenn das Konzept der Drittmittelakquise aufrechterhalten werden soll, muss der Verwaltungsrat der Stiftung Datenschutz stets abwägen, inwiefern eine Zuwendung Dritter akzeptiert werden kann. Dabei müsste er eigentlich eine möglichst großzügige Genehmigungspraxis verfolgen, alleine schon, um das Überleben der Stiftung zu sichern. Gleichzeitig darf er sich nicht dem Vorwurf mangelnder Sorgfalt bei der Abwägung aussetzen, da dies die Glaubwürdigkeit der Stiftung infrage stellen könnte. Ob diese Gratwanderung gelingen kann, ist äußerlich fragwürdig, insbesondere dann, wenn die Zuwendungen aus Richtung der datenverarbeitenden Wirtschaft kommen sollen.

2. *Art. 28 Abs. 1 S. 2 EG-Datenschutzrichtlinie/Art. 47 Abs. 1 EU-DSGVO*

Keine Aussage zur (finanziellen) Unabhängigkeit der Stiftung wird sich aufgrund von Art. 28 Abs. 1 S. 2 EG-Datenschutzrichtlinie/Art. 47 Abs. 1 EU-DSGVO treffen las-

---

367 Nach den veröffentlichten Jahresberichten betrugen diese Zahlungen jeweils um die 5,5 Millionen Euro, unter: www.test.de/unternehmen/zahlen [abgerufen am: 1.11.2016].
368 *Franz*, GRUR 2014, S. 1051.
369 Soweit ersichtlich, gab es in der Historie der Stiftung Warentest keinen einzigen Fall.

sen. Die dort normierte „völlige Unabhängigkeit" richtet sich nur an die staatlichen Kontrollstellen, zu denen die Stiftung Datenschutz nicht gehört. Auf der anderen Seite stellt sich die Frage, inwieweit die staatlichen Kontrollstellen durch die Tätigkeit der Stiftung Datenschutz in ihrer Unabhängigkeit beeinträchtigt werden. Darauf wird zu einem späteren Zeitpunkt eingegangen[370].

III. Fehlplanung als Grund für die Unterkapitalisierung?

Bei so offensichtlicher Unterkapitalisierung drängt sich die Frage auf, ob und, wenn ja, warum der Stifter eine Stiftung gründen wollte, die sehenden Auges in eine finanzielle Schieflage geraten muss. Eine (oder die einfachste) Erklärung wäre, dem Stifter Fehlplanung zu unterstellen, befördert durch parteipolitisches Opportunitätsdenken. Bei genauerer Betrachtung wäre die Erklärung aber wohl zu kurz gegriffen: Erstens hat die Stiftung Datenschutz im Vergleich zu anderen Stiftungen eine durchaus nennenswerte finanzielle Ausstattung, und zweitens gab es nach der Entstehungsphase der Stiftung einschneidende Änderungen am Kapitalmarkt, die so kaum vorhersehbar waren.

1. Das Stiftungsvermögen der Stiftung Datenschutz im bundesweiten Vergleich

Mangels eines bundesweiten Stiftungsregisters gestaltet sich die Einordnung des Stiftungsvermögens innerhalb der Stiftungslandschaft als schwierig. Gewisse Anhaltspunkte liefert der Bundesverband deutscher Stiftungen, durch seine auf freiwilligen Umfragen beruhenden Statistiken. Nach einer der letzteren Erhebungen ergibt sich folgendes Bild:

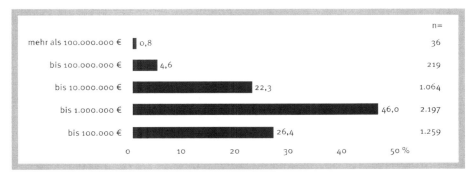

Anteil der Stiftungen in Stiftungskapitalklassen (einschließlich Zustiftungen)[371]

---

370 Dazu unten S. 113.
371 Bundesverband Deutscher Stiftungen, Zahlen, Daten, Fakten, 2014, S. 61.

Folglich ist die Stiftung Datenschutz mit ihrem Stiftungsvermögen von 10 Millionen Euro zumindest im oberen Drittel der deutschen Stiftungslandschaft einzuordnen.

2. *Hintergründe der Finanzplanung*

Warum die Stiftung in ihrer Leistungsfähigkeit trotz dieser vergleichsweise guten Ausstattung stark beschränkt ist, ergibt sich mit Blick auf die Entstehungsgeschichte.

Zum Ende der Planungsphase der Stiftung, die mit der Gründung der Treuhandstiftung Anfang 2011 abgeschlossen war, stand die Ausstattung mit 10 Millionen Euro Stiftungsvermögen fest. Zu diesem Zeitpunkt lag die Rendite zehnjähriger Bundesanleihen deutlich über drei Prozent (was bemerkenswerterweise schon damals als untere Grenze des Möglichen vermutet wurde). Mit einem noch weiteren Abfall des Zinsniveaus wurde allgemein nicht gerechnet – im Gegenteil wurde eine baldige „Normalisierung" erwartet[372].

Vor diesem Hintergrund muss der Kalkulation des Stifters ein Mindestertrag von 300.000 Euro zugrunde gelegen haben. Da selbst dieser Betrag als unzureichend erachtet wurde, legte der Stifter den jährlichen Verbrauch von 200.000 Euro vom Stiftungsvermögen bis zur Grenze von einer Million in der Satzung fest. Das Budget, mit dem der Stifter kalkuliert hat – und aus damaliger Sicht auch kalkulieren durfte – waren wenigstens 500.000 Euro Jahresetat. Zudem bestand die berechtigte Hoffnung, dass, bei zukünftiger Steigung des Zinsniveaus, weitergehende Erträge generiert werden und – durch die stabile Finanzierung – auch Mittel Dritter akquiriert werden können. Dieses Konzept erscheint aus damaliger Sicht – zumindest für die Anfangszeit – durchaus angemessen. Es ging jedoch dann nicht mehr auf, als sich das Zinsniveau wider Erwarten weiter verschlechterte. Schließlich wurde die Stiftung durch die ungesicherte finanzielle Situation auch für externe Geldgeber unattraktiv.

IV. Anstaltslast bzw. Stiftungslast?

Durch die Veränderungen am Kapitalmarkt hat die Vermögenssituation der Stiftung Datenschutz nicht die positive Entwicklung genommen, die von dem Stifter beabsichtigt war. Insoweit könnte man sich fragen, ob diese Fehlvorstellung nicht zu einer Einstandspflicht des staatlichen Stifters führen muss – also einer Art Anstalts- bzw. Stiftungslast.

Die Anstaltslast bezeichnet die Pflicht des Trägers einer öffentlich-rechtlichen Anstalt, diese finanziell, sachlich und personell so auszustatten, dass sie ihre Aufgaben ordnungsgemäß erfüllen kann, wobei nur das Innenverhältnis zwischen Träger und Anstalt betroffen ist (Dritte allenfalls mittelbar)[373]. In Anlehnung daran spricht *Kilian*

---

372 F.A.Z. vom 04.03.2011, S. 11 – EZB stellt Zinswende in Aussicht – Weitere Nothilfen für die Banken.
373 Definition nach *Kemmler*, Die Anstaltslast, 2001, S. 16.

von einer „Stiftungslast". Gemeint ist damit eine systemadäquate Behandlung der privatrechtlichen Ausgestaltung einer Stiftung, sofern sich der Staat für sie entscheidet[374].

Aus finanzieller Sicht geht es zunächst einmal um eine Einstandspflicht oder Gewährträgerhaftung des Stifters. Für öffentlich-rechtliche Stiftungen hat *v. Lewinski* festgestellt, dass jedenfalls keine gesetzliche Einstandspflicht besteht[375]. Sie könne sich jedoch aus einer ausdrücklichen Anordnung im Errichtungsgesetz ergeben.

Für die Stiftung Datenschutz ist eine solche Anordnung schon nicht ersichtlich, da sie als privatrechtliche Stiftung ohne Errichtungsgesetz errichtet wurde. Eine Art Finanzierungsanspruch könnte sich folglich nur aus einer satzungsgemäßen Finanzierungszusage der öffentlichen Hand als Stifter ergeben. So geht *Weitemeyer* mit Verweis auf *Scholz/Langer* von einer übernommenen Kontinuitätsgewähr aus, wenn der öffentlich-rechtliche Stifter in der Satzung Zuwendungszusagen macht[376]. Bei Vorliegen einer solchen Zusage, wie sie sich etwa in der Satzung der Stiftung Warentest vorfindet[377], dürfte der Haushaltsgesetzgeber keine Situation erzeugen, die die Stiftungsaufsicht dazu zwingt, die Stiftung nach § 87 BGB aufzuheben oder den Stiftungszweck zu ändern.

Dieser Gedanke kann für die Stiftung Datenschutz jedoch ebenfalls nicht fruchtbar gemacht werden, da ein solches Zuwendungsversprechen in der Satzung fehlt. Übrig bleibt allenfalls der Rückgriff auf die „Systemgerechtigkeit"[378], aus der der Stiftung ein Mindestschutz bezüglich Organisationsgestaltung und Finanzausstattung erwachsen könnte[379].

V. Stiftung als Nebenhaushalt

Stiftungen können Nebenhaushalte des Bundes darstellen. Nach der Begriffsdefinition von *Kilian* ist ein Nebenhaushalt des Bundes eine mit eigener Finanz- und Haushaltshoheit ausgestattete Institution, die staatliche oder öffentliche Aufgaben in dessen Auftrag mit öffentlichen Mitteln aus dem Bundeshaushalt oder mit vom Bund eröffneten wirtschaftlichen Mitteln wahrnimmt[380]. Insbesondere gilt dies für Stiftungen, die

---

374 *Kilian*, in: Werner/Saenger, Die Stiftung, 2008, Rn. 1167.
375 *v. Lewinski*, Öffentlichrechtliche Insolvenz und Staatsbankrott, 2011, S. 143 f.
376 *Weitemeyer*, in: MüKo BGB Bd. 1, 7. Aufl. 2015, § 80 Rn. 185 mit Verweis auf *Scholz/Langer*, Stiftung und Verfassung, 1990, S. 115 ff.
377 § 4 Abs. 2 der Satzung der Stiftung Warentest (Stand: 1. November 2014): „Der Stiftung wird zur Erfüllung ihrer Satzungsgemäßen Aufgaben von der Stifterin jährlich ein Festbetrag als Zuwendung nach Maßgabe der Haushaltspläne des Bundes zur Verfügung gestellt".
378 *Kilian*, in: Werner/Saenger, Die Stiftung, 2008, Rn. 1167.
379 Dazu unten S. 142 f.
380 *Kilian*, Stiftungen als staatliche Nebenhaushalte, S. 78.

sich selbst nicht finanzieren können, was zunächst auf die Stiftung Datenschutz zutrifft und daher die Einordnung als Nebenhaushalt nahelegen könnte.

Eine weitere Voraussetzung ist jedoch, dass die Stiftungen vom Bund auch regelmäßig finanzielle Zuwendungen aus dem Bundeshaushalt erhalten. Dabei kann man weiter zwischen „pflegenden" und „verteilenden" Nebenhaushalten unterscheiden: Pflegende sind solche, die eine öffentliche Aufgabe eigenständig erledigen. Verteilende sind dagegen nur eine Verteilstelle des Haupthaushalts[381]. Dieses Merkmal ist bei der Stiftung Datenschutz nicht gegeben, da sie keine regelmäßigen Zuwendungen aus dem Haushalt erhält. Sie stellt folglich keinen Nebenhaushalt dar.

VI. Zwischenergebnis

Die finanzielle Ausstattung der Stiftung Datenschutz reicht bei Weitem nicht aus, um den in der Satzung vorgesehenen Aufgaben vollumfänglich nachzukommen. Da die Stiftung als Vermögensstiftung ausgestaltet ist und sich folglich (bis auf die Teilverbrauchsstiftung von 1 Million) ausschließlich von ihren Erträgen finanzieren muss, liegt ein unterdimensionierter Stiftungsstock vor.

Sofern die Ertragsschwäche durch Zuwendungen Dritter – insbesondere solcher aus der Wirtschaft – ausgeglichen werden soll, führt dies zu erheblichen Problemen bezüglich der Objektivität und Unabhängigkeit der Stiftung. Es ist nur schwer vorstellbar, dass solche Zuwendungen keinen Einfluss auf die Tätigkeit der Stiftung Datenschutz haben werden; gerade wenn es darum gehen würde, die Zuwendenden selbst einem „Datentest" zu unterziehen. Zumindest würde bereits durch den Anschein mangelnder Objektivität die Glaubwürdigkeit der Stiftung erheblich beschädigt werden. Ein Vergleich mit der Stiftung Warentest verbietet sich insoweit, da diese während ihrer gesamten Historie keine Drittmittel (außer solcher des Stifters) annehmen musste. Die Stiftung Datenschutz soll dagegen schon konzeptionell Mittel aus der Wirtschaft akquirieren.

Gründe für die mangelnde Finanzierung sind jedoch nicht nur beim Stifter zu suchen. So kann die Ausstattung der Stiftung Datenschutz im bundesweiten Vergleich einen Platz im oberen Drittel einnehmen. Allerdings wird der Kalkulation ein baldiger Aufschwung des Zinsniveaus zugrunde gelegen haben, der bekanntermaßen ausgeblieben ist.

Diese aus heutiger Sicht feststellbare Fehlplanung ist für die Stiftung mittelfristig existenzbedrohend, zumal der Stifter ihr gegenüber keine „Stiftungslast" trägt und die Stiftung Datenschutz keinen Nebenhaushalt des Bundes darstellt.

---

381 *Kilian*, in: Bellezza/Kilian/Vogel, Der Staat als Stifter, S. 79.

E. Anerkennung der Stiftung

Die Entstehung der privatrechtlichen Stiftung der öffentlichen Hand bedarf wie bei einem privaten Stifter neben dem Stiftungsgeschäft der Anerkennung durch die zuständige Stiftungsbehörde. Die §§ 80, 81 BGB gelten uneingeschränkt.

Insbesondere unter dem Aspekt des unterdimensionierten Stiftungsstocks ist im Hinblick auf die dauernd und nachhaltig gesicherte Erfüllung des Stiftungszwecks nach § 80 Abs. 2 BGB fraglich, ob die materiellen Anerkennungsvoraussetzungen vorlagen. Auch die mangelnde Autonomie der Stiftung könnte unter dem Gesichtspunkt ein (von der Anerkennungsbehörde übersehenes) Anerkennungshindernis darstellen. Insofern ist zunächst die Prüfungskompetenz der Stiftungsbehörde zu klären und der Prüfungsgegenstand herauszuarbeiten.

I. Formelle Rechtmäßigkeit der Entscheidung

Von der formellen Rechtmäßigkeit der Entscheidung darf ausgegangen werden. Die Anerkennungsurkunde[382] dokumentiert eine formell ordnungsgemäße Entscheidung. Das einschlägige Stiftungsgesetz bestimmt sich nach dem Sitz der Stiftung. Dieser ist bei der Stiftung Datenschutz Leipzig, sodass hier das sächsische Stiftungsgesetz einschlägig ist. Folglich handelte mit der Landesdirektion gem. § 3 Abs. 1 und 3 SächsStiftG die zuständige Behörde. Insbesondere ändert es an der Zuständigkeit der Landesstiftungsbehörde nichts, dass der Bund Stifter ist[383].

II. Materielle Rechtmäßigkeit der Entscheidung

Neben der formellen Rechtmäßigkeit stellt sich die Frage nach der materiellen Rechtmäßigkeit der Entscheidung. Diese wäre dann gegen, wenn die Stiftungsbehörde bei der Prüfung der gesetzlichen Anerkennungsanforderungen, wie sie sich aus §§ 80 und 81 BGB ergeben, fehlerfrei gehandelt hätte. Für die Beurteilung muss zunächst herausgearbeitet werden, welche Anforderungen zum Prüfungsgegenstand gehören und schließlich, ob diese bei Anerkennung vorgelegen haben.

1. Gefährdung des Gemeinwohls

Zunächst dürfte die Stiftung ihrem Zweck nach keine „Gefährdung des Gemeinwohls" darstellen. Eine Gemeinwohlgefährdung liegt vor, wenn die Stiftung den Zweck verfolgen soll, gegen ein gesetzliches Verbot oder die guten Sitten zu verstoßen oder Ver-

---

382 Unten S. 169 im Anhang als Anlage II.
383 *Weitemeyer*, in: MüKo BGB Bd. 1, 7. Aufl. 2015, § 80 Rn. 184.

fassungsgüter zu gefährden[384]. Bei dem Stiftungszweck nach § 2 Abs. 1 der Satzung, die Belange des Datenschutzes zu fördern, kommt eine Gemeinwohlgefährdung nicht in Betracht[385].

2. *Dauernde und nachhaltige Erfüllung des Stiftungszwecks*

Weiterhin zu prüfen ist gem. § 80 Abs. 2 BGB, ob die dauernde und nachhaltige Erfüllung des Stiftungszwecks gesichert erscheint. Hierbei prüft die Behörde vor allem, ob das zugesagte oder mit Sicherheit zu erwartende Vermögen ausreichend ist, um den Stiftungszweck mit der in der Satzung vorgehsehnen Organisation und den geplanten Instrumenten zu verfolgen, sodass der Behörde ein gewisser Prognosespielraum zur Verfügung steht[386]. Wichtig in diesem Zusammenhang ist, dass es bei der Entscheidung nur um die Verfolgung, nicht die endgültige Erreichung, des Zwecks geht. So ist die Anerkennung auch schon möglich, wenn das Vermögen noch nicht (oder noch nicht in ausreichendem Maße) vorhanden ist, aber sichere Wege zu seiner Erreichung nachgewiesen werden. Die Ausweisung von Mitteln im öffentlichen Haushalt kann dazu schon genügen, die begründete Aussicht auf Spenden dagegen eher nicht[387]. Bei der beabsichtigen Finanzierung über Haushaltsmittel ist aber auch zu bedenken, dass diese naturgemäß jährlich neu beschlossen werden und daher die Existenz der Stiftung gefährden können, sofern keine anderen Einnahmequellen zur Verfügung stehen[388].

Vor Anerkennung der Stiftung Datenschutz wäre demnach von der Behörde zu prüfen gewesen, ob sich der Stiftungszweck mit einem Grundstockvermögen von 10 Millionen (und ggf. weiteren gesicherten Einnahmequellen) verfolgen lässt. Zumindest im Hinblick auf Datenschutzaudits und Datentests, deren Umsetzung finanzieller deutlich aufwendiger wäre, erscheint dies äußerst fraglich. Für Zwecke wie Bildung und Aufklärung im Datenschutzbereich wären die Anforderungen dagegen geringer. Zu klären ist daher, ob die Zulassung schon dann erfolgen darf, wenn der Stiftungszweck nur zum Teil erfüllt werden kann.

---

384 BVerwG, Urteil vom 12. Februar 1998 – 3 C 55/96 = NJW 1998, S. 2545.
385 Ein Träger von Staatsgewalt darf nach dem Rechtsstaatsprinzip nur tätig werden, um Gemeinwohlbelange, also öffentliche Zwecke zu verfolgen, vgl. *Pieroth/Hartmann*, DVBl. 2002, S. 427 m.w.N.
386 *Schlüter/Stolte*, Stiftungsrecht, 3. Aufl. 2016, S. 66; a.A. *Hüttemann/Rawert*, in: Staudinger BGB, 2011, § 80 Rn. 23, die sich für eine Prüfung der vom Stifter vorgegebenen Zweck-Mittel-Relation auf ihre Vertretbarkeit hin aussprechen; ähnlich auch *Reuter*, in: MüKo BGB Bd. 1, 6. Aufl. 2012, §§ 80, 81 Rn. 58.
387 *Hof*, in: v. Campenhausen/Richter, Stiftungsrechtshandbuch, 4. Aufl. 2014, § 6 Rn. 315.
388 Zur Problematik vgl. *Hüttemann/Rawert*, in: Staudinger, BGB, 2011, § 80 Rn. 20; m.w.N. *Hof*, in: v. Campenhausen/Richter, Stiftungsrechtshandbuch, 4. Aufl. 2014, § 6 Rn. 315.

a. Prüfungsmaßstab der Stiftungsbehörde

Von entscheidender Bedeutung ist hierbei, welchen Prüfungsmaßstab die Stiftungsbehörde an den Stiftungszweck anlegen muss.

Die Satzung der Stiftung Datenschutz sieht in § 2 Abs. 1 einen hier bereits dargestellten (Ober-)Zweck vor, nämlich die Förderung der Datenschutzbelange. Dieser wird schließlich durch weitere (Unter-)Zwecke konkretisiert („insbesondere")[389]. Fraglich ist nunmehr, ob die Stiftungsbehörde die Prüfung lediglich am Maßstab des (Ober-)Zwecks durchführen muss oder ob auch die (Unter-)Zwecke Eingang in die Bewertung finden müssen. Dies hängt wiederum vom Begriffsverständnis des Stiftungszwecks ab.

(1) Weiter Prüfungsmaßstab

Bei einem weiten Prüfungsmaßstab müsste lediglich die dauernde und nachhaltige Erfüllung des „Oberzwecks" gesichert erscheinen, also nur die Förderung der Datenschutzbelange als solche. Hinsichtlich der weiteren Konkretisierungen nach § 2 Abs. 1 a) bis d) der Satzung müsste nicht bereits vor Anerkennung sichergestellt gewesen sein, dass sie alle und vor allem zeitgleich verfolgt werden können. Legt man diesen Maßstab zugrunde, erscheinen die Anforderungen auch mit der damals gegeben Finanzausstattung erfüllt.

(2) Enger Prüfungsmaßstab

Nach einem strengeren Verständnis müssten dagegen alle genannten Beispiele dauernd und nachhaltig verfolgt werden können.

Nach diesem deutlich engeren Maßstab, wäre die Anerkennung eher zu versagen gewesen. Die Zwecke nach § 2 Abs. 1 lit. a) und d) der Satzung, also die Entwicklung eines Datenschutzaudits/Datenschutzauditverfahrens und die Prüfung von Produkten und Dienstleistungen auf ihre Datenschutzfreundlichkeit, ließen sich mit dem bereitgestellten Stiftungsvermögen kaum in nennenswerter Weise verfolgen. Weitere gesicherte Einnahmequellen waren auch nicht ersichtlich. Die vage Möglichkeit Drittmittel zu akquirieren reicht, wie oben dargelegt, nicht aus.

(3) Stellungnahme

Zum Ergebnis einer dauernden und nachhaltigen Erfüllung des Stiftungszwecks wäre die Stiftungsbehörde daher wohl nur dann gekommen, wenn sie von einem weiten Prüfungsmaßstab ausgeht. Die Förderung der Datenschutzbelange insgesamt und auch die in § 2 Abs. 1 lit. b) und c) der Satzung genannten Beispiele Stärkung der Bildung im Bereich des Datenschutzes und die Verbesserung des Selbstdatenschutzes durch Aufklärung lassen sich – nicht zuletzt wegen der großen Spielräume, wel-

---

389 Zum Ganzen bereits oben S. 71.

che die geringe Bestimmtheit der Begriffe eröffnet – relativ kostengünstig verfolgen. Wenn man auf die Erträge aus dem Stiftungsvermögen, die (wenn auch nur vage) Aussicht auf Drittmittel sowie die aus damaliger Sicht wohl berechtigte Hoffnung auf Haushaltsmittel insgesamt betrachtet, erscheint die getroffene Behördenentscheidung nachvollziehbar.

Für einen weiten Prüfungsmaßstab, mithin die Prüfung am Maßstab der dauernden und nachhaltigen Erfüllung lediglich des (Ober-)Zwecks, sprechen auch praktische Erwägungen: Die Prognoseentscheidung der Behörde läuft ad absurdum, wenn bereits bei Stiftungsgründung jedes genannte Beispiel der Zweckerreichung gesichert sein muss. Unter Berücksichtigung des Ewigkeitsgedankens ist kaum vorhersehbar, inwieweit sich die Vermögensbestände im Laufe der Zeit noch verändern werden, sodass selbst bei zunächst geringer Vermögensausstattung durchaus die Möglichkeit besteht, dass eine Verfolgung weiterer (Unter-)Zwecke zu einem späteren Zeitpunkt möglich wird. So bestand auch bei der Stiftung Datenschutz eine durchaus berechtigte Hoffnung auf ein baldiges Steigen des Zinsniveaus und einer damit einhergehenden Verbesserung der finanziellen Situation insgesamt. Zumindest für die kostengünstigeren (Unter-)Zwecke musste die Mittelprognose insoweit positiv ausfallen, was bereits ausreichend ist, damit die Anerkennung nicht versagt werden darf[390].

Konsequenterweise wird man der Stiftung dann aber auch eine Verpflichtung dahingehend auferlegen müssen, diese (Unter-)Zwecke dann zu verfolgen, sobald das entsprechende Kapital zur Verfügung steht.

b. Lebensfähigkeit der Stiftung

Selbst wenn man der Anerkennungsbehörde schon bei positiver Mittelprognose nur eines (kostengünstigsten) (Unter-)Zwecks eine Anerkennungspflicht zuspricht, ergibt sich logischerweise, dass die Stiftung in der Lage sein muss, zumindest diesen Zweck dauernd und nachhaltig zu verfolgen. Bei der hier angenommenen stiftungsfreundlichen Auslegung müsste die Stiftung Datenschutz daher zumindest anfänglich in der Lage gewesen sein, die Belange des Datenschutzes zu fördern. Doch auch in diesem Rahmen wird die Stiftung nicht ohne gewisse Personal- und Sachkosten auskommen, allein, um operativ tätig zu bleiben[391]. Um den Zweck durch eigene Projekte verfolgen zu können, ist auch für die Organisation der Stiftung Datenschutz ein Mindestmaß an Personal unumgänglich. So verlangt die Satzung zumindest die Anstellung

---

390 So auch *Werner*, in: Werner/Saenger, Die Stiftung, 2008, S. 224.
391 Die Stiftung Datenschutz ist aufgrund des in § 2 der Satzung beschriebenen Zwecks als operative Stiftung einzustufen, weil sie eigene Projekte durchführen soll. Davon abzugrenzen ist eine Förderstiftung, welche die Förderung fremder Projekte bzw. die Förderung anderer gemeinwohlorientierter Körperschaften bezweckt. Fördernd tätige Stiftungen verfolgen ihre in der Satzung vorgegebenen Zwecke nicht selbst, sondern begünstigen mit ihren Erträgen Personen oder Organisationen, die dem Förderzweck der Stiftung entsprechen; zu operativen und fördernden Stiftungen vgl. *Adloff*, in: Graf Strachwitz/Mercker, Stiftungen in Theorie Recht und Praxis, 2005, S. 135 ff.

eines Vorstands, der angemessen zu vergüten ist (vgl. § 6 Abs. 7). Die Errichtung einer Geschäftsstelle sollte zwar nur erfolgen, sofern der Geschäftsbetrieb es erfordert (vgl. § 6 Abs. 5 S. 2 der Satzung), allerdings ist kaum ersichtlich, wie ein operativer Geschäftsbetrieb ohne Geschäftsstelle funktionieren soll. Demnach ist auch hier mit Kosten zu rechnen. Weitere Kosten bringt der übliche Geschäftsbetrieb mit sich.

Am Maßstab dieser absoluten Mindestausgaben erscheint die Anerkennung aus damaliger Sicht vertretbar gewesen zu sein. So konnten einmal durch Anlage des Stiftungsvermögens, was zum Zeitpunkt der Errichtung 10 Millionen Euro betrug, Erträge erwirtschaftet werden – wenn diese zu Zeiten niedriger Zinsen auch nicht besonders hoch ausfallen dürften[392]. Darüber hinaus erlaubte es die Satzung in den Jahren 2012 bis 2017 bis zu 1 Million Euro des Stiftungsvermögens, pro Kalenderjahr jeweils bis zu 200.000 Euro, für laufende angemessene Ausgaben zu verwenden (vgl. § 3 Abs. 2 der Satzung). Wie oben erwähnt, bestand auch berechtigte Hoffnung auf eine Finanzierung über (weitere) Haushaltsmittel: So sah der Haushaltsplan des Bundes im Jahr 2013 noch 200.000 Euro für die Stiftung Datenschutz vor – bevor die institutionelle Förderung aus dem Haushalt ab dem Jahr 2014 komplett gestrichen wurde. Zudem wurde allgemein eine baldige Steigung des Zinsniveaus erwartet.

Damit ergab sich insgesamt aber durchaus eine Bewertungsgrundlage, die eine „gewisse" Sicherheit[393] für die dauernde und nachhaltige Erfüllung des Stiftungszweckes bot, zumal die Begriffe dauernd und nachhaltig nicht die Ewigkeit, sondern nur einen über die Kurzlebigkeit hinausgehenden Zeitraum erfassen. Eine gesicherte Finanzierung der für den Stiftungszweck erforderlichen Personal- und Sachkosten auf den Zeitraum von fünf Jahren dürfte dafür ausgereicht haben[394].

3. Mängel in der Organisationsstruktur (Stiftungsautonomie)

Des Weiteren wurde oben bereits festgestellt, dass die Organisationsstruktur der Stiftung Datenschutz gewisse Mängel aufweist, insbesondere aufgrund der erheblichen Einwirkungsmöglichkeiten der Stifterin[395]. Insofern stellt sich die Frage, ob die Behörde verpflichtet war, eine diesbezügliche Prüfung vorzunehmen, und, wenn ja, welche Auswirkungen dies auf die Anerkennung hätte haben müssen.

a. Prüfungskompetenz der Anerkennungsbehörde?

Streitig ist aber bereits, inwieweit der Anerkennungsbehörde überhaupt eine diesbezügliche Prüfungskompetenz zukommt. In der Literatur werden hierzu verschiedene

---

392 Zur Ausgangskalkulation oben S. 88.
393 In der Gesetzesbegründung ist nur von „gewisser" Sicherheit die Rede, BT-Drs. 14/8765, S. 8.
394 In diesem Sinne auch *Werner*, in: Werner/Saenger, Die Stiftung, 2008, S. 224, wobei hier auf eine Sicherungszusage des Stifters abgestellt wird.
395 Vgl. oben S. 72 ff.

Meinungen vertreten. Während die amtliche Begründung dafür spricht, die Prüfung nicht nur auf die adäquate Vermögensausstattung zu beschränken[396], sprach sich *Hüttemann* früher für eine Beschränkung auf die Finanzausstattung aus, weil die Entscheidung sonst mit kaum justiziablen Prognoseentscheidungen belastet werde, durch die das gesetzgeberische Ziel eines „eindeutigen Rechtsanspruchs" des Stifters gefährdet werden würde[397]. Inzwischen scheint *Hüttemann* von der damals vertreten Ansicht abgerückt zu sein und erkennt an, dass die Stiftungsbehörde auch Mängel in der Organisationsstruktur beanstanden darf[398]. Dementsprechend wurde im Schrifttum auch die Ansicht vertreten, die Anerkennung könne wegen einer unterdimensionierten Eigenorganisation verweigert werden[399]. *Reuter* stellt dagegen nicht auf den Kontrollgegenstand, sondern auf die Kontrolldichte ab. D. h. die Behörde darf jedenfalls nicht in dem Umfang prüfen, dass ihr Ermessen an die Stelle des Ermessens des Stifters gesetzt wird[400]. Für diese Ansicht spricht, dass die Prüfung der Behörde immer nur die Feststellung einer „gewissen" Sicherheit der dauernden und nachhaltigen Zweckerfüllung mitbringen kann[401]. Die Organisationsstruktur kann demnach allenfalls dann bemängelt werden, wenn durch sie die dauernde und nachhaltige Zweckerfüllung als unsicher erscheint. Nur dies ist der Maßstab, den § 80 Abs. 2 BGB für die Prüfung zulässt.

Hat der staatliche Stifter nun dermaßen viel Einfluss auf die Stiftung, dass sie nur noch als sein „verlängerter Arm" gewertet werden kann[402], mag dies auf verfassungsrechtliche Bedenken stoßen, hat für die dauernde und nachhaltige Zweckerfüllung der Stiftung aber eigentlich keine unmittelbaren Folgen. Der – wie auch immer geartete – Einfluss des Stifters steht der Zweckerfüllung zunächst nicht entgegen, sondern kann sich sogar positiv auswirken, etwa dann, wenn der Stifter besonderes (finanzielles) Engagement zeigt.

Die andere Seite der Medaille ist freilich, dass sich dann die Probleme ergeben, wenn der Stifter kein gerade ausreichendes Engagement an den Tag legt. Dies kann schnell zu einer finanziellen Schieflage der Stiftung führen, und zwar dann, wenn das Grundstockvermögen alleine nicht genug Erträge zur Zweckerfüllung einbringt und – verstärkt durch oder aufgrund der mangelnden Unabhängigkeit – keine zusätzlichen Mittel zur Verfügung stehen. Dieses Risiko eines „Ausblutens" ist nicht von der Hand zu weisen. Bei der Stiftung Datenschutz ist es sogar zum Vorschein getreten, als die Stifterin im Koalitionsvertrag beschlossen hatte, die Stiftung Datenschutz in die Stiftung Warentest zu integrieren und seitdem die institutionelle Förderung eingestellt

---

396 BT-Drs. 14/8894, S. 10; BT-Drs. 14/8765, S. 8.
397 *Hüttemann*, ZHR 167 (2003), 35, 55 f.
398 *Hüttemann/Rawert*, in: Staudinger BGB, 2011, § 80 Rn. 19.
399 *Burgard*, NZG 2002, 697, 699 m. Fn. 41 f.
400 *Reuter*, in: MüKo BGB Bd. 1, 6. Aufl. 2012, §§ 80 f. Rn. 59.
401 So die Gesetzesbegründung BT-Drs. 14/8765, S. 8.
402 Dazu oben S. 74 f.

hat. Insoweit ist durchaus zu fragen, ob die dauernde und nachhaltige Zweckerfüllung gesichert sein kann, wenn das Schicksal der Stiftung ausschließlich vom Wohlwollen des Stifters abhängig ist. Insbesondere wäre dies dann der Fall, wenn die Vermögensausstattung offensichtlich so bemessen wird, dass die Stiftung konzeptionell auf Drittmittel angewiesen ist. Da die mangelnde Autonomie mit nicht unerheblicher Wahrscheinlichkeit auf Dritte abschreckend wirken kann, muss die dauernde und nachhaltige Zweckerfüllung – sofern die Satzung kein institutionelles Förderungsversprechen beinhaltet – bezweifelt werden.

(1) Aktuelle Anerkennungspraxis

Zum Zeitpunkt der Anerkennung war diese Entwicklung aber nicht vorherzusehen, sondern allenfalls zu erahnen gewesen. Zudem ist fraglich, ob diesbezügliche Bedenken der Anerkennungsbehörde überhaupt zu einer Verweigerung der Anerkennung hätten führen können. Teilweise wird dies in der Lehre mit dem Argument abgelehnt, dass eine Verweigerung in diesem Punkt nicht ausgesprochen werden könne, weil ihr dann unzulässige Zweckmäßigkeitserwägungen zugrunde liegen würden[403]. Betrachtet man die Stiftung Datenschutz oder auch andere staatliche Stiftungen aus der Vergangenheit[404], scheint die momentane Anerkennungspraxis dieser Ansicht zu folgen und die gebotene Stiftungsautonomie im Anerkennungsverfahren nicht ausreichend zu berücksichtigen.

(2) Verstärkte Berücksichtigung der Stiftungsautonomie im Anerkennungsverfahren

Zu begrüßen wäre es, wenn die Stiftungsbehörden in Zukunft bei staatlichen Stiftern verstärkt auf die gesicherte Autonomie der Stiftung achten würden. Die oben genannten Argumente, die den Behörden eine diesbezügliche Prüfungskompetenz absprechen, dürften bei staatlichen Stiftungen nur eingeschränkt zum Tragen kommen. Insoweit kann es das für den privatrechtlichen Stifter in der Lehre diskutierte „Grundrecht auf Stiftung"[405] beim staatlichen Stifter schon von vornherein nicht geben[406]. Der „grundrechtlich gestützte Anspruch auf Errichtung einer Stiftung bei Vorliegen der gesetzlichen Voraussetzungen" war aber mitunter maßgeblich für den nunmehr durch

---

403 So *Burgard*, Gestaltungsfreiheit im Stiftungsrecht, S. 173 mit Verweis auf Begr. RegE zu § 81, BT-Drs. 14/8765, S. 10.
404 Vgl. *Kaluza*, Die Stiftung privaten Rechts als öffentlich-rechtliches Organisationsmodell, 2010, S. 98, mit der Feststellung von Problemen in der Stiftungsautonomie bei zahlreichen Stiftungen der öffentlichen Hand.
405 Zum Meinungsstand ausführlich *Weitemeyer*, in: MüKo BGB Bd. 1, 7. Aufl. 2015, § 80 Rn. 30.
406 *Weitemeyer*, in: MüKo BGB Bd. 1, 7. Aufl. 2015, § 80 Rn. 184.

das Gesetz zur Modernisierung des Stiftungsrechts eingeführten Rechtsanspruch aus § 80 Abs. 2 BGB[407].

Dieser Zusammenhang zeigt, dass der Rechtsanspruch aus § 80 Abs. 2 BGB für den öffentlich-rechtlichen Stifter nicht im selben Maße gelten kann: Zum einen kann die öffentliche Hand, im Gegensatz zum privatrechtlichen Stifter, auch auf Stiftungen öffentlichen Rechts zurückgreifen. Zum anderen stellt die Errichtung der Stiftung materiell Verwaltungshandeln dar, sodass die allgemeinen gültigen Grundsätze des Verwaltungshandelns gelten, zu denen auch die Bindung an rechtsstaatliche Grundsätze gehört[408]. Insoweit widerspricht eine Satzung ihrer Genehmigungsfähigkeit dann, wenn sie der Unabhängigkeit der Stiftung nicht ausreichend Rechnung trägt und damit gegen das Rechtsstaatsprinzip verstößt. Mit anderen Worten: Entscheidet sich die öffentliche Hand für die privatrechtliche Ausgestaltung, sollte damit auch eine „systemgerechte" Behandlung dieser Rechtsform einhergehen, zu der auch die Achtung der Stiftungsautonomie gehört[409].

(3) Besonderheiten der Aufsicht beim staatlichen Stifter

Bei der Forderung nach einer verstärkten Prüfung hinsichtlich der Stiftungsautonomie ist zu bedenken, dass ein nicht unerhebliches Risiko der mangelnden Trennung von Stifter und Anerkennungsbehörde besteht[410]. Dass Problem spitzt sich dann zu, wenn sich durch die hoheitliche Struktur ein Über- und Unterordnungsverhältnis zwischen Stifter und der Aufsichtsbehörde entsteht oder ein Ministerium sowohl für die Stiftungsaufsicht zuständig als auch – aufgrund der Ressortzuständigkeit – zur Stiftungserrichtung ermächtigt ist[411]. Dieser augenscheinliche Konflikt besteht nicht nur bei der Anerkennung, sondern auch bei der weiteren Ausführung der Aufsicht. In der Literatur finden sich verschiedene Ansätze, dieser grundsätzlichen Kollisionslage entgegenzutreten. *Neumann* spricht sich mit Verweis auf *Kirchhof* für strikte interne Richtlinien aus, die unter Definition von allgemein objektiven Kriterien auch bei der

---

407 Vgl. die Gesetzesbegründung BT-Drs. 14/8765, S. 8 f.; zum Rechtsanspruch auf Anerkennung der Stiftung m. w. N. *Andrick*, in: Werner/Saenger, Die Stiftung, 2008, S. 52.
408 *Weitemeyer*, in: MüKo BGB Bd. 1, 7. Aufl. 2015, § 80 Rn. 184.
409 Zum Begriff der „Systemgerechtigkeit" unten S. 143.
410 Diese Problematik – insbesondere im Hinblick auf die konkrete Zuweisung der Rechtsaufsicht innerhalb der Bundesministerien – stellt auch der Bundesrechnungshof fest, vgl. Leitsatz 13-04 Öffentlich-rechtliche Stiftungen, unter: https://www.bundesrechnungshof.de/de/veroeffentlichungen/leitsaetze-der-externen-finanzkontrolle/leitsatzsammlung/organisation/leitsatz-13-04-oeffentlich-rechtliche-stiftungen [abgerufen am: 22.09.2016].
411 Darüber hinaus besteht die Gefahr von Kompetenzverschiebungen, wenn einem Bundesland Befugnisse im Hinblick auf eine durch den Bund geschaffene Rechtsperson zukommen. Diese Problematik wird hier nicht näher behandelt. Zum Ganzen auch *Neumann*, Das Ausweichen der öffentlichen Hand durch Stiftungsgründungen, 2005, S. 163 ff. mit Verweis auf *Gölz*, Der Staat als Stifter, 1999, S. 122.

öffentlichen Hand angewendet werden sollen[412]. *Mittmann* formulierte den Vorschlag, die Stiftungsaufsicht dann einzuschränken und auf die freiwillige Gerichtsbarkeit zu übertragen, wenn interne Kontrollorgane vorhanden sind[413]. Dies wird wiederum von *Weitemeyer* kritisiert, mit dem Argument, die Rechtsaufsicht im Stiftungsrecht sei unentbehrlich. Ansonsten würde die Instanz fehlen, welche die Mitglieder des Kontrollorgans zur Erfüllung ihrer Pflichten anhält[414].

Einen pragmatischen Ansatz verfolgt *Kaluza*, indem sie unter Berufung auf die Rechtsprechung des Bundesverwaltungsgerichts zu den §§ 20, 21 VwVfG die Weisungsbefugnis des staatlichen Stifters in Kollisionsfällen einschränken will[415]. Mit Verweis auf den Ausschlussgrund des § 20 Abs. 1 Nr. 5 VwVfG soll so ein Verzicht auf eine Weisungsbefugnis begründet werden, wenn die Stifterin als oberste Behörde der nachgeordneten Aufsichtsbehörde gegenübersteht. Diese Überlegung vermag zu überzeugen, denn sie gebietet der Stiftungsaufsicht die notwendige (Weisungs-)Unabhängigkeit. Flankiert von den oben erwähnten internen Richtlinien, wäre dies ein möglicher Weg, die effektive Überprüfung der Stiftungsautonomie zu stärken.

b. Rechtsfolgen einer fehlerhaften Anerkennung

Selbst wenn man die Anerkennungsentscheidung aufgrund der Mängel in der Organisationsstruktur als rechtswidrig einstuft, dürfte dies keine unmittelbaren Auswirkungen auf die Wirksamkeit der Stiftung mit sich bringen. Durch die Anerkennung genießt die Stiftung Bestandsschutz. Mängel des Stiftungsgeschäfts berühren die Rechtsfähigkeit der Stiftung mithin solange nicht, wie die Anerkennung wirksam ist[416]. Dies führt dazu, dass eine Aufhebung der Stiftung selbst bei schwerwiegenden materiellen Fehlern in der Anerkennungsentscheidung nur unter den Voraussetzungen des § 87 BGB möglich sein kann[417]. Zu begründen ist dies ist mit dem oben dargestellten Prüfungsmaßstab der Anerkennungsbehörde: Wenn diese materiell nach § 80 Abs. 2 BGB nur die dauernde und nachhaltige Zweckerfüllung sowie das Fehlen einer Gemeinwohlgefährdung prüfen darf, darf eine Aufhebung auch nur dann erfolgen, wenn eine der beiden Voraussetzungen nicht vorliegt. Mit Mängeln in der Orga-

---

412 *Neumann*, Das Ausweichen der öffentlichen Hand durch Stiftungsgründungen, 2005, S. 164.
413 *Mittmann*, Demokratiegebot und rechtsstaatliche Überwachung bei selbständigen Stiftungen und Anstalten, 1971, S. 122 ff.
414 *Weitemeyer*, in: MüKo BGB Bd. 1, 7. Aufl. 2015, § 85 Rn. 21 ff.
415 *Kaluza*, Die Stiftung privaten Rechts als öffentlich-rechtliches Organisationsmodell, 2010, S. 99 ff.
416 VG Sigmaringen, Urteil vom 26.02.2009 – 6 K 1701/08 = BeckRS 2009, 32590; *Krumm*, JA 2010, 849, 852.
417 So auch *Kaluza*, Die Stiftung privaten Rechts als öffentlich-rechtliches Organisationsmodell, 2010, S. 105 f.

nisationsstruktur besteht insoweit kein direkter Zusammenhang, solange der Stiftung ausreichend Mittel zur Verfügung stehen, um den Satzungszweck zu verfolgen[418].

III. Zwischenergebnis

Die rechtmäßige Anerkennung der Stiftung Datenschutz begründet sich insbesondere mit Blick auf den Prüfungsmaßstab aus § 80 Abs. 2 BGB, da die Anerkennungsbehörde ihre Prüfung ausschließlich am Maßstab der dauernden und nachhaltigen Erfüllung des Stiftungszweckes und des Gemeinwohls vornimmt.

Weil die dauernde und nachhaltige Erfüllung des Stiftungszwecks auch schon bezüglich einzelner (Unter-)Zwecke gegeben sein kann, die den (Ober-)Zweck als solchen konkretisieren, mussten „teure" Aufgaben wie die „Datentests" nicht von Beginn an umsetzbar sein. Insoweit kann der Aufsichtsbehörde kein Vorwurf gemacht werden, da die Förderung des Datenschutzes als solche auch mit den der Stiftung zur Verfügung gestellten Mittel aus damaliger Sicht gesichert erschien. Mit der anhaltenden Niedrigzinsphase konnte damals kaum gerechnet werden.

Zu hinterfragen ist jedoch die Anerkennung der Stiftung aufgrund der organisationsstrukturellen Mängel. Dass eine diesbezügliche Prüfung der Aufsichtsbehörde zu unzulässigen Zweckmäßigkeitserwägungen führen würde, ist im Hinblick auf den staatlichen Stifter nicht überzeugend. Das für den privatrechtlichen Stifter bestehende „Grundrecht auf Stiftung", auf dem auch die Einführung des § 80 Abs. 2 BGB beruht, kann für die öffentliche Hand nicht gelten. Die öffentliche Hand ist stattdessen selbst bei der Errichtung einer privatrechtlichen Stiftung an rechtsstaatliche Grundsätze gebunden und daher zur „systemgerechten" Behandlung dieser Rechtsform angehalten, zu der auch die Achtung der Stiftungsautonomie gehört. Bei staatlichen Stiftungserrichtungen wäre es daher zu begrüßen, wenn die Aufsichtsbehörden in Zukunft verstärkt am Tatbestandsmerkmal der dauernden und nachhaltigen Erfüllung des Stiftungszwecks prüfen, ob unzulässige Einschränkungen der Stiftungsautonomie vorliegen. Bei Feststellung solcher Mängel sollte daher auch auf die Verweigerung der Anerkennung als letztes Mittel zurückgegriffen werden.

Dem hierbei bestehenden Risiko einer mangelnden Trennung von Stifter und Anerkennungsbehörde könnte dadurch entgegengetreten werden, dass, mit Verweis auf den Ausschlussgrund des § 20 Abs. 1 Nr. 5 VwVfG, ein Verzicht auf eine Weisungsbefugnis dann begründet wird, wenn die Stifterin als oberste Behörde der nachgeordneten Aufsichtsbehörde gegenübersteht.

Letztendlich würde aber auch eine materiell rechtswidrige Anerkennungsentscheidung im Nachhinein nicht zur unmittelbaren Unwirksamkeit der Stiftung Datenschutz führen, da sie durch die Anerkennung Bestandsschutz genießt. Inwieweit eine Stärkung der Stiftungsautonomie durch nachträgliche Satzungsänderung möglich ist und

---

418 Zu den Voraussetzungen der Aufhebung nach § 87 BGB unten S. 140.

ob der Stiftung ggf. Rechtsschutzmöglichkeiten nach der Anerkennung verbleiben, wird im dritten Teil dieser Arbeit behandelt[419].

F. Ergebnis Kapitel 2

Aus stiftungsrechtlicher Perspektive sind mehrere Punkte bei der Stiftung Datenschutz problematisch: Zum einen weist sie organisatorische Mängel auf, da durch die übermäßig starke Stellung der Stifterin die rechtsstaatlich gebotene Stiftungsautonomie gefährdet wird. Auch die finanzielle Ausstattung ist bei Weitem nicht ausreichend, um den Stiftungszweck insgesamt zu erfüllen. Dies gilt vor allem für die in der Satzung genannten Beispiele „Entwicklung eines Datenschutzaudits sowie eines Datenschutzauditverfahrens" und „Prüfung von Produkten und Dienstleistungen auf ihre Datenschutzfreundlichkeit". Dem zu geringen Stiftungskapital liegt vor allem eine Fehlplanung zugrunde, welche die anhaltende Niedrigzinsphase nicht ausreichend vorausgesehen hat. Die festgestellten Mängel führen im Ergebnis nicht zur Rechtswidrigkeit der Anerkennungsentscheidung. Gleichwohl könnte es geboten sein, eine Korrektur durch nachträgliche Satzungsänderungen durchzuführen[420].

---

419 Unten S. 121 ff.
420 Dazu unten S. 128.

Kapitel 3

Datenschutzrechtliche Würdigung

A. Vergleichende „Datentests"

Die Idee von der Durchführung von vergleichenden „Datentests" am Beispiel der Stiftung Warentest war von Anfang an tragend für die Stiftung Datenschutz. In der ganz frühen Konzeptionsphase war sogar von einer „Stiftung Datentest" die Rede. Erst auf dieser Basis wurden die weiteren Strukturen der Stiftung ausgearbeitet. In diesem Sinne wurde die Aufgabenstellung auch in die Satzung aufgenommen. Nach § 2 lit. d) der Satzung soll die Stiftung den Datenschutz u. a. dadurch fördern, dass sie Produkte und Dienstleistungen auf ihre Datenschutzfreundlichkeit hin prüft[421]. Zur praktischen Umsetzung ist es allerdings bis dato wegen unzureichender Mittel nicht gekommen. Die nachfolgenden Ausführungen sind daher eine hypothetische Betrachtung, mit Blick auf den Fall einer tatsächlichen Umsetzung der satzungsgemäßen Aufgaben.

I. Verfassungsrechtliche Grundlagen

Wie bereits oben erwähnt[422], unterliegt die staatliche Informationstätigkeit zum Zwecke des Verbraucherschutzes bestimmten von der Rechtsprechung aufgestellten Anforderungen. Werden „Datentests" durchgeführt und die anschließenden Ergebnisse der Bevölkerung kundgetan, stellt dies eine Verbraucherinformation dar, die Grundrechte Dritter tangieren kann. Bei der Stiftung Datenschutz besteht jedoch die Besonderheit, dass nicht der Staat selbst die Tests durchführt und verbreitet, sondern eine privatrechtliche Organisation. Finanziert der Staat allerdings diese privatrechtliche Organisation – so wie bei der Stiftung Datenschutz durch Stiftung des Grundstockvermögens – handelt er – so *Ossenbühl* – in „mittelbarer Täterschaft"[423]. Würden die rechtlichen Bindungen für den Staat hierbei nicht gelten, würde dies zwangsläufig zu einer unzulässigen Umgehung der rechtlichen Vorgaben führen. Dabei ist nicht jede Förderung von privaten Verbraucherinitiativen von vornherein bedenklich. Die rechtliche Problematik tritt aber dann auf, wenn die geförderte Organisation in Grundrechte, etwa in solche eines Unternehmens aus Art. 12 GG, eingreift. Voraussetzung dafür ist, dass die Nachteile für die Unternehmen aus der Informationsarbeit nicht nur

---

421 Insoweit missverständlich *Schantz*, in: BeckOK BDSG § 9a Rn. 19.
422 Oben S. 53.
423 *Ossenbühl*, NVwZ 2011, 1357, 1362.

mehr oder weniger zufällig oder nebenbei auftreten, sondern dass sie geradezu „Kehrseite" der erstrebten Beeinflussung der Öffentlichkeit sind[424].

Dies vorangestellt, wären allgemeine Empfehlungen und Aufklärungen zum Datenschutz per se nicht erfasst, selbst wenn sie allgemein gehaltene, sachliche Informationen zu bestimmen Risiken des Datenschutzes beinhalten. Derartige Informationen können sich zwar bereits auf einzelne Wettbewerbspositionen nachteilig auswirken (so dürfte in etwa der allgemeine Hinweis, „kostenlose Angebote im Internet werden oft mit Preisgabe von persönlichen Daten bezahlt", Anbietern mit diesem Geschäftsmodell missfallen), allerdings fehlt es hierbei – für einen mittelbar faktischen Grundrechtseingriff – am konkreten Bezug zum Grundrechtsträger.

Anders liegt der Fall dann, wenn die Äußerungen konkrete und bestimmbare Grundrechtsträger betreffen, mit dem Ziel, den Absatz bestimmter Produkte oder Dienstleistungen zu beeinträchtigen[425]. Diese Art von Information kann sich in erheblicher Weise auf die Unternehmensinteressen auswirken und stellt daher einen mittelbar-faktischen Grundrechtseingriff dar.

Dies muss auch unter Berücksichtigung der „Glykol-Entscheidung" gelten[426]. Zwar hat dort das Bundesverfassungsgericht die Eingriffsqualität von staatlichem Informationshandeln infrage gestellt, soweit es sich um richtige und sachliche marktbezogene Informationen handele. Jedoch ist diese Rechtsprechung in der Literatur erheblich kritisiert worden[427] und auch die neuere Rechtsprechung[428] tendiert dahin, die „Glykol-Doktrin" als eine Sonderfallgruppe für verfassungsunmittelbare Maßnahmen der Staatsleitung in Krisensituationen zu begreifen, die sich nicht auf die Verbraucherinformation durch die Verwaltung im Allgemeinen übertragen lasse. Dies muss konsequenterweise dazu führen, dass nach dem rechtsstaatlichen Vorbehalt des Gesetzes die Verwaltung für jeden Grundrechtseingriff einer hinreichend bestimmten gesetzlichen Grundlage bedarf[429].

II. Verfahrensgrundsätze

Fördert der Staat private Organisationen, ist sicherzustellen, dass er nicht durch eine „Flucht ins Privatrecht" seine rechtlichen Bindungen umgehen kann. Dazu erfordert es einer speziellen gesetzlichen Ermächtigungsgrundlage, sobald grundrechtsrele-

---

424 M.w.N. *Dolde*, ZHR 2010, 517, 522.
425 Ebd.
426 BVerfG, Beschluss vom 26. Juni 2002 – 1 BvR 558/91, 1 BvR 1428/91 = BVerfGE 105, 252 (Glykolwarnung); BVerwG, Urteil vom 18. Oktober 1990 – 3 C 2/88 = BVerwGE 87, 37 (Glykolweinliste).
427 M.w.N. *Möstl*, LMuR 2014, 77 f.
428 Zum Beispiel BayVGH, NZS 2012, 277 = DVBl. 2012, 383; VG Berlin, LMRR 2012, 77.
429 *Möstl*, LMuR 2014, 77 f.

vante Bereiche betroffen sind[430]. Insbesondere eine Förderung von Verbraucherzentralen dürfte daher ohne förmliches Gesetz als Grundlage nicht in Frage kommen[431].

1. „Warentest-Rechtsprechung"

Bedeutet dies aber automatisch auch, dass für die Förderung bzw. Errichtung der Stiftung Datenschutz eine gesetzliche Ermächtigungsgrundlage notwendig gewesen wäre und führt dies – da es keine gesetzliche Ermächtigungsgrundlage gibt – dazu, dass die Errichtung rechtswidrig war?

Diese Frage wäre wohl mit einem schlichten „Ja" zu beantworten, würde es nicht den Präzedenzfall der Stiftung Warentest geben, für deren Errichtung im Jahr 1964 ebenfalls keine gesetzliche Ermächtigung vorlag. Die Stiftung Warentest besteht aber – wie allgemein bekannt – weiterhin fort und entwickelt sich im positiven Sinne. Dieser anscheinende Widerspruch zum vorher Gesagten lässt sich mit der sog. „Warentest-Rechtsprechung" erklären[432]. Der BGH hat in einer Grundsatzentscheidung festgestellt, dass bei der Stiftung Warentest die Kriterien von ausreichender Objektivität, Neutralität und Sachkunde erfüllt sind und sie dadurch staatlich gefördert werden darf[433]. Weil hier demselben strengen Maßstab nachgekommen wird, der auch an eine staatliche Einrichtung anzulegen wäre, ist eine Förderung auch ohne gesetzliche Rechtsgrundlage möglich.

2. Übertragbarkeit der „Warentest-Rechtsprechung" auf die Stiftung Datenschutz

Argumente, die gegen eine Vergleichbarkeit von „Datentests" und „Warentests" sprechen, sind nicht ersichtlich, zumal die Stiftung Warentest zunehmend auch selbst Produkte bzw. Dienstleistung auf ihre Datenschutzfreundlichkeit hin überprüft[434]. Die weiteren Ähnlichkeiten struktureller und organisatorischer Art führen dazu, dass die Kriterien, die für die Stiftung Warentest aufgestellt wurden, auch auf die Stiftung Datenschutz übertragbar sein könnten[435]. Die Errichtung und Förderung der Stiftung Datenschutz ohne gesetzliche Ermächtigungsgrundlage wird daher dann als rechtmäßig einzustufen sein, wenn die Stiftung strukturell den Grundsätzen von Objektivität, Neutralität und Sachkunde nachkommt.

---

430 BVerwG, Urteil vom 27. März 1992 – 7 C 21/90 = BVerwGE 90, 112, 114.
431 *Dolde*, ZHR 2010, 517 ff.; *Ossenbühl*, NVwZ 2011, 1357 ff.
432 Dazu ausführlich *Franz*, GRUR 2014, 1051, 1053 ff.
433 BGH, Urteil vom 09. Dezember 1975 – VI ZR 157/73 = NJW 1976, 620, 622 (Warentest II).
434 Zuletzt *Stiftung Warentest*, test 03/2016 – Datenschutzerklärungen im Internet; im selben Heft – Datenschutz in der Arztpraxis; test 08/2015 – Messenger-Apps; test 02/2015 – Daten löschen im Internet; test 06/2012 – Datenschutz bei Apps.
435 *Schantz*, in: BeckOK DatenSR, BDSG § 9a Rn. 21.

a. Organisationsrechtliche Vorkehrungen

Die Einhaltung der Anforderungen an Objektivität, Neutralität und Sachkunde sind bei der Stiftung Warentest bereits durch die organisationsrechtlichen Absicherungen gewährleistet[436]. Dafür sorgen Satzungsregelungen[437] und bewährte Abläufe bei den vergleichenden Untersuchungen[438]. Ferner sind die personellen Vorkehrungen so ausgestaltet, dass die Tätigkeit der Stiftung objektiv und neutral erfolgt[439]. Aber auch praktisch hat die Stiftung Warentest in ihrer langen Geschichte gezeigt, dass Zweifel an den notwendigen Eigenschaften unnötig sind.

Auf eine praktische Bewährung dieser Art kann die Stiftung Datenschutz naturgemäß noch nicht zurückgreifen. Die Bewertung der erforderlichen Eigenschaften kann daher lediglich auf Grundlage der Satzung erfolgen. Diese ist wiederum der Satzung der Stiftung Warentest in wesentlichen Punkten ähnlich. Zum einen wird die geeignete personelle Besetzung für den Verwaltungsrat sichergestellt, vgl. § 8 Abs. 2 der Satzung. Dieser stellt von den Befugnissen her das entscheidende Organ der Stiftung dar. Die in § 8 Abs. 2 der Satzung angesprochene Unabhängigkeit ist zwar gewissermaßen kritisch zu sehen – und zwar im Verhältnis zur Stifterin selbst[440] – dies dürfte an dieser Stelle aber unschädlich sein, weil die Objektivität, Neutralität und Sachkunde der einzelnen Mitglieder davon nicht betroffen sind. Auch die zum Teil kritisierte vermeidliche „Übermacht" der datenverarbeitenden Wirtschaft im Beirat lässt eine Aufgabenerfüllung anhand der aufgestellten Kriterien zu, weil der Beirat keine finalen Einflussmöglichkeiten auf Entscheidungen der Stiftungsverwaltung hat[441].

Von dieser Seite bleiben die Stiftung Warentest und die Stiftung Datenschutz daher insoweit vergleichbar.

b. Erhebliche Unterschiede in der Finanzstruktur

Wenngleich die Satzungen der beiden Stiftungen durchaus Ähnlichkeiten aufweisen, besteht ein erheblicher Unterschied in der finanziellen Förderung. Die Stiftung Warentest wurde von Beginn an von staatlicher Seite – soweit wie nötig – finanziell ge-

---

436 BGH, Urteil vom 09. Dezember 1975 – VI ZR 157/73 = NJW 1976, 620 (Warentest II); *Ossenbühl*, NVwZ 2011, 1357, 1362.
437 Vgl. § 2 Abs. 2, Abs. 3, § 6 Abs. 5, § 7 Abs. 3, § 8 Abs. 3 der Satzung (Stand: 1. November 2014), unter: www.test.de/unternehmen/stiftungsgremien/satzung [abgerufen am: 30.10.2016].
438 *Franz*, GRUR 2014, 1051, 1053 f., 1057.
439 So müssen Mitglieder des Verwaltungsrates nach § 7 Abs. 3 der Satzung Personen sein, die Gewähr für eine unabhängige Ausübung dieser Tätigkeit geben. Insbesondere muss gesichert sein, dass Konflikte mit Unternehmensinteressen ausgeschlossen sind. Eine identische Regelung findet sich in § 9 Abs. 4 für sechs Mitglieder des 18-köpfigen Kuratoriums.
440 Oben S. 77.
441 Zum Beirat oben S. 78.

fördert, um die ihr auferlegten strengen Sorgfaltsmaßstäbe zu erfüllen. So erhält sie z.B. bis heute „Ausgleichszahlungen", um auf Einkünfte durch kommerzielle Werbung verzichten zu können[442]. Dem Bund als Stifter scheint jederzeit klar gewesen zu sein, dass jeglicher Anschein von mangelnder Objektivität vermieden werden muss, weil sonst das gesamte Konzept der Stiftung Warentest ins Wanken geraten würde.

Dieses zweifellos richtige Verständnis scheint in Bezug auf die Stiftung Datenschutz zu fehlen, wenn sie konzeptionell von Anfang an darauf ausgerichtet war, den größten Teil ihrer Mittel von der Wirtschaft zu akquirieren[443]. Zumindest ist äußerst fraglich, wie die Stiftung Datenschutz ohne erhebliche Drittmittel überhaupt überlebensfähig bleiben soll, von der kostenintensiven Durchführung von „Datentests" ganz zu schweigen. Würden diese Mittel von der Wirtschaft aber tatsächlich beschafft werden können – was bisher nicht der Fall war – kommt es zu gleich mehreren Problemen:

Erstens ist es nur schwer vorstellbar, dass eine erhebliche Zuwendung eines Unternehmens unter Einhaltung der Unabhängigkeit gem. § 3 Abs. 4 S. 2 der Satzung überhaupt angenommen werden kann. Zweitens würde (selbst wenn der Verwaltungsrat zu dem Ergebnis kommen sollte, die Unabhängigkeit sei durch eine Zuwendung nicht gefährdet) die Glaubwürdigkeit der Stiftung erheblich leiden. Man stelle sich nur vor, „Facebook" wende der Stiftung Datenschutz einen erheblichen Betrag zu. Würde man im nächsten Test von Sozialnetzwerken dann tatsächlich auf das unabhängige Urteil vertrauen können? Insbesondere dann, wenn der Test für „Facebook" positiv ausfallen sollte? Die mangelnde finanzielle Ausstattung der Stiftung Datenschutz führt daher zu einem strukturell erheblichen Unterschied zur Stiftung Warentest, der ohne Eingreifen des Stifters nicht aufgewogen werden kann.

c. Zwischenergebnis

Im Ergebnis kann die „Warentest-Rechtsprechung" nicht auf die Stiftung Datenschutz übertragen werden, da es erhebliche Unterschiede in der Finanzstruktur gibt. Wo die Stiftung Warentest über ausreichende Mittel verfügt, um von der Wirtschaft und damit ihren Testsubjekten völlig unabhängig zu sein, ist die Stiftung Datenschutz dagegen sogar schon konzeptionell auf Drittmittel angewiesen. Dieser Konzeptionsfehler muss zunächst beseitigt werden, bevor über eine Vergleichbarkeit der beiden Organisationen nachgedacht werden kann. Bis dahin dürfte die Prüfung von Produkten und Dienstleistungen auf ihre Datenschutzfreundlichkeit der Stiftung Datenschutz unzulässig sein, da die dafür notwendige gesetzliche Ermächtigungsgrundlage nicht vorliegt.

---

442 Dazu bereits oben S. 85.
443 BT-Drs. 17/10092.

III. Verhältnis zwischen Datenschutzaudit und „Datentests"

Fraglich wäre auch das Verhältnis zwischen der Tätigkeit im Bereich Entwicklung eines Datenschutzaudits sowie eines Datenschutzauditverfahrens und der Prüfung von Produkten und Dienstleistungen auf ihre Datenschutzfreundlichkeit, sollte die Stiftung Datenschutz beiden Zwecken nachgehen. In der Gründungsphase wurden Bedenken geäußert, dass bei gleichzeitiger Durchführung von vergleichenden Untersuchungen und Zertifizierungen Interessenkonflikte drohen würden[444]. Dem Einwand wurde aber dadurch begegnet, dass die Stiftung nunmehr selbst keine Audits durchführen soll, sondern diesbezüglich nur an der Entwicklung und Grundlagenforschung mitwirkt. Weitergehende Aufgaben, wie die Zertifizierung durch die Stiftung Datenschutz selbst, haben keinen Eingang in die Satzung gefunden. Ein Interessenkonflikt dürfte insoweit nicht mehr bestehen.

IV. Gefahr der Doppelarbeit

Während der Konzeptionsphase im Vorfeld der Stiftungserrichtung sahen einige Stellen – insbesondere die Stiftung Warentest aber auch der Anwaltverein – die Gefahr der Doppelarbeit, wenn die Stiftung Datenschutz vergleichende „Datentests" durchführt[445].

Diese Bedenken spiegeln sich in der Satzung der Stiftung Datenschutz aber nur insofern wider, als dass gem. § 2 Abs. 1 S. 7 die Prüfungen möglichst durch die Zusammenarbeit mit Stellen erfolgen sollen, die sich die unabhängige Prüfung von Produkten und Dienstleistungen auf ihre Datenschutzfreundlichkeit zum Ziel gesetzt haben. Mit der Wortwahl „möglichst", wurde demnach eine Öffnungsklausel geschaffen. Diese macht die Zusammenarbeit mit anderen Stellen (wie der Stiftung Warentest) zwar wünschenswert, jedoch bleibt die eigene Prüfung von Produkten und Dienstleistungen auf ihre Datenschutzfreundlichkeit ausdrücklich Teil des Stiftungszwecks, ob mit oder ohne Kooperation der anderen Stellen[446]. Sollte es dazu kommen, dass die Stiftung Datenschutz tatsächlich die notwendigen tatsächlichen und rechtlichen Rahmenbedingungen erhält, um „Datentests" durchführen zu können, wäre eine enge Abstimmung mit der Stiftung Warentest aber bereits aus pragmatischer Sicht geboten.

---

[444] So insb. die Stellungnahme der Stiftung Warentest, vgl. oben S. 13.
[445] Für das Eckpunktepapier des Anwaltvereins oben S. 12.
[446] Dieser Aspekt wird als ein Hauptgrund für den Anschluss an den Boykott der Stiftung Datenschutz zu werten sein, dazu oben S. 21.

B. Audit und Zertifizierung

Wurde die Beachtung von Datenschutzanforderungen früher meist als Hindernis betrachtet, gilt Datenschutz heute als ein Qualitätsmerkmal und Wettbewerbsvorteil[447]. Dieser Gedanke wird bei der Einführung von Datenschutz-Audits und Gütesiegeln nutzbar gemacht. Durch die Vergabe von Gütesiegeln soll nach außen sichtbar gemacht werden, dass der Datenschutz vom jeweiligen Unternehmen entsprechend berücksichtigt wird. Bis heute problematisch ist, dass die Gütesiegel in Deutschland von privaten und kommerziell ausgerichteten Einrichtungen angeboten werden. Deren Nachteil ist jedoch, dass den von häufig wenig bekannten Einrichtungen ausgestellten Zertifikaten nur ein begrenztes Vertrauen entgegengebracht wird. Dies geschieht oft zu Recht, zumal meistens weder die Vergabekriterien, das Vergabeverfahren und auch nicht die wirtschaftliche Verflechtung offen gelegt werden. Qualitätszusicherungen sind so faktisch wenig und rechtlich schon gar nicht überprüfbar[448]. Dem soll seit Längerem mit einer gesetzlichen Etablierung von Audits und Gütesiegeln entgegen getreten werden.

Schon im Jahr 2001 hat das BDSG mit § 9a BDSG eine Regelung erhalten, die vorsieht, Audits auf Grundlage eines speziellen Gesetzes vorzunehmen. Pläne für ein solches Gesetz hat es gegeben[449]. Diese erfuhren jedoch zahlreiche Kritik von vielen Seiten. So kritisierte der Bundesrat, dass das vorgesehene Verfahren zu bürokratisch, kostenträchtig und intransparent sei, während die Datenschutzbehörden die mangelnde Überprüfbarkeit einer unabhängigen Stelle monierten[450]. Letztendlich scheiterte das Vorhaben.

Anfang 2013 sollte schließlich mit der Stiftung Datenschutz ein alternativer Weg gegangen werden, indem die Stiftung Regelwerke für die Prüfung und Bewertung entwickelt.

I. Regelung und Systematik des § 9a BDSG/Art. 38 ff. EU-DSGVO

§ 9a BDSG sieht die Möglichkeit eines bundesweit freiwilligen Datenschutzaudits vor. Nach Satz 1 können Anbieter von Datenverarbeitungssystemen und -programmen und datenverarbeitende Stellen ihr Datenschutzkonzept sowie ihre technischen Einrichtungen durch unabhängige und zugelassene Gutachter prüfen und bewerten lassen sowie das Ergebnis der Prüfung veröffentlichen. Nach Satz 2 sollen die näheren Anforderungen durch ein besonderes Gesetz geregelt werden. Anfängliche Versuche, ein Ausführungsgesetz zu verabschieden, sind jedoch zum Erliegen gekommen

---

447 *Kinast/Schröder*, ZD 2012, 207 ff.
448 *Polenz*, in: Kilian/Heussen, Computerrechts-Handbuch, Datenschutz, Rn. 65 ff.
449 Zu den Hintergründen s. *Scholz*, in: Simitis, BDSG, 8. Aufl. 2014, § 9a Rn. 40 ff.
450 *Scholz*, in: Simitis, BDSG, 8. Aufl. 2014, § 9a Rn. 44 f.

und werden seitdem nicht verfolgt, sodass die Norm bis jetzt nur eine „leere Hülle" geblieben ist.

Vor diesem Hintergrund wird der Zertifizierungsmarkt als ungeregelt und unerforscht betrachtet[451]. *Feik/v. Lewinski* haben in ihrer Marktanalyse festgestellt, dass es weder einen einheitlichen Zertifizierungsgegenstand noch einen einheitlichen Zertifizierungsmaßstab gibt und dass Kriterien für das (Be-)Messen eines materiellen Datenschutzniveaus gänzlich fehlen. Selbst ein Register der Zertifizierungsanbieter ist mangels Meldepflicht nicht vorhanden.

Ob grundlegende Änderungen an der Situation durch die sogenannte „Ankündigungsgesetzgebung"[452] der EU-DSGVO zu erwarten sind, wird sich zeigen müssen[453]. Klar ist, dass durch die Art. 38 ff. EU-DSGVO eine stärkere Zentrierung bei den Aufsichtsbehörden vorgesehen ist. Die Erarbeitung von Stellungnahmen und Billigung von branchenspezifischen Verhaltensregeln, Erarbeitung von Zertifizierungskriterien, Durchführung von Zertifizierungen, Akkreditierung von Zertifizierungsstellen und ggf. die Durchführung der Akkreditierung wird in Zukunft verstärkt in ihren Aufgabenbereich fallen[454]. Dem Grunde nach wurden so die legislativen Rahmenbedingungen geschaffen, nach denen die Datenschutz-Aufsichtsbehörden in erster Linie die Zertifizierungsvorgaben sowie die zertifizierenden Stellen überwachen, die Prüfarbeit selbst aber an die zertifizierenden Stellen und die datenverarbeitenden Unternehmen übergeben werden kann[455]. Echte Fortschritte dürften wiederum nur bei einer entsprechenden Gewährung von zusätzlichen Ressourcen für die Aufsichtsbehörden zu erwarten sein.

II. Sperrwirkung

Von Anfang an war es eine der Aufgaben der Stiftung Datenschutz, die „Platzhalterfunktion" des § 9a BDSG zu füllen. Zunächst sollte dies durch die Vergabe von Siegeln durch die Stiftung selbst stattfinden[456]. Im Abstimmungsprozess wurde der Aufgabenbereich insoweit eingeschränkt, als dass die Stiftung „nur" noch einheitliche Regelwerke für Datenschutzaudits und Datenschutzauditverfahren entwickeln soll, die Durchführung und Vergabe von Gütesiegeln aber durch Dritte stattfindet (§ 2 Abs. 1 S. 1 lit. a) S. 3 und 4 der Satzung). Trotz dieser Einschränkung tritt die Stiftung hier in einen Bereich vor, der gem. § 9a BDSG ursprünglich durch Gesetz hätte geregelt werden sollen. *Wagner* spricht daher von einem Widerspruch zu dem

---

451 So *Feik/v. Lewinski*, ZD 2014, 59 ff.
452 *Roßnagel/Richter/Nebel*, ZD 2013, 103, 106.
453 Zum Ganzen *Kraska*, ZD 2016, 153.
454 ZD-Aktuell 2016, 05192.
455 *Kraska*, ZD 2016, 153.
456 Vgl. Eckpunktepapier von *Gisela Piltz*, S. 12.

ursprünglichen vom Parlament eingeschlagenen Regelungskonzept, auch wenn durch § 9a BDSG keine Sperrwirkung für andere Regelungsansätze entstehen würde[457].

Dem ist in zweifacher Hinsicht zuzustimmen. Erstens wird man eine Sperrwirkung aus der bloßen Existenz der Norm nicht ableiten können. Solange kein Ausführungsgesetz verabschiedet wird, ist die Norm nicht mehr als ein „Merkposten" für den Gesetzgeber[458]. Zweitens ist in dem Weg über die Stiftung auch eine Art Widerspruch zum bisherigen Regelungskonzept zu sehen.

Nicht einher geht damit jedoch, dass der neu gegangene Weg ein schlechterer sein muss. Dass bis dato kein Ausführungsgesetz verabschiedet wurde, ist keine Folge parlamentarischer Untätigkeit. Entwürfe für ein Datenschutzauditgesetz hat es in der Vergangenheit gegeben[459]. Die Umsetzung scheiterte allerdings an mangelnder Praktikabilität. Der Entwurf hatte damals von allen beteiligten Kreisen Kritik erfahren[460]. Außerdem wurde die rein nationale Perspektive eines Gesetzes kritisiert, die den heutigen Gegebenheiten im Datenschutzbereich nicht entsprechen, da insbesondere datenverarbeitende Unternehmen grenzüberschreitend tätig werden können. Berücksichtigt man zudem, dass der Datenschutz eine lebendige Materie ist, die sich nur unzureichend in gesetzlichen Normen abbilden lässt[461], muss ein Datenschutzauditgesetz nicht der Königsweg sein, wenngleich er auch rechtlich sauber wäre.

III. Eingriff in Grundrechte

Auch wenn der § 9a BDSG keine Sperrwirkung entfaltet, würde eine Abkehr vom Datenschutzauditgesetz und der Weg über eine Stiftung dann einen Widerspruch zur früher vertretenen Rechtsauffassung der Bundesregierung darstellen, wenn die Stiftung im Rahmen ihrer Tätigkeit Grundrechte tangieren könnte[462].

Ein Eingriff in die Berufsfreiheit des Art. 12 GG kommt dann in Betracht, wenn es um die Zulassung der Datenschutzauditoren geht oder um die Aufsicht ihrer Tätigkeit[463]. Auch unter dem Gesichtspunkt der Zu- oder Aberkennung des „Gütesiegels" kann ein Eingriff in die Berufsfreiheit vorliegen. Wird ein Gütesiegel aberkannt, kann dies zu erheblichen Beeinträchtigungen der Wettbewerbsfähigkeit des jeweiligen Unternehmens führen und über Umsatz- und Gewinnchancen entscheiden[464].

---

457 *Wagner*, DuD, 825, 828.
458 *Feik/v. Lewinski*, ZD 2014, 59.
459 Zuletzt im Rahmen der BDSG Novellierung im Jahr 2009.
460 Zum Ganzen *Scholz*, in: Simitis, BDSG, 8. Aufl. 2014, § 9a Rn. 40 ff.
461 *Kinast/Schröder*, ZD 2012, S. 207, 210.
462 Zustimmend *Wagner*, DuD 2012, 825, 828.
463 *Scholz*, in: Simitis, BDSG, 8. Aufl. 2014, § 9a Rn. 13.
464 Ebd.

Würde die Stiftung durch ihre Handlungen in Grundrechte eingreifen, wäre dazu jedenfalls eine gesetzliche Ermächtigungsgrundlage erforderlich. So sieht das rechtlich ähnlich gelagerte Umweltauditgesetz (UAG) ausführliche Regelungen für die Zulassung und Aufsicht der Umweltgutachter vor. In § 28 UAG ist ferner geregelt, dass eine juristische Person des Privatrechts durch Rechtsverordnung zur Erfüllung der Zulassungs- und Aufsichtsaufgaben beliehen werden kann[465]. Nach der UAG-Beleihungsverordnung nimmt die Deutsche Akkreditierungs- und Zulassungsgesellschaft für Umweltgutachter mbH diese Aufgabe wahr (DAU).

1. Mangelnde Finalität

Im Bereich der Datenschutzaudits fehlen derartige Regelungen gänzlich, was auf den ersten Blick zu der Frage führt, ob die Stiftung Datenschutz ihre satzungsgemäße Aufgabe nach § 2 Abs. 1 lit. a) ohne entsprechende Ermächtigungsgrundlage überhaupt ausführen dürfte.

Ausgeleuchtet lassen sich jedoch nur wenige Parallelen zwischen Stiftung Datenschutz und der DAU ziehen. Die Stiftung soll weder Zulassungen für die Tätigkeit als Datenschutzgutachter erteilen, noch hat sie diesen gegenüber Weisungsbefugnisse jeglicher Art. Die Stiftung soll lediglich einheitliche Regelwerke für Datenschutzaudits und Datenschutzauditverfahren entwickeln. Die Durchführung und Vergabe von Gütesiegeln soll durch Dritte stattfinden (§ 2 Abs. 1 S. 1 lit. a) S. 3 und 4 der Satzung). Die Stiftung ist damit letztendlich keine Zulassungsstelle, sondern lediglich deren Vorarbeiter[466]. Für verbindliche Entscheidungen gegenüber Datenschutzgutachtern oder Unternehmen fehlt es daher an der Finalität.

2. Mittelbare Grundrechtsbeeinträchtigung

Ein Grundrechtseingriff könnte allenfalls mittelbar gegeben sein.

Nach dem modernen Eingriffsbegriff liegt ein Eingriff in den Schutzbereich eines Grundrechts schon bei jedem staatlichen Handeln vor, gleichgültig, ob dieser final

---

465 UAG-Beleihungsverordnung vom 18. Dezember 1995 (BGBl. I S. 2013), die zuletzt durch Artikel 100 der Verordnung vom 31. August 2015 (BGBl. I S. 1474) geändert worden ist (UAGBV).

466 Mangels anderweitiger Regelungen ist als Zulassungsstelle die Deutsche Akkreditierungsstelle GmbH (DakkS) anzusehen, in Zukunft werden (je nach Ausgestaltung des Gesetzgebers) auch die zuständigen Aufsichtsbehörden als Zulassungsstellen in Betracht kommen. Gem. Art. 43 EU-DSGVO sollen die Mitgliedsstaaten regeln, ob das Akkreditierungsverfahren für die Anerkennung von Zertifizierungsstellen durch die zuständige Aufsichtsbehörde erfolgt oder durch die nationale Akkreditierungsstelle, die gem. der Verordnung (EG) Nr. 765/2008 in jedem Mitgliedstaat eingerichtet wurde.

oder unbeabsichtigt ist, unmittelbar oder mittelbar, rechtlich oder tatsächlich (faktisch, informal) und mit oder ohne Befehl oder Zwang erfolgt[467].

Diese Definition zugrunde gelegt, könnte ein Eingriff darin zu sehen sein, dass die Stiftung die Regelwerke schafft, auf deren Grundlage die Datenschutzaudits und Datenschutzauditverfahren durchgeführt werden. Dazu müssten die Regelwerke allerdings zumindest für die Zulassungsstelle verbindlich sein. Dieses Kriterium liegt hier nicht vor, denn die Stiftung kann mangels Ermächtigungsgrundlage auch gegenüber der Zulassungsstelle keinerlei Bindungswirkung geltend machen. Sie ist in dieser Hinsicht allenfalls „beratend" tätig, da es eine freiwillige Entscheidung der Zulassungsstelle verbleibt, auf die Ergebnisse der Stiftung zurückzugreifen, oder eben nicht. Damit dürfte selbst die Schwelle zu einem mittelbaren Eingriff nicht überschritten werden.

C. Beeinträchtigung der „völligen" Unabhängigkeit der Datenschutzkontrollstellen

Mit der Stiftung Datenschutz hat der Bund eine Institution errichtet, die neben den Datenschutzschutzaufsichtsbehörden steht. Vor diesem Hintergrund wurde die Befürchtung geäußert, dass dadurch die durch Art. 52 Abs. 1 u. 2 EU-DSGVO gewährleistete „völlige Unabhängigkeit" der Aufsichtsbehörden tangiert werden würde, insbesondere wenn die Stiftung eigene Datenschutzstandards und Zertifikate entwickelt und damit faktische Maßstäbe setzt[468]. Die Befürchtung ist letztlich (zumindest bisher) nicht eingetreten, da es der Stiftung insoweit an finanzieller Ausstattung mangelte, derartige Projekte umzusetzen.

Die Frage, inwieweit die Unabhängigkeit der Aufsichtsbehörden eingeschränkt werden würde, muss demnach unter der Prämisse beleuchtet werden, dass die Stiftung ihren satzungsgemäßen Aufgaben auch tatsächlich nachkommt, denn die bloße Existenz der Stiftung dürfte für eine Beeinträchtigung kaum ausreichen.

---

467 *Kingreen/Poscher*, Grundrechte Staatsrecht II, 32. Aufl. 2016, Rn. 253; *Kloepfer*, Verfassungsrecht, Bd. 2, 2010, § 51 Rn. 31.
468 So insb. *Wagner*, DuD 2012, S. 825, 829.

I. Begriffsbestimmung

Bevor beurteilt werden kann, ob die Unabhängigkeit der Aufsichtsbehörden betroffen ist, empfiehlt sich vorher eine Klarstellung der Begrifflichkeiten[469]. Art. 52 Abs. 1 u. 2 EU-DSGVO sieht eine völlige Unabhängigkeit für die Datenschutzkontrollstellen vor. Nach dem Verständnis des EuGH bedeutet das, dass die Kontrollstelle völlig frei von Weisungen und Druck handeln kann[470]. Dem deutschen Gesetzgeber ist die Umsetzung dieses Merkmals nicht auf Anhieb geglückt. So kam es zu einem Vertragsverletzungsverfahren, bei dem insbesondere die staatliche Aufsicht über die Kontrollstellen kritisiert wurde, die es der Regierung ermöglichte, Einfluss zu nehmen und eigene Interessen zu verfolgen[471]. Erst die Novellierung des BDSG von 2015 schaffte Abhilfe, indem der BfDI vor allem den Status als oberste Bundesbehörde erhielt und von exekutiver Fach-, Rechts- und Dienstaufsicht freigestellt wurde.

II. Beeinträchtigung

Die „völlige Unabhängigkeit" ist demnach nicht wortwörtlich zu nehmen, sondern (lediglich) als Unabhängigkeit von der Regierung zu verstehen[472]. Eine reine Auslegung nach dem Wortlaut wäre hier schon faktisch unmöglich, denn es kann nicht gewollt sein, die Aufsichtsbehörden von jeglichen Einflüssen fernzuhalten. So gibt es zahlreiche nicht staatliche Einrichtungen, die sich mit datenschutzrechtlichen Themen beschäftigen, die auch in den Wirkungskreis der Datenschutzbeauftragten hineinragen[473].

Sieht man die Stiftung Datenschutz daher als „dritte Kraft"[474], die im Kompetenzgefüge nicht über, sondern neben den Aufsichtsbehörden stehen soll, so stellt sich bereits die Frage, ob und, wenn ja, inwieweit die Unabhängigkeit beeinträchtigt sein könnte. Voraussetzung für eine Beeinträchtigung wäre jedenfalls, dass die Stiftung Datenschutz Aufgaben wahrnimmt, die in den Kompetenzbereich der Datenschutzbeauftragten fallen.

---

469 Zur Unabhängigkeit des BfDI vgl. *v. Lewinski*, ZG 2015, 228 ff.; *Roßnagel*, ZD 2015, 106 ff.; *Thomé*, VuR 2015, 130 ff.
470 EuGH, Urt. v. 9.3.2010 – Rs. C-518/07 = CR 2010, 339.
471 EuGH, Urt. v. 9.3.2010 – Rs. C-518/07 = CR 2010, 339.
472 Vgl. *v. Lewinski*, ZG 2015, 228, 244.
473 In etwa die zahlreichen (nichtstaatlichen) Anbieter von Datenschutz-Zertifizierungen, für eine Übersicht und rechtliche Bewertung zum Markt vgl. *Feik/v. Lewinski*, ZD 2014, 59.
474 *Piltz/Schulz*, RDV 2011, 117 ff.; äußerst kritisch dazu *Wagner*, DuD 2012, 825, 829.

1. Kompetenzbereich der Datenschutzbehörden

Im Rahmen des BDSG muss man sich bereits die Frage stellen, ob Zertifizierungstätigkeiten überhaupt zu den festgeschriebenen Aufgaben der Datenschutzbeauftragten zählen. § 38 BDSG, mit der eindeutigen Beschränkung auf die Aufsichtstätigkeit, spricht eher dagegen. Dass die Stiftung Datenschutz durch etwaige Zertifizierungstätigkeiten die „völlige Unabhängigkeit" der Datenschutzbehörden tangieren könnte, erscheint daher zunächst fernliegend.

a. Erweiterung durch die EU-DSGVO

Durch die EU-DSGVO ist aber nunmehr eine Erweiterung des Aufgabenkreises der Aufsichtsbehörden eingetreten, sodass die Ausarbeitung von Zertifizierungsstandards bzw. die Akkreditierung nach Art. 43 Abs. 1 lit. a) EU-DSGVO und ggf. auch die Zertifizierung selbst nach Art. 42 Abs. 5 EU-DSGVO zukünftig von den Aufsichtsbehörden durchgeführt werden könnte.

Eigene Ausarbeitungen der Stiftung Datenschutz könnten damit tatsächlich den Kompetenzbereich der Aufsichtsbehörden tangieren, zumindest wenn diese selbst Zertifizierungsstellen sein werden. Fraglich bleibt aber, inwieweit die Stiftung dadurch auch die Unabhängigkeit gefährden kann, da ihre Ergebnisse jedenfalls keine Rechtsverbindlichkeit entfalten. Wenn, dann dürfte dieses Risiko allenfalls durch die oben erwähnten „faktischen Maßstäbe" zum Tragen kommen, wenngleich die Stiftung – um eine derartige Strahlkraft überhaupt erreichen zu können – in einem momentan kaum vorstellbaren Maß anwachsen müsste. Ein jedenfalls theoretisches Risiko ist dennoch nicht von der Hand zu weisen.

Praktisch dürfte es aber keinesfalls sinnvoll sein, wenn die Stiftung als „Konkurrent" zu den Aufsichtsbehörden auftritt. Allein schon weil den Handlungen der Stiftung keine Rechtsverbindlichkeit zukommt, wäre sie darauf angewiesen, dass ihre Ergebnisse auch von den Aufsichtsbehörden angenommen und umgesetzt werden. Dies ist bei aufgezwungenen „faktischen Maßstäben" kaum denkbar, sondern nur im Rahmen eines kooperativen Ansatzes.

b. Einfluss auf Kontrolltätigkeit

Primäre Aufgabe des BfDI ist die Kontrolle der Verarbeitung personenbezogener Daten bei öffentlichen Stellen des Bundes (§ 24 Abs. 1 BDSG) bzw. die Kontrolle der Datenverarbeitung bei Unternehmen im Bereich Telekommunikation (§ 91 Abs. 1 S. 1 und § 115 Abs. 4 TKG) oder Postdienste (§ 42 Abs. 3 PostG)[475]. Die Aufsichtsbehörden der Länder kontrollieren dagegen gem. § 38 BDSG die Verarbeitung personenbezogener Daten nichtöffentlicher Stellen[476].

---

475 Für die einzelnen Aufgaben vgl. *Dammann*, in: Simitis, BDSG, 8. Aufl. 2014, § 24 Rn. 4.
476 *Thomé*, VuR 2015, 130.

Kontrolltätigkeiten sind aber in der Satzung der Stiftung Datenschutz nicht vorgesehen, und wären aufgrund des oben gesagten auch unzulässig. Satzungsgemäß soll die Stiftung gem. § 2 Abs. 1 lit. a) lediglich ein Datenschutzaudit sowie ein Datenschutzauditverfahren entwickeln.

Dadurch wird die Kontrolltätigkeit nicht negativ beeinflusst. Datenaudits stehen zu den Befugnissen der Aufsichtsbehörde nach § 38 BDSG in einem Ergänzungsverhältnis und erfolgen unabhängig von der Kontrolltätigkeit der Aufsichtsbehörden. Ein positives Prüfungsergebnis führt nicht dazu, dass seitens der Aufsichtsbehörden auf eine Kontrolle i. S. d. § 38 Abs. 1 S. 1 BDSG verzichtet werden darf[477]. Es wird jedoch möglich, die Kontrolldichte insgesamt ohne Rechtsfehler zu verringern, soweit eine verantwortliche Stelle auditierte Verfahren oder Produkte einsetzt und keine Anhaltspunkte für Datenschutzverstöße bestehen[478]. Insgesamt wirkt ein einheitliches und anerkanntes Datenschutzaudit daher förderlich, indem nicht zuletzt die oft bemängelten knappen Ressourcen der Aufsichtsbehörden geschont werden können.

2. *Notwendige Kooperation mit den Datenschutzbehörden*

Nicht zu verkennen ist, dass eine von der Unternehmensleitung gewollte Auditierung zu Konflikten und Zwängen für die Aufsichtsbehörden führen kann, und zwar dann, wenn die Maßgaben des Auditierungsprozesses nicht im Einklang mit den Vorstellungen der Aufsichtsbehörde stehen[479].

Um dem entgegenzuwirken, ist die Schaffung eines anerkannten Standards notwendig, durch den die Datenschutzaudits überhaupt erst vergleichbar werden und einen Mehrwert bieten. Durch die Art. 38 ff. EU-DSGVO ist davon auszugehen, dass die Aufsichtsbehörden zukünftig die Schaffung anerkannter Standards selbst in die Hand nehmen dürften.

Sollte die Aufgabe wider Erwarten bei einer anderen Stelle (z. B. der Stiftung Datenschutz) verortet werden, wäre eine Einbeziehung der Aufsichtsbehörden im Rahmen der Erarbeitung der Standards essenziell, weil erst mit der Akzeptanz der Aufsichtsbehörden das Geschäftsmodell der Auditierung überhaupt erfolgreich werden kann[480]. Ein Zertifikat, welches nicht auf breite Anerkennung (insbesondere der kontrollierenden Stellen) stößt, ist im Grunde das Papier nicht wert, auf dem es gedruckt wird.

Ob die Stiftung Datenschutz, mit der jetzigen finanziellen Ausstattung, in der Lage sein wird, einheitliche Standards zu schaffen, ist fraglich. Zumindest würde jedoch ein Tätigwerden in dieser Richtung ohne Verletzung der „völligen Unabhängigkeit" der Aufsichtsbehörden möglich sein.

---

477 *Scholz*, in: Simitis, BDSG, 8. Aufl. 2014, § 9a Rn. 15.
478 Ebd.
479 *Gola/Klug/Körffer*, in: Gola/Schomerus, BDSG, 12. Aufl. 2015, § 9a Rn. 10.
480 Zu der Forderung, die Pflicht zur vorherigen Abstimmung sogar in § 4g Abs. 2 BDSG festzuschreiben vgl. *Gola/Klug/Körffer*, in: Gola/Schomerus, BDSG, 12. Aufl. 2015, § 9a Rn. 13.

D. Ergebnis Kapitel 3

Vor dem Hintergrund der aktuellen Umstände ist in mehrfacher Hinsicht fraglich, inwieweit die Stiftung Datenschutz ihren in § 2 Abs. 1 lit. a) und d) der Satzung bezeichneten Aufgaben nachgehen darf bzw. soll. Die Möglichkeit, „Datentests" durchzuführen, dürfte schon an der fehlenden Ermächtigungsgrundlage scheitern. Diese wäre notwendig, weil Prüfung von Produkten und Dienstleistungen auf ihre Datenschutzfreundlichkeit Grundrechtseingriffe gegenüber den getesteten Unternehmen darstellen können. Der Vergleich mit der Stiftung Warentest, die ihre Tests auch ohne entsprechende Ermächtigungsgrundlage durchführt, gelingt nicht, weil zwischen den Institutionen zu große konzeptionelle und (finanz-)strukturelle Unterschiede bestehen. Die Stiftung Warentest kann ihre Tätigkeit deswegen ohne Ermächtigungsgrundlage durchführen, weil sie den in der „Warentest"-Rechtsprechung aufgestellten Grundsätzen von Objektivität, Neutralität und Sachkunde nachkommt, insbesondere weil sie nicht auf Zuwendungen Dritter angewiesen ist. Bei der Stiftung Datenschutz hingegen besteht schon das Konzept darin, Drittmittel aus der Wirtschaft zu akquirieren. Da die Tests regelmäßig Unternehmen aus der Wirtschaft betreffen können, wäre das Neutralitätsmerkmal nicht gegeben.

Einer Rechtsgrundlage für Entwicklung von Datenschutzaudits sowie eines Datenschutzauditverfahrens braucht es dagegen nicht. Dieser Tätigkeit könnte mit der entsprechenden Ausstattung nachgegangen werden, auch ohne dass die „völlige" Unabhängigkeit der Datenschutzbehörden beeinträchtigt wird. Allerdings wird eine sinnvolle Tätigkeit in diesem Bereich nur in Zusammenarbeit mit den Aufsichtsbehörden möglich sein, da diese in Zukunft aufgrund der neuen EU-DSGVO entweder selbst Zertifizierungsstellen werden oder zumindest die Mitgestaltung der diesbezüglichen Grundlagen und die Akkreditierung der Zertifizierungsstellen (mit-)übernehmen. Darüber hinaus verfehlen Regelwerke, die von den Aufsichtsbehörden nicht anerkannt werden, ihren Sinn und Zweck; in etwa wenn ein Gütesiegel (wie bisher) keine Rechtssicherheit gewährleistet.

Dritter Teil

Konzeptioneller Änderungsbedarf, Änderungsmöglichkeiten und rechtspolitischer Ausblick

A. Zusammenfassung der bisherigen Ergebnisse und weiterer Gang der Untersuchung

I. Zusammenfassung

Als essenzielles Ergebnis ist festzuhalten, dass die Errichtung der Stiftung Datenschutz grundsätzlich verfassungskonform war. Mit der hier vertretenen Auffassung war die Errichtung als privatrechtliche Stiftung – auch ohne Errichtungsgesetz – möglich. Gleichzeitig haben die weiteren Ausführungen aber auch einige Konstruktionsfehler aufgezeigt, die zu bedenken sind. Insbesondere die spärliche Finanzausstattung der Stiftung führt dazu, dass der Stiftungszweck – wenn überhaupt – nicht vollumfänglich verfolgt werden kann. So lässt das vorliegende Grundstockvermögen weder die Entwicklung eines Datenschutzaudits/Datenschutzauditverfahrens noch die Durchführung von „Datentests" zu. Im Bildungs- und Aufklärungsbereich war und ist die Zweckerfüllung dagegen in geringem Umfang denkbar, zumindest, solange wie bisher jeweils 200.000 Euro pro Kalenderjahr aus dem Grundstockvermögen für laufende angemessene Ausgaben verwendet werden dürfen. Da diese Möglichkeit aber mit Ablauf des Jahres 2017 endet, wirft dies aus stiftungsrechtlicher Perspektive sogar Fragen bezüglich der weitergehenden Lebensfähigkeit der Stiftung auf.

Neben dem finanziellen Aspekt wurden auch Mängel in der Stiftungsorganisation ausgemacht. Insbesondere die sehr weitgehenden Zustimmungserfordernisse zugunsten des Stifters wirken sich nachteilig auf die Unabhängigkeit der Stiftung aus. Durch diese starke Dominanz ist die Stiftung momentan als „verlängerter Arm" des Stifters zu sehen, was im Ergebnis zu einem Verstoß gegen das Rechtsstaatsprinzip führt.

Die datenschutzrechtliche Würdigung führte zu den Ergebnissen, dass die Durchführung von vergleichenden „Datentests" momentan unzulässig wäre, weil die dazu erforderliche Ermächtigungsgrundlage fehlt. Die Stiftung Warentest ist hierbei als Präzedenzfall ungeeignet: Zwar führt sie ebenfalls vergleichende Produkttests durch, ohne dass eine Ermächtigungsgrundlage vorliegt. Allerdings ist ihre unbedingte Objektivität insoweit gesichert, weil sie über ausreichende Mittel verfügt, um von der Wirtschaft und damit ihren Testsubjekten völlig unabhängig zu sein. Die Stiftung Datenschutz dagegen ist sogar schon konzeptionell auf Drittmittel (der Wirtschaft) angewiesen.

Für die Entwicklung eines Datenschutzaudits sowie eines Datenschutzauditverfahrens seitens der Stiftung Datenschutz bedarf es dagegen keiner Ermächtigungsgrundlage, weil die Stiftung hier nicht als Zulassungsstelle auftritt (und mangels Beleihung auch nicht auftreten darf). Insofern kann die Stiftung allenfalls beratend tätig werden, da ihre Arbeitsergebnisse für die Zulassungsstelle keine Bindungswirkung darstellen können und dürfen. Mit ausreichenden Mitteln könnte die Stiftung Datenschutz allerdings die Zulassungsstellen bei der Ausarbeitung von einheitlichen Regelwerken und Standards unterstützen. Die „völlige" Unabhängigkeit der Datenschutzkontrollstellen wird aufgrund der fehlenden Bindungswirkung jedenfalls nicht beeinträchtigt.

II. Gang der weiteren Untersuchung

Der weitere Gang der Untersuchung greift die bisherigen Feststellungen auf und führt sie einer praktisch umsetzbaren Lösung zu. Die zu klärende Kernthematik ist die weitere Lebensfähigkeit der Stiftung. Es ist herauszuarbeiten, ob das bisherige Konzept der Stiftung auch nach Auslauf der Verbrauchsstiftung zum Ende 2017 noch tragfähig ist und was die Konsequenzen wären, wenn die Prüfung negativ ausfällt.

Sofern Änderungsbedarf festgestellt wird, müssen auch Erwägungen für eine sinnvolle Entwicklung der Stiftung getroffen werden, in etwa welche Rolle die Stiftung zukünftig innerhalb der Datenschutzlandschaft haben könnte und welche Rahmenbedingungen dafür geschaffen werden müssten (Neuausrichtung des Stiftungszwecks, weitere Satzungsänderungen, nachträgliche Beleihung, Änderung der finanziellen Struktur und/oder der Organisation etc.). Hierbei wird eine Erörterung aus zweierlei Perspektiven erfolgen müssen: Einmal, bei gleichgerichteten Interessen und dem gemeinsamen Willen von Stifter und Stiftung, sowie, auf der anderen Seite, beim Auseinanderfallen der Interessen.

Ausgangspunkt der Überlegungen ist dabei eine mögliche „Integration" der Stiftung Datenschutz in die Stiftung Warentest, da dies im Koalitionsvertrag zwischen CDU, CSU und SPD zur 18. Legislaturperiode vorgesehen (allerdings nicht umgesetzt) wurde.

B. Konzeptioneller Änderungsbedarf bei der Stiftung Datenschutz

Seit dem Jahr 2014 sind Zuwendungen aus dem Bundeshaushalt für die Stiftung Datenschutz ausgeblieben. Neben den jährlich 200.000 Euro, die sie in den Jahren 2012 bis 2017 aus dem Stiftungsvermögen für laufende angemessene Ausgaben verwenden darf[481], muss sich die Stiftung allein durch Erträge aus dem dann vorliegenden Stiftungskapital finanzieren oder Mittel Dritter erhalten. Zum Ablauf des Jahres 2017 steuert die Stiftung daher auf das Problem zu, dass sie – sofern nicht fest mit Zuwendungen aus dem Bundeshaushalt oder Dritter gerechnet werden kann – ihre Geschäftstätigkeit nur noch aus eigenen Erträgen beschreiten muss. Dies muss das bisher geltende Konzept einer operativen Stiftung gänzlich infrage stellen, denn nach aktueller Marktlage dürften mit Auslaufen der Verbrauchsstiftung ab 2018 die jährlichen Erträge kaum ausreichen, um Personal, Geschäftsräume und laufende Betriebskosten zu decken.

---

481 § 3 Abs. 2 S. 1 der Satzung der Stiftung Datenschutz.

I. „Integration" in die Stiftung Warentest

Der Koalitionsvertrag zwischen CDU, CSU und SPD zur 18. Legislaturperiode sah eine Integration der Stiftung Datenschutz in die Stiftung Wartentest vor[482]. Dazu ist es nie gekommen, was auch an rechtlichen Hürden, die sogleich noch im Einzelnen dargestellt werden, gelegen haben wird. Zuvor ist aber noch eine begriffliche Klarstellung von „Integration" vorzunehmen, da dieser Ausdruck dem Stiftungsrecht eigentlich fremd ist.

1. Begriffsbestimmung „Integration"

„Integration" ist ein Ausdruck, der dem Stiftungsrecht nicht geläufig ist. Wenn es darum geht, einer Verschmelzung entsprechende Effekte zu erreichen[483], kommt eine Zulegung oder Zusammenlegung in Betracht. Davon zu unterscheiden, aber als „Integration" ebenfalls denkbar, ist die bloße Kooperation mehrerer Stiftungen, in etwa zur Einsparung von Verwaltungskosten.

a. Zusammenlegung

Bei der Zusammenlegung werden mehrere bestehende Stiftungen aufgehoben, liquidiert und zu einer neuen zusammengefügt[484]. Die beiden Stiftungen verlieren ihre Rechtspersönlichkeit und können in der Sache nur in einer neuen Stiftung weiterwirken[485].

Dabei kann zwischen der Zusammenlegung von Amts wegen und der Zusammenlegung aufgrund einer Entscheidung der Stiftungsorgane unterschieden werden.

Die Zusammenlegung von Amts wegen ist nichts anderes als eine besondere Form der Aufhebung[486]. Folgerichtig wird gefordert, dass bei allen beteiligten Stiftungen die Voraussetzungen des § 87 BGB vorliegen[487]. Eine Zusammenlegung kommt daher erst dann in Betracht, wenn bei beiden zusammenzulegenden Stiftungen die Erfüllung des Stiftungszwecks unmöglich wird. Dieser Fall wird bei der angedachten „Integration"

---

482 Nicht weiter behandelt wird hier die mögliche Eingriffsqualität einer solchen Aussage. So hat das OVG NRW mit Urteil vom 11.12.2012 – 8 A 1024/11 = DÖV 2013, 398 – wenn auch in anderem Kontext – festgestellt, dass Rechtsschutz einer Stiftung gegen rufschädigende Äußerungen des Staates aus Art. 2 Abs. 1, 19 Abs. 3 GG besteht.
483 Eine Verschmelzung im technischen Sinne nach § 3 UmwG ist nicht möglich, da die Stiftung nicht zu den verschmelzungsfähigen Rechtsträgern gehört, vgl. *Arnold*, in: Hüttemann/Richter/Weitemeyer, Landesstiftungsrecht, 2011, Rn. 27.1 ff.
484 *Hof*, in: v. Campenhausen/Richter, Stiftungsrechtshandbuch, 4. Aufl. 2014, § 11a Rn. 81.
485 *Hüttemann/Rawert*, in: Staudinger BGB, 2011, § 87 Rn. 10.
486 *Arnold*, in: Hüttemann/Richter/Weitemeyer, Landesstiftungsrecht, 2011, Rn. 27.23.
487 *Hof*, in: v. Campenhausen/Richter, Stiftungsrechtshandbuch, 4. Aufl. 2014, § 11a Rn. 77; *Hüttemann/Rawert*, in: Staudinger BGB, 2011, § 87 Rn. 10.

insoweit kaum gemeint gewesen sein, da bei der Stiftung Warentest keine Unmöglichkeit der Zweckerreichung ersichtlich ist.

Auch die Zusammenlegung durch Organbeschluss kommt vorliegend nicht in Betracht, da schon die Voraussetzungen dazu nicht vorliegen. In der Theorie möglich wäre die Zusammenlegung durch Organbeschluss unter den Voraussetzungen des Landesrechts. Im sächsischen Stiftungsrecht wäre dazu – neben der stiftungsbehördlichen Genehmigung[488] – eine Öffnungsklausel innerhalb der Stiftungssatzung erforderlich (vgl. § 10 Abs. 1 i. V. m. § 9 Abs. 1 S. 1 SächsStiftG).

Diese ist bei der Stiftung Datenschutz nicht vorhanden. In der Satzung ist lediglich eine Aufhebung der Stiftung durch Organbeschluss in § 18 Abs. 1 vorgesehen. Die Möglichkeit der Zusammenlegung ist dagegen nicht erwähnt. Auch in der Satzung der Stiftung Warentest besteht nach § 17 Abs. 1 nur eine Aufhebungsmöglichkeit durch Organbeschluss und Zustimmung der Stifterin. Regelungen zur Zusammenlegung fehlen insoweit. Sie können auch nicht aus der Auflösungsermächtigung – quasi als Minus zur Auflösung – gefolgert werden. Trotz ihrer grundsätzlich geringeren Eingriffsintensität entfalten sowohl die Zusammenlegung als auch die Zulegung eine ganz besondere Qualität, denn der Stifter müsste sich nach dem Zusammenschluss damit abfinden, seinen Stiftungsgedanken zu teilen[489].

Praktisch gesehen dürfte eine Zusammenlegung der beiden Stiftungen aber auch nicht gewünscht gewesen sein. Die Annahme, eine Institution wie die Stiftung Warentest würde sich freiwillig aufheben, nur um dann mit der Stiftung Datenschutz in einer neuen Stiftung zusammengefügt zu werden, erscheint fernab der Realität.

b. Zulegung

Von der Intention (und auch von der rechtlichen Umsetzbarkeit) eher in Betracht kommt eine Zulegung. Bei der Zulegung wird das Vermögen einer oder mehreren Stiftungen auf eine andere bestehende Stiftung übertragen[490]. Die zulegende Stiftung wird unter Verlust ihrer eigenen Rechtsfähigkeit mit der aufnehmenden Stiftung vereinigt. Die zulegende Stiftung muss aufgehoben und liquidiert werden[491]. Obwohl prinzipiell beide Möglichkeiten denkbar sind, kann es aufgrund der vorliegenden Umstände nur um die Zulegung der Stiftung Datenschutz zur Stiftung Warentest gehen.

Auch bei der Zulegung wird zwischen Zulegung von Amtswegen und der Zulegung aufgrund einer Entscheidung der Stiftungsorgane unterschieden.

---

488 *Hüttemann/Rawert*, in: Staudinger BGB, 2011, § 87 Rn. 18.
489 *Fritsche*, in: Werner/Saenger, Die Stiftung, 2008, Rn. 734.
490 *Hüttemann/Rawert*, in: Staudinger BGB, 2011, § 87 Rn. 11.
491 *Hof*, in: v. Campenhausen/Richter, Stiftungsrechtshandbuch, 4. Aufl. 2014, § 10 Rn. 358.

(1) Zulegung durch Organbeschluss

Fraglich ist hier bereits, ob eine Rechtsgrundlage für die Zulegung durch Organbeschluss überhaupt gegeben ist. Weder im sächsischen noch im Berliner Stiftungsgesetz findet sich eine diesbezügliche Regelung. Teilweise wird aber angenommen, die gesetzlichen Regelungen über die Zusammenlegung müssen auch den Fall der Zulegung erfassen[492]. Doch auch mit dieser Ansicht dürfte eine Zulegung durch Organbeschluss spätestens an einer entsprechenden Satzungsregelung scheitern. Weder die eine noch die andere Satzung sehen einen Satzungsvorbehalt vor. Dieser ist für eine Zulegung durch Organbeschluss aber notwendig[493]. Zudem muss sie hinreichend bestimmt sein, damit die Entscheidung am Stifterwillen ausgerichtet ist und nicht gänzlich ins Ermessen der Stiftungsorgane fällt[494]. Eine Zulegung durch Organbeschluss wird daher nicht ohne vorherige Satzungsänderung auf Seiten der Stiftung Datenschutz möglich sein, weil die entsprechende Öffnungsklausel erst geschaffen werden müsste[495].

(2) Zulegung von Amts wegen

Die Voraussetzungen einer Zulegung von Amtswegen sind im Einzelnen umstritten. Unstreitig dürfte nur sein, dass eine Zulegung gegen den Willen der aufnehmenden Stiftung unmöglich ist[496], zumindest wenn es sich um eine gesunde aufnehmende Stiftung handelt[497]. Damit ist jedenfalls klar, dass es für eine Zulegung der Stiftung Datenschutz in jedem Fall eines Einverständnisses der Stiftung Warentest bedürfte, welches nicht von der Stiftungsbehörde erzwungen werden kann.

Ob die Voraussetzungen des § 87 BGB bei der zulegenden Stiftung vorliegen müssen, erscheint nicht ganz klar. Viele Landesgesetze sehen das vor[498], zumindest wenn man die Zulegung als Unterfall der Zusammenlegung betrachtet. Weil nur die Stiftungsgesetze in Hamburg und Bayern die Zulegung ausdrücklich benennen, rechtlich aber wie die Zusammenlegung behandeln, spricht vieles für eine Gleichbehandlung[499]. Andere landesrechtliche Stiftungsgesetze – so auch das sächsische – erlauben

---

492 *Arnold*, in: Hüttemann/Richter/Weitemeyer, Landesstiftungsrecht, 2011, Rn. 27.23.
493 *Fritsche*, in: Werner/Saenger, Die Stiftung, 2008, Rn. 735.
494 *Hüttemann/Rawert*, in: Staudinger BGB, 2011, § 87 Rn. 17; *Weitemeyer*, in: MüKo BGB Bd. 1, 7. Aufl. 2015, § 87 Rn. 15; m.w.N. *Arnold*, in: Hüttemann/Richter/Weitemeyer, Landesstiftungsrecht, 2011, Rn. 27.17; a.A. *Hoffmann*, Zusammenlegung und Zulegung rechtsfähiger Stiftungen des bürgerlichen Rechts, 2011, S. 58 ff.
495 Zur Möglichkeit der Satzungsänderungen sogleich unten S. 133.
496 Für viele *Arnold*, in: Hüttemann/Richter/Weitemeyer, Landesstiftungsrecht, 2011, Rn. 27.30.
497 *Hof*, in: v. Campenhausen/Richter, Stiftungsrechtshandbuch, 4. Aufl. 2014, § 11a Rn. 79.
498 So die Stiftungsgesetze BadWürtt. § 14 Abs. 3, Brem. § 9, Nds. § 8, Saarl. § 8.
499 Vgl. die Stiftungsgesetze Bay Art. 8 Abs. 3 und 4, HH Art. 7 Abs. 1.

eine Zusammenlegung schon unterhalb der Schwelle von § 87 BGB – bereits bei einer wesentlichen Änderung der Verhältnisse[500]. Solche Regelungen dürften aber nach der mittlerweile ganz herrschenden Meinung unwirksam sein, sodass im Hinblick auf den Art. 31 GG weiterhin auf den § 87 BGB abzustellen ist[501].

Weiterhin umstritten ist auch, ob – wenn das grundsätzliche Einverständnis der aufnehmenden Stiftung vorliegt – bei dieser die Voraussetzungen des § 87 BGB ebenfalls vorliegen müssen[502].

Nach hier vertretener Auffassung ist ein Vorliegen der Voraussetzungen des § 87 BGB bei der aufnehmenden Stiftung nicht erforderlich, denn dies hätte zur Folge, dass eine Zulegung für die aufnehmende Stiftung dem Grunde nach nie eine zweckverfolgende Maßnahme sein könnte. Dieses Ergebnis wäre unbefriedigend, denn eine vergrößerte Vermögensbasis der aufnehmenden Stiftung kann durchaus eine bessere Verfolgung des Stiftungszwecks ermöglichen und im Einklang mit dem Stifterwillen stehen[503]. Konsequenterweise muss der Stifterwille dann aber auch die natürliche Grenze einer möglichen Zulegung bleiben. Eine Zulegung ist damit jedenfalls dann unzulässig, wenn durch sie eine Zweckänderung oder Zweckerweiterung der aufnehmenden Stiftung erforderlich wird. Die betroffenen Stiftungen müssen daher im Wesentlichen gleichartigen Zwecken dienen[504].

Vor diesem Hintergrund ist zu fragen, ob die Zulegung der Stiftung Datenschutz in die Stiftung Warentest überhaupt nach der Satzung der Stiftung Warentest möglich wäre. Hierbei ist in erster Linie auf den Stiftungszweck abzustellen. In diesem Punkt weisen beide Stiftungen Gemeinsamkeiten auf. Zwar fördert die Stiftung Datenschutz in erster Linie den Datenschutz und die Stiftung Warentest den Verbraucherschutz[505]. Zweck der Stiftung Datenschutz ist es unter anderem aber auch, durch Förderung von Datenschutzbelangen, den Verbraucherschutz zu fördern. Dies dürfte insbesondere die Prüfung von Produkten und Dienstleistungen auf ihre Datenschutzfreundlichkeit be-

---

500 Sächs. StiftG § 10 Abs. 1, Hess. StiftG § 9 Abs. 2.
501 *Weitemeyer*, in: MüKo BGB Bd. 1, 7. Aufl. 2015, § 87 Rn. 15; Begründend mit den Grundrechten der Stiftung; *Hof*, in: v. Campenhausen/Richter, Stiftungsrechtshandbuch, 4. Aufl. 2014, § 10 Rn. 363; *Hüttemann/Rawert*, in: Staudinger BGB, 2011, § 87 Rn. 4; Ausführlich auch *von Hippel*, in: Hüttemann/Richter/Weitemeyer, Landesstiftungsrecht, 2011, Rn. 23.24 ff.
502 Dafür: *Hof*, in: v. Campenhausen/Richter, Stiftungsrechtshandbuch, 4. Aufl. 2014, § 10 Rn. 360, § 11a Rn. 78; *Reuter*, in: MüKo BGB Bd. 1, 6. Aufl. 2012, § 87 Rn. 17; *Hüttemann/Rawert*, in: Staudinger BGB, 2011, § 87 Rn. 11; a.A. *Arnold*, in: Hüttemann/Richter/Weitemeyer, Landesstiftungsrecht, 2011, Rn. 27.30; *Fritsche*, in: Werner/Saenger, Die Stiftung, 2008, Rn. 742.
503 So auch *Arnold*, in: Hüttemann/Richter/Weitemeyer, Landesstiftungsrecht, 2011, Rn. 27.30.
504 Mit Aufzählung der entsprechenden landesrechtlichen Regelungen *Hof*, in: v. Campenhausen/Richter, Stiftungsrechtshandbuch, 4. Aufl. 2014, § 10 Rn. 361 dort m. Fn. 689; das sächs. Stiftungsgesetz enthält keine entsprechende Regelung.
505 Vgl. § 2 der Satzungen von Stiftung Warentest (Stand: 1. November 2014) und Stiftung Datenschutz.

treffen, sodass in diesem Bereich eine Schnittmenge besteht. Eine Zulegung erscheint vor diesem Hintergrund auch ohne Zweckänderung möglich.

Eine Zulegung von Amts wegen könnte insoweit mit dem entsprechenden Einverständnis der Stiftung Warentest und dem Vorliegen der Voraussetzungen aus § 87 BGB bei der Stiftung Datenschutz erfolgen.

c. Kooperation

Als weitere Art der „Integration" wäre noch eine Verwaltungskooperation der Stiftungen in Erwägung zu ziehen. Zur Verwaltungsvereinfachung können selbstständige Stiftungen grundsätzlich zusammenarbeiten, insbesondere ihre Verwaltungstätigkeit oder wesentliche Teile von dieser in Kooperation bewältigen[506]. Dies könnte dann so aussehen, dass die Stiftung Datenschutz von der weitaus größeren Stiftung Warentest „mitverwaltet" werden würde, wobei Umfang und Abläufe im Einzelnen abzustimmen wären. Eine derartige Zusammenarbeit der Stiftungen setzt zum einen Freiwilligkeit voraus, da die Stiftungsbehörde in diesem Zusammenhang keine ersichtlichen Durchsetzungsbefugnisse hat. Doch, auch den beidseitigen Wunsch zur Kooperation vorausgesetzt, wird man sich die Frage stellen müssen, inwieweit eine Kooperation mit der jeweiligen Stiftungssatzung vereinbar ist. Vermutlich wären dann zunächst Satzungsänderungen auf beiden Seiten erforderlich, um die Einzelheiten der Kooperation zu regeln und insbesondere auch um die Gemeinnützigkeit der Stiftungen nicht zu gefährden[507]. Bei entsprechendem Willen der Beteiligten, könnten solche Änderungen aber umgesetzt werden, da es sich hier um einfache Satzungsänderungen ohne Zweckberührung handelt und es nicht auf wesentliche Änderungen der Verhältnisse ankommt[508].

II. Umsetzung des Koalitionsvertrags

Wie oben ausgeführt, könnte die „Integration" in die Stiftung Warentest – sofern sie rechtlich zulässig erfolgen soll und von den Stiftungen gewollt wird – am ehesten im Wege einer Verwaltungskooperation umgesetzt werden. Die mit „Integration" vermutlich gemeinte Zulegung würde dagegen (bisher) an § 87 BGB scheitern, da die Voraussetzung bei der Stiftung Datenschutz (noch) nicht gegeben sind. Darüber hinaus wäre eine Zulegung nur mit dem Einverständnis der Stiftung Warentest möglich.

---

506 Vgl. *Hof*, in: v. Campenhausen/Richter, Stiftungsrechtshandbuch, 4. Aufl. 2014, § 11a Rn. 75.
507 Probleme können im Zusammenhang mit dem Unmittelbarkeitsgrundsatz aus § 57 AO entstehen; dazu *Schlüter/Stolte*, Stiftungsrecht, 3. Aufl. 2016, S. 162 ff.
508 Vgl. § 17 der Satzung der Stiftung Datenschutz bzw. § 16 der Satzung der Stiftung Warentest (Stand: 1. November 2014); zum Unterschied von wesentlichen und unwesentlichen Veränderungen s. *Werner*, ZStV 2012, 189 f.

Diese Umstände werden auch (mit-)ursächlich dafür gewesen sein, warum es nicht zu einer Umsetzung des Koalitionsvertrages in diesem Punkt kam.

III. Geplante Integration als rufschädigende Aussage?

Nicht ausführlich behandelt soll an dieser Stelle der (soweit ersichtlich bisher in der Öffentlichkeit nicht wahrgenommene) Aspekt einer möglichen grundrechtlichen Relevanz der oben genannten Ankündigung. So könnte der Aussage zur geplanten „Integration" eine mögliche Eingriffsqualität zukommen. In einem neueren Urteil[509] hat das OVG Nordrhein-Westphalen – wenn auch in anderem Kontext – festgestellt, dass Rechtsschutz einer Stiftung gegen rufschädigende Äußerungen des Staates aus Art. 2 Abs. 1, 19 Abs. 3 GG bestehen kann. Bedenkt man die erhebliche Wirkung auf Dritte, die durch den Eindruck entsteht, dass die Stiftung Datenschutz in eine andere Stiftung „integriert" und damit faktisch aufgelöst werden soll, kann eine derartige Aussage keine positiven Assoziationen wecken. Auf potenzielle Zuwendungen von Dritten kann eine solche Perspektive jedenfalls nur abschreckend wirken. Vor diesem Hintergrund erscheint die Stiftung in besonderem Maße schutzwürdig, da ihr die eigentlich gebotene (finanzielle) Emanzipation von der Stifterin zusätzlich erschwert wird.

C. Satzungsänderung

Wie oben dargestellt, wird eine wie auch immer geartete „Integration" der Stiftung Datenschutz in die Stiftung Warentest nicht ohne Satzungsänderungen auf zumindest einer Seite funktionieren. Ob aber eine „Integration" überhaupt noch erfolgen soll, ist fraglich. Die politischen Signale der letzten Zeit sprechen eher dagegen. So forderte die Bundesdatenschutzbeauftragte im Juni 2015, die Bundesregierung müsse „Konzeption und Finanzierung der Stiftung neu überdenken"[510]. Eine „Integration" in die Stiftung Warentest wurde dabei nicht erwähnt.

Die Fragen hinsichtlich einer Satzungsänderung stellen sich trotzdem, nunmehr aber in einem anderen Zusammenhang. Zu klären ist, ob und inwieweit eine Neukonzeptionierung der Stiftung eine Satzungsänderung notwendig macht.

---

509 OVG NRW, Urteil vom 11.12.2012 – 8 A 1024/11 = DÖV 2013, S. 398.
510 BT-Drs. 18/5300.

I. Notwendigkeit

Die Notwendigkeit einer Satzungsänderung ergibt sich naturgemäß dann, wenn sich im Laufe des Stiftungsbetriebs herausstellt, dass die Satzung impraktikabel oder unzureichend geworden ist.

In der Praxis ist die Satzungsänderung bürgerlich-rechtlicher Stiftungen mit der öffentlichen Hand als Stifter nicht unüblich. Alleine die Satzung der Stiftung Warentest wurde seit ihrer Errichtung im Jahr 1964 viermal geändert[511]. Die Notwendigkeit wurde mit der „Anpassung der Stiftungsaufgaben und Regularien an die inzwischen eingetretenen Entwicklungen" begründet.

Mit anderen Worten erscheint eine Änderung dann notwendig zu werden, wenn die Satzungsvorgaben mit der Realität auseinanderdriften. Das ist im Fall der Stiftung Datenschutz durchaus zu beobachten, denn die finanzielle Ausstattung lässt es nicht zu, dass der Stiftungszweck im vollen Umfang erfüllt werden kann. Insbesondere die kostspieligen „Datentests" können unter den gegeben Umständen nicht durchgeführt werden und wären darüber hinaus als Eingriffe mangels Rechtsgrundlage auch unzulässig[512].

Sollte also eine institutionelle Förderung aus dem Bundeshaushalt ausbleiben, die es vom Umfang her zulassen würde, allen den in der Satzung vorgezeichneten Zwecken nachzukommen, stellt sich die Frage nach der Gebotenheit die Satzung insoweit zu ändern und nur auf realistische Zwecksetzungen zu beschränken. Gleichzeitig kann aber auch eine Zweckerweiterung in Betracht kommen, indem der Zweck um datenschutzfördernde Alternativen ergänzt wird, die bisher nicht auf der Agenda standen. Jedenfalls sind – insbesondere im Lichte der am 25.5.2018 in Kraft tretenden EU-Datenschutz-Grundverordnung (EU-DSGVO) – durchaus neue Konstellationen denkbar, welche die Frage nach den grundsätzlichen Änderungsmöglichkeiten der Satzung aufwerfen.

1. Stiftung Datenschutz als Akkreditierungsstelle durch Beleihung

Eine Möglichkeit der Zweckerweiterung wäre zum Beispiel eine Beleihung der Stiftung Datenschutz. Momentan soll die Stiftung Datenschutz durch die Schaffung von anerkannten Regelwerken an der Entwicklung eines Datenschutzaudits sowie eines Datenschutzauditverfahrens mitwirken. Eine eigene hoheitliche Tätigkeit in diesem Bereich ist nicht vorgesehen und wäre – mangels Beleihung – auch unzulässig[513].

Im Hinblick auf die kommende EU-DSGVO könnte es sich aber langfristig anbieten, der Stiftung Datenschutz eine in dieser Hinsicht erweiterte Rolle zuzusprechen. In Betracht käme die Hochstufung zur Akkreditierungsstelle nach Art. 43 Abs. 1 lit. b)

---

511 Änderungen gab es in den Jahren 1971, 1985, 1995, 2000, vgl. *Muscheler*, Sammelband Stiftungsrecht, 2. Aufl. 2011, S. 274.
512 Vgl. oben S. 103 ff.
513 Dazu oben S. 47.

EU-DSGVO. Der Stiftung Datenschutz würde dann die Aufgabe zukommen, die Zertifizierungsstellen zu akkreditieren.

Sollte dieser Weg verfolgt werden, müsste eine Beleihung erfolgen[514]. Davor wären jedoch die Voraussetzungen zu schaffen, damit die Stiftung den Anforderungen der Verordnung (EG) Nr. 765/2008 (Akkreditierungs-VO) genügt. So sieht Art. 8 der Verordnung einen Anforderungskatalog vor. Unter anderem wird eine ausreichende Zahl an kompetenten Mitarbeitern gefordert, was momentan an der finanziellen Ausstattung scheitern dürfte. Aber auch die dort geforderte Wahrung von Objektivität und Unparteilichkeit dürfte bei der Stiftung Datenschutz nicht gegeben sein, solange die Stiftung konzeptionell auf Drittmittel aus der Wirtschaft angewiesen ist. Freilich wäre auch dieses Problem, mit einer adäquaten (wenn auch sehr umfangreichen) Ausstattung, zu beheben.

Darüber hinaus wäre auch die Stiftungssatzung anzupassen, da diese Art von Tätigkeit momentan nicht vom Stiftungszweck gedeckt sein dürfte. Sie liegt vom Umfang deutlich über dem, was in § 2 der Satzung in diesem Zusammenhang vorgesehen ist.

Dies wirft gewisse Zweifel daran auf, ob die Weiterverfolgung des Zwecks ein Datenschutzaudits sowie ein Datenschutzauditverfahren zu entwickeln bzw. (im Zuge einer Zweckerweiterung und Beleihung) selbst Akkreditierungsstelle zu werden, überhaupt noch sinnvoll ist. Der aus Art. 43 EU-DSGVO ersichtliche rechtliche Rahmen macht deutlich, dass die Aufstellung der Kriterien bei den Datenschutzaufsichtsbehörden liegt und auch die Akkreditierung selbst von ihnen vorgenommen werden kann. Die Stiftung Datenschutz könnte den Aufsichtsbehörden daher bei der Entwicklung der Kriterien allenfalls behilflich sein, was dann aber die Frage aufwirft, ob die dafür erforderlichen Mittel nicht besser direkt bei den Aufsichtsbehörden platziert wären. Mit demselben Argument erscheint auch die Beleihung der Stiftung Datenschutz als Akkreditierungsstelle nicht erforderlich. Selbst wenn die oben genannten Anforderungen durch die Stiftung Datenschutz erfüllt werden könnten, würden unnötige Doppelstrukturen entstehen.

2. *Art. 80 Abs. 1 EU-DSGVO*

Daneben könnte auch eine bisher völlig unbeachtete Rolle für der Stiftung Datenschutz in Erwägung gezogen werden. So enthält der Art. 80 Abs. 1 EU-DSGVO eine Art Prozessstandschaft, die es Non-Profit-Organisationen erlaubt, Betroffene nach individueller Mandatierung gegenüber Gerichten und Aufsichtsbehörden zu repräsentieren[515].

---

514 Als Beispiel kann hier die Verordnung über die Beleihung der Zulassungsstelle nach dem Umweltauditgesetz (UAG-Beleihungsverordnung vom 18. Dezember 1995 (BGBl. I S. 2013), die zuletzt durch Artikel 100 der Verordnung vom 31. August 2015 (BGBl. I S. 1474) geändert worden ist) dienen.

515 *Schantz*, NJW 2016, 1841, 1847.

Die einzelnen Voraussetzungen würden jedenfalls vorliegen. Durch den gemeinnützigen Charakter ist die Stiftung Datenschutz eine Organisation ohne Gewinnerzielungsabsicht. Ferner wurde sie, wie bereits festgestellt, ordnungsgemäß anerkannt. Ihre satzungsgemäßen Ziele liegen im öffentlichen Interesse, da die Stiftung öffentlichen Aufgaben nachgeht[516]. Letztlich ist sie auch im Datenschutzrecht tätig, indem sie satzungsgemäß Datenschutzbelange fördert.

Im Hinblick auf den Stiftungszweck ergibt sich aber gleichzeitig auch ein Problem, denn es ist fraglich, ob die Prozessstandschaft für Betroffene mit dem Stiftungszweck kompatibel wäre. Der Zweck sieht die Förderung von Datenschutzbelangen als Oberbegriff vor, konkretisiert durch vier Beispiele: a) die Entwicklung eines Datenschutzaudits sowie eines Datenschutzauditverfahrens, b) die Stärkung der Bildung im Bereich des Datenschutzes, c) die Verbesserung des Selbstdatenschutzes durch Aufklärung und d) die Prüfung von Produkten. Bei einer sehr weiten Auslegung könnte man sicherlich sagen, dass unter Förderung von Datenschutzbelangen alles zu verstehen ist, was dem Datenschutz in irgendeiner Weise dienlich ist, also auch die Prozessstandschaft für Betroffene. Ein derart weites Verständnis dürfte den Bogen jedoch überspannen, da die Konkretisierungen immerhin eine gewisse Richtung vorgeben müssen[517]. Die Durchsetzung von Rechten Betroffener würde davon zu stark abweichen. Insoweit wäre wohl zunächst – sofern überhaupt möglich – eine Satzungsänderung erforderlich.

Ob dieser Ansatz sinnvollerweise verfolgt werden sollte, muss allerdings stark bezweifelt werden. Dagegen spricht vor allem ein systematisches Argument: Der Art. 80 EU-DSGVO ist lediglich eine Öffnungsklausel und muss im Recht des jeweiligen Staates umgesetzt werden. Der deutsche Gesetzgeber sieht aber gerade für den Datenschutz bereits eine entsprechende Möglichkeit in § 2 Abs. 2 Nr. 11 UKlaG vor und hat, wie §§ 3 und 4 UKlaG verdeutlichen, die Regelungen auf Verbraucherverbände zugeschnitten. Die Anspruchsberechtigung auf die Stiftung Datenschutz auszuweiten, erscheint vor diesem Hintergrund deplatziert.

3. Stiftung Datenschutz als Think Tank und Diskussionsplattform

Eine weitere Idee könnte es sein, die Stiftung zukünftig zum Think Tank bzw. zur Diskussionsplattform für Akteure des Datenschutzes aus Wirtschaft, Politik und Wissenschaft auszubauen[518]. Neben der Frage der finanziellen Realisierbarkeit wäre dann zu thematisieren, ob der Stiftungszweck in der jetzigen Form derartige Tätigkeiten ab-

---

516 Dazu oben S. 44.
517 Zur Auslegung des Stiftungszwecks oben S. 71.
518 Erste Tendenzen in diese Richtung sind auch bereits erkennbar. So tritt die Stiftung Datenschutz in letzter Zeit zunehmend als Dialogforum („Daten Debatten") in Erscheinung und hat darüber hinaus einen Sammelband zu Fragestellungen des Datenschutzes herausgegeben: *Stiftung Datenschutz* (Hrsg.), Zukunft der informationellen Selbstbestimmung, 2016.

deckt. Es stellt sich die Frage, ob die Stiftung Datenschutz unter der aktuellen Satzung dem konkreten Ziel nachgehen darf, einen Think Tank respektive eine Diskussionsplattform zu etablieren.

Unter Betrachtung der genannten Beispiele des Stiftungszwecks, dürfte die Tätigkeit auch ohne Satzungsänderung zulässig sein. Das Selbstverständnis der Stiftung als Think Tank und Diskussionsplattform kann sowohl als Stärkung der Bildung im Bereich des Datenschutzes als auch als Verbesserung des Selbstdatenschutzes durch Aufklärung verstanden werden. Vor diesem Hintergrund wird diesbezüglich keine Satzungsänderung zwingend sein.

4. Reduzierung des Stiftungszwecks

Wenn, wie bisher, und auch in Zukunft, nicht alle in der Satzung genannten Tätigkeiten verfolgt werden können, kann auch eine Reduzierung des Stiftungszwecks in Erwägung gezogen werden. Sollte die Stiftung zukünftig in erster Linie als Diskussionsplattform agieren, würde diese Tätigkeit zwar vom aktuell weiten Stiftungszweck erfasst sein; auf der anderen Seite würden aber andere genannte Beispiele wie die „Datentests" wegfallen. Für einen außenstehenden Dritten, der die Hintergründe der nur teilweisen Zweckverfolgung nicht kennt, muss die Betätigung der Stiftung Datenschutz in einer Rolle, die so ausdrücklich nicht in der Satzung vorgesehen ist, befremdlich vorkommen. Im Zusammenhang mit der Außenwahrnehmung der Stiftung wäre daher eine diesbezügliche Klarstellung des Stiftungszwecks zu begrüßen.

Sofern der Stifter keine erheblichen Zuwendungen in naher Zukunft vorsieht, die eine vollumfängliche Zweckverfolgung ermöglichen würden, erscheint eine Satzungsänderung in Form der Reduzierung bzw. Konkretisierung der Stiftungszwecke geboten. Eine sog. „Orientierungsphase", wird auch in der aktuellen stiftungsrechtlichen Diskussion um eine erneute Novellierung des bürgerlichen Stiftungsrechts durchaus befürwortet[519].

5. Satzungsänderung zur Stärkung der Stiftungsautonomie

Wie bereits festgestellt[520], sind einige Regelungen der Satzung insofern problematisch, als dass sie zu einschneidende Einwirkungsmöglichkeiten der Stifterin auf die Stiftung zulassen. Insbesondere durch die Zustimmungserfordernisse zum Wirtschaftsplan nach § 15 der Satzung und zu den in § 7 Abs. 1 S. 3 der Satzung genannten Entscheidungen des Verwaltungsrates dürfte die Stiftungsautonomie übermäßig eingeschränkt sein, was – trotz den demokratisch notwendigen Einwirkungs- und Kontrollpflichten – dem Rechtsstaatsprinzip widerspricht. So leidet auch die Stiftung Da-

---

519 Kritisch *Papsthart*, npoR [Zeitschrift für das Recht der Non Profit Organisationen] 2016, 105 f.
520 Vgl. oben S. 73 ff.

tenschutz an einem Geburtsfehler, der durch eine nachträgliche Satzungsänderung korrigiert werden sollte[521].

II. Änderungsmöglichkeiten

1. Satzungsänderung durch Organbeschluss

Nach § 9 Abs. 1 Nr. 1 SächsStiftG können die Satzung und insbesondere der Zweck der Stiftung geändert werden, wenn das Stiftungsgeschäft oder die Satzung dies vorsehen. Es ist demnach zunächst eine Öffnungsklausel innerhalb der Satzung erforderlich.

Eine solche findet sich für die Stiftung Datenschutz in § 17 der Satzung. Zu differenzieren sind hierbei „einfache" Satzungsänderungen und solche, die § 2 der Satzung betreffen und damit zweckändernd sind. Für beide sieht die Satzung eine schriftliche Zustimmung der Stifterin vor; allerdings hat die Zweckänderung eine zusätzliche objektive Voraussetzung: Sie kann nur beschlossen werden, wenn es wegen wesentlicher Änderung der Verhältnisse angezeigt erscheint. Nach einer stark vertretenen Auffassung ist diese Einschränkung notwendig, weil die fehlende Anknüpfung an vom Stifter festgelegte objektive Gründe zu einem allgemeinen und jederzeitigem Recht auf Satzungsänderung führen würde[522]. Ein uferloses Zweckänderungsrecht erscheint aber selbst unter Berücksichtigung demokratisch-parlamentarischer Aspekte bei Stiftungen der öffentlichen Hand nicht geboten[523].

a. Vorliegen der Voraussetzungen

Insoweit ist klärungsbedürftig, ob die (objektiven) Voraussetzungen für eine Satzungsänderung nach heutigem Stand vorliegen würden.

(1) „Einfache" Satzungsänderungen

Soweit keine Satzungsänderungen vorgesehen sind, welche den Zweck oder die Gemeinnützigkeit der Stiftung betreffen, sind nach § 17 Abs. 1 S. 1 der Satzung ein einstimmiger Beschluss des Verwaltungsrates und eine schriftliche Zustimmung der Stifterin erforderlich. Solche Änderungen können beispielsweise die Organstruktur oder die Organbesetzung betreffen und sind allgemein zulässig, ohne an objektive Gründe

---

521 Von einem „Geburtsfehler" – obgleich anderer Art – war auch bei der Stiftung Warentest die Rede, vgl. *Franz*, GRUR 2014, 1051.
522 Zur ausführlichen Darstellung des Meinungsstandes *von Hippel*, in: Hüttemann/Richter/Weitemeyer, Landesstiftungsrecht, 2011, Rn. 23.33 ff.
523 So und m.w.N. auch *Neumann*, Das Ausweichen der öffentlichen Hand durch Stiftungsgründungen, 2005, S. 157.

gekoppelt zu sein[524]. Darunter würden auch Änderungen hinsichtlich der festgestellten Mängel in der Stiftungsorganisation fallen[525]. Die Zustimmungserfordernisse des Stifters aus § 15 Abs. 2 S. 3 und Abs. 3 S. 4 (Zustimmungserfordernis des Stifters zum Wirtschaftsplan und zu im Wirtschaftsplan nicht veranschlagten Ausgaben) und aus § 7 Abs. 1 S. 3 (Zustimmungserfordernis des Stifters bei Entscheidungen des Verwaltungsrates) könnten insoweit ohne das Vorliegen zusätzlicher Voraussetzungen gestrichen werden. Gleiches gilt für eine Änderung des § 18 Abs. 1 der Satzung, wo das Zustimmungserfordernis des Beirats für die Aufhebung auf rechtstaatliche Bedenken stößt.

(2) „Identitätsverändernde" Satzungsänderungen

Identitätsverändernde Satzungsänderungen, also solche, welche den Stiftungszweck betreffen, können dagegen nach § 17 Abs. 1 S. 2 der Satzung nur beschlossen werden, wenn es wegen wesentlicher Änderung der Verhältnisse angezeigt erscheint. Daher ist zu klären, ob sich die Verhältnisse in Bezug auf die Stiftung Datenschutz seit der Errichtung entsprechend wesentlich geändert haben.

Fraglich ist hierbei zunächst der Maßstab, an dem eine wesentliche Veränderung der Verhältnisse gemessen werden kann. Zu weit gegriffen wäre eine Gleichsetzung mit den Voraussetzungen des § 87 Abs. 1 BGB, also einem Unmöglichwerden der Erfüllung des Stiftungszwecks. Verfehlt erscheint auch eine Anerkennung der Wesentlichkeit schon dann, wenn der Zweck nicht mehr optimal erfüllt werden kann[526]. Stattdessen muss es sich um eine Veränderung der Umstände in der Gestalt handeln, dass der Stifter, bei Kenntnis der Veränderung, eine Anpassung des Zwecks für geboten halten würde. Vorausgesetzt wird folglich nicht nur eine in objektiver Hinsicht nachträgliche Änderung der tatsächlichen Verhältnisse von den ursprünglichen Annahmen des Stifters, sondern auch, dass die Anpassung dem wirklichen oder mutmaßlichen Stifterwillen entspricht.

Bei der Stiftung Datenschutz dürfte das objektive Element insoweit gegeben sein, als das der Stifterin für die Zweckerfüllung eine Kalkulation zugrunde lag, die sich letztendlich nicht realisiert hat[527]. Die unerwartet negative Entwicklung des allgemeinen Zinsniveaus kann daher als wesentliche Veränderung der Verhältnisse bewertet werden.

Neben den objektiven Umständen muss aber auch der Stifterwille als subjektives Element beachtet werden. Der aktuelle Stifterwille wird dabei bereits aus der Zustimmung ersichtlich sein. Nach der hier vertretenen Ansicht muss aber auch der mutmaß-

---

524 So auch *Neumann*, Das Ausweichen der öffentlichen Hand durch Stiftungsgründungen, 2005, S. 155.
525 Oben S. 72 f.
526 Vgl. hierzu *Hüttemann/Rawert*, in: Staudinger BGB, 2011, § 85 Rn. 22.
527 Dazu oben S. 87 ff.

liche (man könnte auch sagen ursprüngliche oder historische) Stifterwille berücksichtigt werden; über diesen hat die Stiftungsaufsicht zu wachen[528].

b. Zustimmung der Stifterin

(1) Genehmigung der Stiftungsbehörde

Nach § 9 Abs. 1 SächsStiftG wird die Änderung erst mit Genehmigung der Stiftungsbehörde wirksam. Der Verwaltungsrat hat seinen einstimmen Beschluss daher, nach Anhörung von Beirat und Vorstand sowie Einholung einer schriftlichen Zustimmung der Stifterin, der Stiftungsbehörde zuzuleiten.

(2) Maßstab für die Genehmigung (ursprünglicher Stifterwille)

Liegt das nach § 17 der Satzung erforderliche Quorum und die Zustimmung der Stifterin vor, hängt die Satzungsänderung von der Genehmigung der Stiftungsbehörde ab. Die Stiftungsaufsicht nimmt in diesem Rahmen eine eigene Abwägung vor und prüft, ob die Satzungsänderung im Einklang mit dem in der Satzung ausgedrückten Stifterwillen steht.

Zu beachten ist, dass es auch auf den Stifterwillen zum Zeitpunkt der Stiftungserrichtung und nicht nur auf den aktuellen Stifterwillen ankommen muss[529]. Dies wirkt auf den ersten Blick befremdlich, da das Gesetz ausdrücklich eine Zustimmung des Stifters fordert, durch die lediglich der aktuelle Stifterwille zum Ausdruck gebracht werden kann. Dennoch ist die Berücksichtigung des ursprünglichen Stifterwillens erforderlich, denn nur so wird die Zweckänderung dem Belieben der Stiftungsorgane entzogen und die Stiftung vor deren Eigenmacht geschützt[530].

Zu keinem anderen Ergebnis gelangt man auch in Anbetracht der aktuellen Reformdiskussion der Arbeitsgruppe des Bundes und der Länder über den Vorschlag der Einräumung eines (ohne an weitere Voraussetzungen geknüpftes) Satzungsänderungsrechts zu Lebzeiten des Stifters. Diese Diskussion bezieht sich nur auf natürliche Personen[531]. Juristische Personen sollen aufgrund ihrer Kontinuität ausgeklammert sein, da sonst dauerhaft beliebige Satzungsänderungen möglich wären, was sich mit dem gesetzlichen Leitbild der Entpersonalisierung einer privatrechtlichen Stiftung nicht verträgt[532]. Für den staatlichen Stifter muss dies umso mehr gelten; erstens, wegen der wohl nie endenden Kontinuität und zweitens, wegen dem Risiko des sich ständig wechselnden Willens, der allein von Mehrheitsverhältnissen in der Regierung abhän-

---

528 BVerwG, Urteil vom 22. September 1972 – VII C 27.71 = JZ 1972, 695.
529 So auch *Papsthart*, npoR [Zeitschrift für das Recht der Non Profit Organisationen] 2016, 105, 107, der vom „historischen" Stifterwillen spricht.
530 *Hof*, in: v. Campenhausen/Richter, Stiftungsrechtshandbuch, 4. Aufl. 2014, § 7 Rn. 132.
531 *Nicolai/Kuszlik*, ZRP 2016, 48.
532 Ebd.

gen würde. Anderenfalls kommt der durch die Stiftung „verfestigte politische Kompromiss" nicht zum Ausdruck[533]. Insoweit hat die Stiftungsaufsicht stets zu prüfen, ob der aktuelle Stifterwille auch mit dem ursprünglichen Stifterwillen im Einklang steht, sodass eine Satzungsänderung auch vom ursprünglichen Stifterwillen abhängig bleibt[534].

Bezieht man diese Feststellung auf den konkreten Fall der Stiftung Datenschutz, wäre der ursprüngliche Stifterwille auch weiterhin gewahrt, wenn der Stiftungszweck reduziert oder modifiziert werden würde, solange der (Ober-)Zweck Datenschutzförderung als solcher erhalten bleibt.

Auch die mangelhafte Stiftungsorganisation betreffenden Änderungen wären mit dem ursprünglichen Stifterwillen vereinbar, denn es kann nicht davon ausgegangen, dass der Stifter durch die Satzung rechtswidrige Zustände schaffen wollte.

2. *Satzungsänderung ohne Zustimmung der Stifterin (hoheitliche Satzungsänderung)*

Ohne die Zustimmung der Stifterin ist eine Satzungsänderung grundsätzlich nur nach der bundesrechtlichen Regelung des § 87 BGB möglich. Das heißt, die Erfüllung des Stiftungszwecks müsste unmöglich geworden sein oder das Gemeinwohl gefährden[535]. In Sachsen soll eine Satzungsänderung auch unterhalb dieser Schwelle möglich sein. So ist die Voraussetzung nach § 9 Abs. 1 Nr. 2 SächsStiftG bereits gegeben, wenn sich die Verhältnisse seit der Errichtung der Stiftung wesentlich geändert haben. Aber selbst wenn man hier die – zweifelhafte[536] – Verfassungsmäßigkeit einer solchen Regelung unterstellt, wäre nach § 9 Abs. 2 SächsStiftG weiterhin auch die Zustimmung des Stifters erforderlich. Eine Satzungsänderung ohne Zustimmung des Stifters bleibt folglich nur nach § 87 BGB möglich. Die dort genannten Voraussetzungen – Unmöglichkeiten der Zweckerfüllung – können auf tatsächlichen oder rechtlichen Gründen beruhen. Im Hinblick auf das Stiftungsvermögen ist dieser Fall jedenfalls dann anzu-

---

533 Diese Begrifflichkeit wird von *Kilian*, in: Werner/Saenger, Die Stiftung, 2008, Rn. 1167 verwendet.
534 In Bezug auf Satzungsänderungen, die den Stiftungszweck betreffen: BVerwG, Beschluss vom 29. November 1990 – 7 B 155/90 = NJW 1991, 713; *Hof*, in: v. Campenhausen/Richter, Stiftungsrechtshandbuch, 4. Aufl. 2014, § 4 Rn. 168; a.A. *Schulte*, Grundfragen der Errichtung, Umwandlung und Auflösung von Stiftungen der öffentlichen Hand, in: Kohl/Kübler/Ott/Schmidt, GS Walz, 2008, S. 689, 703, der aufgrund des Demokratieprinzips für nachfolgende politische Mehrheiten eine freie Lenkung des Stiftungszwecks befürwortet.
535 Der Fall, dass der Stiftungszweck das Gemeinwohl gefährdet, kann hier außen vor gelassen werden.
536 Ob derartige landesrechtliche Regelungen überhaupt wirksam sein können, ist umstritten, vgl. *Hüttemann/Rawert*, in: Staudinger BGB, 2011, § 87 Rn. 4; ausführlich auch *von Hippel*, in: Hüttemann/Richter/Weitemeyer, Landesstiftungsrecht, 2011, Rn. 23.24 ff.

nehmen, wenn das Vermögen endgültig wegfällt oder schrumpft, sodass die Stiftung nicht mehr lebensfähig ist[537].

Die Voraussetzungen sind damit dieselben, welche die Behörde auch zu einer Aufhebung der Stiftung ermächtigen. Auf das Vorliegen der Voraussetzungen im Einzelnen wird daher sogleich, im Abschnitt über die Aufhebungsmöglichkeiten der Stiftung, eingegangen[538]. Vorwegzunehmen an dieser Stelle ist, dass die Voraussetzungen des § 87 BGB, nach der aktuellen Behördenpraxis, sehr restriktiv ausgelegt werden. Die Unmöglichkeit der Zweckerfüllung wird erst bei endgültigem Verlust des gesamten Stiftungsvermögens angenommen, ohne dabei zwischen dem Wegfall der Substanz und dem Verlust der Ertragskraft zu differenzieren. Dies führt dazu, dass mit einer hoheitlichen Satzungsänderung nicht gerechnet werden kann, solange die Stiftung auch mit noch so geringen Erträgen in der Lage ist, ihrem Zweck nachzugehen.

III. Rechtsschutzmöglichkeiten

Wie soeben dargestellt, ist eine Satzungsänderung der Stiftung Datenschutz ohne Zustimmung der Stifterin kaum möglich, und das, obwohl die Satzung im Hinblick auf die weitreichenden Zustimmungserfordernisse der Stifterin nach den Schlussfolgerungen dieser Untersuchung einen rechtswidrigen Zustand begründet. Da die Stiftung jedoch eine autonome juristische Person ist und in eigenen Grundrechten verletzt werden kann[539], erscheint dieses Ergebnis unbefriedigend. Der Stiftung müssen insoweit Rechtsschutzmöglichkeiten verbleiben[540].

Wie die Stiftung selbst gegen ihre eigene Satzung vorgehen kann, ist jedoch nicht direkt ersichtlich. Die Schwierigkeit hierbei ist, dass jede Maßnahme des Rechtsschutzes letztendlich nur auf die Auslegung der Satzung gerichtet sein kann. *Jakob* definierte in diesem Zusammenhang das Konzept der sog. *abgestuften Auslegungskompetenz*, wonach der Stifter die Satzung aufstellt, die Organe diese auslegen und den in ihr zum Ausdruck gebrachten Stifterwillen erfüllen, die Stiftungsaufsicht die Organe kontrolliert und im Streitfall die Letztkompetenz bei den Gerichten verbleibt[541]. Ein Stiftungsorgan – hier vor allem der Verwaltungsrat – muss daher die Möglichkeit haben, im Zweifel die richtige Auslegung der Satzung überprüfen zu lassen.

Gedanklich naheliegend aber praktisch und rechtlich nicht unproblematisch erscheint es, den Rechtsweg über eine Entscheidung der Aufsichtsbehörde zu suchen. Anknüpfungspunkt wäre dann, die Stiftungsbehörde nach der korrekten Ausle-

---

537 *Ellenberger*, in: Palandt BGB, 75. Aufl. 2016, § 87 Rn. 1.
538 Unten S. 140.
539 Zur Grundrechtsberechtigung der Stiftung oben S. 60.
540 So auch *Jakob*, Schutz der Stiftung, 2006, S. 139 f.
541 *Jakob*, Schutz der Stiftung, 2006, S. 140; *Hof*, in: v. Campenhausen/Richter, Stiftungsrechtshandbuch, 4. Aufl. 2014, § 6 Rn. 138.

gung der Satzung zu fragen, also z.B. ob Entscheidungen des Verwaltungsrats nach § 7 Abs. 1 S. 3 über Personal-, Haushalts- und Programmangelegenheiten zu ihrer Wirksamkeit tatsächlich der schriftlichen Zustimmung der Stifterin bedürfen. Auf den ersten Blick kann hier die Frage nach der Auslegung aber nicht ernsthaft in Zweifel gezogen werden, weil die Satzung in diesem Punkt eindeutig ist. Der Umstand, dass die Satzung der Stiftung Datenschutz bestimmte Zustimmungserfordernisse des Stifters vorsieht, war auch bereits zum Zeitpunkt der Anerkennungsentscheidung bekannt und es erscheint wenig wahrscheinlich, dass die Regelung von derselben Aufsichtsbehörde nachträglich beanstandet wird.

Wird der Verwaltungsrat dennoch entgegen der Satzung handeln und auf die Zustimmung der Stifterin verzichten, mithin die Satzung so wie er es zur Zweckerfüllung für geboten und richtig hält auslegen, kann die Aufsicht gegen ihn mit Maßnahmen nach § 7 SächsStiftG vorgehen und so getroffene Beschlüsse beanstanden. Die diesbezügliche Entscheidung der Stiftungsaufsichtsbehörde wäre dann eine Maßnahme, gegen die Rechtsschutz nach den allgemeinen Grundsätzen des Verwaltungsrechts in Anspruch genommen werden könnte[542].

Das Gericht wird sich nun mit derselben Fragestellung der Auslegung der Satzung beschäftigen müssen und die Ansicht der Aufsichtsbehörde – so scheint es zunächst – aufgrund des eindeutigen Wortlauts der Satzung bestätigen. Im Lichte betrachtet kann eine gerichtliche Überprüfung hier aber auch zu einem anderen Ergebnis gelangen, denn das Gericht wird sich auch mit der Frage befassen, ob die Satzungsregelung verfassungskonform ist. Stellt das Gericht fest, dass die Autonomie der Stiftung übermäßig eingeschränkt wird und dadurch ein Verstoß gegen das Rechtstaatsprinzip vorliegt, wird es zu dem Ergebnis gelangen müssen, dass es nicht Stifterwille sein kann, gegen Art. 1 Abs. 3 GG zu verstoßen. Die öffentliche Hand muss die Stiftungsfreiheit als Grundrecht von vornherein beachten[543]. Die Satzung ist den Gerichten insoweit der freien Überprüfung zugänglich[544].

IV. Zwischenergebnis

Eine Satzungsänderung der Stiftung ist dem Grunde nach möglich. Für die Satzungsänderung durch Organbeschluss würden die Voraussetzungen wohl bereits auch für

---

542 Zum Rechtsschutz gegen die Stiftungsbehörde s. *Schlüter/Stolte*, Stiftungsrecht, 3. Aufl. 2016, S. 88 f.
543 So auch *Hof*, in: v. Campenhausen/Richter, Stiftungsrechtshandbuch, 4. Aufl. 2014, § 6 Rn. 137.
544 Vgl. BGH, Urteil vom 16.1.1957 – IV ZR 221/56 = NJW 1957, 708; BAG, Urteil vom 7.12.1961 – 2 AZR 12/61 = NJW 1962, 555; damals noch für den Bereich der VwGO offenlassend BVerwG, Urteil vom 28.02.1986 – 7 C 42/82 = NJW 1986, 2843; nunmehr aber ebenfalls für eine freie Überprüfung BVerwG, Urteil vom 12.2.1998 – 3 C 55–96 = NJW 1998, 2545.

eine Zweckänderung vorliegen, da sich die Verhältnisse aufgrund des weiterhin niedrigen Zinsniveaus seit der Errichtung wesentlich verändert haben. Die Änderung würde von der Genehmigung der Stiftungsbehörde abhängen und am (ursprünglichen) Stifterwillen auszurichten sein, der hier allerdings auch bei einer Reduzierung des Stiftungszwecks weiterhin gewahrt wäre, solange im Ergebnis die Förderung von Datenschutzbelangen erhalten bliebe. Auch eine nachträgliche Stärkung der Stiftungsautonomie durch Streichung der Zustimmungserfordernisse aus den §§ 7 Abs. 1 S. 3, 15 Abs. 2 S. 3 und Abs. 3 S. 4 wäre mit dem ursprünglichen Stifterwillen vereinbar; ebenso wie eine Änderung des § 18 Abs. 1 S. 2 hinsichtlich des Zustimmungserfordernisses des Beirats.

Eine hoheitliche Satzungsänderung ist dagegen nur nach Maßgabe des § 87 BGB möglich, dessen Voraussetzungen kaum vorliegen dürften. Diese sind eine gänzlich unmögliche Erfüllung des (Ober-)Zwecks der Stiftung, also der Datenschutzförderung als solche. Ohne Vorliegen der Voraussetzungen aus § 87 BGB besteht keine Möglichkeit, die Satzung gegen den Willen der Stifterin zu ändern, was die Frage nach effektivem Rechtsschutz für die Stiftung als Grundrechtsträgerin aufwirft.

Dieser kann durch Beschreiten des Rechtsweges erlangt werden, wobei es in der Sache um die korrekte Auslegung der Stiftungssatzung gehen wird. Da die Letztkompetenz der Auslegung bei den Gerichten verbleiben muss, dürfen diese im Rahmen dieser Prüfung auch die Zulässigkeit von Zustimmungserfordernissen prüfen. Das Ergebnis dieser Prüfung wird durch den eindeutigen Wortlaut der Satzung nicht vorweggenommen, denn der Stifterwille eines öffentlich-rechtlichen Stifters kann nie darauf abzielen, verfassungswidrige Regelungen in die Satzung aufzunehmen. Stellt ein Gericht fest, dass bestimmte Zustimmungserfordernisse der Stifterin aufgrund des Rechtstaatsprinzips zu weitreichend sind und Grundrechte der Stiftung verletzen, wird es diese im Rahmen der Satzungsauslegung als unbeachtlich einstufen müssen.

D. Folgen der Finanzierungskrise

I. Aufhebung der Stiftung

Es wurde festgestellt, dass die Stiftung Datenschutz auch unter schwierigen Umständen mit wenig Kapital zwar eingeschränkt aber dennoch satzungskonform weiterarbeiten kann, da die in der Satzung ausgeführten konkretisierenden Beispiele des Stiftungszwecks nicht vollumfänglich und zeitgleich verfolgt werden müssen. Kostenintensiven Tätigkeiten wie den „Datentests" oder den Zertifizierungen muss nicht notwendigerweise nachgegangen werden, solange es die finanzielle Situation nicht zulässt. Dagegen reicht es schon aus, wenn die Stiftung ihren Zweck durch weniger kostspielige Maßnahmen verfolgt.

Dies vorangestellt, erscheint die Finanzierung bis zum Auslaufen der Verbrauchsstiftung Ende 2017 gesichert. Sollte sich bis dahin aber nichts an der finanziellen Situation der Stiftung ändern, müsste sie mit Erträgen aus einem Grundstockvermögen von dann etwa 9 Millionen Euro auskommen, was unter den momentanen Gegebenheit des Kapitalmarkts sehr schwierig werden dürfte – zumindest in der Form als operative Stiftung.

Auch wenn Stiftungen ihrer Natur nach auf Dauer angelegt sind, muss vor diesem Hintergrund auch eine mögliche Auflösung der Stiftung Datenschutz thematisiert werden. Die Aufhebung der Stiftung kann dem Grunde nach auf zwei Arten erfolgen: durch die Aufsichtsbehörde oder durch Organentscheidung[545].

1. Aufhebung von Amts wegen

Nach § 87 Abs. 1 BGB kann eine Stiftung auch ohne Mitwirkung und sogar gegen den Willen des Stifters aufgelöst werden, vorausgesetzt, die Zweckerfüllung wird unmöglich oder die Stiftung gefährdet das Gemeinwohl. Darüber hinaus ist nach § 11 Abs. 1 InsO auch eine Auflösung im Insolvenzfall durch Abwicklung nach Maßgabe der Insolvenzordnung vorgesehen.

a. Voraussetzungen

Der § 87 Abs. 1 BGB regelt die Voraussetzungen der Aufhebung abschließend. Sofern landesrechtliche Normen abweichende Regelungen treffen, dürfte dies im Hinblick auf Art. 72 Abs. 1 GG erhebliche Bedenken aufwerfen und nach der inzwischen herrschenden Meinung zur Verfassungswidrigkeit führen[546].

Die Regelung der §§ 10 Abs. 1, 9 Abs. 1 Nr. 2 SächsStiftG, wonach eine Aufhebung schon dann möglich sein soll, wenn sich die Verhältnisse seit der Errichtung der Stiftung wesentlich geändert haben, ist daher nicht zu berücksichtigen.

Das Augenmerk ist insoweit im vorliegenden Fall auf die in § 87 BGB geforderte, drohende Unmöglichkeit der Zweckerfüllung zu legen. Wann eine Unmöglichkeit der Zweckerfüllung vorliegt, richtet sich nach dem Unmöglichkeitsbegriff des Zivilrechts entsprechend § 275 Abs. 1 BGB[547]. Die Gründe können tatsächlicher oder rechtlicher Art sein. Genau einzugehen ist hier nur auf Ersteres, in Form des Verlustes von Stiftungsvermögen. Konkret geht es um die Frage, ob der Zweck der Stiftung unter den gegebenen Umständen, also allein aus den Stiftungserträgen, noch immer erfüllt werden kann. In diesem Zusammenhang verfolgen sowohl Literatur als auch Behörden-

---

545 Eine Art Auflösung ist auch die Zusammen- oder Zulegung, dazu schon oben S. 124 ff.
546 Mit überzeugender Begründung *Backert*, in: Werner/Saenger, Die Stiftung, 2008, Rn. 679 ff.; *Meyn*, in: Hüttemann/Richter/Weitemeyer, Landesstiftungsrecht, 2011, Rn. 25.20 f.; zum Meinungsstand s. *Hüttemann/Rawert*, in: Staudinger BGB, 2011, § 87 Rn. 3 f.
547 *Stumpf*, in: Stumpf/Suerbaum/Schulte/Pauli, Stiftungsrecht Kommentar, 2. Aufl. 2015, § 87 Rn. 9.

praxis einen sehr restriktiven Ansatz. So soll Unmöglichkeit erst bei endgültigem Verlust des gesamten Stiftungsvermögens eintreten, ohne Differenzierung zwischen dem Wegfall der Substanz und dem Verlust der Ertragskraft[548]. Die praktische Relevanz des § 87 BGB ist dementsprechend gering.

Auch für die Stiftung Datenschutz würde eine dermaßen restriktive Auslegung bedeuten, dass selbst mit Ende der Teilverbrauchsstiftung keine Unmöglichkeit droht, da sich auch mit etwa 9 Millionen Euro Stammkapital gewisse – wenn auch geringe – Erträge erwirtschaften lassen. Betrachtet man den Zweck als bloße Förderung der Datenschutzbelange, wird die Zweckerfüllung auch mit diesen geringen Erträgen sicherlich auf die eine oder andere Art möglich sein – so zumindest die rein formale Betrachtung. Aus tatsächlicher Sicht wird die Daseinsberechtigung einer Stiftung, die zwar formal noch ihren Zweck erfüllen kann aber de facto in der Bedeutungslosigkeit versinkt, dagegen fraglich sein.

Überzeugender erscheint daher ein von *Hüttemann/Rawert* entwickelter Ansatz. Diese wollen die Unmöglichkeitsprüfung im Rahmen des § 87 Abs. 1 BGB am Maßstab der „Lebensfähigkeit" vornehmen[549]. So soll die Unmöglichkeit der Zweckerreichung i.S.d. § 87 BGB nicht nur bei endgültigem Vermögensverlust vorliegen, sondern bereits dann, wenn das „Lebensfähigkeitskonzept" der Stiftung scheitert. Die Unmöglichkeit ist daher nicht als vollständige Ertragslosigkeit der Stiftung zu verstehen, sondern als Unmöglichkeit der dauernden und nachhaltigen Erfüllung des Stiftungszwecks gemessen am Maßstab der ursprünglichen Stifterpläne. Dies zugrunde gelegt, wird man wohl mit Auslaufen der Teilverbrauchsstiftung von einer Unmöglichkeit ausgehen müssen, zumindest wenn keine weiteren Mittel in die Stiftung zufließen. Die Ausgangskalkulation ging von wenigstens 500.000 Euro Jahresetat aus, mit der darüber hinausgehenden Hoffnung, dass bei zukünftiger Steigerung des Zinsniveaus weitergehende Erträge generiert und durch die stabile Finanzierung auch Mittel Dritter akquiriert werden können[550]. Stellt man diese ursprüngliche Kalkulation dem drohenden Szenario gegenüber, dass der Stiftung lediglich die Erträge aus dem Stammkapital verbleiben, wird die Kluft zwischen Wunsch und Wirklichkeit deutlich.

b. Rechtsfolgen

Liegt eine Unmöglichkeit der Zweckerreichung vor, hat die Aufsichtsbehörde eine Ermessensentscheidung zu treffen. Sie kann den Stiftungszweck ändern oder die Stiftung aufheben. Daneben sieht § 10 des SächsStiftG auch die Möglichkeit einer Zusammenlegung vor[551]. Diese kann, muss aber nicht, milderes Mittel im Vergleich zur

---

548 M.w.N. *Hüttemann/Rawert*, ZIP 2013, 2136 f.
549 *Hüttemann/Rawert*, ZIP 2013, 2136 ff.
550 Vgl. dazu oben S. 87 ff.
551 Zu den Möglichkeiten der Zusammenlegung oben S. 124.

Aufhebung sein[552]. Stets zu beachten ist der Grundsatz der Verhältnismäßigkeit, da die Maßnahmen hoheitliche Eingriffe in die verfassungsmäßig verbürgten Rechte der Stiftung darstellen[553]. In diesem Zusammenhang kann auch die Umwandlung in eine Verbrauchsstiftung als milderes Mittel der Aufhebung vorgehen (dazu sogleich).

2. Satzungsgemäße Aufhebung

Neben der hoheitlichen Aufhebung ist auch eine satzungsgemäße Aufhebung möglich. §§ 9, 10 Abs. 1 Nr. 1 SächsStiftG sieht diese Möglichkeit ausdrücklich vor, wenn eine entsprechende Regelung innerhalb der Satzung vorgesehen ist. Dies ist bei der Stiftung Datenschutz der Fall. § 18 der Satzung regelt, dass die Stiftung nur durch übereinstimmende Beschlüsse von Verwaltungsrat und Beirat mit schriftlicher Zustimmung der Stifterin aufgehoben werden kann, nachdem der Vorstand angehört wurde. Als notwendiges Quorum ist eine Mehrheit von zwei Dritteln der Stimmen der Mitglieder des Verwaltungsrates und des Beirates angegeben[554]. Ferner sind die Beschlüsse der Aufsichtsbehörde zur Genehmigung vorzulegen.

Weitere Voraussetzungen liegen nicht vor, sodass die Stiftung – mit den entsprechenden Mehrheiten – im Grunde jederzeit aufgelöst werden könnte. Zwar müsste der Beschluss noch von der Stiftungsbehörde genehmigt werden. Ihr Ermessen dürfte sich in dem Fall aber nur auf eine formale Feststellung des Auflösungsbeschlusses beschränken, da sie sich am Primat des Stifterwillens orientieren muss[555].

II. Alternative Möglichkeiten zur Aufhebung

Neben der Aufhebung als Ultima Ratio[556] stehen diverse Optionen zur Verfügung, um die Finanzierungskrise der Stiftung Datenschutz zu beheben. Zu denken wäre in etwa an eine zukünftige Projektfinanzierung als Basis, die Erhöhung des Stiftungskapitals, eine Veränderung der Anlagerichtlinien, Umwandlung in eine reine Förderstiftung oder in eine Verbrauchsstiftung, Fusionen mit anderen Stiftungen oder eine schlichtweg institutionelle Förderung durch den Stifter[557].

Dem Grunde nach ließe sich eine Finanzierungskrise am einfachsten mit einer Finanzierung beheben. Es bedarf keiner Erörterung, dass die finanziellen Probleme

---

552 *Meyn*, in: Hüttemann/Richter/Weitemeyer, Landesstiftungsrecht, 2011, Rn. 25.12.
553 BVerwG, Beschluss vom 29. November 1990 – 7 B 155/90 = NJW 1991, 713.
554 Verfassungsrechtliche Bedenken gegen das Zustimmungserfordernis des Beirats wurden bereits oben auf S. 78 f. festgestellt.
555 *Meyn*, in: Hüttemann/Richter/Weitemeyer, Landesstiftungsrecht, 2011, Rn. 25.19.
556 In Bezug auf den Verhältnismäßigkeitsgrundsatz bei der hoheitlichen Aufhebung *Hof*, in: v. Campenhausen/Richter, Stiftungsrechtshandbuch, 4. Aufl. 2014, § 11 Rn. 2.
557 Maßnahmen nach einem internen Gutachten für die Stiftung Datenschutz von *Wolf Schmidt*, Zur Verortung der Stiftung Datenschutz im deutschen Stiftungswesen (unveröffentlicht).

der Stiftung Datenschutz mit einer (erheblichen) Aufstockung des Grundstockvermögens, eventuell einhergehend mit einer langfristigen institutionellen Förderung und einer Änderung der Anlagerichtlinien, gelöst wären. Die gemeinsame Schwierigkeit an allen oben dargestellten Maßnahmen ist jedoch, dass sie von der freiwilligen Entscheidung der Stifterin abhängen. Aus rechtlicher Sicht erörterungswürdig ist daher zunächst die Frage, ob die Stiftung einen Anspruch gegen die Stifterin auf eine gewisse finanzielle Ausstattung haben kann. Wenn ein solcher Anspruch nicht besteht und die Stifterin auch freiwillig nicht zur finanziellen Aufrüstung bereit ist, muss die Änderung in eine Verbrauchsstiftung als Alternative zur – in dem Fall hoheitlichen – Aufhebung thematisiert werden.

1. Anspruch auf institutionelle Förderung/Argument der „Systemgerechtigkeit"

Aus Sicht der Stiftung Datenschutz wünschenswerte Lösung wäre sicherlich eine institutionelle Förderung aus dem Bundeshaushalt respektive eine erhebliche Erhöhung des Stiftungskapitals[558]. Da diese Entscheidung jedoch dem Bund als Stifter obliegt, ist zu beleuchten, ob die Stiftung einen diesbezüglichen Anspruch gegen den Stifter haben kann (ausgehend von dem Szenario einer fehlenden Bereitschaft des Stifters). Wie bereits festgestellt, kann sich ein solcher Anspruch jedenfalls nicht aufgrund einer „Stiftungslast" ergeben[559]. Diesbezüglich fehlt es an entsprechenden Versprechen seitens des Stifters in der Satzung.

Einen anderen Ansatz verfolgt *Kilian*, indem er den Begriff der Systemgerechtigkeit heranzieht[560]. Danach soll die Stiftung eine Art Mindestschutz erhalten. Im Kern soll es dabei um eine funktionsgerechte Einrichtung und Ausstattung der Institution gehen, insbesondere in Bezug auf die Erfüllung der ihr gesetzten Aufgaben. Ein (eventuell sogar durchsetzbarer) Anspruch dürfte sich aber auch nicht aus Erwägungen der Systemgerechtigkeit ableiten lassen; denn selbst nach *Kilian* entfällt die Bindung des Stifters mit Aufhebung der Stiftung, da diese immer im Ermessen des Trägers der Stiftung verbleibt.

Insoweit kann es sich vor dem Hintergrund der systemgerechten Ausstattung nur um Verhaltensmaximen für den staatlichen Stifter handeln, der Stiftung die Erfüllung seiner Kernaufgaben zu ermöglichen. Dies ist freilich kein „Mehr" im Vergleich zu den gesetzlichen Voraussetzungen einer Stiftungsgründung, denn die dauernde und nachhaltige Erfüllung des Stiftungszwecks ist bereits in § 80 Abs. 2 BGB als Anerkennungsvoraussetzung fixiert. Ohne das Vorliegen eines Nachhaltigkeitskonzepts würde die Stiftungsbehörde eine Stiftung daher schon gar nicht anerkennen können. Wurde die Stiftung anerkannt, sollte die systemgerechte Ausstattung damit eigentlich

---

558 Die Zustiftung müsste dann jedoch so hoch sein, dass auch im momentan quasi zinslosen Kapitalmarkt eine nennenswerte Rendite erzielt werden kann. Der Betrag wäre daher zumindest gegenwärtig exorbitant.
559 Dazu oben S. 88 f.
560 Vgl. *Kilian*, in: Werner/Saenger, Die Stiftung, 2008, Rn. 1167.

einhergehen. Stellt sich im Nachhinein heraus, dass das „Lebensfähigkeitskonzept" der Stiftung nicht funktioniert, sieht die Systematik des Gesetzes mögliche Satzungsänderungen oder sogar die hoheitliche Aufhebung vor (§ 87 BGB), nicht jedoch eine Art „Nachschusspflicht" für den Stifter.

2. Änderung in eine Verbrauchsstiftung

Bleibt es bei dem Szenario, dass die Stifterin keine weiteren Mittel zur Verfügung stellt und auch sonstige Drittmittel ausbleiben, könnte die Stiftung zum Ende des Jahres 2017 auf eine Unmöglichkeit der Zweckerfüllung zusteuern. Bleibt eine Aufhebung durch Organbeschluss aus, in etwa weil sich die notwendigen Mehrheiten nicht bilden lassen (vgl. § 18 Abs. 1 der Satzung), wird die Stiftungsaufsicht ggf. eine Entscheidung im Rahmen des § 87 BGB treffen müssen. Unter den gegebenen Umständen wäre an eine hoheitliche Aufhebung als Ultima Ratio zu denken, allerdings sind im Rahmen der Abwägung auch Alternativen in Betracht zu ziehen:

In letzter Zeit zunehmend diskutiert wird die Umwandlung einer auf unbestimmte Zeit angelegte Stiftung in eine Verbrauchsstiftung als Variante des § 87 Abs. 1 BGB[561]. Dies stellt keine Zweckänderung, wohl aber eine Satzungsänderung dar, die einer Genehmigung der Aufsicht bedarf[562]. Durch diese Maßnahme stünden der Stiftung Datenschutz (je nach konkreter Ausgestaltung) Mittel in Höhe von etwa 850.000 Euro p. a. für einen Zeitraum von 10 Jahren zur Verfügung. Mit dieser finanziellen Größenordnung könnten nennenswerte Akzente in der Zweckverfolgung gesetzt werden.

Dieser Ansatz erscheint zumindest hinsichtlich der Effizienz einer auf ewig bestehenden, aber handlungsunfähigen Stiftung überlegen. Rechtlich umgesetzt werden könnte die Maßnahme entweder durch Organbeschluss mit Zustimmung der Stifterin nach § 17 Abs. 1 der Satzung i.V.m. § 9 Abs. 1 SächsStiftG oder aber als hoheitliche Maßnahme im Rahmen des § 87 Abs. 1 BGB. Für die hoheitliche Maßnahme müsste in diesem Zusammenhang allerdings geklärt werden, ob die Umwandlung mit dem (ursprünglichen) Stifterwillen übereinstimmt, denn nur wenn diese Art von Zweckänderung dem Stifterwillen entspricht, darf sie von der Stiftungsaufsicht durchgeführt werden. Dies kann dazu führen, dass ausschließlich die Aufhebung als zulässige Maßnahme verbleibt[563]. Mangels konkreter Anhaltspunkte dürfte jedoch als Grundsatz von der Zulässigkeit auszugehen sein, da die Umwandlung in eine Verbrauchsstiftung regelmäßig die einzige Möglichkeit bleiben wird, den Stiftungszweck zumindest noch für einen gewissen Zeitraum in nennenswerter Dimension zu erfüllen[564].

---

561 So insb. die Reformvorschläge der Bund-/Länderarbeitsgruppe 2015 (dazu *Schlüter/Stolte*, Stiftungsrecht, 3. Aufl. 2016, S. 12, 61); *Backert*, in: BeckOK BGB, § 87 Rn. 4; *Hüttemann/Rawert*, ZIP 2013, 2136, 2144.

562 *Hof*, in v. Campenhausen/Richter, Stiftungsrechtshandbuch, 4. Aufl. 2014, § 7 Rn. 131.

563 BVerwG, Beschluss vom 29. November 1990 – 7 B 155/90 = NJW 1991, 713; *Reuter*, in: MüKo BGB, § 87 Rn. 9; *Hüttemann/Rawert*, in: Staudinger BGB, 2011, § 87 Rn. 13.

564 Vgl. *Backert*, in: BeckOK BGB, § 87 Rn. 4.

Als Rechtsgrundlage für die Änderung in eine Verbrauchsstiftung kommt § 4 Abs. 3 SächsStiftG in Betracht, wonach die Stiftungsbehörde eine Ausnahme vom Grundsatz, das Stiftungsvermögen wertmäßig in seinem Bestand und seiner Ertragskraft zu erhalten, dann zulassen kann, wenn der Stiftungszweck nicht anders zu verwirklichen ist.

III. Zwischenergebnis

Wie im Allgemeinen so oft, würde auch hier Geld viele Probleme lösen. Eine zukünftige institutionelle Förderung der Stiftung oder eine Zustiftung im erheblichen Umfang wären dem Grunde nach tatsächliche Entscheidungen – rechtliche Ansprüche also solche bestehen nicht. Bei einem Untätigwerden der Stifterin hinsichtlich einer Verbesserung der finanziellen Ausstattung auf der einen und einer (ggf. mangels der notwendigen Mehrheiten) fehlenden Aufhebung der Stiftung durch Organbeschluss auf der anderen Seite wäre die Stiftungsbehörde am Zug und müsste ggf. eine verhältnismäßige Entscheidung im Rahmen des § 87 BGB treffen. Bei der Abwägung wäre – zumindest nach der hier vertreten Ansicht – die Änderung in eine Verbrauchsstiftung einer endgültigen Aufhebung vorzuziehen.

E. Ausblick

Bleiben zusätzliche Mittel aus, ist klar, dass die Stiftung Datenschutz sich spätestens mit Ablauf des Jahres 2017 und mit Auslaufen der Verbrauchsstiftung verändern wird. In welche Richtung, hängt zunächst von der grundsätzlichen Entscheidung darüber ab, ob die Stiftung aufgehoben werden soll oder nicht. Diese Entscheidung liegt nicht alleine bei der Stifterin. Sie setzt zusätzlich noch übereinstimmende Beschlüsse von Verwaltungsrat und Beirat voraus. Wenn diese Beteiligungen zu dem Entschluss gelangen, dass das Projekt Stiftung Datenschutz nicht mehr verfolgt werden soll, wäre das Kapitel beendet.

Denkbar wäre aber auch, dass die Stifterin eine Aufhebung forciert und dementsprechend keine finanziellen Mittel zur Verfügung stellt, der Verwaltungsrat oder Beirat sich jedoch gegen eine Aufhebung aussprechen. In dem Fall droht die Quasi-Mittellosigkeit der Stiftung. Dies dürfte zu einer Unmöglichkeit der Zweckerfüllung und damit einer hoheitlichen Entscheidung im Rahmen des § 87 BGB führen. Auf die Stiftungsorgane käme es hierbei nicht mehr an.

Daneben sind aber auch optimistischere Szenarien denkbar. Die Stifterin oder auch Dritte könnten der Stiftung ausreichende finanzielle Mittel zuwenden und die Finanzierungskrise beenden. In dem Fall würde sich die Frage stellen, in welcher Art und Weise die Stiftung zukünftig tätig werden soll. Die vollumfängliche Verfolgung der Satzungszwecke wäre naheliegend, müsste aber auch mit einer entsprechenden Ausstattung der Stiftung einhergehen. Deutlich geringere Mittel wären für eine nur teilweise Verfolgung der Satzungszwecke erforderlich, indem sich die Stiftung Datenschutz in Richtung Diskussionsplattform/Think Tank entwickelt. Daneben könnte der Zweck auch erweitert werden, in etwa, um die Stiftung zukünftig als Akkreditierungsstelle oder als Einrichtung i. S. d. Art. 80 Abs. 1 EU-DSGVO zu entwickeln.

Alle genannten Alternativen sind im Bereich des rechtlich möglichen einzuordnen und hängen letzten Endes von der zukünftigen finanziellen Ausstattung der Stiftung und einer strategischen Neuausrichtung der Beteiligten ab.

I. Vorschläge für weiteres Vorgehen

Es ist nicht unüblich, dass ursprüngliche Stiftungskonzepte in der Praxis scheitern. Das Beispiel der Stiftung Datenschutz zeigt, dass unerwartete Umstände eintreten können, die eine Modifizierung der Leitideen und Strukturen erforderlich machen. Gerade mit erheblichem Aufwand verbundene Aufgaben, wie hier die Durchführung von „Datentests", sind in der Umsetzung naturgemäß schwierig und kostspielig. Soweit der Stiftungszweck aber die notwendige Flexibilität zulässt, muss die Nichtverfolgung eines (Unter-)Zwecks nicht zum Scheitern der Stiftung als solche führen. Vielmehr ist es in der Praxis gerade auch üblich, dass sich eine Stiftung in den ersten Jahren der Errichtung erst finden muss. Jede Stiftung muss sich daher von Zeit zu Zeit fragen, ob gelebte Praxis und Satzung koalieren oder ob gewisse Anpassungen erforderlich sind.

1. *Fragliche Daseinsberechtigung einer „Stiftung Datentest" und fehlende Ermächtigungsgrundlage für die Tätigkeit*

Es ist äußerst fraglich, ob das Konzept einer „Stiftung Warentest für Datenschutz" weiterhin verfolgt werden sollte[565]. Neben rechtlichen Zweifeln (Fehlen einer Rechtsgrundlage) gibt es für die Etablierung einer „Stiftung Datentest" auch tatsächlich keine durchdringenden Argumente. Produkte und Dienstleistungen auf Datenschutz testen kann das große Vorbild – die Stiftung Warentest – selbst und das vermutlich mit einem Qualitätsvorsprung, den die Stiftung Datenschutz aufzuholen kaum in der Lage wäre. Die Stiftung Warentest hat die Strukturen, den Ruf und die nötigen Mittel, um auch in diesem Bereich erfolgreich zu sein. Die Stiftung Datenschutz auf dieses Niveau zu bringen, würde immense Kosten verursachen, die zwingend, um die Unabhängigkeit zur Wirtschaft zu wahren, aus Steuermitteln aufgebracht werden müssten. Eine derartige Belastung dürfte nicht zu rechtfertigen sein, zumal schon die Daseinsberechtigung neben der Stiftung Warentest fraglich erscheint.

---

565 Zum Ganzen oben S. 85 und 105.

Dies muss jedoch nicht zwangsläufig als Scheitern, sondern kann auch als Chance gesehen werden, der Stiftung eine neue Ausrichtung zu geben.

2. *Neues Selbstverständnis als Diskussionsplattform*

Erste Ansätze zeigen bereits, wo sich die Stiftung zukünftig selbst gerne sehen würde. So tritt die Stiftung seit dem Jahr 2016 mit einer geänderten Agenda auf:

Als Diskussionsplattform will sie eine Schnittstelle zwischen Gesellschaft, Politik, Wirtschaft und Forschung bilden, mit dem Ziel, Vorschläge für eine wirksame und praxisgerechte Datenpolitik zu entwickeln[566].

Diese neue Ausrichtung ist aus mehreren Gründen sinnvoll: Zum einen sprechen rechtliche Gründe dafür. Da sich die Förderung des Datenschutzes auch durch eine Diskussionsplattform für die entsprechenden Akteure der Datenschutzszene verwirklichen lässt, wäre die neue Ausrichtung mit dem Stiftungszweck vereinbar. Diese Lösung wäre insoweit auch ohne rechtliche Komplikationen umsetzbar, da keine strukturellen Änderungen an der Stiftungssatzung vorgenommen werden müssten. Darüber hinaus sprechen auch tatsächliche Erwägungen für eine Entwicklung in Richtung Diskussionsplattform. Im Vergleich zu anderen operativen[567] Aktivitäten, dürfte die Rolle als Begegnungsplattform finanziell einfacher umgesetzt werden können. Ganz ohne Zuwendungen des Stifters wird aber auch diese neue Ausrichtung nicht gelingen.

3. *Anpassung der Satzung*

Aus mehreren Gründen ist auch eine Anpassung der Satzung zu empfehlen.

a. Modifizierung des Stiftungszwecks

Gegenüber Dritten kann missverständlich wirken, wenn die Stiftung Datenschutz Tätigkeiten nachgeht, die nicht ausdrücklich im Stiftungszweck genannt sind (Diskussionsplattform), auf der anderen Seite aber Aufgaben, die ausdrücklich genannt sind (insbesondere „Datentests"), nicht verfolgt. Auch wenn dieses Vorgehen tatsächlich nachvollziehbar und rechtlich zulässig sein dürfte, erscheint es für Außenstehende dennoch verwirrend. Sollte es zu einer Kurskorrektur hinsichtlich der Aufgaben kommen, könnte eine entsprechende Anpassung der Satzung empfehlenswert sein.

---

566 So das Vorwort in *Stiftung Datenschutz* (Hrsg.), Zukunft der informationellen Selbstbestimmung, 2016.

567 Die Variante einer reinen Förderstiftung wird aufgrund des operativen Charakters der Satzung nicht näher betrachtet.

b. Stärkung der Stiftungsautonomie

Ferner wirft ein zu großer Einfluss des Stifters auf die Stiftung rechtsstaatliche Fragen auf und sollte allein schon deswegen reduziert werden. Wie die Untersuchung zeigt[568], betrifft dies insbesondere § 15 Abs. 2 S. 3 und Abs. 3 S. 4 (Zustimmungserfordernisse des Stifters zum Wirtschaftsplan und dort nicht veranschlagten Ausgaben) und § 7 Abs. 1 S. 3 (Zustimmungserfordernis des Stifters bei Entscheidungen des Verwaltungsrates) der Satzung. Für eine diesbezügliche Satzungsänderung könnte weiterhin das Argument der „Systemgerechtigkeit" sprechen, welches auch ein gewisses Selbstverständnis der Stiftung als funktionsgerecht ausgestattete und insbesondere vom Stifter unabhängige Einrichtung beinhaltet.

c. Aufhebungsmöglichkeit ohne Beteiligung des Beirats

Eine Satzungsänderung ist auch im Hinblick auf die Aufhebungsmöglichkeit durch Organbeschluss geboten. Nach § 18 Abs. 1 der Satzung ist dies bisher nicht ohne Beiratsbeschluss möglich, der einer Mehrheit von zwei Dritteln der Stimmen der Mitglieder bedarf. Da dieses Quorum nicht mit ausschließlich demokratisch legitimierten Beiratsmitgliedern erreicht werden kann, wird dem aus dem Demokratieprinzip notwendigen Ruf nach Reversibilität nicht ausreichend Rechnung getragen[569]. Dem staatlichen Stifter sollte hier insoweit eine finale Einwirkungsmöglichkeit verbleiben, indem die Aufhebungsentscheidung allein in die Hände des Verwaltungsrates und der Stifterin gelegt wird.

II. Rechtspolitische Erwägungen

An die oben gemachten Feststellungen müssen sich einige rechtspolitische Erwägungen anschließen, die zwar insbesondere aber nicht nur für die Stiftung Datenschutz gelten, sondern auch im Allgemeinen auf (zukünftige) Stiftungsgründungen der öffentlichen Hand ausstrahlen.

Wenn sich die öffentliche Hand für die Gründung einer Stiftung in privatrechtlicher Form entscheidet, müssen damit einige Verpflichtungen einhergehen:

Zum einen gehört dazu eine den Aufgaben der Stiftung gerechte Ausstattung. Obwohl dies eigentlich schon Anerkennungsvoraussetzung nach § 80 Abs. 2 BGB ist und daher eine Selbstverständlichkeit sein sollte, hat die Vergangenheit immer wieder völlig unterkapitalisierte Stiftungen der öffentlichen Hand hervorgebracht.

Missstände bestehen regelmäßig auch in der Organisationsstruktur der Stiftung und führen oft zu einer mangelnden Unabhängigkeit vom staatlichen Stifter. Weil diesbezügliche Mängel in der Praxis nicht zum originären Prüfungsauftrag der Aner-

---

568 Vgl. oben S. 80.
569 Dazu oben S. 78 f.

kennungsbehörden gehören, muss vom staatlichen Stifter eine größere Eigenverantwortlichkeit übernommen werden. In diesem Kontext bietet es sich an, wenn die Aufsichtsbehörden in Zukunft deutlicheren Einfluss auf den staatlichen Stifter nehmen würden. Dem (offensichtlich) übermäßigen Einfluss des Stifters muss entgegengewirkt werden, damit die Stiftung die ihr gebührende stiftungsübliche Freiheit erhält.

Im konkreten Fall der Stiftung Datenschutz führt die mangelnde Unabhängigkeit auch dazu, dass nur unzureichende Möglichkeiten bestehen, nicht staatliche Drittmittel zu akquirieren. Dem privaten Zuwendenden wird mit Blick in die Satzung deutlich, dass die Stiftungsorgane auch über den Einsatz privater Zuwendungen nicht nach freiem Ermessen entscheiden können, weil die Stifterin jede Maßnahme absegnen muss. Dieser Umstand birgt die große Gefahr, nichtstaatliche Dritte gänzlich abzuschrecken. Diesem Risiko kann aber durch Zuwendungen in Form einer institutionellen Förderung durch die Stifterin begegnet werden. Wenngleich auch kein (durchsetzbarer) Anspruch darauf bestehen kann, gebietet es die „Systemgerechtigkeit".

Sollte es nicht zu einer Aufhebung durch Organentscheidung kommen, ist es nur folgerichtig, dass der Stifterin eine funktionsgerechte Einrichtung und Ausstattung gewährt wird, insbesondere in Bezug auf die Erfüllung der ihr gesetzten Aufgaben. Derselbe Maßstab muss auch für alle folgenden privatrechtlichen Stiftungen der öffentlichen Hand wegweisend sein, um eine nachhaltige Veränderung dieser Rechtsform zu verhindern.

Für die Stiftung Datenschutz erweist es sich im Nachhinein als vorteilhaft, dass die Satzung in Bezug auf den Stiftungszweck recht offen formuliert wurde. Nun kann sich die Stiftung neu justieren und die Belange des Datenschutzes auf eine finanziell machbare Art und Weise fördern. Selbst *Wagner*, als einer der großen Kritiker des Vorhabens „Stiftung Datenschutz", führte seinerzeit aus, dass „kein vernünftiger Mensch – und schon gar nicht die Datenschutzaufsichtsbehörden – Bedenken gegen eine wie auch immer geartete Stärkung des Datenschutzes erheben können"[570]. Den Datenschutz stärken kann die Stiftung Datenschutz aber ebenso, ohne eine „Stiftung Warentest für Datenschutz" zu sein. Doch auch weniger ambitionierte Ziele werden sich ohne Unterstützung der Stifterin kaum umsetzen lassen. Dieser Verantwortung sollte sich der Bund parteiübergreifend stellen.

---

570 *Wagner*, DuD 2012, 825, 830.

Ergebnisse in Thesen

1. Die Stiftung Datenschutz ist schon im Vorfeld ihrer Errichtung Kritik ausgesetzt gewesen, die im Wesentlichen nicht unberechtigt war. Insbesondere die Stiftungsautonomie hätte von Anfang gestärkt werden müssen.
2. Dem staatlichen Stifter ist es grundsätzlich unbenommen, auch Stiftungen des bürgerlichen Rechts zu errichten. Ein Errichtungsgesetz ist dabei nicht zwingend, gerade dann nicht, wenn der Errichtung ein Parlamentsbeschluss zugrunde liegt.
3. Auch bei Stiftungen des bürgerlichen Rechts hat die öffentliche Hand als Stifterin das Kompetenzgefüge zwischen Bund und Ländern zu beachten. In diesem Sinne durfte die Stiftung Datenschutz auf Grundlage des Art. 87 Abs. 3 GG errichtet werden. Eine Erfüllung der Stiftungszwecke ist unter Wahrung der Kompetenzverteilungsregeln des Grundgesetzes möglich. Gleichzeitig erfolgt eine Beschränkung der Aufgaben insoweit, wie Länderkompetenzen tangiert werden. Für den Stiftungszweck Bildung hat dies zur Folge, dass schulische Datenschutzprojekte grundsätzlich nur als Maßnahmen der Länder gefördert werden dürfen, wobei dann eine Gleichbehandlung aller Bundesländer sichergestellt werden muss.
4. Die Ausgestaltung als Stiftung bürgerlichen Rechts scheint als Organisationsform nicht alternativlos gewesen zu sein. Gerade im Vergleich zu einer Stiftung öffentlichen Rechts dürften die Vorteile, die der privatrechtlichen Form nachgesagt werden, praktisch kaum bestehen. Dass die Wahl auf eine Stiftung bürgerlichen Rechts gefallen ist, dürfte nicht zuletzt auch mit der Stiftung Warentest zusammenhängen, die offenkundig als Vorbild diente.
5. Errichtet der staatliche Stifter eine Stiftung bürgerlichen Rechts, führt dies zwangsläufig zu einem Spannungsverhältnis zwischen Demokratieprinzip und Rechtsstaatsprinzip. Das Demokratieprinzip erfordert gewisse Steuerungs- und Kontrollmöglichkeiten, wohingegen das Rechtsstaatsprinzip von einer dem Grunde nach weisungsfeindlichen Einrichtung ausgeht. Eine austarierte Satzung kann beide Prinzipien in Ausgleich bringen. Bei der Stiftung Datenschutz ist dies in zweierlei Hinsicht nicht gelungen: Einerseits ist der Einfluss der Stifterin zu stark und schränkt die Unabhängigkeit der Stiftung in rechtsstaatlich unzulässigem Maße ein; Andererseits fehlt der Einfluss im Hinblick auf die aus dem Demokratieprinzip gebotene Reversibilität, weil die satzungsgemäße Aufhebung der Stiftung auch von Beiratsmitgliedern aus der datenverwendenden Wirtschaft abhängt.

6. Durch eine nachträgliche Satzungsänderung kann der Ausgleich zwischen Demokratie- und Rechtstaatsprinzip wieder verstärkt werden. Sie ist insofern geboten und empfehlenswert.

7. Die aus dem Demokratieprinzip gebotene Kontrolle der Stiftung Datenschutz wird ausreichend durch die entsprechende Besetzung des Verwaltungsrates und die Kontrolle durch den Bundesrechnungshof gewährleistet. Die in der Satzung angelegten, weitergehenden Zustimmungserfordernisse des Stifters aus § 15 Abs. 2 S. 3 und Abs. 3 S. 4 (Zustimmungserfordernis des Stifters zum Wirtschaftsplan und zu im Wirtschaftsplan nicht veranschlagten Ausgaben) und § 7 Abs. 1 S. 3 (Zustimmungserfordernis des Stifters bei Entscheidungen des Verwaltungsrates) überschreiten das erforderliche Maß und schränken die Unabhängigkeit der Stiftung unzulässig ein. Ein zu großer Einfluss des Stifters auf die Stiftung führt zu rechtsstaatlichen Bedenken und sollte allein schon deswegen beschränkt werden. Eine diesbezügliche Satzungsänderung könnte weiterhin auch aus der „Systemgerechtigkeit" folgen, welche ein gewisses Selbstverständnis der Stiftung als funktionsgerecht ausgestattete und – insbesondere vom Stifter – unabhängige Einrichtung beinhaltet.

8. Da das Demokratieprinzip nur eine „Herrschaft auf Zeit" begründet, muss dem staatlichen Stifter ein zumindest mittelbarer Einfluss dahingehend erhalten bleiben, die Stiftungserrichtung wieder rückgängig machen zu können. Dies ist bei der gegebenen Satzung der Stiftung Datenschutz nicht gewährleistet, da die Aufhebung lediglich mit einer Zwei-Drittel-Mehrheit des Beirats beschlossen werden kann. Das notwendige Quorum kann folglich nicht ohne die Stimmen der Mitglieder aus den Bereichen der datenverwendenden Wirtschaft erreicht werden. Insoweit fehlt es an einer finalen Einwirkungsmöglichkeit des staatlichen Stifters. Vor diesem Hintergrund wäre eine Änderung des § 18 Abs. 1 der Satzung in der Hinsicht geboten, dass die Entscheidung über die Aufhebung nur in den Händen des Verwaltungsrates und der Stifterin verbleibt.

9. Nach allgemeiner Ansicht sollen zulässige Stiftungszwecke des Staates nicht nur dem Gemeinwohl dienende, sondern auch öffentliche Aufgaben sein. Praktisch besteht hierbei kein nennenswerter Unterschied. Die satzungsgemäßen Aufgaben der Stiftung Datenschutz stellen öffentliche Aufgaben dar und dürfen durch eine privatrechtliche Stiftung wahrgenommen werden.

10. Trotz Ländervertreter im Beirat liegt keine unzulässige „Mischverwaltung" vor. Ihr Einfluss ist mit nur 4 von 34 Plätzen zu gering, um diesbezügliche Bedenken aufzuwerfen.

11. Der Stiftungszweck der Stiftung Datenschutz besteht darin, die Belange des Datenschutzes zu fördern. Die weiteren genannten Beispiele in § 2 Abs. 1 der Satzung sind lediglich Konkretisierungen und müssen – solange die finanziellen Mittel fehlen – nicht gleichzeitig verfolgt werden. Insoweit musste die dau-

ernde und nachhaltige Erfüllung Stiftungszwecks mit allen Konkretisierungen zum Zeitpunkt der Anerkennung auch nicht vollumfänglich gewährleistet sein.

12. Die finanzielle Ausstattung der Stiftung Datenschutz reicht bei Weitem nicht aus, um den in der Satzung vorgesehenen Aufgaben vollumfänglich nachzukommen. Zuwendungen Dritter – vor allem solche aus der Wirtschaft – sind bedenklich, da sie zu Problemen bezüglich der Objektivität und Unabhängigkeit der Stiftung führen können. Dass die Stiftung Datenschutz konzeptionell Mittel aus der Wirtschaft akquirieren soll, ist mit der Prüfung von Produkten und Dienstleistungen auf ihre Datenschutzfreundlichkeit eben dieser Wirtschaftsteilnehmer unvereinbar. Dem zu geringen Stiftungskapital liegt vor allem eine Fehlplanung zugrunde, welche die anhaltende Niedrigzinsphase nicht ausreichend vorausgesehen hat.

13. Trotz der strukturellen und finanziellen Mängel war die Anerkennung der Stiftung Datenschutz formell und materiell rechtmäßig. Dies liegt insbesondere an der bisherigen Praxis der Aufsichtsbehörden, bei der die Stiftungsautonomie nicht ausreichend berücksichtigt wird. Bei staatlichen Stiftungserrichtungen wäre es wegen dem fehlenden „Grundrecht auf Stiftung" und der gleichzeitigen Bindung des Staates an rechtsstaatliche Grundsätze gleichwohl geboten, wenn die Aufsichtsbehörden in Zukunft verstärkt am Tatbestandsmerkmal der dauernden und nachhaltigen Erfüllung des Stiftungszwecks prüfen, ob unzulässige Einschränkungen der Stiftungsautonomie vorliegen. Bei Feststellung solcher Mängel sollte auch auf die Verweigerung der Anerkennung als letztes Mittel zurückgegriffen werden. Letztendlich würde aber auch eine materiell rechtswidrige Anerkennungsentscheidung im Nachhinein nicht zur unmittelbaren Unwirksamkeit der Stiftung Datenschutz führen, da sie durch die Anerkennung Bestandsschutz genießt.

14. Stiftet der Staat, besteht ein Risiko mangelnder Trennung von Stifter und Anerkennungsbehörde. Dem könnte dadurch entgegengetreten werden, dass, mit Verweis auf den Ausschlussgrund des § 20 Abs. 1 Nr. 5 VwVfG, ein Verzicht auf eine Weisungsbefugnis dann begründet wird, wenn die Stifterin als oberste Behörde der nachgeordneten Aufsichtsbehörde gegenübersteht.

15. Für die Durchführung von „Datentests" fehlt es der Stiftung Datenschutz an einer gesetzlichen Ermächtigungsgrundlage. Dass die Stiftung Warentest ähnlichen Tätigkeiten ohne gesetzliche Ermächtigungsgrundlage nachgeht, führt zu keinem anderen Ergebnis, da es erhebliche Unterschiede in den Finanzstrukturen der Einrichtungen gibt. Wo die Stiftung Warentest über ausreichende Mittel verfügt, um von der Wirtschaft und damit ihren Testsubjekten völlig unabhängig zu sein, ist die Stiftung Datenschutz schon konzeptionell auf deren Drittmittel angewiesen. Die Einrichtungen sind insoweit nicht vergleichbar.

16. Auch wenn die „völlige" Unabhängigkeit der Datenschutzaufsichtsbehörden dadurch nicht beeinträchtigt wird, sollte die Entwicklung eines Datenschutzaudits sowie eines Datenschutzauditverfahrens nur in enger Abstimmung mit diesen erfolgen. Vor allem mit Blick auf die am 25.05.2018 in Kraft tretende EU-Datenschutzgrundverordnung macht der aus Art. 43 EU-DSGVO ersichtliche rechtliche Rahmen deutlich, dass die Aufstellung der Kriterien bei den Datenschutzaufsichtsbehörden liegen wird und auch die Akkreditierung selbst von ihnen vorgenommen werden kann. Regelwerke, die von den Aufsichtsbehörden nicht anerkannt werden, verfehlen ihren Sinn und Zweck.

17. Die im Koalitionsvertrag 2013 vorgesehene „Integration" in die Stiftung Warentest kann – sofern sie rechtlich zulässig erfolgen soll – am ehesten im Wege einer Verwaltungskooperation umgesetzt werden. Die mit „Integration" vermutlich gemeinte Zulegung würde dagegen (bisher) an § 87 BGB scheitern, da die Voraussetzung bei der Stiftung Datenschutz (noch) nicht gegeben sind. Darüber hinaus wäre eine Zulegung nur mit dem Einverständnis der Stiftung Warentest möglich.

18. Beim Ausbleiben weiterer Mittel ist die Stiftung Datenschutz mit Auslaufen der Verbrauchsstiftung zum Ende 2017 in ihrer Lebensfähigkeit bedroht. Das drohende Scheitern des Lebensfähigkeitskonzepts kann eine neue Ausrichtung der Stiftung respektive eine Anpassung der Stiftungssatzung erforderlich machen.

19. In Anbetracht der in Aussicht stehenden Mittel und dem Satzungszweck erscheint eine neue Ausrichtung der Stiftung mit dem Schwerpunkt Think Tank/Diskussionsplattform als gangbarer Weg. Unter Betrachtung der in § 2 der Satzung genannten Beispiele dürfte diese Tätigkeit sowohl unter Stärkung der Bildung im Bereich des Datenschutzes als auch unter Verbesserung des Selbstdatenschutzes durch Aufklärung subsumiert werden können. Insoweit bedarf es diesbezüglich keiner Satzungsänderung.

20. Aus Gründen der Außendarstellung kann eine (klarstellende) Satzungsänderung dennoch geboten sein, um Missverständnissen entgegenzuwirken. Wenn, wie bisher und auch in Zukunft, nicht alle in der Satzung genannten Tätigkeiten verfolgt werden können, muss eine Satzungsänderung in Form der Reduzierung bzw. Konkretisierung der Stiftungszwecke in Erwägung gezogen werden.

21. Nach § 9 Abs. 1 Nr. 1 SächsStiftG i. V. m. § 17 der Satzung würden die Voraussetzungen für eine Satzungs- bzw. Zweckänderung durch Organbeschluss – vorbehaltlich notwendiger Quoren – wohl bereits vorliegen, da sich die Verhältnisse aufgrund des weiterhin niedrigen Zinsniveaus seit der Errichtung wesentlich verändert haben. Die Änderung würde von der Genehmigung der Stif-

tungsbehörde abhängen und am (ursprünglichen) Stifterwillen auszurichten sein.

22. Da die Stiftung selbst Trägerin von Grundrechten ist, besteht Grundrechtsschutz auch gegen die öffentliche Hand als Stifterin. Daraus folgt, dass die Stifterin die ihrerseits errichtete Stiftung nicht ohne zwingende Notwendigkeit besonderen Kontrollen unterwerfen darf, denen andere privatrechtliche Stiftungen nicht unterliegen, weil hierbei der Grundrechtsschutz aus Art. 3 Abs. 1 GG mit dem Schutz vor übermäßigen staatlichen Eingriffen aus Art. 2 Abs. 1 GG und dem Grundsatz der Verhältnismäßigkeit ineinandergreifen. Auch insoweit kann ein Anspruch auf Stärkung der Stiftungsautonomie durch Satzungsänderung bestehen. Da die Satzung ohne die Zustimmung der Stifterin nur unter den Voraussetzungen des § 87 BGB geändert werden kann, muss die Letztkompetenz ihrer Auslegung vor dem Hintergrund effektiven Rechtsschutzes bei den Gerichten verbleiben. Stellen diese einen rechtswidrigen Zustand fest, können sie entsprechende Satzungsregelungen im Rahmen der Auslegung für unbeachtlich erklären.

23. Einer hoheitlichen Aufhebung der Stiftung nach § 87 BGB dürfte die Änderung in eine Verbrauchsstiftung regelmäßig als milderes Mittel vorgehen.

Anlage I

Satzung der Stiftung Datenschutz

§ 1   Name, Rechtsform und Sitz
§ 2   Zweck, Gemeinnützigkeit
§ 3   Vermögen
§ 4   Organe
§ 5   Aufgaben des Vorstandes
§ 6   Bestellung und Abberufung des Vorstandes
§ 7   Aufgaben des Verwaltungsrates
§ 8   Berufung und Ausscheiden der Mitglieder des Verwaltungsrates
§ 9   Beschlussfassung des Verwaltungsrates
§ 10 Aufgaben des Beirates
§ 11 Bestellung und Abberufung der Mitglieder des Beirates
§ 12 Beschlussfassung des Beirates
§ 13 Verschwiegenheitspflicht
§ 14 Geschäftsjahr
§ 15 Wirtschaftsplan
§ 16 Jahresabschluss
§ 17 Änderung der Satzung
§ 18 Aufhebung der Stiftung, Verwendung des Stiftungsvermögens
§ 19 Stiftungsaufsicht

§ 1
Name, Rechtsform und Sitz

(1) Die Stiftung führt den Namen „Stiftung Datenschutz".
(2) Sie ist eine rechtsfähige Stiftung des bürgerlichen Rechts und hat ihren Sitz in Leipzig.
(3) Stifterin ist die Bundesrepublik Deutschland, vertreten durch den Bundesminister des Innern.

§ 2
Zweck, Gemeinnützigkeit

(1) ¹Zweck der Stiftung ist es, die Belange des Datenschutzes insbesondere durch
a)   die Entwicklung eines Datenschutzaudits sowie eines Datenschutzauditverfahrens,
b)   die Stärkung der Bildung im Bereich des Datenschutzes,
c)   die Verbesserung des Selbstdatenschutzes durch Aufklärung,

d) die Prüfung von Produkten und Dienstleistungen auf ihre Datenschutzfreundlichkeit zu fördern. ²Damit fördert die Stiftung i. S. der Gemeinnützigkeit Wissenschaft und Forschung, die Volks- und Berufsbildung, die Kriminalprävention sowie Verbraucherberatung und Verbraucherschutz.

³Die Entwicklung eines Datenschutzauditverfahrens nach Buchstabe a) umfasst die Grundlagenforschung (Entwicklung von Regelwerken), wobei die Ergebnisse der Forschung der Allgemeinheit auch gegen Entgelt zur Verfügung gestellt werden können. ⁴Dies umfasst ferner die Entwicklung eines Gütesiegels/Logos einschließlich eines Verfahrens für die Vergabe durch Dritte. ⁵Dieser Bereich dient unter dem Aspekt der Mittelbeschaffung der Erfüllung der satzungsmäßigen Zwecke. ⁶Die Aufgabe zu Buchstabe b) soll u. a. durch die Durchführung von Seminaren und branchenspezifischen Aufklärungsmaßnahmen verwirklicht werden. ⁷Die Aufgabe nach Buchstabe d) soll möglichst durch die Zusammenarbeit mit Stellen erfolgen, die sich die unabhängige Prüfung von Produkten und Dienstleistungen auf ihre Datenschutzfreundlichkeit zum Ziel gesetzt haben.

(2) ¹Die Stiftung verfolgt ausschließlich und unmittelbar gemeinnützige Zwecke im Sinne des Abschnitts „Steuerbegünstigte Zwecke" der Abgabenordnung. ²Die Stiftung ist selbstlos tätig; sie verfolgt nicht in erster Linie eigenwirtschaftliche Zwecke.

(3) ¹Organmitglieder erhalten keine Zuwendungen aus Mitteln der Stiftung. ²Keine Person darf durch Ausgaben, die dem Stiftungszweck fremd sind, oder durch unverhältnismäßig hohe Vergütungen begünstigt werden.

(4) ¹Die Stiftung kann i. S. des § 58 Nr. 2 Abgabenordnung ihre Mittel teilweise einer anderen, ebenfalls steuerbegünstigten Körperschaft oder einer juristischen Person des öffentlichen Rechts zur Verwendung zu steuerbegünstigten Zwecken zuwenden; institutionelle Förderungen von Einrichtungen sind ausgeschlossen. ²Ein Rechtsanspruch auf Leistungen der Stiftung besteht nicht.

(5) ¹Die Stiftung kann im Rahmen ihrer Zweckbestimmung mit in- und ausländischen sowie internationalen Institutionen im Bereich des Datenschutzes zusammenarbeiten und Erfahrungen und Arbeitsergebnisse austauschen. ²Sie kann die Mitgliedschaft in Vereinigungen solcher Institutionen erwerben.

§ 3
Vermögen

(1) Das Stiftungsvermögen wird aus dem Bundeshaushalt bereit gestellt und beträgt im Zeitpunkt der Errichtung zehn Millionen EUR.

(2) ¹In den Jahren 2012 bis 2017 können bis zu 1.000.000 EUR des Stiftungsvermögens, pro Kalenderjahr jeweils bis zu 200.000 EUR, für laufende angemessene Ausgaben verwendet werden. ²Im Übrigen ist das Stiftungsvermögen nach Absatz 1 in seinem Bestand ungeschmälert zu erhalten und nach den Grundsätzen einer sicheren und wirtschaftlichen Vermögensverwaltung anzulegen. ³Das Stiftungsvermögen darf durch Zustiftungen auch aus dem Bundeshaushalt erhöht werden. ⁴Die Stiftung darf mit Zustimmung des Verwaltungsrates Zuwendungen, Zustiftungen und Spenden Dritter annehmen, soweit dadurch die Unabhängigkeit ihrer Arbeit nicht gefähr-

det wird. ⁶Mittel der Stiftung dürfen nur für die satzungsmäßigen Zwecke verwendet werden.

(3) ¹Die Bildung von Rücklagen aus Erträgen des Stiftungsvermögens und Spenden ist zulässig, soweit hierdurch die Steuerbegünstigung der Stiftung nicht beeinträchtigt wird. ²Die Stiftung darf auch Mittel der freien Rücklage (gebildet nach § 58 Nr. 7a Abgabenordnung) dem Stiftungsvermögen zuführen.

(4) ¹Die Stiftung ist nicht befugt, Kredite aufzunehmen oder zu gewähren. ²Sie darf keine Bürgschaften, Garantien oder ähnliche Haftungen übernehmen.

(5) Die Stiftung kann ihre Untersuchungsergebnisse, Erkenntnisse und Informationen sowie die Lizenzierung von Prüfparametern verwerten.

§ 4
Organe

(1) Die Organe der Stiftung sind
1. der Vorstand (§§ 5, 6),
2. der Verwaltungsrat (§§ 7, 8, 9),
3. der Beirat (§§ 10,11,12).

(2) Ein Mitglied eines Organs kann nicht zugleich einem anderen Organ angehören.

§ 5
Aufgaben des Vorstandes

(1) ¹Der Vorstand vertritt die Stiftung gerichtlich und außergerichtlich und führt ihre Geschäfte. Er ist zur gewissenhaften und sparsamen Verwaltung des Stiftungsvermögens und der sonstigen Mittel verpflichtet. ³Zu Beginn eines jeden Geschäftsjahres hat der Vorstand den Entwurf eines Wirtschaftsplans und für den Schluss eines jeden Geschäftsjahres einen Jahresabschluss und einen Bericht über die Erfüllung des Stiftungszwecks zu erstellen. ⁵Der Vorstand darf die folgenden Geschäfte und Maßnahmen nur mit Zustimmung des Verwaltungsrates vornehmen:
1. die Festlegung der strategischen Grundsätze und Schwerpunkte der Stiftungsarbeit,
2. Stiftungsvorhaben, die ein in der Geschäftsordnung des Verwaltungsrates festzulegendes Finanzvolumen übersteigen,
3. Verfügungen und Verpflichtungen, die über den Rahmen der laufenden Geschäfte hinausgehen,
4. Verträge über Grundstücke und grundstücksgleiche Rechte,
5. die Behandlung von Angelegenheiten grundsätzlicher Bedeutung.

(2) ¹Der Vorstand kann im Benehmen mit dem Beirat Arbeitsgruppen aus Fachleuten einrichten, die den Beirat bei der Erfüllung seiner Aufgaben unterstützen. ²In den Arbeitsgruppen müssen alle für das jeweilige Thema relevanten Kenntnisse (z. B. Technik, Bildung, Recht, Informatik, Wirtschaft, Datenschutz, Verbraucherschutz) vertre-

ten sein. ³Nach Möglichkeit sollen auch unabhängige Personen, insbesondere aus der Wissenschaft, beteiligt werden.

(3) Der Vorstand legt der Stifterin jährlich einen unterzeichneten Bericht über die Tätigkeit der Stiftung vor.

(4) ¹Die Stifterin ist berechtigt, an ihrem Sitz oder am Sitz der Stiftung zu prüfen, ob die Stiftung die von der Stifterin geleisteten Mittel ihrem Zweck entsprechend verwendet hat. ²Hierzu gewährt ihr der Vorstand die Einsicht in ihre Bücher und Belege und erteilt alle erforderlichen Auskünfte. ³Die Aufbewahrungsfristen für Bücher und Belege richten sich nach den Bestimmungen der Abgabenordnung in der jeweils geltenden Fassung. ⁴Die Prüfungen können sich auch auf die sonstige Haushalts- und Wirtschaftsführung der Stiftung erstrecken, soweit es die Stifterin zur Durchführung ihrer Prüfung für erforderlich hält. ⁵Die Rechte der Stiftungsaufsicht bleiben unberührt.

(5) ¹Der Vorstand besteht aus einer Person und führt die Bezeichnung „Präsident". ²Die Errichtung einer Geschäftsstelle ist zulässig, soweit der Geschäftsbetrieb es erfordert.

(6) ¹Der Vorstand darf eine Nebentätigkeit nur dann ausüben, wenn der Verwaltungsrat schriftlich eingewilligt hat. ²Die Ausübung einer Nebentätigkeit ist der Stifterin mitzuteilen. ³Schriftstellerischer, wissenschaftlicher, einer Lehr- oder einer freiberuflichen Tätigkeit soll der Verwaltungsrat die Einwilligung nur versagen, wenn die Tätigkeit der Stiftung Nachteile bringen kann oder einen Umfang annimmt, der die Erfüllung der dem Vorstand obliegenden Tätigkeit gefährdet. ⁴Der Verwaltungsrat kann die Einwilligung zu Nebentätigkeiten widerrufen, bei schriftstellerischer, wissenschaftlicher, einer Lehr- oder einer freiberuflichen Tätigkeit nur dann, wenn Gründe vorliegen, die den Verwaltungsrat berechtigen würden, seine Einwilligung zu solcher Tätigkeit zu versagen.

(7) ¹Der Vorstand erhält eine angemessene Vergütung. ²Für die Reise- und Umzugskosten sowie für das Trennungsgeld finden die für Bundesbeamte geltenden Regelungen entsprechende Anwendung.

§ 6
Bestellung und Abberufung des Vorstandes

(1) ¹Der Vorstand wird vom Verwaltungsrat für die Dauer von höchstens fünf Jahren bestellt. ²Wiederbestellungen des Vorstandes für jeweils höchstens fünf Jahre sind zulässig. ³Abweichend hiervon wird der erste Vorstand von der Stifterin auf die Dauer von höchstens fünf Jahren bestellt.

(2) ¹Die Abberufung des Vorstands ist nur aus wichtigem Grund möglich. ²Ein wichtiger Grund ist insbesondere auch der Eintritt von Umständen, durch die der Fortbestand der Stiftung gefährdet wird. ³Die Abberufung erfolgt durch den Verwaltungsrat. ⁴Die Rechte der Stiftungsaufsicht bleiben unberührt.

(3) ¹Nach Ablauf der Amtszeit führt der Vorstand sein Amt bis zum Amtsantritt des Nachfolgers weiter. ²Scheidet der Vorstand vorzeitig aus, bestellt der Verwaltungsrat unverzüglich einen neuen Vorstand.

(4) Bestellung und Abberufung des Vorstandes bedürfen zu ihrer Wirksamkeit der schriftlichen Zustimmung der Stifterin.

§ 7
Aufgaben des Verwaltungsrates

(1) ¹Der Verwaltungsrat vertritt die Stiftung gegenüber dem Vorstand gerichtlich und außergerichtlich. ²Er überwacht die Geschäftsführung des Vorstands und kann dazu den Vorstand jederzeit zum Bericht auffordern und sich über die Angelegenheiten der Stiftung selbst unterrichten, insbesondere alle Unterlagen der Stiftung jederzeit einsehen und sich daraus Auszüge anfertigen oder anfertigen lassen. ³Entscheidungen des Verwaltungsrates über Personal-, Haushalts- und Programmangelegenheiten bedürfen zu ihrer Wirksamkeit der schriftlichen Zustimmung der Stifterin.

(2) ¹Dem Bund stehen die Befugnisse nach § 104 Abs. 1 Nr. 4 Bundeshaushaltsordnung zu.

(3) Der Verwaltungsrat kann sich eine Geschäftsordnung geben.

§ 8
Berufung und Ausscheiden der Mitglieder des Verwaltungsrates

(1) ¹Der Verwaltungsrat besteht aus fünf Mitgliedern, von denen durch die Stifterin zwei auf Vorschlag des Bundesministeriums des Innern und jeweils ein Mitglied auf Vorschlag des Bundesministeriums der Justiz, des Bundesministeriums für Wirtschaft und Technologie und des Bundesministeriums für Ernährung, Landwirtschaft und Verbraucherschutz auf die Dauer von vier Jahren berufen werden. ²Wiederberufung ist zulässig.

(2) ¹Die Mitglieder des Verwaltungsrates müssen Personen sein, die die Gewähr für eine unabhängige Ausübung dieser Tätigkeit geben. ²Insbesondere muss gesichert sein, dass Interessenkonflikte ausgeschlossen sind. ³Mitglieder des Verwaltungsrates sollen Kenntnisse und Erfahrungen auf für die Verwirklichung des Stiftungszwecks wesentlichen Sachgebieten besitzen.

(3) Frühere Vorstände können nicht Mitglied im Verwaltungsrat werden.

(4) ¹Ein Mitglied des Verwaltungsrates scheidet aus, wenn festgestellt wird, dass ein wichtiger Grund vorliegt. ²Die Feststellung kann nur von der Stifterin nach Anhörung des Beirats getroffen werden. ³Dem Verwaltungsratsmitglied ist zuvor Gelegenheit zur Stellungnahme zu geben. ⁴Die Rechte der Stiftungsaufsicht bleiben unberührt.

(5) Scheidet ein Mitglied vor Ablauf seiner Amtszeit aus, so erfolgt die Ersatzberufung nur bis zum Ablauf der Amtszeit aller übrigen Mitglieder des Verwaltungsrates.

(6) Die Mitglieder des Verwaltungsrates sind ehrenamtlich tätig.

§ 9
Beschlussfassung des Verwaltungsrates

(1) ¹Der Verwaltungsrat wählt aus den vom Bundesministerium des Innern vorgeschlagenen Mitgliedern den Vorsitzenden und dessen Stellvertreter für die Dauer ihrer Amtszeit. ²Wiederwahl ist zulässig. ³Die Wahl bedarf der Mehrheit der Stimmen der Mitglieder des Verwaltungsrates. ⁴Kommt eine solche Mehrheit nicht zustande, so ernennt die Stifterin den Vorsitzenden oder Stellvertreter.

(2) ¹Der Verwaltungsrat fasst seine Beschlüsse, soweit die Satzung nichts anderes bestimmt, mit einfacher Mehrheit der Stimmen der in einer Sitzung anwesenden Mitglieder. ²Mit schriftlicher Zustimmung seiner Mitglieder kann der Verwaltungsrat seine Beschlüsse auch auf schriftlichem oder elektronischem Wege fassen. ³In diesem Fall fasst der Verwaltungsrat seine Beschlüsse mit der einfachen Mehrheit der Stimmen der Mitglieder des Verwaltungsrates. ⁴Der Verwaltungsrat ist in allen Fällen nur beschlussfähig, wenn sich mehr als die Hälfte seiner Mitglieder an der Abstimmung beteiligt. ⁵Der Vorsitzende beruft die Sitzungen ein, leitet sie, stellt die Ergebnisse der Abstimmungen fest und entscheidet im Falle der Stimmgleichheit; ist er verhindert, nimmt der Stellvertreter seine Aufgaben wahr. ⁶Über die Sitzungen des Verwaltungsrates sind Niederschriften anzufertigen, die vom Vorsitzenden, im Falle seiner Verhinderung von seinem Stellvertreter, und einem weiteren Sitzungsmitglied zu unterzeichnen sind. ⁷Beschlüsse sind im Wortlaut festzuhalten.

(3) ¹Der Verwaltungsrat tagt mindestens zweimal jährlich. ²An den Sitzungen des Verwaltungsrates nimmt der Vorstand teil, soweit der Verwaltungsrat im Einzelfall nichts anderes beschließt.

(4) ¹Die Stifterin ist berechtigt, zu den Sitzungen des Verwaltungsrates einen nicht stimmberechtigten Vertreter mit Rede- und Antragsrecht zu entsenden. ²Sie ist über die Termine der Sitzungen des Verwaltungsrates rechtzeitig zu unterrichten. ³Auf Antrag der Stifterin ist der Verwaltungsrat einzuberufen.

(5) ¹Zur konstituierenden Sitzung eines neu berufenen Verwaltungsrates lädt der Vorsitzende des Beirats ein. ²Er bestimmt für die Sitzung die Tagesordnung, eröffnet die Sitzung und leitet sie bis zum Abschluss der Wahl des neuen Vorsitzenden. ³Zur konstituierenden Sitzung des ersten Verwaltungsrates obliegen der Stifterin diese Aufgaben.

§ 10
Aufgaben des Beirates

(1) ¹Der Beirat berät Vorstand und Verwaltungsrat unbeschadet der ihm nach dieser Satzung sonst zugewiesenen Befugnisse in allen Fragen von grundsätzlicher Bedeutung, die der Verwirklichung des Stiftungszwecks dienen. ²Insbesondere hat der Beirat das Recht, dem Vorstand Vorschläge für Vorhaben und ihre Durchführung zu machen.

(2) Die Mitglieder des Beirats sind ehrenamtlich tätig.

(3) Der Beirat gibt sich nach Anhörung des Verwaltungsrats eine Geschäftsordnung.

§ 11
Bestellung und Abberufung der Mitglieder des Beirates

(1) ¹Der Beirat besteht aus 25 Mitgliedern sowie den Mitgliedern, die der Deutsche Bundestag benennen kann. ²Die Anzahl der vom Deutschen Bundestag aus seiner Mitte zu benennenden Mitglieder ist die kleinstmögliche, bei der jedenfalls jede Fraktion zumindest ein Mitglied benennen kann und die Mehrheitsverhältnisse möglichst gewahrt werden, maximal jedoch neun.

(2) ¹Die Mitglieder des Beirats werden vom Verwaltungsrat für die Dauer von drei Jahren aus folgenden Bereichen bestellt:

a) bis zu 9 Mitglieder auf Vorschlag des Deutschen Bundestages,
b) 1 Mitglied auf Vorschlag der Innenministerkonferenz der Länder,
c) 1 Mitglied auf Vorschlag der Kultusministerkonferenz der Länder,
d) 1 Mitglied auf Vorschlag der Datenschutzbeauftragten der Länder,
e) 1 Mitglied auf Vorschlag der Datenschutzaufsichtsbehörden der Länder,
f) 14 Mitglieder aus den Bereichen der datenverwendenden Wirtschaft, und zwar

    aa) 1 Mitglied aus dem Bereich Telekommunikationswirtschaft auf gemeinsamen Vorschlag des Bundesverbandes Informationswirtschaft, Telekommunikation und neue Medien e.V. (BITKOM) und des Verbandes der Anbieter von Telekommunikations- und Mehrwertdiensten e.V. (VATM),

    bb) 1 Mitglied aus dem Bereich Banken auf gemeinsamen Vorschlag des Bundesverbandes der Deutschen Volksbanken und Raiffeisenbanken e.V., des Bundesverbandes deutscher Banken e.V., des Bundesverbandes Öffentlicher Banken Deutschlands e.V., des Deutschen Sparkassen- und Giroverbandes e.V. und des Verbandes deutscher Pfandbriefbanken e.V.,

    cc) 1 Mitglied aus dem Bereich Versicherungen auf Vorschlag des Gesamtverbandes der Deutschen Versicherungswirtschaft e.V. (GDV), dd) 1 Mitglied aus dem Bereich des Handels auf Vorschlag des Bundesverbandes des Deutschen Versandhandels e.V. (bvh) und des Handelsverbandes Deutschland (HDE),

    ee) 1 Mitglied aus dem Bereich IT-Wirtschaft auf Vorschlag des Bundesverbandes Informationswirtschaft, Telekommunikation und neue Medien e.V. (BITKOM),

    ff) 1 Mitglied aus dem Bereich der Postdienste auf Vorschlag des Bundesverbandes Deutscher Postdienstleister e.V.(BvDP),

    gg) 1 Mitglied aus dem Bereich der Auskunfteien und Inkassounternehmen auf gemeinsamen Vorschlag des Verbandes der Handelsauskunfteien e.V. und des Bundesverbandes Deutscher Inkasso-Unternehmen e.V. (BDIU),

    hh) 1 Mitglied aus dem Bereich der Werbewirtschaft auf gemeinsamen Vorschlag des Zentralverbandes der deutschen Werbewirtschaft e.V (ZAW) und des Deutschen Dialogmarketing Verbandes e.V. (DDV),

    ii) 1 Mitglied aus dem Bereich des produzierenden Gewerbes auf Vorschlag des Bundesverbandes der Deutschen Industrie e.V. (BDI), jj) 1 Mitglied aus dem Bereich der Energiebranche auf Vorschlag des Bundesverbandes der Energie- und Wasserwirtschaft e.V. (BDEW),

kk) 1 Mitglied aus dem Bereich der Prüforganisationen auf gemeinsamen Vorschlag des Verbandes der TÜV e.V. (VdTÜV) und des Verbandes akkreditierter Zertifizierungsgesellschaften e.V. (VAZ),

ll) 1 Mitglied aus dem Bereich der spendensammelnden Hilfsorganisationen auf Vorschlag des Deutschen Spendenrates e.V.,

mm) 1 Mitglied aus dem Bereich der mittelständischen Wirtschaft auf Vorschlag des Deutschen Industrie und Handelskammertages,

nn) 1 Mitglied aus dem Bereich des Handwerks auf Vorschlag des Zentralverbandes des Deutschen Handwerks,

g) 1 Mitglied auf Vorschlag der Verbraucherzentrale Bundesverband e.V.,

h) 1 Mitglied auf Vorschlag der Stiftung Warentest,

i) 1 Mitglied auf Vorschlag des Deutschen Anwaltvereins e.V. (DAV),

j) 1 Mitglied, das vom Bundesamt für die Sicherheit in der Informationstechnik mit Zustimmung der Stifterin benannt wird,

k) 1 Mitglied auf Vorschlag des Bundesbeauftragten für den Datenschutz und die Informationsfreiheit,

l) 1 Mitglied auf Vorschlag der Arbeitsgemeinschaft für wirtschaftliche Verwaltung e.V. (AWV),

m) 1 Mitglied auf gemeinsamen Vorschlag der öffentlich-rechtlich verfassten Kirchen und Religionsverbände mit bundesweiter Verwaltungsstruktur, die für ihre Mitglieder ein eigenes Datenschutzrecht besitzen.

[2]Wiederbestellung ist möglich.

(3) [1]Die Abberufung eines Mitglieds des Beirats ist nur aus wichtigem Grund möglich. [2]Die Abberufung erfolgt durch den Verwaltungsrat im Benehmen mit dem Vorschlagsberechtigten nach Anhörung des Beiratsmitglieds.

(4) Scheidet ein Mitglied vor Ablauf seiner Amtszeit aus, so erfolgt die Ersatzberufung nur bis zum Ablauf der Amtszeit aller übrigen Mitglieder des Beirats.

§ 12
Beschlussfassung des Beirates

(1) [1]Der Beirat wählt aus seiner Mitte den Vorsitzenden und dessen Stellvertreter für die Dauer ihrer Amtszeit. [2]Wiederwahl ist zulässig. [3]Die Wahl bedarf der Mehrheit der Stimmen der Mitglieder des Beirats. [4]Kommt eine solche Mehrheit beim ersten Wahlgang nicht zustande, wird ein zweiter Wahlgang durchgeführt, bei dem die Mehrheit der abgegebenen Stimmen ausreicht. [5]Die Abstimmungen werden schriftlich und geheim durchgeführt.

(2) [1]Der Beirat beschließt, soweit in dieser Satzung nichts anderes bestimmt ist, mit einfacher Mehrheit der Stimmen der in einer Sitzung anwesenden Mitglieder oder im Fall schriftlicher oder elektronischer Abstimmung, die zulässig ist, wenn ihr nicht die Mehrheit der Mitglieder des Beirats widerspricht, mit einfacher Mehrheit der abge-

gebenen Stimmen. ²Der Beirat ist nur beschlussfähig, wenn sich mehr als die Hälfte seiner Mitglieder an der Abstimmung beteiligt. ³Der Vorsitzende beruft die Sitzungen ein, leitet sie, stellt die Ergebnisse der Abstimmungen fest und entscheidet im Falle der Stimmgleichheit; ist er verhindert, nimmt der Stellvertreter seine Aufgaben wahr. ⁴Der Vorsitzende führt etwa erforderlichen Schriftwechsel mit dem Vorstand und dem Verwaltungsrat. ⁵Er ist berechtigt, an den Sitzungen des Verwaltungsrates mit Rederecht teilzunehmen, soweit dieser nicht im Einzelfall anders beschließt.

(3) ¹Der Beirat tagt mindestens zweimal jährlich. ²Der Beirat ist auch einzuberufen, wenn der Vorstand, der Verwaltungsrat oder mindestens sechs Mitglieder des Beirats unter schriftlicher Angabe der Gründe dies beantragen. ³An den Sitzungen des Beirats kann der Vorstand oder ein von ihm Beauftragter mit Rederecht teilnehmen. ⁴Die Wirksamkeit der Beschlüsse des Beirats hängt davon nicht ab. ⁵Die Mitglieder des Verwaltungsrates sind teilnahmeberechtigt.

(4) ¹Die Stifterin ist berechtigt, zu den Sitzungen des Beirates einen nicht stimmberechtigten Vertreter mit Rede- und Antragsrecht zu entsenden. ²Sie ist über die Termine der Sitzungen des Beirates rechtzeitig zu unterrichten. ³Auf Antrag der Stifterin ist der Beirat einzuberufen.

(5) ¹Der Vorstand hat den Beirat schriftlich mindestens einundzwanzig Kalendertage vor einer Sitzung über wesentliche Vorhaben zu unterrichten, die die Stiftung allein oder zusammen mit anderen Institutionen durchzuführen beabsichtigt. ²Der Beirat kann gegen die Durchführung eines solchen Vorhabens in der Sitzung Widerspruch erheben. ³Im Falle eines Widerspruchs kann der Vorstand das Vorhaben in einer weiteren Sitzung des Beirats erneut zur Beratung stellen. ⁴Gegen den alsdann mit drei Vierteln der satzungsmäßigen Mitglieder des Beirats erhobenen, schriftlich zu begründenden Widerspruch darf der Vorstand solche Vorhaben nur verwirklichen, wenn der Verwaltungsrat einstimmig seine Zustimmung erteilt. ⁵In begründeten Ausnahmefällen kann der Vorstand die Beschlussfassung über einzelne Vorhaben durch schriftliche Abstimmung herbeiführen. ⁶Dieses Verfahren ist genehmigt, wenn ihm die Mehrheit der Mitglieder des Beirats innerhalb einer Frist von zehn Kalendertagen zugestimmt hat. ⁷In diesem Fall gilt das Vorhaben als genehmigt, wenn ihm nicht innerhalb der genannten Frist mit der Mehrheit der abgegebenen Stimmen widersprochen worden ist. ⁸Hat der Beirat dem schriftlichen Verfahren nicht zugestimmt oder dem Vorhaben widersprochen, so kann der Vorstand es bei der nächsten Sitzung erneut behandeln lassen.

(6) ¹Der Vorstand kann mit Zustimmung des Verwaltungsrates von einer Unterrichtung des Beirats gemäß Absatz 5 ausnahmsweise absehen, wenn die begründete Gefahr besteht, dass die Objektivität und Richtigkeit der Ergebnisse beeinträchtigt werden. ²Die Unterrichtung des Beirats ist unverzüglich nach Wegfall der Hinderungsgründe nachzuholen. ³Für das weitere Verfahren gilt Absatz 5 von Satz 2 an entsprechend.

(7) ¹Zur konstituierenden Sitzung eines neu berufenen Beirats lädt der Vorsitzende des Verwaltungsrates ein. ²Er bestimmt für die Sitzung die Tagesordnung, eröffnet die Sitzung und leitet sie bis zum Abschluss der Wahl des Vorsitzenden des Beirates.

§ 13
Verschwiegenheitspflicht

(1) ¹Der Vorstand, die Mitglieder des Verwaltungsrates und des Beirates haben über die ihnen in dieser Eigenschaft zugehenden vertraulichen Informationen, insbesondere über alle Vorhaben der Stiftung bis zur Freigabe durch den Vorstand gegenüber jedermann Stillschweigen zu bewahren, soweit die sachgerechte Behandlung und Durchführung der Vorhaben keine Ausnahme erforderlich macht. ²Die Mitglieder des Beirats dürfen sich jedoch hinsichtlich der ihnen zugehenden Informationen mit Sachverständigen beraten, soweit dies im Rahmen der sachkundigen Behandlung erforderlich ist.

(2) ¹Mit den vom Beirat beigezogenen Sachverständigen und allen sonst beteiligten Dritten ist die vorhabenbezogene Verschwiegenheitspflicht nach Maßgabe des Absatzes 1 vertraglich zu vereinbaren. ²Den Beschäftigten der Stiftung ist sie, neben der allgemeinen Verschwiegenheitspflicht, in den Arbeitsverträgen gesondert aufzuerlegen.

(3) ¹Im Falle eines Verstoßes gegen die Verschwiegenheitspflicht können, im Falle vorsätzlichen oder wiederholt grob fahrlässigen Handelns müssen mit sofortiger Wirkung abberufen werden

a) der Vorstand nach § 6 Absatz 2 Satz 3,
b) Mitglieder des Verwaltungsrates nach § 8 Absatz 4 Satz 2,
c) Mitglieder des Beirats nach § 11 Absatz 3 Satz 2.

und Anstellungs- und Arbeitsverhältnisse durch den Vorstand, im Falle der Abberufung des Vorstandes durch dessen Vertreter, gekündigt werden. ²Die Kündigungen bedürfen zu ihrer Wirksamkeit der schriftlichen Zustimmung der Stifterin.

§ 14
Geschäftsjahr

Das Geschäftsjahr der Stiftung ist das Kalenderjahr.

§ 15
Wirtschaftsplan

(1) ¹Für die Aufstellung und Ausführung des Wirtschaftsplans gelten die Bestimmungen der Bundeshaushaltsordnung (BHO) entsprechend. ²Die Haushalts- und Wirtschaftsführung der Stiftung unterliegt der Prüfung durch den Bundesrechnungshof gemäß § 104 Absatz 1 Nr. 4 der BHO.

(2) ¹Der Vorstand leitet den von ihm erstellten Entwurf des jährlichen Wirtschaftsplans gleichzeitig dem Verwaltungsrat und der Stifterin spätestens vier Wochen vor der Sitzung des Verwaltungsrats, in der er durch den Verwaltungsrat festgestellt werden soll, zu. ²Der Verwaltungsrat stellt jährlich im Voraus den Wirtschaftsplan nach den Grundsätzen einer sparsamen und wirtschaftlichen Haushaltsführung fest. ³Der Wirtschaftsplan bedarf zu seiner Wirksamkeit der schriftlichen Zustimmung der Stifterin. ⁴Im Wirtschaftsplan sind – nach Zweckbestimmung und Ansatz getrennt – alle voraussichtlichen Einnahmen und Ausgaben der Stiftung im kommenden Geschäfts-

jahr sowie ein Organisations- und Stellenplan zu veranschlagen. ⁵Das Vermögen und die Verbindlichkeiten sind in einer Anlage des Wirtschaftsplanes nachzuweisen.

(3) ¹Der Wirtschaftsplan ist sparsam und wirtschaftlich auszuführen. ²Das Kassen- und Rechnungswesen der Stiftung ist nach kaufmännischen Regeln ordnungsgemäß einzurichten. ³Die Einnahmen und Ausgaben der Stiftung sind aufzuzeichnen und die Belege zu sammeln. ⁴Im Wirtschaftsplan nicht veranschlagte Ausgaben oder Stellen bedürfen der schriftlichen Zustimmung des Verwaltungsrates und der Stifterin.

§ 16
Jahresabschluss

(1) ¹Der Vorstand hat in den ersten drei Monaten des Geschäftsjahres den Jahresabschluss und den Lagebericht für das vergangene Geschäftsjahr aufzustellen und dem Abschlussprüfer vorzulegen. ²Er hat der Stifterin sowie der Aufsichtsbehörde spätestens sechs Monate nach Abschluss des Wirtschaftsjahres den durch den Verwaltungsrat gebilligten Jahresabschluss nebst Prüfungsbericht des vereidigten Buchprüfers zugänglich zu machen.

(2) ¹Der Jahresabschluss und der Lagebericht sind in entsprechender Anwendung der Vorschriften des Dritten Buches des Handelsgesetzbuchs für große Kapitalgesellschaften aufzustellen. ²Im Jahresabschluss werden die Gesamtvergütungen jedes Organmitgliedes individualisiert ausgewiesen. ³Von der Möglichkeit des Verzichts auf die Angaben zur Vergütung nach § 286 Abs. 4 des Handelsgesetzbuchs wird kein Gebrauch gemacht. ⁴Im Anhang des Jahresabschlusses werden Beziehungen zu nahestehenden Personen im Sinne des im Sinne des § 285 Nr. 21 des Handelsgesetzbuchs erläutert.

(3) ¹Der Jahresabschluss und der Lagebericht sind von einem Abschlussprüfer zu prüfen. ²Die Prüfung muss sich auf die Einhaltung des Finanzplans und die satzungsgemäße Verwendung der Erträge und Zuwendungen erstrecken.

(4) ¹Der Abschlussprüfer wird durch den Verwaltungsrat ausgewählt und beauftragt. ²Er braucht nicht den Anforderungen des § 319 des Handelsgesetzbuchs zu entsprechen. ³Bei der Auswahl des Abschlussprüfers ist auf die Vermeidung von Interessenkonflikten zu achten, die bei der Prüfung entstehen könnten. ⁴Hierzu wird der Verwaltungsrat vor Auswahl des Abschlussprüfers dessen schriftliche Erklärung über eventuelle geschäftliche, persönliche oder sonstige Beziehungen zur Stiftung sowie zu deren Organmitgliedern einholen, die geeignet sind, Zweifel an der Unabhängigkeit des Abschlussprüfers zu begründen. ⁵Die Erklärung über geschäftliche Beziehungen muss sich auf eventuelle Beratungs- oder sonstige Leistungen des zurückliegenden sowie des folgenden Geschäftsjahres erstrecken.

(5) ¹Der Verwaltungsrat nimmt den nach Ablauf eines jeden Geschäftsjahres zu erstellenden Prüfungsbericht des Abschlussprüfers zur Kenntnis. ²Er beschließt über die Billigung des vom Vorstand aufgestellten und unterzeichneten Jahresabschlusses (Bilanz, Gewinn- und Verlust-Rechnung) und über die Entlastung des Vorstands. ³Der Verwaltungsrat kann den beauftragten Abschlussprüfer zur Berichterstattung und Auskunftserteilung zu der Sitzung hinzuziehen, in der über die Billigung zu beschließen ist.

§ 17
Änderung der Satzung

(1) ¹Die Satzung kann nur durch einstimmigen Beschluss des Verwaltungsrates mit schriftlicher Zustimmung der Stifterin geändert werden; der Beirat und der Vorstand sind zu hören. ²Eine Änderung des § 2 kann nur beschlossen werden, wenn es wegen wesentlicher Änderung der Verhältnisse angezeigt erscheint. Änderungen der Satzung dürfen die Gemeinnützigkeit der Stiftung nicht beeinträchtigen.

(2) Der Beschluss über eine Änderung der Satzung ist der Aufsichtsbehörde zur Genehmigung vorzulegen und soll vorher mit dem zuständigen Finanzamt abgestimmt werden; er wird erst mit Erteilung der Genehmigung wirksam.

§ 18
Aufhebung der Stiftung, Verwendung des Stiftungsvermögens

(1) ¹Die Stiftung kann nur durch übereinstimmende Beschlüsse von Verwaltungsrat und Beirat mit schriftlicher Zustimmung der Stifterin aufgehoben werden; der Vorstand ist zu hören. ²Die Beschlüsse bedürfen einer Mehrheit von zwei Dritteln der Stimmen der Mitglieder des Verwaltungsrates und des Beirates.

(2) Die Beschlüsse sind der Aufsichtsbehörde mit einer Unbedenklichkeitsbescheinigung des zuständigen Finanzamtes zur Genehmigung vorzulegen; sie werden erst mit der Erteilung der Genehmigung wirksam.

(3) ¹Bei Auflösung oder Aufhebung der Stiftung oder bei Wegfall steuerbegünstigter Zwecke fällt das Vermögen der Stiftung, soweit es das eingezahlte Stiftungsvermögen der Bundesrepublik Deutschland übersteigt, an eine juristische Person des öffentlichen Rechts oder eine andere steuerbegünstigte Körperschaft zwecks Verwendung für die Förderung der Wissenschaft und Forschung. ²Die Entscheidung hierzu trifft der Verwaltungsrat. ³§ 7 Abs. 1 Satz 3 ist anzuwenden. ⁴Die Stifterin erhält bei Auflösung oder Aufhebung oder Wegfall steuerbegünstigter Zwecke nicht mehr als das eingezahlte Stiftungsvermögen zurück.

§ 19
Stiftungsaufsicht

Die Stiftung unterliegt der staatlichen Aufsicht nach Maßgabe des jeweils im Freistaat Sachsen geltenden Stiftungsrechts.

Ort, Datum   Unterschrift der Stifterin

Anlage II

Anerkennungsurkunde

LANDESDIREKTION SACHSEN | Freistaat SACHSEN

ANERKENNUNG

DER RECHTSFÄHIGKEIT

Gemäß § 80 Abs. 1 und 2 des Bürgerlichen Gesetzbuchs (BGB) vom 18.08.1896 (RGBl. S. 195) in der Fassung der Bekanntmachung vom 02.01.2002 (BGBl. I S. 42), zuletzt geändert durch Art. 1 G vom 20. Dezember 2012 (BGBl. I S. 2749) und § 3 Abs. 4 Satz 4 des Sächsischen Stiftungsgesetzes (SächsStiftG) vom 07.08.2007 (SächsGVBl. S. 386) rechtsbereinigt mit Stand vom 1. März 2012 erkennt die Landesdirektion Sachsen die

Stiftung Datenschutz

als rechtsfähige Stiftung des bürgerlichen Rechts mit Sitz in Leipzig an.

(Dienstsiegel)

Leipzig, den 09. Januar 2013

Literaturverzeichnis

Alscher, Sarah, Die Stiftung des öffentlichen Rechts, München 2006.

Andrick, Bernd, Das modernisierte Stiftungsrecht, RNotZ 2002, 441.

Badura, Peter, Die organisatorische Gestaltungsfreiheit des Staates und die juristischen Personen des öffentlichen Rechts, Stuttgart 1997.

Baldauf, Sarah, Werbung mit Gütesiegeln und Testergebnissen, Aachen 2011.

Bamberger, Georg/Roth, Herbert (Hrsg.), Beck'scher Online-Kommentar BGB, 40. Edition, München 2016 (zit.: *Bearbeiter*, in: BeckOK BGB, § … Rn. …).

Battis, Ulrich, Entlastung des Staates durch Outsourcing, in: Mecking/Schulte (Hrsg.), Grenzen der Instrumentalisierung von Stiftungen, Tübingen 2003, S. 45 ff.

Becker, Bernd, Typische Eigenschaften der privatrechtlich organisierten Bundesverwaltung: zugleich ein Versuch der Neubestimmung des Verwaltungsbegriffs, DV 1979, 161.

Bellezza, Enrico/Kilian, Michael/Vogel, Klaus, Stiftungserrichtung durch die öffentliche Hand, Gütersloh 2003.

Biermann, Kai, Datenschützer verweigern sich der Stiftung Datenschutz, Zeit Online vom 9. November 2012, unter: http://www.zeit.de/digital/datenschutz/2012-11/stiftung-datenschutz-scheitern [abgerufen am: 01.10.2016].

Borchmann, Michael, Bundesstiftung „Mutter und Kind" – ein unzulässiger Eingriff in den Verwaltungsraum der Länder DÖV 1984, 881.

Bräutigam, Peter/Klindt, Thomas, Industrie 4.0, das Internet der Dinge und das Recht, NJW 2015, 1137.

Ders./von. Sonnleithner, Bernhard, Stiftung Datenschutz – Ein Schritt in die richtige Richtung, AnwBl 4/2011, 240.

Bundesverband Deutscher Stiftungen e.V. (Hrsg.), Zahlen, Daten, Fakten zum deutschen Stiftungswesen, Berlin 2014.

Burgard, Ulrich, Gestaltungsfreiheit im Stiftungsrecht – Zur Einführung korporativer Strukturen bei der Stiftung, Köln 2006.

Ders., Das neue Stiftungsprivatrecht, NZG 2002, 697.

Dewald, Stephan, Die privatrechtliche Stiftung als Instrument zur Wahrnehmung öffentlicher Zwecke, Frankfurt am Main u. a. 1990.

Dolde, Klaus-Peter, Staatlich finanzierte Produktkritik Privater, ZHR 2010, 517.

Dreier, Horst (Hrsg.), Grundgesetz Kommentar, Bd. III, Artikel 83–146, 2. Aufl., Tübingen 2008 (zit.: *Bearbeiter*, in: Dreier, GG, Bd. 3, 2. Aufl. 2008, Art. … Rn. …).

Ehlers, Dirk, Verwaltung in Privatrechtsform, Berlin 1984.

Epping Volker/Hillgruber, Christian (Hrsg.), Beck'scher Online-Kommentar Grundgesetz, 30. Edition, München 2016, *(*zit.: *Bearbeiter*, in: BeckOK GG, Art. ... Rn. ...).

Erichsen, Hans-Uwe/Büdenbender, Martin, Verfassungsrechtliche Probleme staatlich-kommunaler Mischverwaltung, NVWVBl 2001, 161.

Feddersen, Dieter, Stiftungen als Träger öffentlicher Aufgaben?, Wiesbaden 1998.

Feik, Sebastian/von Lewinski, Kai, Der Markt für Datenschutz-Zertifizierungen, ZD 2014, 59.

Fiedler, Albrecht, Staatliches Engagement im Stiftungswesen zwischen Formenwahlfreiheit und Formenmissbrauch, Berlin 2004.

Fraatz-Rosenfeld, Thomas, Die Erfüllung öffentlicher Aufgaben durch staatliche Stiftungen – ein rechtlicher Überblick und ein (kleiner) verwaltungswissenschaftlicher Ausblick, in: Mehde, Veith/Ramsauer, Ulrich/Seckelmann, Margrit (Hrsg.), Staat, Verwaltung, Information. Festschrift für Hans-Peter Bull zum 75. Geburtstag, Berlin 2011, S. 579 ff.

Franz, Ulrich, 50 Jahre Stiftung Warentest, GRUR 2014, 1051.

Friesenhahn, Ernst, Parlament und Regierung im modernen Staat (Bericht), in: VVDStRL, Bd. 16 (1958), S. 37 f.

Froning, Christoph, Unternehmensnachfolge, 5. Aufl., München 2005.

Gölz, Heide, Der Staat als Stifter: Stiftungen als Organisationsform mittelbarer Bundesverwaltung und gesellschaftlicher Selbstverwaltung, Bonn 1999.

Görisch, Christoph, Negative Produktinformationen der Stiftung Warentest aus öffentlich-rechtlicher Sicht, Jura 2013, 883.

Grigoleit, Klaus Joachim, Bundesverfassungsgericht und deutsche Frage – Eine dogmatische und historische Untersuchung zum judikativen Anteil an der Staatsleitung, Tübingen 2004.

Happ, Annette, Stifterwille und Zweckänderung. Möglichkeiten und Grenzen einer Änderung des Stiftungszwecks durch Organbeschluss, Köln 2007.

von Hippel, Thomas, Grundprobleme von Nonprofit-Organisation – Eine zivilrechtsdogmatische, steuerrechtliche und rechtsvergleichende Untersuchung über Strukturen, Pflichten, Kontrollen und wirtschaftliche Tätigkeit von Vereinen und Stiftungen, Tübingen 2007.

Hof, Hagen, Die Unverfügbarkeit der selbstständigen Stiftung bürgerlichen Rechts – Kern der Stiftungsautonomie, in: Kohl, Helmut/Kübler, Friedrich/Ott, Claus/Schmidt, Karsten (Hrsg.), Zwischen Markt und Staat – Gedächtnisschrift für Rainer Walz, Köln, München 2008, S. 233 ff.

Ders., Die Vermögensausstattung von Stiftungen privaten Rechts (Teil I), DStR 1992, 1549.

Ders., Die Vermögensausstattung von Stiftungen privaten Rechts (Teil II), DStR 1992, 1587.

Hüttemann, Rainer, Das Gesetz zur Modernisierung des Stiftungsrechts, ZHR 2003, 35.

Hüttemann, Rainer/Rawert, Peter, Die notleidende Stiftung, ZIP 2013, 2136.

Immermann, Dimitri, Was ist uns Privatheit wert? Tagungsbericht zur Veranstaltung der Stiftung Datenschutz am 27.11.2013, ZD-Aktuell 2013, 03178.

Isensee, Josef/Kirchhof, Paul (Hrsg.), Handbuch des Staatsrechts der Bundesrepublik Deutschland Bd. III: Demokratie – Bundesorgane, 3. Aufl., München 2005.

Jakob, Dominique, Schutz der Stiftung: die Stiftung und ihre Rechtsverhältnisse im Widerstreit der Interessen, Tübingen 2006.

Kaluza, Claudia, Die Stiftung privaten Rechts als öffentlich-rechtliches Organisationsmodell, Berlin 2010.

Kemmler, Iris, Die Anstaltslast, Berlin 2001.

Kilian, Michael, Die staatliche Stiftung, in: Werner, Olaf/Saenger, Ingo, Die Stiftung, Berlin 2008.

Ders., Nebenhaushalt des Bundes, Berlin 1993: Stiftungen als staatliche Nebenhaushalte, in: Forum Deutscher Stiftungen Bd. 8, Berlin 2001 (zit.: *Kilian*, Stiftungen als staatliche Nebenhaushalte).

Kilian, Wolfgang/Heussen, Benno (Hrsg.), Computerrechts-Handbuch, 32. Aufl. (Loseblatt), München 2013 (zit.: *Bearbeiter*, in: Kilian/Heussen, Computerrechts-Handbuch, Datenschutz, Rn. ...).

Kinast, Karsten/Schröder, Markus, Audit & Rating: Vorsprung durch Selbstregulierung. Datenschutz als Chance für den Wettbewerb, ZD 2012, 207.

Kingreen, Thorsten/Poscher, Ralf, Grundrechte. Staatsrecht II, 32. Aufl., Heidelberg 2016.

Kirchner, Hildebert, Abkürzungsverzeichnis der Rechtssprache, 8. Aufl., Berlin 2015.

Kloepfer, Michael, Verfassungsrecht Bd. II Grundrechte, München 2010.

Knebel, Sophie Victoria/Schoss, Christopher, Umfang und Legitimationsprobleme staatlichen Informationshandelns im Internet, DÖV 2016, 105.

Konferenz der Datenschutzbeauftragten des Bundes und der Länder, Entschließung der 80. Konferenz der vom 3./4. November 2010, unter: http://www.bfdi.bund.de/SharedDocs/Publikationen/Entschliessungssammlung/DSBundLaender/80DSK_AuskunftTKDaten.html [abgerufen 30.10.2016].

Dies., Entschließung der 76. Konferenz vom 6./7. November 2008, unter: http://www.bfdi.bund.de/SharedDocs/Publikationen/Entschliessungssammlung/DSBundLaender/76DSK_AuskunftTKDaten.html [abgerufen am: 30.10.2016].

Kraska, Sebastian, Datenschutz-Zertifizierungen in der EU-Datenschutzgrundverordnung, ZD 2016, 153.

Krempl, Stefan, Datenschützer verweigern sich vorerst der Stiftung Datenschutz, Heise Online 09.11.2012, unter: http://www.heise.de/newsticker/meldung/Datenschuetzer-verweigern-sich-vorerst-der-Stiftung-Datenschutz-1747521.html [abgerufen am: 01.10.2016].

Krumm, Marcel, Die Stiftung bürgerlichen Rechts: Zivil-, öffentlich- und steuerrechtliche Grundlagen, JA 2010, 849.

Küchenhoff, Benjamin, Die verfassungsrechtlichen Grenzen der Mischverwaltung, Baden-Baden 2010.

von Lewinski, Kai, Die Matrix des Datenschutzes (Internet und Gesellschaft Bd. 1), Tübingen 2014.

Ders., Öffentlichrechtliche Insolvenz und Staatsbankrott – Rechtliche Bewältigung finanzieller Krisen der öffentlichen Hand (Jus Publicum Bd. 202), Tübingen 2011.

Ders., Die Geschichte des Datenschutzrechts von 1600 bis 1977, in: Arndt, Felix u. a., Freiheit – Sicherheit – Öffentlichkeit (Tagungsband der Assistententagung Öffentliches Recht 2008), Baden-Baden 2009, S. 196–220.

Ders., Unabhängigkeit des Bundesbeauftragten für den Datenschutz und die Informationsfreiheit, Zeitschrift für Gesetzgebung, ZG 2015, 228.

Ders., „Völlige Unabhängigkeit" von Aufsichts- und Regulierungsbehörden, DVBl 2013, 339.

Ders./Burbat, Daniela, Kommentierung des BHO, in: Das Deutsche Bundesrecht, 1160. Lfg. Baden-Baden 2013 (zit.: *v. Lewinski/Burbat*, BHO Kommentar, 2013, § … Rn. …).

von Mangoldt, Hermann (Begr.)/*Klein, Friedrich* (Fortgeführt)/*Starck, Christian* (Hrsg.), Kommentar zum Grundgesetz, Bd. 3 Artikel 83 bis 146, 6. Aufl., München 2010 (zit.: *Bearbeiter*, in: v. Mangoldt/Klein/Starck GG Bd. 3, 6. Aufl. 2010, Art. … Rn. …).

Maunz, Theodor/Dürig, Günter (Begr.), Grundgesetz Kommentar (Loseblatt), München, Stand Mai 2016, (zit.: *Bearbeiter*, in: Maunz/Dürig, GG, Art. … Rn. …).

Mittmann, Gert, Demokratiegebot und rechtsstaatliche Überwachung bei selbstständigen Stiftungen und Anstalten, Darmstadt 1971.

Möstl, Markus, Gibt es (unions-)verfassungsrechtliche Grenzen für die Verbraucherinformation?, LMuR 2014, 77.

Müller, Erwin, Die Bundesstiftung, Berlin 2009.

Münchener Kommentar zum Bürgerlichen Gesetzbuch, Bd. 1, 6. Aufl., München 2012 (zit.: *Bearbeiter*, in: MüKo BGB Bd. 1, 6. Aufl. 2012, § … Rn. …).

Münchener Kommentar zum Bürgerlichen Gesetzbuch, Bd. 1, 7. Aufl., München 2015 (zit.: *Bearbeiter*, in: MüKo BGB Bd. 1, 7. Aufl. 2015, § … Rn. …).

Muscheler, Karlheinz, Stiftungsrecht Gesammelte Beiträge, 2. Aufl., Baden-Baden 2011.

Ders., Anforderungen an die (Mit-)Errichtung privatrechtlicher Stiftungen durch die öffentliche Hand, in: Hüttemann/Rawert/Schmidt/Weitemeyer (Hrsg.), Non Profit Law Yearbook 2007, Köln u. a. 2008, S. 149 ff.

Ders., Stiftung und Gemeinwohlgefährdung, NJW 2003, 3161.

Nicolai, Jacob/Kuszlik, Nina, Reform des Stiftungsrechts – Wichtige Ziele für die derzeit tagende Arbeitsgruppe des Bundes und der Länder, ZRP 2016, 47.

Ossenbühl, Fritz, Verbraucherschutz durch Information, NVwZ 2011, 1357.

Palandt, Otto (Begr.), Bürgerliches Gesetzbuch, 75. Aufl., München 2016 (zit.: *Bearbeiter*, in: Palandt BGB, 75. Aufl. 2016, § ... Rn. ...).

Papsthart, Stefan, Stiftungsrecht am Scheideweg: Festigung einer „starken Marke" oder Eröffnung eines Experimentierfelds für Stifter?, npoR 2016, 105.

von Petersdorff-Campen, Winand, Die Spione von der Telekom, F.A.S. vom 25.05.2008, S. 41.

Pieroth, Bodo/Hartmann, Bernd J., Grundrechtsschutz gegen wirtschaftliche Betätigung der öffentlichen Hand, DVBl 2002, 421.

Piltz, Gisela/Schulz, Sebastian, Die Stiftung Datenschutz – moderner Datenschutz neu gedacht, RDV 2011, 117.

Redbrake, Michael/Theuffel-Werhahn, Berthold, Die öffentliche Hand als Stifter, ZStV 2010, 154.

Reuter, Dieter, Stiftung und Staat, Köln 2001.

Richter, Andreas/von Campenhausen, Axel Freiherr (Hrsg.), Stiftungsrechts-Handbuch, 4. Aufl., München 2014.

Robbers, Gerhard, Kulturförderung und Kompetenz, DVBl 2011, 140.

Ronellenfitsch, Michael, Die Mischverwaltung im Bundesstaat, Berlin 1975.

Roßnagel, Alexander/Richter, Phillip/Nebel, Maxi, Besserer Internetdatenschutz für Europa – Vorschläge zur Spezifizierung der DS-GVO, ZD 2013, 103.

Rutz, Charlie, Interview zur Stiftung Datenschutz, unter: http://politik-digital.de/news/interview-zur-stiftung-datenschutz-5152 [abgerufen am: 01.10.2016].

Sachs, Michael, Grundgesetz Kommentar, 7. Aufl., München 2014.

Saenger, Ingo, Die Rolle des Stifters in der Binnenverfassungsstruktur von Stiftungen, ZStV 2012, 94.

Schantz, Peter, Die Datenschutz-Grundverordnung – Beginn einer neuen Zeitrechnung im Datenschutzrecht, NJW 2016, 1841.

Schlüter, Andreas/Stolte, Stefan, Stiftungsrecht, 3. Aufl., München 2016.

Schoch, Friedrich, Die Schwierigkeiten des BVerfG mit der Bewältigung staatlichen Informationshandelns, NVwZ 2011, 193.

Schoch, Friedrich, Amtliche Publikumsinformationen zwischen staatlichem Schutzauftrag und Staatshaftung – Das Verbraucherinformationsrecht als Modell der amtlichen Publikumsinformation, NJW 2012, 2844.

Scholz, Rupert/Langer, Stefan, Stiftung und Verfassung: Strukturprobleme des Stiftungsrechts am Beispiel der „Stiftung Warentest", Berlin 1990.

Schröder, Markus, Selbstregulierung im Datenschutzrecht – Notwehr oder Konzept? – Das Verhältnis zwischen Gesetzgebung und selbstregulatorischen Ansätzen, ZD 2012, 418.

Schulte, Martin, Grundfragen der Errichtung, Umwandlung und Auflösung von Stiftungen der öffentlichen Hand, Köln, München 2008.

Ders., Der Staat als Stifter: Die Errichtung von Stiftungen durch die öffentliche Hand, in: Kötz/Rawert/Schmidt/Walz (Hrsg.), Non Profit Law Yearbook 2001, S. 127–143, Köln u. a. 2002 (zit.: *Schulte*, Der Staat als Stifter in: Non Profit Law Yearbook 2001, S. ...).

Ders., Staat und Stiftung: Verfassungsrechtliche Grundlagen und Grenzen des Stiftungsrechts und der Stiftungsaufsicht, Heidelberg 1989.

Schulze-Fielitz, Helmuth, Rationalität als rechtsstaatliches Prinzip für den Organisationsgesetzgeber – Über Leistungsfähigkeit und Leistungsgrenzen „weicher" Leitbegriffe in der Rechtsdogmatik, Heidelberg 2000.

Schwarz, Günter Christian, Zur Neuregelung des Stiftungsprivatrechts (Teil I), DStR 2002, 1718.

Seckelmann, Margrit, Bildung und Wissenschaft im Bundesstaat, ZRP 2013, 82.

Segna, Ulrich, Die Verbrauchsstiftung – ein Fremdkörper im Stiftungsrecht?, JZ 2014, 126.

Sieger, Jürgen/Bank, Stephan, Erhalt von Einflussmöglichkeiten des Stifters auf die Geschäftstätigkeit einer zivilrechtlichen Stiftung, NZG 2010, 641.

von Staudinger, Julius (Begr.), Julius von Staudingers Kommentar zum Bürgerlichen Gesetzbuch, Buch 1: §§ 80–89 (Stiftungsrecht), Neubearbeitung, Berlin 2011 (zit.: *Bearbeiter*, in: Staudinger BGB, 2011, § ... Rn ...).

Stiftung Datenschutz (Hrsg.), DatenDebatten Bd. 1 – Zukunft der informationellen Selbstbestimmung, Berlin 2016.

Stiftung Warentest, test 03/2016, Berlin 2016.

Dies., test 08/2015, Berlin 2015.

Dies., test 02/2015, Berlin 2015.

Dies., test 12/2014, Berlin 2014.

Dies., test 06/2012, Berlin 2012.

Stettner, Rupert, Die Stiftung des öffentlichen Rechts – Rechtsnatur, Zweckbestimmung, Nutzbarkeit für den öffentlich-rechtlichen Bundes- und Landesrundfunk, ZUM 2012, 202.

Strachwitz, Rupert Graf/Mercker, Florian (Hrsg.), Stiftungen in Theorie, Recht und Praxis. Handbuch für ein modernes Stiftungswesen, Berlin 2005.

Strachwitz, Rupert Graf, Stiftungen – nutzen, führen und errichten: ein Handbuch, Frankfurt/New York 1994.

Stumpf, Christoph/Suerbaum, Joachim/Schulte, Martin/Pauli, Rudolf, Stiftungsrecht Kommentar, 2. Aufl., München 2015.

Sudhoff, Heinrich, Unternehmensnachfolge, 5. Aufl., München 2005.

Theuffel-Werhahn, Berthold, Das Stiftungsregister kommt – früher als geplant, SB 2016, 107.

Thomé, Sarah, Reform der Datenschutzaufsicht: effektiver Datenschutz durch verselbstständigte Aufsichtsbehörden, Wiesbaden 2015.

Dies., Die Unabhängigkeit der Bundesdatenschutzaufsicht, VuR 2015, 130.

Thomsen, Renate, Probleme „staatsnaher" Stiftungen unter besonderer Berücksichtigung ihrer Autonomie, Hamburg 1991.

Trapp, Dan Bastian, Die Kontinuität der bundesverfassungsgerichtlichen Rechtsprechung zur sog. Mischverwaltung, DÖV 2008, 277.

Umbach, Dieter C./Clemens, Thomas (Hrsg.), Grundgesetz, Bd. 2 (Artikel 38 bis 146 GG), München 2002. (zit.: *Bearbeiter*, in: Umbach/Clemens GG, Bd. 2, 2002, Art. … Rn. …).

Wagner, Edgar, Die Stiftung Datenschutz – Ein Irrweg, DuD 2012, 825.

Ders., Bundesstiftung Datenschutz – Chancen? Grenzen!, RDV 2011, 229.

Wolff, Heinrich Amadeus/Brink, Stefan (Hrsg.), Beck'scher Online-Kommentar Datenschutzrecht, 17. Edition, München 2016 (zit.: *Bearbeiter*, in: BeckOK DatenSR, § … Rn. …).

Zimmermann, Klaus, Die Entwicklung des Stiftungsrechts 2013, NJW 2013, 3557.

Verzeichnis nicht-publizierter Positionspapiere zur Stiftung Datenschutz

Deutscher Anwaltverein e. V., Eckpunktepapier zur Stiftung Datenschutz, am 9. Dezember 2009 der damaligen Bundesjustizministerin Sabine Leutheusser-Schnarrenberger überreicht, unter: http://wayback.archive.org/web/20130511101005/ http://anwaltverein.de/downloads/Datenschutz/2009-12-09-Eckpunktepapier-Stiftung-DatenschutzEndfassung.pdf [abgerufen am: 30.10.2016].

Gisela Piltz, Eckpunktepapier Errichtung einer Stiftung Datenschutz, Mai 2010, unter: http://wayback.archive.org/web/20130103011644/http://www.gisela-piltz.de/files/6076/Eckpunkte_Stiftung_Datenschutz.pdf [abgerufen am 30.10.2016].

Stiftung Warentest, Stiftung Datenschutz – Stellungnahme vom 6. August 2010, unter: http://wayback.archive.org/web/20130511083029/http://anwaltverein.de/downloads/Datenschutz/Primus%20Factsheet%20Datenschutz%20DAV.pdf [abgerufen am 30.10.2016].

Der Bundesbeauftragte für den Datenschutz und die Informationsfreiheit (Schaar, Peter), Diskussionspapier für eine Konzeption der Stiftung Datenschutz, 01.02.2011, unter: http://wayback.archive.org/web/20131013130412/http://www.bfdi.bund.de/SharedDocs/Publikationen/KonzeptionStiftungDatenschutz.pdf?__blob=publicationFile [abgerufen am 30.10.2016].

Verbraucherzentrale Bundesverband e. V./Berliner Datenschutzrunde, Gemeinsames Eckpunktepapier zur Stiftung Datenschutz, 20.02.2011, unter: http://www.berliner-datenschutzrunde.de/images/stories/content/berliner_datenschutzrunde_vzbv_gemeinsames_eckpunktepapier_stiftung_datenschutz.pdf [abgerufen am 30.10.2016].

Verband der TÜV e. V., Eckpunktepapier zur Errichtung einer Stiftung Datenschutz, 23.08.2011, unter: https://www.vdtuev.de/dok_view?oid=284071 [abgerufen am 30.10.2016].

Logi Gunnarsson (Hrsg.)
Recht auf Privatheit im digitalen Zeitalter

Privatheit gehört angesichts der neuen technischen Möglichkeiten und des von diesen (mit-)determinierten Verhaltens vieler Menschen zu den großen Themen des beginnenden 21. Jahrhunderts. Die vielfältigen Beiträge des Bandes nehmen die damit verbundenen Fragen in den Blick und untersuchen die sozialen Dimensionen des Privaten (Beate Rössler) auf der einen sowie die nationalen und internationalen Rechtsgrundlagen zum Schutz des Rechts auf Privatheit (Stephanie Schiedermair) auf der anderen Seite. Diese Sichtweisen werden durch Einbeziehung der internationalen Debatten über das Recht auf Privatheit (Norman Weiß) und den Rückgriff auf die literarische Behandlung der Unterscheidung von privat und öffentlich (Detlef von Daniels) ergänzt.

Die Autorinnen und Autoren machen wichtige Markierungen für künftige Debatten durch die Zusammenschau von historischen Entwicklungen und gesellschaftlichen Veränderungen sichtbar und verdeutlichen, inwieweit die Thematik „Privatheit im digitalen Zeitalter" mit dem Einzug in diverse Lebensbereiche zunehmend an Bedeutung gewinnt.

2017, 72 S., kart., 22,– €,
978-3-8305-3788-5
(Menschenrechtszentrum der Universität Potsdam, Bd. 44)
ISSN Print: 2367-2668
ISSN Online: 2367-2676

BWV | BERLINER WISSENSCHAFTS-VERLAG

Markgrafenstraße 12–14 | 10969 Berlin
Tel. 030 84 17 70-0 | Fax 030 84 17 70-21
www.bwv-verlag.de | bwv@bwv-verlag.de

Berliner Wissenschafts-Verlag

Peter Eichhorn

Mehr Management in Regierung und Verwaltung

Entbürokratisierung von A bis Z
3. erweiterte Auflage

Von Abwasserwirtschaft bis Zweckmäßigkeit über Kommunale Selbstverwaltung und Schattenhaushalt: Dieses Buch für Bürger und Behörden enthält aktuelle und teilweise brisante Beiträge über den Kosmos des öffentlichen Sektors. Sie sind das Ergebnis jahrzehntelanger Beobachtungen, Untersuchungen und Begutachtungen staatlicher und kommunaler Tätigkeiten.

Seine Entbürokratisierungs- und Verbesserungsvorschläge erfolgen im Rahmen gegebenen Rechts oder zielen auf Rechtsänderungen. Adressaten dieses Handbuchs sind Politiker in Bund, Ländern und Gemeinden, Leiter und Mitarbeiter von Behörden, Politik-, Rechts-, Verwaltungs-, Sozial- und Wirtschaftswissenschaftler, Studierende dieser Disziplinen mit Interesse an Public & Nonprofit Management sowie politisch aufgeschlossene Bürger.

2017, 3 s/w Abb., 3 s/w Tab., 497 S., kart., 35,– €, 978-3-8305-3795-3

WARUM SOLLTEN SIE DIESES BUCH LESEN?

- Sie wollen als Bürger wissen, was Behörden tun und was sie besser unterlassen sollten.
- Sie wollen sich informieren, wie Behörden funktionieren und wie sie effizienter arbeiten könnten.
- Sie ärgern sich über Politik und Bürokratie und versprechen sich viel von Entstaatlichung.
- Sie möchten sich (wieder) mit Deutschland und Europa identifizieren.

BWV | BERLINER WISSENSCHAFTS-VERLAG

Markgrafenstraße 12–14 | 10969 Berlin
Tel. 030 84 17 70-0 | Fax 030 84 17 70-21
www.bwv-verlag.de | bwv@bwv-verlag.de

 Berliner Wissenschafts-Verlag

Hamburger Köpfe
Herausgegeben von der ZEIT-Stiftung
Ebelin und Gerd Bucerius

Axel Schildt

Max Brauer

Hamburger Köpfe
Herausgegeben von der ZEIT-Stiftung
Ebelin und Gerd Bucerius

Ellert & Richter Verlag

Inhalt

7	Einleitung
10	Herkunft, Kindheit, Jugend
18	Als Sozialdemokrat im Altonaer Magistrat (1918–1924)
23	Max Brauer und das „Neue Altona" (1924–1929)
45	In den Krisenjahren der Republik (1930–1932)
50	Flucht aus Hamburg
56	Frankreich–China–Frankreich – mit dem Blick nach Deutschland (1933–1936)
70	Im amerikanischen Exil (1936–1946)
80	Bürgermeister in Trümmern (1946–1949)
100	Die Mühen der Ebene: Zweite Amtszeit (1950–1953)
109	Erzwungene Auszeit und letzte Jahre im Senat (1953–1960)
118	Abschied eines Patriarchen
124	Lebensdaten
126	Anmerkungen
135	Ausgewählte Literatur
140	Nachwort
144	Autor/Bildnachweis/Impressum

Max Brauer (1887–1973) als Erster Bürgermeister der Freien und Hansestadt Hamburg

Einleitung

Max Brauer (1887–1973) war ein bedeutender und rückblickend wohl der bekannteste Bürgermeister Hamburgs im 20. Jahrhundert. Sein Name verbindet sich untrennbar mit dem erfolgreichen Wiederaufbau der Hansestadt aus den Trümmern des Zweiten Weltkriegs. Von 1946 bis 1953 und von 1957 bis 1960 präsidierte Max Brauer dem Hamburger Senat. Gleichzeitig scheint der aus einer kinderreichen und armen Arbeiterfamilie stammende Brauer einen ausgestorbenen Typus sozialdemokratischer Politiker zu verkörpern, angesiedelt in ferner Vergangenheit und ausgestattet mit legendären Zügen. Der spätere Bundeskanzler Helmut Schmidt rückte Brauer bereits in seiner Rede zu dessen Tod im Hamburger Rathaus am 8. Februar 1973 in einen weiten historischen Horizont – als einen „die Sozialdemokratie seiner Generation ganz besonders kennzeichnenden Mann! Arbeiter zunächst, sodann Autodidakt und zugleich Funktionär seiner Partei und schließlich gewählter und immer wieder gewählter politischer Führer, dem insbesondere die Arbeiter und die kleinen Leute vertrauten"[1]; in späteren Erinnerungen schließlich hat Helmut Schmidt den sozialen Ursprung des Politikertypus, den Max Brauer repräsentierte, noch genauer bestimmt als die „gediegene Schicht der Facharbeiter und der gelernten Handwerker, aus der die sozialdemokratisch-hanseatischen Staatsmänner emporgewachsen sind"[2]. Immer wieder ist, etwa von dem Brauer eng verbundenen Senatspressesprecher Erich Lüth, das „Statuarische" eines proletarischen Helden betont worden – Brauers Erscheinung sei „einem Lutherstandbild gar nicht unähnlich" gewesen, zu verstehen wiederum als „Ausdruck seiner von unbändiger Willenskraft diktierten Selbstbeherrschung. Unter der Bronzehaut dieser Erscheinung kochte ein Vulkan, dessen Eruptionen immer gefürchtet waren"[3].

Das Porträt eines aus der Mitte der Arbeiterschaft stammenden volkstümlichen, aber auch „autokratischen Typs", eines „harten, eigenwilligen Mannes"[4] von großer Willenskraft entsprach durchaus der Selbststilisierung Brauers. Seine Rede nach der Wahl zum Oberbürgermeister von Altona 1924 – und in wortwörtlicher Wiederholung nach seiner Aufstellung als Kandidat für das Amt des Ersten Bürgermeisters von Hamburg 1946 – begann mit den Sätzen: „Ich bin in Altona geboren; Altona ist meine Vaterstadt. Als Arbeiterkind bin ich hier groß geworden; durch die Volksschule bin ich gegangen, um selbst Arbeiter zu werden. Die widrigen sozialen Verhältnisse der unteren Volksschichten habe ich am eigenen Leibe kennengelernt. Arbeitslosigkeit, Wohnungselend, alles, was die breiten Schichten unserer Bevölkerung bedrückt, ist mir bekannt. Ich habe, wie viele junge Arbeiter, gehungert und gedürstet nach Bildung und Wissen."[5]
Der letzte Satz dieses Ausschnitts aus der Altonaer Antrittsrede Brauers gibt allerdings einen Hinweis auf eine weniger betonte Seite seiner Biografie, die eher den sozialen Aufstieg durch die Sozialdemokratie als einen selbstgenügsam in seinem Herkunftsmilieu verbleibenden Arbeiterfunktionär hervortreten lässt. Das politische Engagement stellte noch um 1900 für viele Jugendliche aus der Arbeiterschaft die einzige Chance zum sozialen Aufstieg – aber damit eben auch zum Abschied – aus dem erlernten Handwerk dar. Erst dieser Aspekt sensibilisiert für eine kulturgeschichtliche Perspektive[6], welche nicht nur die sozialdemokratische und gewerkschaftliche Arbeiterbewegung vor dem Ersten Weltkrieg auch als individuelle Emanzipationsmöglichkeit begreift, sondern damit zugleich die Formung von Brauers Habitus und seine mentale Prägung einbezieht: Fortschrittsgläubigkeit, eine „soziale Ader", geformt von eigener Herkunftserfahrung, von daher die Gewissheit, zum Wohle der Arbeiterschaft und „kleinen Leute" zu wirken, und schließlich der klare und selbstbewusste Anspruch, als kommunaler Führer

der hamburgischen Sozialdemokratie unbestritten anerkannt und als Stadtoberhaupt geachtet zu werden. Wenn im hier skizzierten Lebensbild nur wenige Hinweise zum privaten Max Brauer gegeben werden, so liegt das an dessen Persönlichkeit selbst, die so weitgehend und aus eigenem Antrieb eine öffentliche gewesen ist, dass sich nur geringfügige Spuren jenseits dieser Sphäre auffinden lassen.

Der durch Brauer repräsentierte politische Typus passte nicht mehr so recht in die 1960er-Jahre, als sich eine bisher nicht gekannte Wohlstandsgesellschaft abzeichnete und die Regierungskunst immer komplexere Strukturen zu berücksichtigen hatte, für die hemdsärmelige Tatkraft und Führungsstärke weniger gefragt waren als das Geschick zur Koordination und Moderation unterschiedlicher Interessen. Die politische Laufbahn Brauers, der nach beiden Weltkriegen Verantwortung für den Wiederaufbau der wirtschaftlichen und gesellschaftlichen Verhältnisse getragen hatte, ging gegen seinen Willen zu Ende. Vielfältige Ehrungen erfuhr er noch am Ende seines Lebens und posthum, etwa die Benennung einer zentralen Verkehrsader von der alten Hamburger Stadtgrenze in das Zentrum Altonas als Max-Brauer-Allee zwei Jahre nach seinem Tod und seit 1993 die Verleihung des Max-Brauer-Preises für besondere Verdienste um das kulturelle, wissenschaftliche und geistige Leben Hamburgs durch die von Alfred Toepfer gegründete Stiftung F. V. S. (Freiherr vom Stein).

Herkunft, Kindheit, Jugend

Max Julius Friedrich Brauer wurde am 3. September 1887 in Ottensen – einer kleinen Industriestadt, die knapp zwei Jahre später nach Altona eingemeindet wurde, – als achtes von 13 Kindern einer armen Glasbläserfamilie aus dem Holsteinischen geboren, deren Geschichte sich bis zur Mitte des 17. Jahrhunderts zurückverfolgen lässt. Brauers Familie wohnte in sehr beengten Verhältnissen und oftmals bitterer Not in einem kleinen zweigeschossigen Haus, einer der Werkswohnungen für die in der Gätcke'schen Glashütte beschäftigten Arbeiter. 92 Familien bewohnten laut einer Umfrage der Provinz-Regierung in Schleswig im Geburtsjahr Max Brauers eine solche Wohnung, vor deren Bezug die Gewerkschaften warnten. Denn wessen Arbeitsplatz, zum Beispiel in Streikauseinandersetzungen, gekündigt wurde oder wer selbst aus dem Betrieb ausscheiden wollte, musste dann auch die Wohnung aufgeben. Der Vater von Max Brauer sah es anders. Ihm gab die Bindung an das Unternehmen von Gätcke eine gewisse soziale Sicherheit. Die Werkswohnung, die Möglichkeit, dort ein eigenes Schwein zu halten, die Erlaubnis für die Mutter, in der Hütte Brot und Kuchen zu backen, galten ihm als Privileg. Der Name dieser „Glashüttenstraße", auf deren östlicher Seite die meisten Werkswohnungen der Gätcke'schen Glashütte standen, damals ein Teilstück des Bahrenfelder Kirchenweges, ist infolge einer Umbenennung (1950) ebenso verschwunden wie der gesamte Industriezweig, der ihr den Namen verliehen hatte.

In der Gätcke'schen Glashütte, in der bereits sein Vater arbeitete, begann Max Brauer, gerade 14 Jahre alt geworden, seine Ausbildung als Glasbläser.

1885 war Hamburg dabei, eine Halbmillionenstadt zu werden, Altona erfüllte gerade die von Statistikern kurze Zeit später festgelegte Definition für eine Großstadt – 100 000 Einwohner –, und in Ottensen zählte man genau 18 635 Köpfe[7]. Handel und Kleingewerbe prägten die Struktur Altonas, das allerdings unter einer starken Abwanderung von Unternehmen nach Hamburg, aber auch über die Stadtgrenzen hinaus in die kleine Industriestadt Ottensen litt. Zu Beginn der 1880er-Jahre war fast ein Drittel der männlichen erwerbstätigen Einwohner Altonas in Hamburg oder Ottensen beschäftigt.[8] Eine Verbesserung der wirtschaftlichen Lage ergab sich erst mit der Eingemeindung von Ottensen 1889, nachdem Altona ins deutsche Zollgebiet aufgenommen worden war.

In Ottensen hatte die Industrialisierung am Ende der ersten Hälfte des 19. Jahrhunderts begonnen, wobei – gemessen an der Zahl der Beschäftigten – die Zigarrenproduktion und metallverarbeitende Betriebe die erste Stelle einnahmen. Die Glasindustrie trat kurze Zeit später und verstärkt nach der Reichsgründung hinzu, ein sehr krisenanfälliges Gewerbe mit überaus harten und der Gesundheit kaum zumutbaren Arbeitsbedingungen. Nach-

Glasarbeiterkinder vor den Gätcke'schen Hüttenwohnungen, um 1900

dem der „Gründerkrach" 1875 zu zahlreichen Entlassungen und mitunter zu einem Wechsel der Besitzer der Glashütten geführt hatte, stieg die Zahl der Beschäftigten zunächst wieder stark an, bis sich bereits um die Jahrhundertwende, mit der Erfindung der Flaschenmaschine in den USA, und dann ganz offensichtlich nach dem Ersten Weltkrieg abzeichnete, dass man dauerhaft kaum mit ausländischen Billigwaren würde konkurrieren können. Damit verbunden war eine Entwertung handwerklicher Fertigkeiten, die auch in der Familie Max Brauers über Generationen tradiert worden waren.

Glasmacher arbeiteten in Rauch, Staub und Hitze, vor allem vor den Öfen oder beim Blasen des heißflüssigen Glasmaterials. Ihre durchschnittliche Lebenserwartung betrug um 1890 gerade 35 Jahre, Arbeitszeiten von 16 bis 18 Stunden an sechs Werktagen, Akkordlohn und Kinderarbeit gehörten zu ihrem Alltag. Speziell die Glasbläser waren durch ihre Tätigkeit gesundheitlich stark gefährdet, denn die Formung des flüssigen Glases mithilfe der sogenannten Pfeife, einer eisernen Röhre von zirka 1,30 bis 1,50 Meter Länge, führte zu einer hohen Belastung der Lunge – Berufskrankheiten wie Lungenerweiterungen (Emphyseme), Rheumatismus und Lungenentzündung sowie Augenerkrankungen infolge nicht vorhandenen Gesichtsschutzes waren weit verbreitet.[9]

In Altona und Ottensen hatte sich in der Phase des eruptiven Städtewachstums in den Jahrzehnten der sogenannten Hochurbanisierung, besonders nach der Gründung des Deutschen Reiches 1871, erheblicher sozialer Sprengstoff angesammelt. Der 1863 in Leipzig von Ferdinand Lassalle gegründete Allgemeine Deutsche Arbeiterverein (ADAV) verfügte hier über eine seiner größten Ortsgruppen, und 1874 schickten die Altonaer – das Wahlrecht besaßen allerdings nur Männer, die älter als 25 Jahre waren, – den ADAV-Vorsitzenden Wilhelm Hasenclever als ihren Abgeordneten in den Reichstag, einige Jahre vor entsprechenden Erfolgen in Hamburg. Nachdem August Bebel beim Vereinigungsparteitag der beiden sozialdemokratischen Strömungen 1875 den berühmt gewordenen Satz gebraucht hatte: „Ist Berlin die Hauptstadt des Deutschen Reiches, so ist Hamburg die Hauptstadt des Sozialismus"[10], präzisierte das lokale Parteiorgan wenig später, Altona habe als „Bollwerk der Sozialisten des Nordens"[11] zu gelten.

Max Brauer wuchs in einer Familie auf, in der die Mutter eher als der Vater, der das patriarchalische Abhängigkeitsverhältnis in der Glashütte als gegeben hinnahm, sozialdemokratische Neigungen entwickelte. Das letzte Jahrzehnt vor der Jahrhundertwende war gekennzeichnet durch harte Auseinandersetzungen zwischen den Unternehmern, die sich in Hamburg und Altona als Erste in Deutschland zu einem mächtigen Arbeitgeberverband zusammengeschlossen hatten, und den Arbeitern, die wiederum als am meisten zur Durchführung von Streiks geeignete und geneigte Gruppe im Reich galten; so streikten die Glasarbeiter im Sommer 1890 gegen die Direktive ihrer Unternehmen, aus den Gewerkschaften auszutreten. Aber es war nicht nur die Atmosphäre von Armut und Klassenkampf, die den heranwachsenden Max Brauer prägte, sondern ebenso die der Arbeiterbewegung eigene Sehnsucht nach Bildungsgütern. Er habe die Maxime seiner sozialdemokratischen Mutter: „Acht Stunden Arbeit – Acht Stunden Schlaf – Acht Stunden Bildung" sehr ernst genommen, berichtete seine jüngste Schwester, und in jeder freien Minute habe er gelesen, was er nur finden konnte, um sich weiterzubilden. Auch wenn Freunde ihn aufforderten, zum Spielen mitzukommen, zog er häufig die Lektüre vor.[12]

Im März 1902, mit gerade 14 Jahren und noch vor der Konfirmation, endete Brauers Schulzeit, die er in der Altonaer Volksschule Lagerstraße 51 (heute Gaußstraße) absolvierte. Brauer erinnerte sich: „Meine älteren Brüder sind noch mit acht und zehn Jahren von der Mutter in die Glashütte zur Arbeitsleistung gebracht worden. Ich bin davon verschont geblieben, aber an meinem vierzehnten Geburtstag sagte mein Vater zu mir: ‚Mit der Schule ist es nun vorbei; morgen kommst du mit mir in die Fabrik. Konfirmiert kannst du später werden.'"[13] Das Bewusstsein, auf der staatlichen Schule nicht genug gelernt zu haben, schlug sich noch in einem späteren, undatierten Lebenslauf nieder, in dem Brauer unter „Schulen" ergänzend vermerkte: „Langjähriger wissenschaftlicher Privatunterricht in Hamburg"[14] – wahrscheinlich war damit die Bildungsarbeit innerhalb der Sozialdemokratie gemeint, die zur Kompensation des Entgangenen ebenso beitragen sollte wie zur Förderung von Klassenbewusstsein.

Max Brauer beendete seine Lehre nach einem Umzug der Familie in Westerhusen bei Magdeburg. Über seine politischen Anfänge und die anschließende berufliche Entwicklung ist nur wenig bekannt. Die Mitgliedsbücher in seinem Nachlass liefern folgende Daten: Eintritt in die Gewerkschaft – den Centralverein der Glasarbeiter und Glasarbeiterinnen, der später in der Gewerkschaft der Chemiearbeiter aufging, – in Magdeburg am 24. Juli 1904 sowie in die Sozialdemokratische Partei in Damgarten (Vorpommern), wohin es seine Familie verschlagen hatte, ein Jahr später, am 1. Juli 1905[15]. Sein Eintritt in die SPD ist allerdings zu präzisieren: Er gründete nämlich selbst, drei Monate vor seinem 18. Geburtstag, die dortige Ortsgruppe, die bald etwa 30 Mitglieder zählte – vor allem Glasarbeiter – und gab sich die Mitgliedsnummer eins.[16] Brauer war zu dieser Zeit bereits, so eine lokale Festschrift, ein bekannter und mutiger Streikführer: „Der junge Brauer trat dem Fabrikbesitzer unerschrocken entgegen und schleuderte ihm die Wahrheit ins Gesicht. War es ein Wunder, wenn er allen Unternehmern ein Dorn im Auge war, da er sie als Hyänen bezeichnete? (...) Mit 18 Jahren trat Brauer – er hatte eine besondere Redebegabung – dem Baron von Lanken (Rügen) konsequent entgegen."[17]

Brauer musste den erlernten Beruf bald aufgeben, stand er doch nach einem von ihm initiierten Streik auf überregionalen schwarzen Listen der Glasfabrikanten. Nach einigen Jahren unsteter Beschäftigung als Bau- und Fabrikarbeiter sowie politischer und gewerkschaftlicher Funktionärstätigkeit trat er 1909, mit 21 Jahren, in seinem Heimatort Ottensen als Angestellter in den Konsum-, Bau- und Sparverein ein[18], fand also wie viele andere Sozialdemokraten sein Auskommen innerhalb der – neben der Partei und den Gewerkschaften – bestehenden sogenannten „dritten Säule" der Arbeiterbewegung. 1911 wurde er in den Vorstand der SPD Ottensen gewählt. Im gleichen Jahr zeigt ihn ein Foto als Delegierten der „10. Generalversammlung der Glasarbeiter und Glasarbeiterinnen Deutschlands" in Ilmenau (Thüringen).

Inzwischen lebte die Familie Brauer, nach dem Tod des Vaters 1911, wieder in Altona, zunächst in der Lager-, dann in der Weberstraße. Max hatte mit seinen neuen Verbindungen für eine Wohnung gesorgt. Seine jüngste Schwester Rosa, deren Obhut Max von seinem Vater am Sterbebett besonders ans Herz gelegt wurde, erinnerte sich, dass die Mutter um ihn am 1. Mai besonders besorgt war und vergeblich bat: „Max, marschier nicht wieder mit! Sonst wirst du wieder arbeitslos."

In den Jahren der politischen Sozialisation, die in das letzte Jahrzehnt vor dem Ersten Weltkrieg fallen, widmete sich Max Brauer vor allem der Literatur. Zum einen las er die Texte der Theoretiker der sozialistischen Bewegung, von Ferdinand Lassalle, Karl Marx und Friedrich Engels bis zu Karl Kautsky und Eduard Bernstein, sowie Fachliteratur zum Genossenschaftswesen; zum anderen gehörte seine Liebe, hierin ermutigt durch die überschwängliche Huldigung von Goethe und Schiller durch die Sozialdemokratie, der klassischen deutschen Literatur. Unter den zeitgenössischen Dramatikern verehrte er Gerhart Hauptmann grenzenlos – eine seiner ersten Amtshandlungen als Oberbürgermeister von Altona war in den 1920er-Jahren eine Einladung des Verfassers der „Weber" in das dortige Stadttheater.[19] Nicht zufällig argumentierte der junge Delegierte Max Brauer auf dem SPD-Bezirksparteitag in Kiel 1912, eine kontinuierliche Bildungsarbeit unter der Jugend sei wichtiger als kurzfristige politische Kampagnen.[20] Der Hunger nach bürgerlichem Bildungsgut drückte eine geistige Regsamkeit und Beweglichkeit aus, die für die Konstruktion eines proletarisch-statuarischen Helden irritierend sein mag.

Am Vorabend des Ersten Weltkrieges stellte die Altonaer Sozialdemokratie eine beachtliche Macht dar, und selbst Wahlrechts-

Zehnte Generalversammlung der Glasarbeiter und Glasarbeiterinnen Deutschlands, Ilmenau (Thüringen) 1911. Brauer, 24 Jahre alt (untere Reihe, rechts)

schikanen konnten nicht verhindern, dass 1909 zum ersten Mal fünf ihrer Abgeordneten in die Stadtverordnetenversammlung einzogen. Hier bot sich in einzelnen Kommissionen für die Bezirke die Gelegenheit zu konstruktiver Mitarbeit, konnte für die Arbeiterschaft erfolgreich um kleine Verbesserungen der Wohnungsversorgung, der Volksschulen oder hygienischer Bedingungen gerungen werden. Brauer kam als Mitglied des SPD-Vorstands von Ottensen mit dieser kommunalreformerischen Praxis in Berührung, und zugleich engagierte er sich in jenen Jahren unermüdlich für die Genossenschaften.

Als nunmehr 26-Jähriger, wie auch sieben seiner Brüder gleich zu Beginn des Ersten Weltkriegs eingezogen, wurde er bald – Durchschuss einer Hand – verwundet, kehrte im November 1915 nach Altona zurück und arbeitete von da an in der Leitung des Schlachterei- und Fleischkonservenbetriebes der „Produktion", der zu einem guten Teil mit Aufträgen für die Versorgung des Heeres ausgelastet war. 1916 heiratete Max Brauer die drei Jahre ältere Erna Pehmöller, die Tochter eines hauptamtlichen Funktionärs des Tabakarbeiterverbandes.[21] Eine Tochter und zwei Söhne, von denen einer schon früh starb, wurden in kurzen Abständen voneinander geboren. Zeitgleich mit der Familiengründung begann 1916 mit der erfolgreichen Kandidatur auf der sozialdemokratischen Liste für die Stadtverordnetenversammlung in Altona die kommunalpolitische Karriere von Max Brauer. Durch seine berufliche Tätigkeit im Genossenschaftswesen nahegelegt, waren es vor allem Fragen der Versorgung der Bevölkerung, für die er sich dort interessierte.

Als Sozialdemokrat im Altonaer Magistrat (1918–1924)

In Hamburg und Altona blieb die innerparteiliche linke Opposition der SPD, die sich während der zweiten Hälfte des Krieges organisierte, vergleichsweise schwach. Der am 29. April 1917 gegründete Kreisverein Hamburg-Altona der Unabhängigen Sozialdemokratischen Partei (USPD), dem öffentliche Versammlungen ebenso wie eine eigene Zeitung verwehrt wurden, konnte bis Oktober 1918 kaum mehr als 500 Mitglieder gewinnen[22], ein Bruchteil der nach Zehntausenden zählenden Mitgliedschaft der Mehrheitssozialdemokratie. Diese Kräfteverhältnisse innerhalb der Arbeiterbewegung wurden nur kurzzeitig durch die Novemberrevolution von 1918 verdeckt. Etwa 5000 männliche Bürger Altonas waren im Ersten Weltkrieg gefallen, aber den Magistrat hatte die Furcht vor einem als noch viel schrecklicher angesehenen Bürgerkrieg befallen. Er „halte Unruhen zwecks Umsturz und Tötung wohlhabender Personen durchaus (für) möglich", teilte der Altonaer Polizeikommandant am 4. November 1918 dem Regierungspräsidenten in Schleswig mit.[23] Zwei Tage später überrollten die revolutionären Ereignisse Hamburg und Altona. Offiziere des Militärs und der Polizei flüchteten oder stellten sich der neuen Gewalt, dem Arbeiter- und Soldatenrat von Hamburg, Altona und Umgebung, zur Verfügung. Weitgehend kampflos war das Bürgertum mit dem „Herrschaftswagen" der Hohenzollernmonarchie – so die sozialdemokratische Tageszeitung „Hamburger Echo" – „zunächst elend in die Tiefe (ge)rasselt"[24].

Das Altonaer Rathaus war von den Revolutionären allerdings ebenso wenig angetastet worden wie die feineren Wohnviertel um die Palmaille, in Othmarschen oder Bahrenfeld, und abgesehen von einigen Plündereien von Lebensmittelläden kam es kaum zu Störungen – die befürchteten revolutionären Exzesse waren ausgeblieben. Polizeipräsident und Landgerichtspräsident waren ebenso im Amt geblieben wie der seit 1910 amtierende parteilose Oberbürgermeister von Altona, Bernhard Schnackenburg. Der liberal und national denkende Schnackenburg hatte bereits im Krieg eine engere Zusammenarbeit mit den Sozialdemokraten angebahnt und noch vor Kriegsende betont, man erkenne die Mitarbeit der Mitglieder der sozialdemokratischen Fraktion in der städtischen Verwaltung respektvoll an; im Sommer 1918 war der SPD-Abgeordnete Hermann Thomas gemeinsam von Liberalen und Sozialdemokraten als ehrenamtliches Mitglied des Magistrats durchgesetzt worden. Am 11. November 1918 rückte dann Max Brauer mit drei seiner Fraktionskollegen, Carl Stoll, Wilhelm Sievert und August Kirch, zunächst als kommissarischer Senator, in den elf-, später zwölfköpfigen Magistrat ein. Brauer, zu diesem Zeitpunkt gerade 31-jährig, war damit der jüngste Senator und Vertreter einer Partei, deren Einbeziehung in die Stadtregierung für gewichtige Teile des lokalen Honoratiorentums eine Schändung ehrwürdiger Traditionen bedeutete.[25]

Die ersten demokratischen Wahlen zur Stadtverordnetenversammlung 1919 bestätigten die sozialdemokratischen Machtansprüche und die Kräfteverhältnisse innerhalb der Arbeiterbewegung. War vordem nur etwa ein Viertel der erwachsenen Bevölkerung – nach preußischem Recht eingeteilt in drei Klassen – wahlberechtigt gewesen, konnten nun Männer und Frauen ihren politischen Willen uneingeschränkt zum Ausdruck bringen. Die Wahl ergab eine überzeugende Mehrheit von annähernd 54 Prozent für die SPD und neun Prozent für die USPD. Die Deutsche Demokratische Partei (DDP), der auch der Oberbürgermeister Schnackenburg beitrat, erzielte 22 Prozent, die nationalliberale Deutsche Volkspartei (DVP) elf und die Deutschnationale Volkspartei (DNVP) drei Prozent. Bezieht man dieses Ergebnis auf die damalige Sozialstruktur Altonas, die einen Arbeiteranteil von knapp 50 Prozent, von knapp 30 Prozent an Angestellten und Beamten sowie von 14 Prozent an Selbständigen ausweist[26], so wird deutlich, dass die Sozialdemokratie auch Wähler der angrenzenden Mittelschichten für sich hatte gewinnen können.

Damit konnten Sozialdemokraten – wie in Hamburg mit Otto Stolten[27] – Senats- bzw. Magistratsverantwortung übernehmen. In beiden Städten aber begnügten sie sich mit einer Beteiligung an der Regierung und beließen kooperationsbereite Honoratioren und kommunale Fachbeamte an deren Spitze. Wie Werner von Melle in Hamburg Erster Bürgermeister, so blieb Schnackenburg in Altona Oberbürgermeister. Entlassen wurde allerdings zum 1. April 1919 sein Stellvertreter Franz Schulz, ein extrem konservativer Antisozialdemokrat, mit dem eine gedeihliche Zusammenarbeit nicht vorstellbar war. Das Amt von Schulz, verbunden mit der einflussreichen Funktion des Kämmerers, übernahm Max Brauer. Insgesamt sechs Sozialdemokraten stellten vom Oktober 1919 an für vier Jahre die Hälfte der Magistratsmitglieder. Die Entscheidung für das Zusammenwirken mit kooperationsbereiten Politikern des alten Regimes war nicht nur der Notwendigkeit geschuldet, auf bürgerliche Verwaltungsexperten angesichts jahrzehntelangen Ausschlusses von der Administration angewiesen zu sein, sondern auch Ausdruck einer langfristigen Strategie: Das sozialdemokratische Projekt, welches das gesamte 20. Jahrhundert in Deutschland überwölbt, zielte letztlich mit hoffnungsvoller Emphase auf ein Bündnis von reformistischer Arbeiterbewegung (Sozialdemokratie und Gewerkschaften) und aufgeklärtem liberalen Bürgertum, vor allem in den großen Städten.

Personifiziert wurde dieses Bündnis in Altona von Oberbürgermeister Schnackenburg und seinem Stellvertreter Brauer, dem zwanzig Jahre älteren Akademiker und Verwaltungsfachmann und dem jugendlichen Aufsteiger aus der Arbeiterschaft. Brauer war nicht nur zuständig für die Finanzen, die Lebensmittelversorgung, die städtischen Wasser-, Gas und Elektrizitätswerke sowie die Demobilisierung der zurückgekehrten Soldaten, sondern wuchs auch in die Amtsgeschäfte des Bürgermeisters hinein. Von März bis August 1919 war Schnackenburg beurlaubt, um als letzter Oberpräsident von Westpreußen zu fungieren, und auch in den folgenden Jahren war er häufiger abwesend. Brauer vertrat in der Regel Altona in den übergeordneten Koordinationsgremien, dem von Konrad Adenauer geleiteten Preußischen

Staatsrat und dem schleswig-holsteinischen Provinzialausschuss sowie Provinzialrat. Der Präsident des Staatsrats, so weiß es eine von Erich Lüth kolportierte Anekdote, habe Max Brauer beim ersten Mal aus dem Saale weisen lassen wollen, weil er ihn für einen jungen Beamten des Hauses hielt, der in der Sitzung nichts zu suchen habe. Brauer soll durchaus nicht gekränkt, sondern stolz darauf gewesen sein, weil er es trotz seiner Herkunft und seines für dieses Gremium jugendlichen Alters schon zum preußischen Staatsrat gebracht hatte.[28]

Die ersten Jahre der Weimarer Republik bedeuteten auch für Altona eine politisch unruhige Zeit, geprägt von sozialer Not, revolutionärer Empörung und rechten Putschgelüsten. Von November bis Dezember 1918 vervierfachte sich die Zahl der Erwerbslosen in Altona auf zirka 8000 Menschen bzw. zwölf Prozent. Die „Verordnung über Erwerbslosenfürsorge" vom 14. November 1918, erlassen vom Reichsamt für wirtschaftliche Demobilmachung, derzufolge ein Sechstel der Kosten von den Kommunen zu tragen war, traf Altona besonders hart, denn wesentlich mehr Altonaer arbeiteten in Hamburg als umgekehrt. Dabei stieg die Zahl der Arbeitslosen seit 1922/23 weiter an. Bei einer Einwohnerzahl von etwa 190 000 wurden 1925 mehr als 30 000 Unterstützungsempfänger registriert.[29] Die Arbeitslosenorganisationen, die mit radikalen Aktionen auf das Los der Erwerbslosen aufmerksam machten, waren im Übrigen eine Domäne der Kommunisten und Anarcho-Syndikalisten.[30] Im Juni 1919 griffen die sogenannten „Sülze-Krawalle", die sich an der Verunreinigung von Fleisch durch Kadaver von Katzen und Hunden in einem Betrieb im Gängeviertel entzündet hatten, rasch auf Altona über. Als der sozialdemokratische Militärkommandant Walther Lamp'l das berüchtigte Bahrenfelder Freikorps, dessen Angehörige in den folgenden Jahren eine wichtige Rolle in der antisemitisch-völkischen Szene der Stadt spielen sollten, anforderte, eskalierte die Situation. Eine große Menge aufgebrachter Demonstranten stürmte das Polizeigefängnis in der Catherinenstraße (heute Elmenhorststraße/Schleestraße) und befreite politische Gefangene, ebenso wie wenig später im Landgericht in der Allee (seit 1975 Max-Brauer-Allee). Allerdings tobten die revolutionären Wirren Anfang der 1920er-Jahre in Hamburg offenbar heftiger als in Altona. Auffallend erscheint die geringe Resonanz des sogenannten „Hamburger

Aufstandes" im Oktober 1923 in Altona, wo lediglich drei Polizeiwachen gestürmt wurden und kaum Opfer zu beklagen waren. Der Gefährdung der jungen Republik von rechts trat Brauer an führender Stelle entgegen, als er, wieder einmal in Abwesenheit des Oberbürgermeisters, im März 1920 den Generalstreik gegen die Kapp-Putschisten proklamierte. Es wirft ein bezeichnendes Licht auf Brauer, dass er dabei nicht auf die Gewerkschaften wartete, die erst drei Stunden nach seiner Anordnung des Generalstreiks ihre eigene Erklärung dazu abgaben. Brauer ließ das Rathaus, das von putschfreundlichen Reichswehr-Einheiten unter General Ledebur besetzt worden war, durch republikanische Heimwehr-Verbände umzingeln. Nach langen Verhandlungen verließ das Militär Altona in Richtung Schleswig-Holstein.[31]

Einen Namen machte sich Brauer in jenen Jahren vor allem als Sozialpolitiker und Krisenmanager. Legendär wurde seine Kreativität angesichts der Hyperinflation von 1923, in der Geld schließlich nicht mehr gezählt, sondern gewogen wurde, wie sich Max Brauer erinnerte. Neben dem üblichen Notgeld brachte er auch Viertel-Dollar-Noten in Umlauf. Der Gegenwert wurde in Feingold durch Altonas Grundbesitz gedeckt. Brauers Hamburger Kollege, Bürgermeister Carl Petersen, habe daraufhin im Altonaer Rathaus angerufen und vor diesem gewagten Unternehmen gewarnt, weil sich die hohen Dollar-Gesamtwerte nach Einführung einer stabilen Währung nicht mehr einlösen ließen. Aber dieses Problem löste sich nach der Währungsreform 1924 ganz von selbst, weil Brauers Dollar-Notgeld einen hohen Sammlerwert erhielt und sogar gegen Aufgeld überall in Deutschland und im Ausland aufgekauft wurde. Außerdem ließ Brauer den städtischen Bediensteten einen Teil ihres Gehalts in Gasmarken auszahlen. Die Marken konnte man als Münzen in die Gasautomaten stecken, die in jeder Wohnung installiert waren, ein konstantes und viel genutztes Zahlungsmittel.[32]

Max Brauer und das „Neue Altona" (1924–1929)

Die kommunalpolitische Bewährung in den schwierigen Anfangsjahren der Weimarer Republik ließ Brauer als Vertreter der stärksten Partei und bisherigen Stellvertreter des Bürgermeisters als natürlichen Nachfolger Schnackenburgs erscheinen, der im Januar 1924 an einer Typhuserkrankung starb. Aber zunächst versuchten der konservativ und deutschnational geprägte Bürgerverein und andere lokale Zusammenschlüsse des Wirtschaftsbürgertums, einen sozialdemokratischen Nachfolger zu verhindern.[33] Jene gaben die Parole aus, die Ende März 1924 anberaumte Magistratswahl zu boykottieren, dann, in letzter Minute, wurde propagiert, die Stimmzettel für die Bestimmung des Oberbürgermeisters und des nominierten neuen Bausenators Gustav Oelsner ungültig zu machen. Etwa 8000 Wähler folgten diesem Aufruf, während Brauer zirka 13 000 der gültigen Stimmen erhielt, eine überwältigende Mehrheit, wie sie auch Oelsner zuteil wurde. Dieser Ausgang wurde von den Boykotteuren aufgrund der niedrigen Wahlbeteiligung von etwa 15 Prozent als „Nichtwahl" abgetan. Dass die Magistratswahlen traditionell eine noch weit geringere Beteiligung aufwiesen, 1919 waren es vier Prozent gewesen, blieb dabei unerwähnt. Eines der führenden Mitglieder des Ottenser Bürgervereins, ein promovierter Justizrat Türck, folgerte aus der niedrigen Wahlbeteiligung, dass Brauer als Oberbürgermeister nicht imstande sein werde, Altona in den auswärtigen Gremien zu vertreten. In einer Eingabe an die

Max Brauer, Oberbürgermeister von Altona, Mitte der 1920er-Jahre

Stadt wurde von Vertretern des Bürgervereins sogar mit der schleswig-holsteinischen Städteordnung von 1869 argumentiert, die eine formale Verwaltungsausbildung vorschrieb – seine „kurze" Tätigkeit als stellvertretender Bürgermeister könne diesen Mangel nicht kompensieren. Hinzu kam der Vorwurf, Brauer habe die Zustimmung der deutschen Sozialdemokratie zur Abtrennung Nord-Schleswigs an Dänemark verteidigt. Er sei ein sozialdemokratischer Extremist mit internationalistischen Neigungen. Solche Angriffe nicht einmal ultrarechter Außenseiter, sondern honoriger Bürger auf Brauer zeigen, wie fragil das strategische Bündnis von Sozialdemokratie und koalitionsbereiten Liberalen war. Als Anfang Mai 1924 die Wahlen zur Stadtverordnetenversammlung stattfanden, erlebten sowohl SPD – ihre Prozentzahl fiel von 54 auf 33 – als auch DDP – sie sank von 22 auf zwölf Prozent – eine bittere Niederlage, die allerdings dem Trend im Deutschen Reich entsprach. Auf der Linken war mit der KPD, die 19 Prozent der Stimmen gewann, auf der Rechten mit einer Einheitsliste von DVP und DNVP, sie erzielte 23 Prozent, sowie einem Zusammenschluss aller völkisch-antisemitischen Gruppierungen einschließlich der NSDAP, der neun Prozent der Stimmen erhielt, eine obstruktionsbereite Opposition erwachsen. Allerdings war die Stellung des Magistrats und darin wiederum diejenige des Oberbürgermeisters dank der preußischen Gemeindeordnung überaus stark, sodass die parlamentarischen Probleme dessen Gestaltungswillen nicht gravierend behinderten. Brauers Amtseinführung fand am 17. Mai 1924 statt. In der bereits zitierten kurzen Ansprache nannte er folgende Programmpunkte seiner künftigen Tätigkeit[34]:
Zuerst habe er den „unbeugsamen Willen, alle Kraft daranzugeben, die sozialen und wirtschaftlichen Nöte unserer Bevölkerung zu mildern und zu überwinden".
Er sei „gewillt, jenen, die mit heißer Sehnsucht nach Wissen und Bildung drängen, den Weg frei zu machen", für eine Verbesserung des Volksschul- und Volkshochschulwesens zu sorgen und sich „mit Hingabe" der Förderung von Musik und Theater zu widmen. Besonders liege ihm das Schicksal der städtischen Beamten, Angestellten und Arbeiter „am Herzen".
Altona sei „neben der mächtigen Schwesterstadt Hamburg wirtschaftlich stark zu machen durch Ansiedlung und Förderung der Industrie, durch Hebung von Handel und Verkehr"; er werde

„nicht ruhen, bis unsere Stadt nicht mehr eine westliche Vorstadt Hamburgs ist, sondern mehr und mehr erfüllt wird von kommunalem Eigenleben mit eigenem, starkem wirtschaftlichem Fundament". Der Altonaer Bevölkerung müsse das „gleiche soziale und kulturelle Niveau" wie den Hamburger Bürgern gegeben werden.

Sein Amtsverständnis leitete er direkt aus der „herrlichen Weimarer Verfassung" ab, in der es heiße: „Der Beamte ist Diener der Gesamtheit, nicht einer Partei." Neu war an diesem Programm nicht zuletzt der selbstbewusste und kämpferische Klang, mit dem Brauer das Lebensrecht Altonas einklagte, nachdem sich seine Vorgänger bereits insgeheim damit abgefunden hatten, dass Altona keine Zukunft neben der übermächtigen Hansestadt haben werde – auch der Arbeiterrat von Groß-Hamburg hatte Ende 1922 für einen Zusammenschluss plädiert, der dann unter anderen politischen Rahmenbedingungen 15 Jahre später realisiert werden sollte.

Die Arbeitsbelastung als Oberbürgermeister war enorm, und es verwundert nicht, dass private Beziehungen zurückstanden. Seine Familie wurde von ihm finanziell unterstützt, aber irgendwelche Protektion von Verwandten oder Bekannten wäre für ihn nie in Frage gekommen. Auch dies mochte dazu beitragen, dass Max Brauer früh eine Aura der Unnahbarkeit umgab. Seine Schwester Rosa erinnerte sich, dass er zwar durchaus zu Familienfeiern in der Wohnung seiner 1926 verstorbenen Mutter in der Wrangelstraße erschien – sie besaß zuletzt 56 Enkelkinder –, aber in seiner Anwesenheit habe eine Atmosphäre der Befangenheit geherrscht; erst wenn er sich verabschiedet habe, sei es wieder heiter geworden.

Brauers Möglichkeiten zur Demonstration sozialdemokratisch geführter Kommunalpolitik – es gab in der Weimarer Republik nur wenige SPD-Großstadtregenten, etwa Robert Leinert in Hannover, Philipp Scheidemann in Kassel, Walter Dudek in Harburg, später Ernst Reuter in Magdeburg – wurden zwar schon bald, mit dem Einbruch der Weltwirtschaftskrise, wiederum auf ein Krisenmanagement reduziert. Aber das Jahrfünft von 1924 bis 1929 zeitigte Erfolge, die im Rückblick markant hervortreten.

An erster Stelle waren es die rege Neubautätigkeit und die Stadtplanung, die nicht allein quantitativ imponierend waren, sondern einen modernen Stilwillen erkennen ließen, der sich mit

Hamburgs Anstrengungen auf diesem Gebiet durchaus messen konnte. „Neu Altona", die Ära von Gustav Oelsner (1879–1956), der mit Brauer mehr als freundschaftlich verbunden und „ein Herz und eine Seele"[35] war, besaß im Bauschaffen der Weimarer Republik eine nicht unerhebliche überregionale Ausstrahlung. Oelsner, aus einer deutsch-jüdischen schlesischen Familie stammend, hatte bereits früh Karriere gemacht und war 1911 Stadtbaurat im oberschlesischen Kattowitz geworden. Dort blieb er, bis die Stadt 1922 an Polen fiel. Im Auftrag der preußischen Regierung erarbeitete er 1923 gemeinsam mit dem Altonaer Stadtbaurat Joseph Brix einen Generalplan zur Entwicklung des Gebietes um Hamburg. Konzeptionell stand Oelsner der Gartenstadtbewegung und dem Deutschen Werkbund nahe, zeitgenössischen Zentren der modernen Architekturentwicklung. Die dicht bevölkerten Innenstadtgebiete mussten seiner Auffassung nach zunächst durch einen Kranz von Arbeitersiedlungen entlastet werden, die mit öffentlichen Verkehrsmitteln in einer Stunde erreichbar sein sollten.

Infolge der wirtschaftlichen Probleme des privaten Bauwesens war die Stadt Altona zum größten und wichtigsten Auftraggeber geworden. Den Angaben des Statistischen Amtes zufolge galten Mitte der 1920er-Jahre mehr als 1000 Wohnungen als abbruchreif.[36] Zur Lösung der Wohnungsnot war dabei zunächst vor allem an der Peripherie gebaut worden, etwa die Gartenstadtsiedlung Steenkamp in Bahrenfeld. Nun, mit dem gemeinsamen Amtsantritt Brauers und Oelsners 1924, verlagerte sich die Wohnungsbautätigkeit wieder zurück in das innere Stadtgebiet Altonas, nachdem zunehmend erkennbar geworden war, dass die Überlegungen zum Siedlungsbau in den verdichteten Arbeiterwohnvierteln in den Planungen vernachlässigt worden waren; allerdings wurde daran festgehalten, dass im Ergebnis etwa 30 000 Menschen aus den Innenstadtgebieten in die äußeren Bezirke umgesiedelt werden sollten.[37] Dies war Voraussetzung des Brauer und Oelsner gemeinsamen Ziels, einen Massenwohnungsbau zu realisieren, der den Bewohnern auch in der Innenstadt ausreichend Licht, Luft und Sonne sowie grüne Flächen bot. Während bei der Realisierung dieses Vorhabens der privat finanzierten Initiative eine vergleichsweise geringe Rolle zukam, beeindruckte die rege Tätigkeit der städtischen Siedlungs-Aktiengesellschaft SAGA und genossenschaftlicher sowie gewerkschaftlicher

Städtischer Wohnblock Bahrenfelder Steindamm, 1927/28

Gesellschaften, darunter des Unternehmens „Selbsthilfe", einer lokalen Vorläuferin der „Neuen Heimat". Brauer selbst schätzte, dass es etwa zehn Jahre dauern werde, bis bei reger Bautätigkeit die schlimmste Wohnungsnot verschwunden sein werde.[38]
Unter Oelsners Leitung wurden an der Langenfelder Straße (1924), Düppel- und Koldingstraße (1925–1927) sowie am Lunapark (1928) großzügige Wohnblock-Randbebauungen mit geräumigen Innenhöfen realisiert, die gärtnerisch gestaltet waren und den Zeitgenossen als besonders fortschrittlich galten. Stilistisch progressiver als die Siedlungsprojekte des Oberbaudirektors Fritz Schumacher in Hamburg, mit dem Oelsner eng befreundet war, folgte Oelsner mit der Gestaltung kubisch geformter und horizontal geschichteter Baukörper der Linie des Neuen Bauens, das heute als architektonischer Inbegriff der 1920er-Jahre gilt, obwohl es nur annähernd ein Zehntel der deutschen Siedlungen jener Zeit bestimmte.
Im September 1925 konnte Max Brauer vor 40 000 Zuschauern die Einweihung des städtischen Stadions im Volkspark vornehmen, dessen Grundsteinlegung bereits in seine Amtszeit als Bürgermeister gefallen war. Die Fertigstellung dieser Anlage wurde von den Zeitgenossen als sportpolitischer Höhepunkt in der Geschichte Altonas angesehen. Eine zeitgenössische Broschüre hielt den feierlichen Moment fest: „Alles, aber auch alles,

Städtische Wohnblockbauten in der Bunsenstraße, 1926/27

Städtisches Krankenhaus Allee, Neubau des Schwesternhauses, 1926/27

Arbeitsamt Kieler Straße, 1926/27

machte an diesem Tage mit. Bei weitem am imposantesten war der Aufmarsch der Arbeiter-Turner und -Sportler mit ihrem Trommler- und Pfeiferkorps von rund 500 Mitwirkenden. Das war Rhythmus, das war Disziplin. Es gab im weiten Rund des Stadions wohl niemand, der nicht Freude und Stolz bei diesem Anblick empfand. (...) Nach dem halbstündigen Aufmarsch nahm der Altonaer Oberbürgermeister Brauer die Weihe der Anlage vor; er sprach kurz und klar, in markigen Worten, ohne Phrasen. Und deshalb wirkten seine Worte so nachhaltig. Der Sinn derselben war: ‚Die Hebung der Volkskraft ist das Ziel ... Ein verheißungsvoller Anfang ist es, daß die Sportvereine aus allen Lagern sich hier zusammengefunden haben. Möge das Stadion auch weiterhin Zeugnis geben von dem, was echter Bürgersinn vermag! Der Wohlfahrt unserer gesamten Bevölkerung sei es geweiht.'"[39]

Überregionale Beachtung fand 1926/27 das kommunale Schwesternhaus an der Allee, mit dem die architektonische Moderne erstmals im Hamburger Raum einen repräsentativen Straßenzug prägte. Die Pestalozzi-Schule an der Kleinen Freiheit (1928) oder das Montessori-Kinderhaus an der Koldingstraße (1929) waren weitere Schmuckstücke dieses modernen Bauens. Zugleich demonstrierte Oelsner bei der Erstellung des städtischen Arbeitsamtes an der Kieler Straße, dass es ihm, in diesem

Pestalozzi-Schule an der Kleinen Freiheit, Treppenhaus, 1928

Oberbürgermeister Max Brauer eröffnet die Ausstellung des Malerhandwerks „Farbiges Altona", 1928.

Falle mit einem markanten Rasterbau und konstruktivem Betongerüst, nicht nur um ein Prinzip der Gestaltung ging, sondern um einen adäquaten baulichen Rahmen für die Rationalisierung der inneren Abläufe zur Arbeitsvermittlung und Arbeitslosenunterstützung. Diese Funktionalität wurde auch im Blick auf Oelsners wichtigstes Werk, das 1929 eingeweihte „Haus der Jugend" am Platz der Republik, rühmend hervorgehoben. Mit der Stadthalle, dem heutigen Altonaer Theater, und der Berufsschule sollte es zu einer Art Kulturzentrum verbunden werden. Was in Altona am Ende der 1920er-Jahre erbaut wurde, war die friedliche Vision von einer kommunalen Sozialpolitik im ästhetisch ansprechenden Gewand der Moderne, wofür niederländische Vorbilder ebenso wie Bruno Tauts Idee des „Farbigen Bauens" aufgegriffen wurden. Brauers Rede zur Eröffnung der Ausstellung „Farbe in Altona", gehalten im Juni 1929 vor dem Malerhandwerk, drückte dies sinnfällig aus.[40]

Einen Teil dieser Vision bildete die Verbesserung des Zugangs zur Kultur für breitere Schichten der Bevölkerung, ein zentrales Anliegen bereits der Sozialdemokratie vor dem Ersten Weltkrieg, das auch Brauer besonders am Herzen lag. Stadtarchiv, Museum und Bücherei wurden ausgebaut, das Musik- und Theaterleben gefördert. Einen kulturpolitischen Akzent setzte

Das 1929 eingeweihte Berufsschulzentrum „Haus der Jugend" am Platz der Rebublik gilt als wichtigstes Werk des Architekten Gustav Oelsner.

Brauer, der sich gern mit Künstlern umgab, bereits 1927 mit der Überführung des Heinrich-Heine-Denkmals in den Donnerspark – eine bewusste Hommage an den großen Dichter, der in deutschnationalen und völkischen Kreisen als Jude verhasst war. Die Skulptur des sitzenden Dichters mit einer Schreibfeder war ursprünglich 1910 im Hof von Campes Kontorhaus in der Mönckebergstraße, auf privatem Grund, aufgestellt worden, weil die Stadt Hamburg kein Interesse an einer öffentlichen Ehrung zeigte; dort war sie immer wieder Schändungen von antisemitischer Seite ausgesetzt gewesen. Im Zusammenhang mit der Initiative Brauers, dem Heine-Denkmal in Altona Asyl zu gewähren, muss erwähnt werden, dass Brauer jüdische Freunde hatte und bereits Mitte der 1920er-Jahre dem Pro-Palästina-Komitee beitrat.[41] Voraussetzung für eine erfolgreiche Kommunalpolitik war zum einen die Erweiterung Altonas durch Eingemeindung preußischer Orte, um sozusagen im Wettlauf mit den Groß-Hamburg-Plänen ein Groß-Altona entstehen zu lassen. Zum anderen aber war Brauer Realist genug, einen engen landesplanerischen Zusammenhang mit Hamburg anzustreben, der wiederum so beschaffen sein sollte, dass Altonas Lebenskraft gestärkt werden würde. Nach seinem Amtseintritt begann er umgehend mit einer Eingemeindungskampagne zur Schaffung eines „blühenden bedeutenden Altona"[42], für die er erfolgreich nicht nur das liberale, sondern auch das konservative Bürgertum der Stadt einspannte. Im November 1924 stellte er auf einer Pressekonferenz ein überparteiliches Komitee vor, den Werbeausschuß für ein größeres Altona, dessen Vorsitz Vize-Admiral a. D. Harald Dähnhardt übernahm und dem auffallend viele Rechtsanwälte und Notare angehörten, während gleichzeitig in zahlreichen umliegenden schleswig-

Gerhart Hauptmann und Frau als Gäste der Stadt Altona, Mitte der 1920er-Jahre (links Brauer)

holsteinischen Orten gerade die lokalen Honoratioren Widerstand gegen Altonas Eingemeindungsgelüste organisierten.
Die Lektüre von Brauers Reden und Schriften aus dieser Zeit vermittelt durchaus den Eindruck, dass ihm bewusst war, welche Chancen das Thema Eingemeindung bot, eine politisch und sozial übergreifende städtische Identität zu modellieren und diese für die Stärkung seiner eigenen Position zu nutzen. Neben den immer wieder angeführten wirtschaftlichen Erwägungen wurden von Brauer, so die zeitgenössische Terminologie, sozialhygienische Argumente vorgebracht. Altona habe im Verhältnis zur Einwohnerzahl eine viel geringere Fläche als andere Großstädte. In der Altstadt bestünden die „schlimmsten städtebaulichen Zustände", seien die „Wohnverhältnisse fast beispiellos ungünstig" und bildeten einen „Herd von Seuchen und Verbrechen"; die notwendige Umsiedlung von Teilen der Bevölkerung innerhalb Altonas aber werde durch die engen Grenzen der Stadt verhindert.[43]
In einer großen Rede vor dem Werbeausschuß für ein größeres Altona brachte Brauer zudem ein nationales Argument ins Spiel, das in geschickter Weise sowohl gegen Anhänger eines Anschlusses von Altona an Hamburg wie gegen die lokalen schleswig-holsteinischen Gegner einer Eingemeindung nach Altona gerichtet werden konnte. Durch die Herauslösung Altonas aus der Provinz Schleswig-Holstein könne „dieses Grenzland, (...) das der Vorposten ist gegen das vordringende Dänentum", seine „geschichtliche Aufgabe" nicht mehr lösen; es handle sich darum, „ob der deutsche Gedanke im Norden siegreich bleibt oder nicht", und dafür sei die Überlebensfähigkeit und Stärkung Altonas der Schlüssel.[44] Brauer gab sich hier nicht nur ganz als überparteilicher Patriot, sondern ging auch explizit auf die Frage des möglichen Parteiegoismus ein: „Den Sozialdemokraten in Altona, wenn sie ganz engherzig die Sache auffassen, kann nichts Besseres passieren, als daß die Stadt Altona auf das jetzige Gebiet beschränkt bleibt, denn dann ist die sozialistische Mehrheit in Altona nicht zu brechen. Das können Sie mir glauben. Ich freue mich darüber, daß über parteiliche Eigenart hinaus alle politischen Parteien in Altona gesagt haben: Es handelt sich nicht darum, was für die Partei gut ist, sondern es handelt sich darum, was für die 200 000 Menschen gut ist, die in diesem Gebiet leben und wohnen sollen."[45]

Letztlich war Altona, das von der preußischen Landesregierung unterstützt wurde, in der stärkeren Position als die Gegner einer Eingemeindung in den schleswig-holsteinischen Landgebieten.[46] 1926 und 1927 kamen etliche und zum Teil wohlhabende ländliche Vororte wie Rissen, Sülldorf, Blankenese, Langenfelde, Eidelstedt, Lurup, Osdorf, Groß Flottbek, Kleinflottbek, Nienstedten und Stellingen zu Altona. Dies hatte nicht zuletzt positive Auswirkungen auf das Steueraufkommen, denn viele Hamburger Geschäftsleute, die in Hamburg ihr Geld verdienten, bewohnten entlang der Elbchaussee und ihrer Umgebung herrschaftliche Villen. Altona war mit den Eingemeindungen zu einer Viertelmillionenstadt angewachsen, die als besonders dynamische preußische Großstadt galt. Dies wurde durchaus mit dem jugendlich wirkenden Oberbürgermeister in Verbindung gebracht, der denn auch in der zweiten Hälfte der 1920er-Jahre mehrfach für Ministerposten in der preußischen Regierung im Gespräch war.

Zugute kam Altona auch die Ende 1928 vertraglich vereinbarte preußisch-hamburgische Hafengemeinschaft, die das Problem des zu kleinen Altonaer Elbhafens löste. Seit der Jahrhundertwende hatte sich nämlich die Tendenz abgezeichnet, dass Altonas Hafen lediglich beim Anlanden des Fischfangs konkurrieren konnte, während der Außenhandel über den Hamburger Freihafen abgewickelt wurde. Die Hansestadt beteiligte sich nun am Ausbau von Altonas Fischereihafen, wenngleich damit eigene Interessen in Cuxhaven tangiert waren.[47] Obwohl Altona bei den Verhandlungen mit Hamburg nicht direkt beteiligt war, spielte Brauer doch eine wichtige Rolle im Hintergrund; in Verbindung zum preußischen Ministerpräsidenten Otto Braun brachte er die Interessen der Stadt recht wirksam ein. Zum preußischen Unterhändler und späteren Bürgermeister von Hamburg, Herbert Weichmann, entwickelte Brauer in dieser Zeit eine dauerhafte Freundschaft[48], die auch die Zeit des Exils überdauerte und im Wiederaufbau nach dem Zweiten Weltkrieg vertieft werden sollte.

Die Hafengemeinschaft mit Hamburg war das Herzstück der sogenannten „Niederelbe-Verträge", die am 5. Dezember 1928 vom Hamburger Bürgermeister Carl Petersen und dem preußischen Ministerpräsidenten Otto Braun unterzeichnet wurden. In deren Einleitung hatten die Vertragspartner erklärt, dass es

Max Brauer, Oberbürgermeister von Altona, 1928

notwendig sei, die „erforderlichen Maßnahmen in gemeinsamer Arbeit so zu treffen, als ob Landesgrenzen nicht vorhanden wären"[49]. Dazu zählte auch die Verkehrsplanung, die mit der Schaffung von Groß-Altona unter Brauer überhaupt erst auf ein sicheres Fundament gestellt werden konnte. Seit den 1890er-Jahren hatte es drei später durch elektrische Trambahnen ersetzte Pferdebahn-Gesellschaften gegeben, die mit ihrer Linienführung Gebiete von Hamburg und Altona verbanden. Nach dem Auslaufen der Konzessionen kamen die Verhandlungen unter den Bedingungen der wirtschaftlichen Not nicht recht voran, weil für die mehrheitlich dem hamburgischen Staat gehörende Hamburger Hochbahn AG (HHA) Altonaer Verkehrsinteressen hinter eigenen Rentabilitätserwägungen zurückstanden. Auf Initiative Brauers wurde daraufhin im Januar 1925 die Verkehrs-Aktiengesellschaft Altona (VAGA) gegründet, die das Altonaer Stadtgebiet und die neuen eingemeindeten Gegenden mit einem modernen „Autobus-Schnellverkehr" erschloss und mit diesem System in Deutschland eine führende Position beanspruchte. Innerhalb von zwei Jahren waren die geplanten Linien realisiert worden. Ein großer Nachteil lag lediglich darin, dass die VAGA die Hamburger Grenze nicht überfahren durfte. Die Linien endeten häufig nur wenige Meter vor der Grenze an verkehrstechnisch ungünstigen Punkten. Auch eine Tarifgemeinschaft mit der HHA gab es nicht, sodass die Fahrgäste beim Übergang einen neuen Fahrschein lösen mussten. Die „Niederelbe-Verträge" ließen dann wenigstens eine Verlängerung der Linien auf hamburgischem Gebiet bis zum nächsten Schnellbahn-Anschluss zu, während die HHA in einem Radius von 30 Kilometern um Hamburg das Verkehrsmonopol zugesprochen bekam. Bemühungen der Altonaer Delegation unter Brauer, in einem gemeinsamen Ausschuss mit Hamburg auch eine Tarifgemeinschaft mit der HHA zu erreichen, führten nicht zum Erfolg, weil diese wiederum erfolglos die Einstellung des Busbetriebs zumindest in der Innenstadt von Altona forderte. Brauer, der dem Aufsichtsrat der HHA als Vertreter Altonas seit 1924 angehörte, lieferte sich dort heftige Auseinandersetzungen mit den hamburgischen Kollegen.[50]

Am Ende der 1920er-Jahre konnte Max Brauer mit berechtigtem Stolz auf die kommunalpolitische Bilanz des ersten Jahrfünfts seiner Amtszeit als Oberbürgermeister zurückblicken. Die

Wähler honorierten die erzielten Erfolge mit einer allmählichen Ausweitung der sozialdemokratischen Stimmenanteile, die bei den Stadtverordnetenwahlen 1927 und 1929 auf 38 bzw. 39 Prozent (gegenüber 33 Prozent 1924) anstiegen. Im gleichen Ausmaß fiel der Anteil der Kommunisten von 19 auf 17 und dann 15 Prozent. Während das Spektrum der bürgerlichen Parteien bei den Wahlen von 1927 sich stark zersplittert präsentierte, errang eine gemeinsame Liste von DVP und DNVP 1929 etwa ein Viertel aller Stimmen. Der Anteil der Deutschen Demokratischen Partei, des einzigen verlässlichen Koalitionspartners der SPD, betrug jeweils sechs Prozent. Hinzu kamen 1929, bei der letzten regulären Kommunalwahl vor dem Machtantritt Hitlers, ebenfalls sechs Prozent für die NSDAP, eine Verdreifachung gegenüber dem Ergebnis von 1927, aber ein Verlust gegenüber dem völkischen Wahlerfolg von 1924.

Insgesamt schien es so, als ob Brauer angesichts solcher Ergebnisse auf dem vorgezeichneten Weg würde voranschreiten können. Seine Rede zu den Haushaltsberatungen im März 1929 beendete er mit den Worten: „Der Pessimismus, der diese Stadt, ihre Bevölkerung und Stadtverordnetenversammlung jahrelang erfüllt hatte, hat keine Berechtigung mehr! Unsere Politik und unsere Maßnahmen müssen zum Segen unserer Stadt sich auswirken!"[51] In diesen Wochen erschien auch das voluminöse und reich bebilderte großformatige Werk „Neues Altona 1919– 1929", das der Stadtarchivar Paul Theodor Hoffmann im Auftrag des Magistrats zusammengestellt hatte – eine eindrucksvolle Imagination der modernen Großstadt.[52]

Theoretischen Ausdruck fand Brauers Idee einer kommunalen Wirtschaftstätigkeit, auf der alle seine Reformanstrengungen im Rahmen sozialdemokratischer und gewerkschaftlicher „wirtschaftsdemokratischer" Vorstellungen basierten, allerdings erst in einem Referat vor dem Kongress des Allgemeinen Deutschen Gewerkschaftsbundes (ADGB) 1931, also mitten in der Weltwirtschaftskrise. Der „öffentliche und der genossenschaftliche Betrieb" galten ihm hier als die „reinsten Formen der Wirtschaftsdemokratie", die es gegen alle Vorstöße zur Privatisierung zu verteidigen gelte, die seit Mitte der 1920er-Jahre verstärkt erhoben würden. Nun, unter den Bedingungen der Krise, die für breite Bevölkerungsschichten „das Versagen der Privatwirtschaft" bezeugte, mochte die Perspektive einer Ausweitung

Nach der Unterzeichnung eines Abkommens über Landesplanung und Hafenentwicklung zwischen Preußen, Altona und Hamburg am 5. März 1928. Vor dem Eingang des Jenisch-Hauses (gründerzeitlich angefügte Terrasse 1953 entfernt) posieren in der Mitte der preußische Ministerpräsident Otto Braun,

links von ihm Senator Adolph Schönfelder, rechts von ihm Altonas Oberbürgermeister Max Brauer und Hamburgs Erster Bürgermeister Carl Petersen. Dritter von links: Herbert Weichmann (auf der dritten Stufe)

der öffentlichen Betriebe sogar neue Überzeugungskraft gewinnen. Allerdings streifte Brauer diese neuen Bedingungen kaum; seine Ausführungen blieben auf einer prinzipiellen theoretischen Ebene und endeten mit dem „Ruf nach Weiterentwicklung unserer Wirtschaft auf dem Wege zur wirtschaftlichen Demokratie"! Brauer hat diese Rede offenbar als seinen wesentlichen Beitrag zur sozialdemokratischen und gewerkschaftlichen Wirtschaftsprogrammatik verstanden und ließ sie nach dem Zweiten Weltkrieg kaum verändert wieder auflegen.[53]

In den Krisenjahren der Republik (1930–1932)

In der Weltwirtschaftskrise waren zunächst wieder Brauers Management-Qualitäten gefragt, seine Vorliebe für unkonventionelle Lösungen, wie er sie zu Zeiten der Inflation bereits gezeigt hatte. Brauers Notprogramm sah eine beträchtliche Anhebung von Besitz- und Betriebssteuern vor, die beim Block der bürgerlichen Parteien auf heftige Proteste stieß. Um das Programm zu verhindern, sann man dort auf Mittel zur Obstruktion. 500 Einwände wurden vorgebracht, bei normaler Verhandlungsdauer in der Stadtverordnetenversammlung eine Verzögerung um Wochen. Daraufhin berief Brauer das Gremium zu einer sonntagvormittäglichen Sondersitzung für den 13. April 1930 ein. Auch dies bot Anlass für heftige Proteste, handelte es sich doch um den Palmsonntag, traditionell ein Datum für Konfirmationen. In der rechten Presse erhielt Brauer den Titel „Palmsonntagsdiktator"[54]. Allerdings war die Krise viel zu tief greifend, als dass sie von einem noch so geschickten Bürgermeister hätte bezwungen werden können. Sie entzog der städtischen Finanzpolitik den Boden. Brauer hatte in einem Vortrag auf der Hauptversammlung des Deutschen Städtetages in Dresden Ende September 1930 noch die These vertreten: „Eine Gemeinde ohne Schulden tut entweder zu wenig für ihre Zukunft, oder sie fordert zuviel von der Gegenwart."[55] Aber diese Rechtfertigung für eine Verschuldung zur Finanzierung städtischer Reformvorhaben basierte auf den Erfahrungen aus der kurzen Phase positiver Konjunkturentwicklung in der zweiten Hälfte der 1920er-Jahre, als die aufgenommenen Kredite unschwer zurückgezahlt werden konnten. Altona, das relativ die stärkste Verschuldung aller preußischen Großstädte aufwies, traf nun die Krise sehr hart. Mit Maßnahmen wie derjenigen vom Oktober 1929, als Brauer anordnete, eine Massenkontrolle der Straßenhändler in Altona durchzuführen, um unter diesen diejenigen zu ermitteln, die unbefugt Fürsorgemittel erhielten[56], war es bald nicht mehr getan. Die Zahl der Erwerbslosen in Altona stieg bis 1932 auf annähernd 20 000, die soziale Lage schien trostlos wie überall. Je länger die Krise anhielt, desto weniger finanzielle Mittel standen den Kommunen einerseits zur Verfügung und desto mehr Erwerbslose und Fürsorgeempfänger waren andererseits zu versorgen, was zu immer rücksichtsloseren Kürzungen der sozialen Leistungen führte. Vor diesem Hintergrund vollzog sich eine extreme politische Radikalisierung, sichtbar bei den Wahlen zum Reichstag und preußischen Landtag wie angesichts zunehmender Auseinandersetzungen auf der Straße und in Versammlungen.

Die in die Geschichte eingegangene Katastrophen-Wahl zum Reichstag im September 1930, die den parlamentarischen Dammbruch gegenüber der NS-Bewegung anzeigte, führte auch in Altona zu einer völlig neuen Konstellation. Die NSDAP vermochte ihre Stimmenzahl gegenüber der Reichstagswahl von 1928 auf 32 000 zu verzehnfachen und war damit zur zweitstärksten Kraft nach der SPD geworden, die mit 47 000 Stimmen allerdings nur leichte numerische Verluste hinzunehmen hatte. Die Kommunisten nahmen – bei starken Zugewinnen – mit 28 000 Stimmen den dritten Platz ein. Die Stellung des Magistrats war dadurch allerdings nicht unmittelbar tangiert. Da in den Krisenjahren der Republik keine Kommunalwahlen in Altona stattfanden, öffnete sich vielmehr die Schere der Meinungsbildung zwischen einer radikalisierten Bevölkerung und der noch unter besseren Bedingungen gewählten Mehrheit der Stadtverordneten.

Die Preußen-Wahl im April 1932 ergab insgesamt eine ungefähre Verdoppelung der nationalsozialistischen Stimmen (im Vergleich zur Reichstagswahl von 1930). Während sich dagegen Sozialdemokraten, Kommunisten und Zentrum halten konnten, wurden die kleineren liberalen und konservativen Parteien,

Deutsche Volkspartei, Deutsche Staatspartei, Wirtschaftspartei, Landvolk und andere, geradezu aufgerieben. Ergebnis war der Verlust der parlamentarischen Mehrheit für die Regierung von SPD, Zentrum und Staatspartei in Preußen. Sie konnte nur deshalb „geschäftsführend" im Amt bleiben, weil die oppositionellen Fraktionen sich selbst ebenso sehr wie die Regierung bekämpften. Das Altonaer Ergebnis spiegelte die grundsätzliche Tendenz des Wahlergebnisses wider: Aufstieg der NSDAP zur stärksten Partei, geringe Verluste der SPD, allerdings – im Unterschied zum Ergebnis in ganz Preußen – auch der KPD, und ein katastrophaler Einbruch der Staatspartei und der DVP.

Die verbalen Provokationen und tätlichen Auseinandersetzungen zwischen den verfeindeten politischen Lagern steigerten sich im Sommer 1932 zu jenem „Altonaer Blutsonntag", der traurige nationale Berühmtheit erlangte. Am 17. Juli 1932 marschierten 7000 SA- und SS-Leute, zum großen Teil aus dem schleswig-holsteinischen Umland, begleitet von einem enormen Polizeiaufgebot, durch Arbeiterwohngebiete der Innenstadt von Altona. Es handelte sich um eine bewusste offene Provokation der Nationalsozialisten, die in Stadtvierteln, die als Hochburgen der sozialdemokratischen und kommunistischen Arbeiterbewegung galten, eine machtvolle Präsenz zeigten und damit ihre dort in der Minderheit befindlichen Anhänger, vor allem kleine Angestellte und Ladenbesitzer, moralisch stärken wollten. Nachdem der Aufmarsch trotz aller Warnungen nicht verboten worden war, mobilisierte das sozialdemokratische Reichsbanner seine Mitglieder nach Itzehoe zu einer Kundgebung, um Konfrontationen zu vermeiden. Eine Stellungnahme von Brauer zur Strategie der Polizei gegenüber dem Naziaufmarsch ist nicht bekannt, offenbar mischte er sich nicht in die Ressortangelegenheit des Altonaer Polizeipräsidenten Otto Eggerstedt ein, der nur wenig älter war als er und von den Nationalsozialisten 1933 ermordet wurde. Die KPD allerdings rief ihre Anhänger dazu auf, den vom „sozialdemokratischen Polizeipräsidenten" genehmigten Marsch der „braunen Mordpest" zu verhindern.[57] Als die nationalsozialistische Demonstration die Kreuzung der Johannisstraße und Schauenburger Straße (heute Walter-Möller-Park/Schomburgstraße) überquerte, wurde sie aus umliegenden Häusern beschossen, zwei SA-Leute verloren ihr Leben, mehrere wurden verletzt. Wahrscheinlich gingen den Schüssen wiederum

Provokationen der Nationalsozialisten, etwa das Abreißen von kommunistischen Plakaten und Transparenten, voraus. Jedenfalls beantwortete die Polizei das Feuer. Die blutige Bilanz: 18 Tote, darunter mehrere Kommunisten und etliche unbeteiligte Zuschauer. In der kommunistischen Propaganda wurde diese Auseinandersetzung als entschlossene bewaffnete Gegenwehr eines proletarischen Viertels gegen Faschismus und Staatsmacht glorifiziert, für die Reichsregierung, Franz von Papens „Kabinett der Barone", bildete der „Altonaer Blutsonntag" die willkommene Begründung, die sozialdemokratisch geführte preußische Landesregierung, die Recht und Ordnung nicht mehr garantieren könne, abzusetzen und an ihrer Stelle einen Reichskommissar zu plazieren. Die Altonaer Ereignisse dienten damit als Anlass für die Beseitigung der letzten starken Bastion republikloyaler Kräfte. Die Nationalsozialisten sollten sich an ihren Gegnern noch blutig rächen. Nach ihrer Machtübernahme urteilten Sondergerichte über mehr als 500 Beschuldigte wegen der Vorkommnisse an jenem Tag und ähnlicher Auseinandersetzungen vorher und nachher. Über zwanzig Todesurteile und viele langjährige Zuchthausstrafen wurden verhängt.

Max Brauer folgte nach dem sogenannten „Preußen-Putsch" des „Kabinetts der Barone" (Papen/Schleicher) der Linie der sozialdemokratischen Parteiführung, die eigenen Anhänger vor unbedachten Aktionen zu warnen, die zu einem Verbot der SPD führen könnten. Auf einer Versammlung im Kaiserhof am 20. Juli, so erinnerte sich Brauer rückblickend, habe er argumentiert, dass man die Situation nicht mit der beim Kapp-Putsch verwechseln dürfe – in der Weltwirtschaftskrise sei der Generalstreik eine stumpfe Waffe und bewaffneter Widerstand angesichts der Unzuverlässigkeit der preußischen Polizei in vielen Städten ein fahrlässiges Risiko. Auf einer weiteren Versammlung, die wenige Tage vor der für den 31. Juli 1932 anberaumten Reichstagswahl stattfand, bewertete er die entstandene Lage: „Hinter allen Maßnahmen der Regierung, die sich in nicht zu überbietender Anmaßung ein ‚Kabinett der nationalen Konzentration' nennt, steht der Wille der Nationalsozialisten, zur Macht zu kommen. (…) Über die Begründung des Vorgehens gegen die preußische Regierung muß jedem anständig denkenden Menschen die Schamröte ins Gesicht steigen. Männer, die ein Leben lang für die Demokratie kämpften, werden in der ungeheuerlichsten

Weise des Paktes mit den Kommunisten verdächtigt (...) und als Staatsfeinde bezeichnet. (...) Am 31. Juli wird die deutsche Arbeiterschaft ein Beispiel dafür geben, daß sie durch die Schule von Marx und Engels gegangen ist und daß sie mit allen Fasern ihres Herzens an dem großen sozialistischen Ziel hängt."[58] Am gleichen Tag, an dem diese Rede im „Hamburger Echo" abgedruckt wurde, erschien im nationalsozialistischen „Hamburger Tageblatt" ein Artikel, in dem Brauer, höhnisch als „Kämpfer für eine ‚geistige Basis'" vorgestellt, persönlich für den „Altonaer Blutsonntag" verantwortlich gemacht wurde. Der Oberbürgermeister habe seit Langem die „Bestrebungen der Kommune toleriert" und die „Terror-Schar" des Reichsbanners offiziell gefördert. „Unter einer energischen und neutralen Stadtregierung hätte es zu diesem Blutsonntag nie kommen können."[59]

Das Ergebnis der Reichstagswahl vom 31. Juli 1932 bestätigte in Altona die nationalsozialistische Partei mit 56 000 Stimmen als stärkste politische Kraft gegenüber der SPD mit 45 000 und der KPD mit 28 500 Stimmen; allerdings zeigte dieses Ergebnis zugleich, dass der Höhepunkt der NS-Bewegung, den sie im Frühjahr 1932 erreicht hatte, bereits hinter ihr lag. Zur Gewissheit wurde dies nach der Auszählung der Stimmen zur Reichstagswahl am 6. November 1932. Wie überall im Deutschen Reich verlor die NSDAP auch in Altona viele ihrer Wähler – vornehmlich bürgerlicher Wohnviertel –, die angesichts des brutalen Straßenterrors der NS-Bewegung und ihrer nun wieder akzentuierten sozialrevolutionären Attitüde zum Teil zur Deutschnationalen Partei zurückkehrten. In Altona büßte die NSDAP über 9000 Stimmen ein, die DNVP gewann etwa 6000 hinzu und verdoppelte damit nahezu ihre Wählerschaft. Die Sozialdemokraten mochten sich über dieses Ergebnis nicht recht freuen, büßten sie doch etwa zehn Prozent ihrer einstigen Stimmen ein und lagen mit 40 500 nur noch knapp vor den Kommunisten mit etwa 33 000 Stimmen, die im gleichen Ausmaß zugelegt hatten. Der Ansturm der Nationalsozialisten schien damit zwar gescheitert, aber von einer konstruktiven parlamentarischen Mehrheit war man im Reich wie in Preußen sowie in Altona gleich weit entfernt.

Flucht aus Hamburg

Brauers Einschätzung der politischen Situation unterschied sich Anfang 1933 offenbar nicht vom Zweckoptimismus, der allgemein in der Sozialdemokratie gepflegt wurde. Er wurde rasch eines Schlechteren belehrt. Die „Machtergreifung" der Nationalsozialisten verlief in Altona in den gleichen Bahnen wie im benachbarten Hamburg und im gesamten Reich.
Allerdings gehörte Brauer, obwohl in der Weimarer Republik ebenso wie seit 1936 im amerikanischen Exil strikt antikommunistisch eingestellt, zu jenen Sozialdemokraten, die im Februar 1933 gemeinsam mit Thomas und Heinrich Mann, Albert Einstein, Käthe Kollwitz und anderen Künstlern und Wissenschaftlern zu dem vom kommunistischen Propaganda-Verantwortlichen Willi Münzenberg organisierten Kongress „Das freie Wort" in Berlin aufriefen, der angesichts des Verbots von KPD-Zeitungen das Grundrecht auf Presse- und Meinungsfreiheit forderte. Der Publizist Konrad Heiden kolportierte, dass Brauer auf der letzten Tagung des preußischen Staatsrates am 23. Februar 1933 an den Vorsitzenden der kommunistischen Reichstagsfraktion, Ernst Torgler, die Frage richtete: „Torgler, es ist fünf Minuten vor zwölf. Sie sehen, was im Lande geschieht. Werdet Ihr nicht endlich Vernunft annehmen und mit uns zusammengehen?"[60]
Die bereits im Zeichen des brutalen Terrors und der Einschränkung der Meinungsfreiheit abgehaltenen Reichstagswahlen am 5. März 1933 bestätigten die Nationalsozialisten mit 67 000

(42,5 Prozent) Stimmen auch in Altona als relativ stärkste Kraft – ein Zuwachs von 20 000 Stimmen. Aber nach wie vor hatten Sozialdemokraten und Kommunisten – zusammengenommen – eine größere Wählerschaft. Nur ging es in diesen Tagen bereits nicht mehr um parlamentarische Mehrheiten. Wie auch in Hamburg übernahmen die Nationalsozialisten in den folgenden Tagen mit einer Art Zangenbewegung – ministerieller Druck von oben aus Berlin und des braunen Mobs auf den Straßen – gemeinsam mit den Deutschnationalen den städtischen Magistrat. In der Nacht zum 11. März besetzten SA-Leute das Rathaus, und der nationalsozialistische Landtagsabgeordnete Emil Brix wurde zum „Kommissarischen Oberbürgermeister" ernannt. Bei den Kommunalwahlen am 12. März 1933 erzielte die NSDAP 30 von 61 Sitzen, die mit ihr verbündete deutschnationale Kampffront Schwarz-Weiß-Rot fünf, die Sozialdemokraten 16 und die Kommunisten acht Sitze; Brix wurde tags darauf rückwirkend zum Oberbürgermeister ernannt.

Für Brauer, zu diesem Zeitpunkt bereits nicht mehr in Altona, war die Situation in jenen Tagen und Wochen zusehends gefährlicher geworden.[61] Wie in etlichen anderen Fällen verfolgten die Nationalsozialisten die Strategie, den populären Sozialdemokraten nicht frontal politisch anzugehen, sondern durch die Verwicklung in Korruptionsvorwürfe zu kriminalisieren und moralisch zu vernichten. Bereits am 27. Februar 1933 erschien das „Hamburger Tageblatt" mit der Schlagzeile: „Korruptionsskandal Brauer/Altona". Der Vorwurf gegen ihn und den Senator August Kirch lautete, vom ehemaligen Intendanten des Schillertheaters in Altona, Max Ellen, Geld und Geschenke angenommen zu haben. Als Gegenleistung seien städtische Subventionen geflossen. Nach dem Ausbruch der Weltwirtschaftskrise habe Ellen seine Geschenke zurückgefordert und auch erhalten. Diese Vorwürfe waren zwar nicht völlig unbegründet – das Ehepaar Brauer war gut befreundet mit dem Ehepaar Ellen –, trafen aber eben kaum Max Brauer persönlich. In einer Gerichtsverhandlung am 3. März führte er aus: „Der ganze Plunder, den ich zurückgeschickt habe, wird, wenn er verkauft worden ist, keine 300 Mark gebracht haben. Und damit soll sich ein Oberbürgermeister bestechen lassen? (...) Ich bin bereit, im politischen Kampf mich zu stellen und zu fallen, wenn es sein muß; aber machen Sie es nicht mit so verwerflichen Mitteln wie hier."[62] Die

Zivilkammer II des Landgerichts Altona entschied für Brauer und erlaubte ihm sogar, den Gerichtsbeschluss im nationalsozialistischen „Hamburger Tageblatt" und zehn weiteren norddeutschen Blättern, die ebenfalls den Vorwurf der Bestechlichkeit kolportiert hatten, abdrucken zu lassen.

Aber mit diesem Erfolg vor Gericht hatte die Auseinandersetzung mit den neuen Machthabern natürlich noch lange nicht ihr Bewenden. Unmittelbar darauf folgte eine Anhörung Brauers durch den deutschnationalen Regierungspräsidenten von Schleswig-Holstein, Anton Wallroth, die auf hamburgischem Boden, im Hotel Atlantic, stattfand. Brauer beantragte hier „auf Grund der gegen mich in der Öffentlichkeit erhobenen Anschuldigungen" die Einleitung eines Dienststrafverfahrens gegen sich selbst und bat um eine Beurlaubung als Oberbürgermeister bis zur Aufklärung des Falles. Dieser Bitte wurde entsprochen. Am nächsten Tag, es war der 4. März, ließ sich Brauer 2 552,13 Reichsmark, sein gesamtes Märzgehalt, auszahlen. Was von den Nationalsozialisten nur als weiterer Beweis für die Geldgier und Bestechlichkeit des Oberbürgermeisters ausgegeben wurde, deutete auf die bevorstehende Flucht hin. In diesen Tagen verließen etliche Funktionäre der Sozialdemokratie Deutschland, und Brauer – Symbol erfolgreicher reformerischer Kommunalpolitik in den 1920er-Jahren – war zweifellos besonders gefährdet. Er konnte nicht damit rechnen, dass sich die neuen Herren mit einer juristischen Auseinandersetzung zufriedengeben würden. Am nächsten Tag, dem Tag der Reichstagswahlen, durchsuchten Polizisten die Wohnung von Brauer, als er gerade seine Stimme abgab. Unmittelbar darauf zog seine Frau mit den beiden Kindern zunächst in die Wohnung ihrer Mutter und reiste dann nach Oberhof in Thüringen ab, er selbst begab sich nach Bayern, weil er hoffte, die dortige katholisch-konservative Regierung werde dem nationalsozialistischen Gleichschaltungsdruck eher standhalten als Norddeutschland. Die Abreise der Brauers erfolgte nicht verfrüht. Am 6. März wurde die Dienstwohnung von SA-Hilfspolizisten besetzt[63], wenige Tage später kamen in Altona die ersten Senatoren in Schutzhaft. Die Hoffnung allerdings, in Bayern Sicherheit zu finden, musste rasch aufgegeben werden. Am 10. März traf Brauer bei seiner Familie in Oberhof ein. Bei der polizeilichen Anmeldung nannte er Würzburg als letzten Aufenthaltsort. Zwei Wochen später fuhr Brauer für

lange Zeit zum letzten Mal nach Norddeutschland. Seiner Absicht, sich persönlich mit den in Altona gegen ihn erhobenen Vorwürfen auseinanderzusetzen, sei allerdings von seinem engen Freund Rudolf Katz und von seinem Schwager Eduard Pehmöller, die ihn vom Hamburger Bahnhof abholten, widersprochen worden. Beide hätten die Entscheidung für das Exil im Ausland als einzig gangbaren Weg angesehen. Diese Darstellung, die Brauer nach 1945 gab, erscheint plausibel, ging doch der sozialdemokratische Stadtverordnete von Altona und Rechtsanwalt Dr. Rudolf Katz (1895–1961) selbst kurz darauf ins Exil. Dort war er bis zur gemeinsamen Rückkehr nach Deutschland wohl der engste Vertraute Brauers – danach trennten sich die Wege wieder: Katz wurde 1947 Justizminister in Schleswig-Holstein, 1951 Richter am Bundesverfassungsgericht.[64]
Entscheidend war für Max Brauer an jenem Frühlingstag 1933, wahrscheinlich der 24. März, die Hilfe des Genossenschafters Henry Everling, der für die Flucht ins Ausland seinen eigenen Pass zur Verfügung

Der Sozialdemokrat Dr. Rudolf Katz, Brauers Freund in Altona und Begleiter im Exil

stellte. Allerdings lassen sich kleinere Unstimmigkeiten nicht aufklären. Brauer meinte später, auch Everling habe ihn von der zwingenden Notwendigkeit des Exils überzeugt, dieser erinnerte sich, er habe dem Oberbürgermeister den Rat gegeben, nicht zu fliehen.[65] Jedenfalls fuhr Brauer, ohne noch einmal Altona zu besuchen, in Begleitung seines Schwagers umgehend mit dem Nachtzug nach München. Dort wurden sie von Genossenschaftlern, zu denen Everling Kontakte geknüpft hatte, empfangen und nach Freilassing an der österreichischen Grenze gebracht. Ohne Gepäck überschritt Brauer wie ein Tagesausflügler zu Fuß die Grenze; sein Schwager begleitete ihn, um den Pass Everlings anschließend wieder zurückzubringen. Zuflucht fand Brauer zu-

nächst bei dem Salzburger Gemeinderat und Nationalrat Josef Witternigg. Nach einigen Tagen siedelte er in das Haus des sozialdemokratischen Parteiführers und Staatskanzlers (späteren Bundeskanzlers) nach dem Ersten und Zweiten Weltkrieg Karl Renner in Gloggnitz bei Wien über. Hier musste er allerdings registrieren, dass der Grenzübertritt noch keine endgültige Sicherheit bedeutete, denn deutsche SA-Leute, die sich ungehindert auf der österreichischen Seite bewegten, erkannten und bedrohten ihn in seinem zeitweiligen Zufluchtsort. Sie drangen sogar in das Haus ein, in dem Brauer wohnte – rechtzeitig habe er sich, so rückblickend in einem Interview, in seinem Zimmer verbarrikadieren können. Mittlerweile waren auch seine bayerischen Helfer, ebenso wie sein Schwager, in Deutschland verhaftet und für kurze Zeit inhaftiert worden. Seit dem 13. April, etwa drei Wochen nach seiner Flucht, wurde auch Brauer steckbrieflich gesucht. Im Amtsblatt der Stadt Altona hieß es: „Gegen den auf Verfügung des Herrn Regierungspräsidenten in Schleswig vom Amt suspendierten Altonaer Oberbürgermeister Max Brauer ist auf Antrag der Staatsanwaltschaft Altona wegen Amtsverbrechen gerichtlicher Haftbefehl unter Aktenzeichen 4 e II G 784/33 erlassen worden, weil er flüchtig ist und sich verborgen hält. Brauer hat sich früher in Oberhof in Thüringen aufgehalten, sich anscheinend zuerst nach Süddeutschland, später jedoch wieder nach Schleswig-Holstein gewandt. Brauer ist etwa 1,80 Meter groß, kräftig, hat ein breites, frisches Gesicht, dunkelbraunes gescheiteltes Haar, ist bartlos, hat braune Augen, kräftige gerade Nase, vollständige Zähne, spricht hoch- und plattdeutsche Mundart und trägt elegante Kleidung. Sachdienliche Mitteilungen über den derzeitigen Aufenthalt des Flüchtigen nehmen alle Polizeiwachen, besonders aber die Kriminalpolizei im Polizeipräsidium Altona, Herderstraße 66, Zimmer 75 entgegen. Anzeigenden Personen wird auf Wunsch strengste Verschwiegenheit ihres Namens zugesichert."[66]
Immer wieder kam es zu Hausdurchsuchungen bei Verwandten Brauers. Ob die deutschen Behörden tatsächlich nicht wussten, dass Brauer sich bereits im Exil befand, ist nicht ausgemacht. Ebenso kann das steckbriefliche Signalement Teil der Kriminalisierungskampagne gewesen sein, mit der nicht zuletzt die Anhängerschaft der Sozialdemokraten demoralisiert werden sollte. Dazu gehörten im Übrigen auch frei erfundene Beschuldigungen

wie etwa diejenige, Brauer habe heimlich Geld in die Schweiz geschafft, um sich eine luxuriöse Villa zu kaufen, und habe bei seiner Flucht die Parteikasse der SPD mitgenommen. Diese Verleumdungen wurden bisweilen sogar noch nach dem Zweiten Weltkrieg kolportiert; allerdings konnte sich Brauer dann dagegen gerichtlich zur Wehr setzen.

Nachdem klar war, dass Österreich kein sicheres Zufluchtsland war, setzte Brauer seine Flucht über die Schweiz nach Altkirch im französischen Elsass fort, wo er Anfang April 1933 eintraf und Aufnahme bei einer Familie Klotz, Verwandten seines Freundes Rudolf Katz, und dann bei einer Familie Higilin fand. Seine Frau Erna war mit den Kindern schon einige Tage zuvor über die Grenze nach Basel gegangen. Am Gründonnerstag sah sich die Familie in Altkirch wieder und brach schon bald nach Paris auf, wo sich in jenen Tagen zahlreiche politische Flüchtlinge einfanden. Brauer konnte auf die Solidarität einiger französischer Genossen bauen, die er im Laufe seines politischen Wirkens kennengelernt hatte. Darunter war etwa der Abgeordnete Salomon Grumbach, als Elsässer zweisprachig und schon vor dem Ersten Weltkrieg im deutschen Reichstag, der nun als Präsident der Einwandererkommission der Sozialistischen Partei Frankreichs vielen Exilanten helfen konnte. Die Brauers bezogen in Paris eine kleine Wohnung und hatten einen vorläufigen Haltepunkt gefunden – allerdings in völlig fremder Umgebung, ohne Fremdsprachenkenntnisse und vor dem Hintergrund einer ungewissen und düsteren Zukunft.

Frankreich–China–Frankreich – mit dem Blick nach Deutschland (1933–1936)

Nur drei Monate später zeigte sich eine unerwartete Perspektive: Die Kuomintang-Regierung Chiang Kai-sheks in China hatte sich an den Völkerbund gewandt, der Experten in das Reich der Mitte senden sollte, die im Land beim Aufbau einer effektiven Verwaltung westlichen Musters beratend tätig sein könnten. Salomon Grumbach vermittelte nun erste Kontakte zwischen seinem Freund Dr. Ludvik Rajmann, einem polnischen Arzt und zuständigen Koordinator der Aktion beim Völkerbund, und einigen Emigranten, darunter Max Brauer. Brauer sollte mit der Reorganisation der Verwaltung der Küstenprovinz Kiangsu nördlich von Shanghai betraut werden. Er erklärte nicht ohne Selbstbewusstsein schon beim zweiten Zusammentreffen am 9. Juli im Hotel Castiglione, „daß er sich angesichts der Leistungen, die er in der Vergangenheit in Altona und in der preußischen Verwaltung habe vollbringen dürfen, wohl für geeignet halte, an die schwierige, aber verlockende Aufgabe heranzugehen. Er habe durch seine bisherigen Leistungen sein schöpferisches und organisatorisches Können voll bewiesen – Dr. Rajmann nickte zustimmend – und würde, nachdem ihn sein Vaterland, jedenfalls im Augenblick, ausgestoßen habe, eine Befriedigung darin sehen, auf neuem Boden seine Kräfte in schöpferischer Weise einsetzen zu dürfen."[67] Noch am selben Tag trafen er, sein Freund Rudolf Katz und der frühere preußische Finanzminister Otto Klepper mit dem chinesischen Finanzminister Soong zusammen, der seiner Freude darüber Ausdruck gab, dass führende deutsche Verwaltungsexperten, die der politische Hass aus ihrer Heimat vertrieben habe, dem chinesischen Volk helfen wollten. Brauer wiederholte seine Gewissheit, angesichts seiner langjährigen Erfahrungen in der politischen Kommunalverwaltung und im Genossenschaftswesen in China nützlich sein zu können. Hochfliegende Pläne, eine größere Gruppe deutscher Sozialdemokraten dort beschäftigen zu können, zerschlugen sich zwar bald, weil China in diesem Falle Probleme mit der Berliner Regierung befürchten musste. Aber für Max Brauer und einige andere, darunter seinen Freund Katz, wurde die abenteuerliche Reise wahr. Dieser heiratete noch vor der Einschiffung in England und begleitete Brauer zusammen mit seiner Frau nach China.

Seinen 46. Geburtstag am 3. September 1933 erlebte Brauer bereits auf der „Rawalpindi" mit Kurs auf Shanghai. Seine Familie hatte er in Europa zurückgelassen – sie sollte ihren Wohnsitz in Genf nehmen, weil die Kinder ihre Schulausbildung dort gut fortsetzen könnten. Er selbst war froh, nun wieder eine politische Aufgabe zu haben und seine Fähigkeiten erproben zu können. Rückblickend meinte er: „Ich kannte von China wohl, daß die das Pulver erfunden hatten und daß die Zöpfe trugen – und das war auch alles."[68] Bekanntlich stimmte die Aussage bezüglich der Haartracht auch nicht mehr, aber das Selbstbewusstsein eines preußischen Beamten in kultureller Mission war ausschlaggebend für seinen Optimismus. Schon der erste einer Reihe von Briefen, die er auf seiner Schiffsreise schrieb, galt der „Aufgabe, die deutsche geistige Stellung in der Welt zu erhalten". Gerichtet an den Nationalrat Josef Witternigg in Salzburg, seine erste Anlaufstelle im Exil, betonte Brauer dabei die Bedeutung des „kleinen deutschsprechenden Österreichs", um fortzufahren: „In die Entwicklung in Deutschland können wir deutsche Emigranten kaum eingreifen. Dort kann der Umschwung nur von innen heraus kommen. Es ist für uns bedeutungsvoll, in der Zeit des Exils weiter zu lernen und weiterzuarbeiten, um für spätere Zeiten gerüstet zu sein. Daher bin ich über meine neue Aufgabe im fernen Osten auch durchaus froh."[69] Dieser Gedanke, die Erfahrungen des Exils in ein Deutschland nach Hitler einzubringen, findet sich vielfach variiert in Brauers Briefen. Allerdings schwankten seine Prognosen hinsichtlich der Dauer des NS-Regimes. In einem weiteren Brief von Bord der „Rawalpindi" an den französischen Sozialisten Léon Jouhaux in Paris schrieb er: „Ich hoffe immer nur, daß Europa in einigen Jahren, nach meiner Rückkehr aus dem Fernen Osten, von der erbärmlichen braunen Pest befreit sein wird, so daß ich dann in der Lage wäre, meine Mitarbeit einzubringen für eine soziale Entwicklung und den Kampf für den Fortschritt in einem neuen, republikanischen, sozialistischen und pazifistischen Deutschland."[70] Seine Briefe an französische Bekannte betonten darüber hinaus die welthistorische Rolle der Nation, in welcher der „Geist der großen Revolution (...) lebendig geblieben" sei: „Die Entwicklung des Fascismus in Europa und die Abkehr von der Demokratie sieht aus, als ob damit der Fortschritt der Menschheit abgetötet sei. Ich hoffe, daß Frankreich den Wall gegen den Barbarismus bildet, und daß von Frankreich her die unverlierbaren großen Ideen der Freiheit und der Menschlichkeit einen neuen Siegeszug antreten."[71]

Beinahe am Ende seiner Reise, auf See zwischen Singapur und Hongkong, führte er es auf seine gewachsene Distanz zum kleinen Europa zurück, dass er dem NS-Regime nun eine „längere Dauer" zusprach: „Die herrschenden Schichten in Deutschland einschließlich Kleinbauern, Angestellte und sonstige Kleinbürger haben den Fascismus gewollt. Die Umkehr ist nur in einer Revolution möglich. Der Schritt ist so weit gegangen, daß eine einfache Rückkehr zu Vorkriegsverhältnissen oder dem Weimarer Staat nicht mehr denkbar erscheint. Die verrottete Bourgeoisie in Deutschland kann nur noch durch eine soziale Revolution niedergefegt werden. Die Angst vor dieser sozialen Revolution (Bolschewismus) wird dem faschistischen Regime in und außerhalb Deutschlands eine Stütze geben. Selbst von Kreisen, die diese Barbarei innerlich verabscheuen. So wird Deutschlands Weg unter der Gewaltherrschaft in einem geistigen, politischen und wirtschaftlichen Niedergang münden. Hoffentlich reißt es nicht die westlichen Demokratien mit in diesen Strudel. Glücklich, wer noch hoffen kann, aus dieser Welt des Irrtums aufzutauchen!"[72] In diese Analyse aus fernöstlicher Distanz gingen verschiedene Erklärungsansätze ein, die in der Sozialdemokratie bereits vor 1933 diskutiert worden waren. Der Nationalsozialismus galt als Ausdruck – fehlgeleiteter – mittelständischer Interessen, die Unterstützung der NSDAP durch die Bourgeoisie als

Produkt ihrer Angst vor sozialen Unruhen in der Weltwirtschaftskrise oder gar einer kommunistischen Revolution. Dass Hitler auch von Teilen der Arbeiterschaft, wenn auch nicht in gleichem Ausmaß, unterstützt wurde, thematisierte Brauer ebenso wenig wie die Sozialdemokratie insgesamt. Neu war allerdings sein Blickwinkel aus dem Exil. „Trotz der viel gerühmten Radioverbindungen sind wir seit der Abreise aus Marseille ohne nennenswerte Nachrichten über Deutschland. Nicht nur das deutsche Land, sondern auch die deutschen Probleme erscheinen hier klein und werden von der Welt nicht so wichtig genommen, wie wir es uns einbilden."[73]

Die Eingewöhnung in China, wo Max Brauer Anfang Oktober 1933 eintraf, war nicht einfach, und ihm wurde offenbar jetzt erst bewusst, wie fremd seine neue Umgebung sein würde. Dies auch deshalb, weil das Ehepaar Katz in Shanghai seinen Wohnsitz nehmen konnte, während er in Nanking, dem Sitz der Kuomintang-Regierung, weitgehend isoliert war, isoliert nicht nur von anderen Emigranten, die eher in Shanghai lebten, sondern auch von der deutschen Kolonie aus Diplomaten und Geschäftsleuten, die sich nicht mit einem Flüchtling kompromittieren mochten. Unmöglich wäre es etwa gewesen, den legendären deutschen General Hans von Seeckt, der als Leiter der Militärdelegation der Wehrmacht in Nanking residierte, zu treffen. In einem Brief ließ Brauer seine etwas beklommene Stimmung anklingen: „Nun muß hier jeder Zureisende zunächst eine kleine Krise durchmachen. Die Trennung von Familie und Heimat, das völlig Neue der Umwelt wirken zunächst unerhört entmutigend. (...) Ich habe mir eingebildet, vom Leben der Völker und von der Wirtschaft schon so manches zu verstehen, und nicht daran gedacht, daß hier ein Viertel der Menschheit in einem Lande, so groß wie Europa, lebt, das uns in Europa eigentlich völlig unbekannt ist. Es werden für mich rechte Lehrjahre werden."[74] Im November 1933 unternahm Brauer dann mit zwei weiteren Experten des Völkerbundes, die rasch zu Freunden wurden, seine erste mehrwöchige Reise in die Provinz Kiangsi, die zu dieser Zeit weitgehend unter Kontrolle von Mao Tse Tungs Kommunisten stand. Dem früheren Berliner Polizeivizepräsidenten Bernhard Weiß berichtete er, „es ist verdammt nicht einfach, in dem fremden Lande zurechtzukommen, ich denke aber, wir werden es dennoch schaffen"[75]. Immer wieder kam Brauer in seinen

Briefen darauf zu sprechen, wie wertvoll die chinesischen Erfahrungen für die Erweiterung seines Weltbildes seien: „Ich kann nicht so frivol sein, sonst müßte ich sagen, eigentlich habe ich den Nazis zu danken, daß sie mich in diese fremde, aber interessante Welt getrieben haben. Ich habe in den sechs Monaten schon mehr von China gesehen, als Kaufleute und Globetrotter in Jahren erfahren."[76] Vor allem faszinierte Brauer die Dynamik eines Kontinents bei extremen Ungleichzeitigkeiten von Tradition und Moderne, die er mit historischen Analogien zu erfassen versuchte: „Deutsches Mittelalter mit den Kämpfen des Adels, befestigte Städte und Dörfer und dann wieder Flugzeug und Radio, Wirtschaftsmethoden wie am Anfang der Geschichte und die Versuche, die neuesten technischen Errungenschaften einzuführen, alles wirbelt durcheinander."[77]

Auf Grundlage mehrerer Besichtigungsreisen durch die Provinz Kiangsi verfassten Brauer und seine beiden Völkerbundskollegen eine Denkschrift, die vor allem eine radikale Landreform empfahl. Das überkommene Pachtsystem sollte abgeschafft werden, die Bauern sollten eigenen Grund und Boden erhalten, sich genossenschaftlich organisieren und an der Verwaltung beteiligt werden. Es erscheint zumindest fraglich, ob diese europäischen Empfehlungen in eine erfolgreiche Praxis umzusetzen gewesen wären. Angesichts der Bürgerkriegssituation mussten sie ohnehin auf dem Papier bleiben. Die anfänglich in Aussicht gestellte Perspektive, drei oder fünf Jahre in China bleiben zu können, schrumpfte schon sehr rasch auf ein Jahr – und damit waren auch alle Pläne Brauers zunichte gemacht, die Familie nachkommen zu lassen. Es ist schwer zu beurteilen, ob es der geringe Ertrag der europäischen Expertisen war, der den Aufenthalt im Reich der Mitte abkürzte, ob Auseinandersetzungen in der chinesischen Regierung oder diplomatische Interventionen der deutschen Gesandtschaft den Ausschlag gaben. Max Brauer berichtete jedenfalls im Januar 1934 nach Europa, es habe „ein heftiges Bemühen der Naziregierung eingesetzt, die Berufung von weiteren Emigranten zu vermindern. Diese echt nationalen Kreise sehen hier jeden anderen Menschen lieber, ganz gleich welcher Nationalität er auch sein möge, als Deutsche, die nicht zum Hakenkreuz schwören."[78]

Je länger Brauer in China war, desto optimistischer beurteilte er wieder die Situation in Deutschland. Abgeschnitten von authen-

tischen Nachrichten aus der Heimat, auf europäische Zeitungen angewiesen, die ihn mitunter erst nach Wochen erreichten, enthielten seine Einschätzungen, die jetzt wieder von einem baldigen Kollaps des NS-Regimes ausgingen, ein gehöriges Quantum an Wunschdenken. Seine Frau, die inzwischen mit den Kindern in Genf lebte, konfrontierte ihn mit einer realistischen Antwort: „Du meinst, im 3. Reich müßte das Narrenhaus bald zusammenbrechen. Ich glaube nicht dran. Die Menschen sind alle so eingeschüchtert und glauben doch an ihren ‚Führer'. Ich hab keine Hoffnung auf Vergeltung. Es muckst sich niemand dort. Nach dem Ergebnis vom 12. Nov(ember) sind sie doch ganz oben auf. Ich hab eine Wut auf die Bande, die ist nicht zu drücken. Alle die Armen sind jetzt zu Weihnachten in den Konzentrationslagern und Gefängnissen, die weiter nichts verbrochen haben, als eine andre politische Überzeugung zu haben, als die Bande will. Menschen keine freien Gedanken zu lassen und sie dressieren wollen im Denken und Tun, ist doch ein Wahnsinn. Aber das Narrenhaus hält noch lange."[79] Aus Paris schrieb ihm Ernst Langendorf, der als ehemaliger Chefredakteur des „Hamburger Echo" noch über einige Kontakte in die Heimat verfügte: „Aus Deutschland kommen nur noch recht spärliche Nachrichten, da für die Angehörigen und Freunde die Korrespondenz mit dem Ausland sehr gefährlich ist. Immerhin, das, was man hört, ist nicht ermutigend. Trotz vielfacher Mißerfolge im Innern und nach außen soll sich das Hitlerregime von Tag zu Tag mehr festigen. (…) Die einzelnen Genossen in der Heimat sind jetzt nicht mehr so unmittelbar Willkürlichkeiten und Terrorakten ausgesetzt, aber ihr Leben ist sicher nicht beneidenswert. In Altona müssen sich die ehemaligen führenden Genossen immer noch zwei mal täglich bei der Polizei melden"; der politische Widerstand sei „sehr schwach und auch bis jetzt ohne Wirksamkeit". Europa, so Langendorf, habe „nichts mehr zu bieten, wohl dem, der einige Breitengrade weiter existieren kann."[80]
Brauer reagierte in seiner Antwort trotzig. Das trübe Bild sei wohl wahr, aber gerade die militärische Aufrüstung des „Dritten Reiches" und die dadurch bedingten internationalen Konflikte gäben Anlass zur Hoffnung: „Trotzdem sehe ich in Deutschland eine wirtschaftliche und finanzielle Katastrophe von der Auswirkung der Ruhrbesetzung und deren Folgen in greifbarer Nähe. Niemand von uns weiß heute die politischen

Rückwirkungen eines solchen Geschehens zu überblicken. Bereit sein ist alles." Und den Voluntarismus auf die Spitze treibend: „Wir wollen uns den Glauben an die geschichtliche Mission der Arbeiterklasse durch nichts rauben lassen."[81] An den früheren Baudezernenten von Altona, Kurt Meyer-Radon, der schon 1923 in die USA ausgewandert war und nun in Los Angeles lebte, schrieb Brauer, der Nationalsozialismus sei „durch die wirtschaftliche Krisis in Deutschland zum Siege" gekommen. „Es triumphierte der Irrationalismus, eine neue Mystik ergriff weite Schichten im deutschen Volke. Die Lehre vom Blute, dazu ein Kampf gegen die Gesetze des wirtschaftlichen Lebens." Aber auch hier beharrte er: „Trotzdem ist es eine Minderheit, die mit dem Terror nun in Deutschland regiert. Die große Mehrheit im Volke ist wohl überrannt, aber hat doch mit diesem Treiben nichts zu tun. Die chauvinistische Bewegung in einen schnellen Krieg münden zu lassen, will nicht gelingen. Europa steht geschlossen gegen diesen Wahnsinn. Mit den Wirtschaftsrezepten hat man den Weg zu einem völligen Zusammenbruch dieser Wirtschaft beinahe erreicht. So geht der Weg zum Verfall des Regimes. Ich gebe die Hoffnung nicht auf, daß der Tag nicht fern ist, wo die gesunden Kräfte im Volke mit der Herrschaft der Unterwelt aufräumen werden."[82]

Brauer stand mit seinem illusionären Optimismus in der ersten Hälfte des Jahres 1934 bekanntlich nicht allein. Vielfältige Gerüchte über einen bevorstehenden Staatsstreich der Reichswehr gegen die plebejischen Radau-Antisemiten der SA, von denen sich weite Teile des Bürgertums belästigt fühlten, gaben dem politischen Exil und den Hitler-Gegnern in Deutschland zu neuen Hoffnungen Anlass. Dass sich der „Führer" gegen seine eigene, ihm zu entgleiten drohende Parteiarmee wenden müsse, könne das baldige Ende des „Dritten Reiches" herbeiführen. In einem ausführlichen Brief an Ernst Langendorf lieferte Brauer seine Prognose. Es werde den Nationalsozialisten nicht gelingen, einen Krieg in Europa zu entfesseln, aber ohne diesen führe der Weg notwendigerweise in den wirtschaftlichen Ruin: „Der Abgrund, in den die Nazipolitik das Land reißt, wird in den Kreisen der Bourgeoisie nicht unbekannt bleiben. Ich glaube auch, daß von dieser Seite die ersten Versuche kommen, das Ruder herumzuwerfen. Hoffentlich ergibt sich dann nicht die Groteske, daß unsere Arbeiter das System retten wollen." Vielleicht,

so Brauer, werde man bereits am Ende des kommenden Winters einen „Putsch der Rechten" mit einer darauf folgenden „zweiten Etappe des Hitlerismus" erleben. „Ich erwarte dann eine Erweckung der großen Massen, ein in Bewegung-Geraten unserer alten Anhänger. Hiermit öffnet sich das Tor der neuen Zeit." Der „Monopolkapitalismus, der die Bewegung groß gemacht" habe, sei jedenfalls schon in der „Lage des Zauberlehrlings, der die Geister nicht bannen kann, die er rief. Der Niederbruch der Nazipolitik schafft freie Bahn. Aus der Epoche des Spätkapitalismus wird Deutschland nicht für lange Zeit in den Frühkapitalismus zurückkommen. Alles arbeitet für uns, die wir in der Durchstaatlichung der Wirtschaft neue Formen suchen."[83] Diesen Brief hatte Brauer am 28. Juni 1934 geschrieben, zwei Tage vor Hitlers blutiger Abrechnung mit der SA-Führung, die sich ahnungslos im bayerischen Bad Wiessee versammelt hatte. Liquidiert wurden aber nicht nur Ernst Röhm und seine angeblichen Putschisten, sondern auch etliche Vertreter nationalkonservativer und katholischer Provenienz, von Papens Ghostwriter Edgar Julius Jung bis zu Hitlers kurzzeitigem Vorgänger im Kanzleramt, General Kurt von Schleicher. Brauer ließ sich davon nicht beirren, sondern bog die Geschehnisse weiterhin für seine optimistische Prognose zurecht. An Rudolf Katz schrieb er von Nanking nach Shanghai: „Die Vorgänge in Deutschland haben mich aufs Tiefste erregt. Vielleicht behält der Träumer mit seinen zwei Jahren Naziherrschaft noch recht. In dem inneren Kräfteverhältnis zwischen Nationalsozialisten und Konservativen haben die Letzteren nunmehr die Überhand gewonnen. Das Vorgehen gegen die Sturmtruppführer ist Hitler von den Gruppen um Hindenburg und Reichswehr aufgezwungen worden. Um sich selbst zu halten, hat der Lumpenkerl seine treuesten Freunde geopfert. Die gleichzeitigen Morde an seinen politischen Widersachern sollten nur die Kapitulation verdecken." Hitlers Stern, so Brauer, sei nicht im Sinken, „nein, er stürzt rapide. Daß in diesem Sturz auch Göring und Goebbels fallen müssen, liegt auf der Hand. Jedes wie auch geartete neue konservative Regime muß den Ausgleich mit den alten politischen Kräften suchen. Wenn überhaupt, ist nur damit Chaos und Bolschewismus zu verhindern."[84]
Die Wirklichkeit sah anders aus. Nicht das konservative Bürgertum hatte sich gegen Hitler erhoben oder diesen zu einer ihm un-

angenehmen Aktion gezwungen. Es begrüßte zwar weithin die Aktion gegen die SA-Führer in der Annahme, nun werde wieder Ruhe und Ordnung einkehren, und sah über die sonstigen Morde geflissentlich hinweg. Aber Hitler war nicht geschwächt, seine Popularität sogar gewachsen und nach dem programmgemäß erscheinenden Tod Hindenburgs und der Vereidigung der Soldaten auf ihn wenige Tage später regierte Hitler auch offiziell als alleiniger Führer des Deutschen Reiches. Es dauerte einige Wochen, bis Brauer die politischen Tatsachen anerkennen musste. Es war einer der bittersten Momente seiner Exilzeit, in dem selbst er seinen politischen Optimismus fundamental erschüttert sah. Das Ergebnis der Volksabstimmung über die Vereinigung von Präsidenten- und Kanzleramt in der Person Hitlers am 19. August 1934 kommentierend – der Anteil der Ja-Stimmen betrug 84,6 Prozent –, fragte Brauer: „Wie soll gegen die Massen und die organisierte Staatsmacht eine Revolution möglich sein? Die Vertrauenskundgebung für die Gangster ist doch geradezu eine Schande. Ich habe mich zum erstenmal des deutschen Volkes geschämt."[85] Dieses Eingeständnis tiefer Enttäuschung, Absturz zugleich aus höchsten Höhen der Hoffnung, blieb das einzige, das aus Brauers Exilzeit überliefert ist.

Der Ausgang der inneren Kämpfe im deutschen Herrschaftsapparat hatte auch für ihn persönlich gravierende Folgen. Am 16. April 1934 druckten die „Altonaer Nachrichten" eine „Rückkehr-Aufforderung an den früheren Altonaer Oberbürgermeister", die ein Ultimatum enthielt. Sollte er nicht binnen drei Monaten nach Deutschland zurückgekehrt sein, sollte nach einer neuen gesetzlichen Bestimmung Brauers Staatsbürgerschaft aberkannt werden. Seine Frau tröstete: „Sei nicht traurig darüber, wir sind es auch nicht, ist es doch ein Zeichen, daß die Leute Interesse an Dir haben und Du zu den Leuten gehörst, die ihnen gefährlich werden können. Also an und für sich nur eine Ehre. Es wird sich dann manches für uns ändern. Man muß uns doch dann Nansenpässe geben."[86] Es ist nicht unwahrscheinlich, dass Brauer hoffte, dass eben in diesen drei Monaten Entscheidendes in der Heimat geschehen könne und er persönlich in Deutschland auftreten könne. Mitte Mai schrieb Brauer voll von bitterem Sarkasmus an seinen Freund Rudolf Katz nach Shanghai: „Ich bin ganz wild darauf, mich in den Raubtierkäfig zu begeben und dann von Bestien zerrissen zu werden."[87]

Auch die Lage seiner Familie in Genf gab zunehmend Grund zur Sorge. Ende Oktober 1933, gerade von Paris aus angekommen, hatte Erna Brauer noch einen heiter klingenden Brief an ihren Mann in Nanking geschickt. Sie berichtete vom Bezug einer annehmbaren Dreizimmerwohnung mit großem Balkon im fünften Stock eines Hauses, das einen Fahrstuhl aufweise. Nachdem auch das Geld für die Arbeit Brauers beim Völkerbund regelmäßig eintreffe, sei sie viel ruhiger geworden: „Wir haben es hier ja so schön, mit der Sprache muß ich mich dann abfinden. (…) Wir kommen uns jetzt direkt gehoben vor." Eine Nähmaschine wurde angeschafft und sogar ein Klavier geliehen. „Du siehst, wir werden wieder ‚standesgemäß'."[88] Aber dann zogen doch dunkle Wolken auf. Brauers Tochter Brunhild berichtete einen Monat später, wie schwer es der Mutter gefallen sei, ein Telegramm nach China zu schicken, weil das Geld nicht reichte. „Du mußt nicht denken, die sind aber leichtsinnig gewesen. Wir haben wirklich nicht spendabel gelebt. Wir sind vielleicht 2–3mal im Kino gewesen. Sonst nichts."[89] Schlimmer als die Geldsorgen waren die Probleme mit den Genfer Behörden, weil der Pass Erna Brauers abgelaufen war und sie somit über keine ordnungsgemäßen Papiere verfügte. Angesichts der steckbrieflichen Suche nach ihrem Mann in Deutschland wäre es aber zu gefährlich gewesen, sich für eine Verlängerung an das deutsche Konsulat zu wenden. Voller Verzweiflung meldete Erna Brauer Ende Februar 1934 nach China, dass sie innerhalb von zwei Tagen das Land zu verlassen hätte: „Man sagt, ich hätte an der Grenze schon zurückgeschoben werden müssen, die Franzosen hätten kein Recht, mir die Erlaubnis zur Einreise in die Schweiz zu geben. Was das heißt ‚Ausgewiesen', wie das verwundet. Behandelt werden wir wie Verbrecher."[90]
Auf Intervention von Freunden aus dem Büro des Völkerbundes konnte zwar noch ein kurzer Aufschub erwirkt werden, aber dann mussten Erna Brauer und ihre Tochter wieder nach Frankreich zurück; der Sohn Werner erhielt die Erlaubnis, bis zum Abitur 1937 auf der Internationalen Schule in Genf zu bleiben. Vor Schlimmerem waren Brauers Angehörige bewahrt worden, aber die Ausweisung aus der Schweiz machte erneut deutlich, wie unsicher und unstet die Lage für die vor Hitler geflüchteten Deutschen geworden war.
Nachdem sich im Laufe des Sommers 1934 herausgestellt hatte, dass Brauers Vertrag nach einem Jahr nicht verlängert werden

würde, ging er Ende September in Shanghai an Bord des amerikanischen Dampfers „Pierce". Vor der endgültigen Rückreise in das französische Exil wollte er nämlich in New York seinen Bekannten Leopold Lichtwitz besuchen, der einstmals das Städtische Krankenhaus in Altona geleitet hatte und nun in New York einem Hospital vorstand. Brauer hatte ihn zuvor bereits brieflich gebeten, ihm bei Kontakten zur Rockefeller Foundation behilflich zu sein, um neue Arbeitsmöglichkeiten in Lateinamerika zu erhalten. Diese Aussicht zerschlug sich zwar, aber Lichtwitz und einige andere, mit denen Brauer in New York in diesen Wochen sprach, machten ihm Hoffnung und sagten zu, sich weiter um eine Anstellung für ihn zu bemühen.

Von nicht geringer Symbolik war es, dass Brauer eben am Tag seines Eintreffens in New York, es war der 3. November 1934, aus Deutschland die Nachricht seiner Ausbürgerung erreichte. Das „Hamburger Tageblatt" brachte dazu den Aufmacher: „Altonas roter Bürgermeister gerichtet". Auf einer Ausbürgerungsliste des „Reichsanzeigers" befand sich Brauer in prominenter Gesellschaft neben Klaus Mann, Erwin Piscator, Erich Weinert, John Heartfield, Willi Bredel und weiteren. Über ihn war hier zu lesen: „Max Brauer, Marxist, ehemaliger Oberbürgermeister in Altona, der durch seine unerhörte Mißwirtschaft die Stadt Altona in schlimme Verschuldung brachte. Nach seiner Flucht aus Deutschland trat er als beratender Verwaltungsbeamter in chinesische Dienste, aus denen er aber auf diplomatische Vorstellungen hin entlassen wurde. Er hat der an ihn gerichteten Aufforderung zur Rückkehr nach Deutschland nicht Folge geleistet, wodurch sich seine Ausbürgerung rechtfertigt."[91]

Ende November holte seine Familie den China- und Amerikareisenden in Le Havre ab. Da Erna Brauer mittlerweile eine kleine Wohnung in Paris gefunden hatte, befand man sich wenigstens im Zentrum des politischen Exils. Einige Zehntausende Deutsche hatten hier einen vorübergehenden Ankerplatz gefunden, darunter viele Sozialdemokraten. Aber die Existenzsorgen lasteten schwer auf den Brauers, da die vom Völkerbund überwiesenen Gelder bald aufgebraucht waren. 1935 wurde das schwerste und zugleich letzte Jahr ihres Exils in Europa. Immer wieder scheiterten Bemühungen, in Frankreich, Großbritannien, Belgien oder Skandinavien eine geeignete Arbeitsmöglichkeit, etwa im Genossenschaftswesen, zu finden. Als Journalist eines

Parteiblatts, wie es so viele andere politische Flüchtlinge taten, mochte er sich nicht verdingen, und eine Arbeit als Funktionär der Sozialdemokratie in Deutschland lag ihm auch nicht: „Für die organisatorische illegale Arbeit sind so viele andre Leute da, daß ich nicht in das Wettrennen darum eintreten will. Es käme dabei für mich doch immer nur die Arbeit im Ausland in Frage."[92]

In höchster Verzweiflung wandte sich Brauer im Herbst 1935 an den Exilvorstand der Sozialdemokraten (SOPADE) in Prag. Die Einleitung seines Briefes verrät, wie schwer ihm diese erste Kontaktaufnahme fiel. Dort stellte er sich zunächst mit der Annahme vor, „daß ich Ihnen allen kein Fremder bin", und schilderte dann sein Schicksal seit der Flucht aus Deutschland: „Nun stehe ich wieder einmal vor dem Nichts. Meine Hoffnung, irgendwo in Frankreich eine bescheidene Existenz zu finden, habe ich aufgegeben. Die von uns in Deutschland geglaubte internationale Solidarität gibt es nicht in allen Ländern." Eine materielle Unterstützung erbat Brauer mit den Worten: „Ich weiß, die Mittel des Parteivorstandes sollen der illegalen Arbeit dienen. Da ich von keiner Seite mehr Hilfe bekomme, muß ich aber bitten, mir doch im Augenblick zu Hilfe zu kommen."[93] Der Vorsitzende der SOPADE, Otto Wels, veranlasste daraufhin zwar die Übersendung eines Betrags von 1000 französischen Francs, aber Brauer musste in den folgenden Wochen seine Hoffnungen auf eine erfolgreiche Vermittlung einer Stelle in einem europäischen Land durch die Hilfe der deutschen Genossen im Exil begraben.

In diese Zeit fällt Brauers kurzzeitige Annäherung an die von den Kommunisten nach dem VII. Weltkongress der Kommunistischen Internationale im Sommer und der anschließenden „Brüsseler Konferenz" der KPD in Moskau im Oktober 1935 propagierte Politik der „Volksfront". Der radikale Kurswechsel von der ultralinken Revolutionsphrase und hasserfüllter Polemik gegen die Sozialdemokratie als „Sozialfaschisten" zur Zusammenarbeit mit allen Hitler-Gegnern unter dem Signum des Kampfes Humanismus gegen Faschismus hatte im politischen Exil große Hoffnungen geweckt. Zwar gab es auf Seiten des SOPADE-Vorstands erhebliche Bedenken, die kommunistischen Schwüre auf die parlamentarische Demokratie zum Nennwert zu nehmen, aber Brauer war wie etliche andere Sozialdemokraten zur Mitarbeit an Volksfront-Aktivitäten bereit; die Aussicht, durch eine Einigung der gespaltenen Arbeiterbewegung der gesamten Opposition gegen Hitler Auftrieb zu geben, war für ihn entscheidend. Die Volksfront-Hoffnungen blieben für ihn allerdings eine kurze Episode. Nicht zuletzt die Nachrichten vom rücksichtslosen Verhalten der Kommunisten gegen andere Linke im Spanischen Bürgerkrieg führten binnen weniger Monate zur Ernüchterung, die seine politische Position in der folgenden Zeit des Exils bestimmen sollte.

Dass der Arm des NS-Regimes bis nach Frankreich hineinreichte, musste Brauer Ende 1935 in dramatischer Weise erleben. Als er am ersten Weihnachtstag 1935 mit seiner Familie zusammensaß, erschienen französische Polizisten mit einem Haftbefehl, der auf deutsches Ersuchen, begründet mit dem erwähnten Korruptionsvorwurf der Altonaer Nationalsozialisten, ausgestellt worden war. Brauer kam, von ihm als ein Tiefpunkt seines Lebens angesehen, in Auslieferungshaft und verfasste wenige Tage vor dem Jahreswechsel sein Testament: „Nun will ich alle Schwäche ablegen. Zunächst will ich hier für mein Recht kämpfen. Führt dieser Kampf nicht zum Ziel, so will ich alle weiteren Leiden auf mich nehmen. Vernichtung durch die Feinde drüben wäre die Märtyrerkrone. Auch diesen Weg will ich gehen."[94] Sein Sohn Werner, so verfügte er es in seinem letzten Willen, sollte zurück auf die Schule nach Genf, Brunhild in eine hauswirtschaftliche Stelle nach England gehen, seine Frau nach Altona zurückkehren. Einflussreiche französische Parteigenossen erreichten, dass Brauer als politischer und nicht als krimineller Gefangener behandelt wurde. Vertreten von Jean Longuet, Enkel von Karl Marx, einem auf Fragen des Asylrechts spezialisierten Anwalt, wurde Brauer am Silvestertag des Jahres 1935 gefesselt in das Palais de Justice zur Verhandlung gebracht. Der in französischer Sprache geführten Verhandlung konnte er kaum folgen. Sein Sohn Werner konnte ihm übersetzen, dass ein zweimonatiger Hafturlaub erwirkt wurde. Noch in der Neujahrsnacht wurde er aus dem Gefängnis entlassen.

Die letzte politische Aktion des Hafturlaubers in Frankreich war die Teilnahme an der in die Geschichte des Exils eingegangenen Konferenz von etwa einhundert Vertretern verschiedener politischer Gruppen und Persönlichkeiten im Pariser Hotel Lutetia am 2. Februar 1936. Beschlossen wurde dort eine „Kundgebung an das deutsche Volk", deren Text nach Deutschland gebracht

und dort verbreitet wurde. Die Unterzeichner riefen dazu auf, „über alle Gruppen- und Parteischranken hinweg überall und in jeder Lage Freundschaft miteinander zu suchen und zu pflegen, Beistand und Schutz einander zu bieten und zu leisten"[95].
Für Brauer stand zu diesem Zeitpunkt bereits fest, dass er versuchen musste, Frankreich nun bald zu verlassen, um in den USA für sich und die Familie einen sicheren Aufenthaltsort zu finden. Die Kontakte über den Atlantik, die er anderthalb Jahre zuvor geknüpft hatte, erwiesen sich nun als nützlich.

Im amerikanischen Exil (1936–1946)

Im März 1936 traf Max Brauer auf Einladung des American Jewish Congress in den USA ein und hielt seine erste Rede auf einem Bankett dieser Organisation in New York. In dieser Rede – ein bemerkenswertes politisches Dokument – zeichnete er ein Panorama des Aufstiegs der NS-Bewegung vor dem Hintergrund der Weltwirtschaftskrise und mittels „modernster Propagandamethoden". Seine Analyse war zwar weitgehend von den gängigen Erklärungsmustern der Sozialdemokratie geprägt, denen zufolge es in erster Linie die „deutschen Rüstungsmagnaten" und die „bankrotten Junker Ostelbiens" gewesen seien, welche die NSDAP finanziell gefördert hätten und nach 1933 von ihren Zöglingen politisch ebenso ausgeschaltet worden seien wie Reichspräsident und Reichswehr, welche die Republik verraten hätten. Brauer beharrte darauf, „daß sich die Arbeiter dieser neuen Ideologie gegenüber als durchaus widerstandsfähig erwiesen".

Aber es fällt doch auf, dass dem in der sozialdemokratischen Publizistik ansonsten eher am Rande thematisierten nationalsozialistischen Rassismus eine tragende Rolle zugemessen wurde: „Den Führern der Bewegung kamen dabei die starken, obwohl latenten, antisemitischen Strömungen in der deutschen Bevölkerung sehr gelegen. Der rassistische Antisemitismus bot ihnen die ideale Voraussetzung dafür, das Elend der Kriegs- und Nachkriegsjahre und die Probleme des Mittelstands auf einen einfachen Nenner zu bringen: die Juden waren an allem Schuld! Man schloß ein Bündnis mit der antimarxistischen Bewegung und beschuldigte das Judentum, dem Bolschewismus weltweit zur Macht zu verhelfen. Die neue Blut- und Boden-Mystik war geboren." Brauer betonte gleichzeitig, dass der Antisemitismus „keineswegs das ganze deutsche Volk erfaßte"; er selbst sei kein Jude: „Hitlers Theorie zufolge gehöre ich sogar dem reinrassigen, nordischen Typus an. In der Stadt, in der ich vierzehn Jahre Oberbürgermeister war, spielten Juden im öffentlichen Leben eine wichtige Rolle." Er, Brauer, habe auf vielen Versammlungen versucht, „die Aufmerksamkeit auf die große kulturelle Bedeutung der zionistischen Idee zu lenken".

Brauers Bewertung des Antisemitismus blieb allerdings undeutlich. Zum einen bezeichnete er, gegen Illusionen einer allmählichen Entradikalisierung in Deutschland argumentierend, die Rassenpolitik als „integralen Bestandteil der Nazi-Ideologie" und sprach mit deutlichen Beispielen über die „ununterbrochene Folge systematisch organisierter Niederträchtigkeiten" gegen Juden in Deutschland. Zum anderen verwischte er die Besonderheit des Rassismus: „Grauenvoll wie das Leben der Juden, schwer wie der Kampf der Kirchen, ist das Los der Arbeiterschaft. (...) Der staatsbürgerlichen Entrechtung der Juden gleicht die Rechtlosmachung aller deutschen Mädchen und Frauen im öffentlichen und wirtschaftlichen Leben." Und zudem bestärkte Brauer die Interpretation, den Antisemitismus als taktische „Propagandawaffe" anzusehen: „Die Judenpolitik hat dazu beigetragen, die Öffentlichkeit von innenpolitischen Problemen abzulenken. Sie diente dazu, die Kriegsvorbereitungen zu kaschieren, indem sie aufmerksame Beobachter aus dem Ausland in die Irre führte."

Im zweiten Teil seiner Rede rief Brauer, der Linie des American Jewish Congress folgend, dazu auf, dringend den jüdischen Weltkongress einzuberufen: „Der Kampf der deutschen Juden muß von den Juden aus aller Welt unterstützt werden. Bei ihrem Kampf gegen das System sollten sie mit den liberalen Kräften ein Bündnis eingehen." Der Kreis der Hitler-Gegner umfaßte für Brauer neben dem „heldischen Kampf" der Arbeiterschaft den Katholizismus, der zur Opposition finde, nachdem sich auch die Nationalsozialisten nicht mehr an das Konkordat hielten, und den Protestantismus als „eine der stärksten Widerstandskräfte gegen den totalen Staat". Gegen den Willen „einer überwältigenden Mehrheit des Volkes" könne sich das NS-Regime auf Dauer nicht behaupten.[96]

Seine Ausführungen variierte Brauer im Frühjahr 1936, auf Einladung jüdischer und christlicher Organisationen, noch an verschiedenen Orten der amerikanischen Ostküste, dann kehrte er nach Paris zurück, brach schon ein halbes Jahr später erneut, diesmal auf Einladung des Federal Council of the Churches of Christ in America, des protestantischen Kirchenbundes, zu einer Vortragsreise auf und siedelte schließlich im Herbst 1937, zusammen mit seinem Sohn, endgültig in die USA über; Frau und Tochter folgten ein Jahr später. Sehr rasch war Brauer ein gefragter Vortragsredner mit einem festen Repertoire von einigen Dutzend Themen, und er trat vornehmlich in Kirchengemeinden und in theologischen Seminaren, aber auch vor Rotary-Clubs oder örtlichen Handelskammern auf. In der amerikanischen Öffentlichkeit erlangte Brauer in diesen Jahren eine gewisse Bekanntheit als prominenter Hitler-Gegner. Es verwundert daher nicht, dass seine Vorträge mitunter von deutschen Spitzeln besucht wurden. Diese kolportierten zum Beispiel, Brauer habe behauptet, aus einem KZ geflohen zu sein. Der deutsche Konsul in New York bat beim Auswärtigen Amt in Berlin um Informationen über den Exilanten, um seiner „zunehmenden Tätigkeit gegen Deutschland zu begegnen"[97].

Brauers Vortragstätigkeit sicherte die Existenz der Familie im amerikanischen Exil, und ihn trug seine politische Mission, aber die Abfassung der Redemanuskripte muss angesichts der Sprachschwierigkeiten eine enorme Mühe bedeutet haben. Brauers englischer Wortschatz war zwar groß, aber er besaß, wie viele andere Emigranten, nur geringe Kenntnisse der Syntax und Grammatik. Die wichtigsten Reden ließ er sich von seinem Sohn übersetzen oder korrigieren und las sie dann ab. Brauer bekannte offen, dass er sich in den USA nicht auf Dauer einrichten wollte, sondern, wie Elsbeth Weichmann in ihren Erinnerungen schrieb, „mit dem ersten Schiff, das nach Europa fahren würde, zurückkommen wolle. Amerika war für ihn immer nur Durchgangsland und Zuflucht bis zum Augenblick der Rückkehr."[98] Erst spät, 1943, beantragte Brauer die amerikanische Staatsangehörigkeit.

Im Übrigen war es ihm in New York, wo die Familie lebte, durchaus möglich, sich heimisch zu fühlen. Es gab Enklaven deutscher Einwanderer, in denen heimatliche Sitten und Gebräuche tradiert wurden. Die mit Unterstützung der Rockefeller-Stiftung 1933 als „University in Exile" gegründete New School for Social Research, in der auch einige mit ihm befreundete Sozialdemokraten, Hans Staudinger, Eduard Heimann und Hans Simons, lehrten, bot geistige Orientierungspunkte. Und die Social Democratic Federation (SDF), die sich 1936 von der American Socialist Party abgespalten hatte, gliederte sich eine eigene deutsche Sprachgruppe an, die bald einige Tausend Mitglieder zählte. An der Rand School of Social Science, einer von Sozialdemokraten geförderten Abendschule, traf man sich häufig zu Diskussionen. Rudolf Katz fungierte als Vorsitzender und seit 1938 auch als Mitherausgeber der „Neuen Volkszeitung", des letzten deutschsprachigen Presseorgans im Exil. Brauer hat sich dort allerdings nur selten publizistisch geäußert.

Im März 1939 wurde in New York aus diesen Zusammenhängen heraus die German Labor Delegation (GLD) gegründet, zu deren Mitgliedern auch Max Brauer zählte. Der frühere preußische Innenminister Albert Grzesinski fungierte als Präsident, die operative Leitung lag bei Brauers Freund Katz. Mitglieder waren außerdem der ehemalige Reichstagsabgeordnete Gerhard Seger, Hedwig Wachenheim, ehemals Abgeordnete des preußischen Landtags, Alfred Braunthal, ehemals Wirtschaftsberater des Allgemeinen Deutschen Gewerkschaftsbundes, und Alfred Kähler, ehemaliger Leiter der Gewerkschaftsschule in Flensburg. Später wurden noch einige weitere gerade in die USA übergesiedelte Vertreter der SPD und der Gewerkschaften kooptiert: Friedrich Stampfer und Wilhelm Sollmann aus dem Parteivorstand und der SOPADE-Sekretär Erich Rinner sowie Siegfried Aufhäuser, der ehemalige Vorsitzende des Allgemeinen Freien Angestellten-Bundes. Die GLD war zwar nur ein kleiner Kreis deutscher Sozialdemokraten, erhielt aber den Status eines Sonderausschusses der mächtigen Gewerkschaft American Federation of Labor (AFL) und damit einen über die numerische Zahl weit hinausreichenden Einfluss. Zudem verfügte die GLD über einen Beirat, dem amerikanische Gewerkschaftsfunktionäre und Politiker mit guten Beziehungen zum State Department angehörten. Vor allem das Jewish Labor Committee unterstützte die GLD mit Geldspenden, die zum Teil an den nun in London residierenden SOPADE-Vorstand weitergeleitet und dort für die

Max Brauer im amerikanischen Exil. Das Porträtfoto stammt von Fred Stein (1909–1967), der 1941 ebenfalls über Paris nach New York emigrierte.

materielle Unterstützung notleidender Mitglieder, für Visa-Gebühren und Schiffspassagen verwandt wurden.
Aber die GLD verstand sich nicht als bloße Hilfsorganisation, sondern als berufene Repräsentanz der Sozialdemokratie in den USA. Auch wenn sie nicht als offizielle amerikanische Vertretung der Exil-SPD auftreten konnte, weil nicht jeder Genosse Mitglied werden konnte, sah sie sich gerade nach der Aufnahme von Vorstandsmitgliedern der SOPADE dazu legitimiert. Dies hatte bis zum Ende der Exilzeit mit vielen Intrigen erbittert geführte Auseinandersetzungen zur Folge, zunächst und vor allem mit der 1933 gegründeten Gruppe Neu Beginnen, in der zahlreiche ehemalige KPD- und SAP-Funktionäre tätig waren. Dabei ging es um fundamental entgegengesetzte strategische Konzepte. Neu Beginnen forderte den klaren Bruch mit den Traditionen von Weimar, die zur Niederlage der Arbeiterbewegung geführt hätten, und kritisierte illusionäre Hoffnungen auf eine fundamentale Opposition der Arbeiterschaft im „Dritten Reich", den Kreis um Katz und Brauer einte vor allem ein „antitotalitärer Konsens"[99], der sich gleichermaßen gegen Nationalsozialisten und Kommunisten richtete und stark von Weimarer Auseinandersetzungen geprägt war, die zugleich eine Mythisierung der Arbeiterbewegung einschlossen. Die Erfahrung des Exils in den USA bedeutete für diese Sozialdemokraten eine Bestätigung und Bestärkung ihrer obersten Maxime: „Amerika ist gleichbedeutend mit Demokratie – und Demokratie bedeutet mehr als alles andere."[100] Der Rest des Londoner SOPADE-Vorstandes, Hans Vogel und Erich Ollenhauer, mühte sich vergeblich, den Graben zwischen den verfeindeten Gruppen in den USA nicht zu breit werden zu lassen.
Strategisch verfocht die GLD einen Kurs der überparteilichen Sammlung aller deutschen Demokraten in den USA mit klarer Trennungslinie zu den Kommunisten. Im August 1941 gelang es, auf dieser Linie den German American Council for the Liberation of Germany from Nazism zu gründen, aus dem im November die Association of Free Germans (AFG) hervorging. Rudolf Katz und Max Brauer gehörten dem Vorstand an. Die AFG forderte die Rückkehr Deutschlands zur Demokratie, die Rückgabe aller annektierten Gebiete und Bestrafung aller Nazi-Verbrecher. Der Schwerindustrie und den Großagrariern, die man als Verursacher und Nutznießer des Hitler-Regimes ansah, sollte die

wirtschaftliche Grundlage genommen werden, Deutschland sollte sich als restlos entmilitarisiertes Land wieder in die Völkergemeinschaft einfügen. Die programmatischen Richtlinien der AFG folgten insoweit der Atlantic Charta vom August 1941, in der Roosevelt und Churchill allen Völkern das Recht auf territoriale Unversehrtheit und Selbstbestimmung zugesprochen hatten. Gegen weitergehende Vorstellungen einer internationalen Kontrolle über Deutschland, um künftige Kriege zu verhindern, wie sie in alliierten Kreisen immer intensiver diskutiert wurden, wandten sich die AFG und namentlich Brauer mit großer Vehemenz. Auf einer Tagung Anfang 1942 verstieg er sich spontan zu der Aussage: „Falls ein solches System dem deutschen Volk aufgezwungen würde, würde ich die Deutschen auffordern: Kämpft bis zum letzten Blutstropfen, das ist allemal besser, als diese Zwangsjacke zu akzeptieren."[101] Solche nationalistischen Töne sind im Zusammenhang mit seinem bereits erwähnten Glauben an ein starkes „Anderes Deutschland" zu werten. Erich Ollenhauer berichtete aus London in einem Brief an Friedrich Stampfer, dass Brauers Intervention, die man wirklich nicht verteidigen könne, vom Londoner Parteivorstand heftig kritisiert worden sei.

In gemäßigterer und ausführlicherer Form legte Brauer seine prinzipielle Sicht der Dinge in einer „Krieg, Revolution und Frieden" betitelten Rede vor der Handelskammer in Orlando/Florida am 3. Februar 1942 dar. Es handelt sich um die einzige Rede aus der Zeit des Exils, die Brauer selbst in der Nachkriegszeit veröffentlichte. Der erste Teil war schnell abgehandelt, gab es doch für Brauer weder einen Zweifel an den Schuldigen – „dies ist Hitlers Krieg" – noch an dessen Ausgang: „Hitler kann und wird diesen Krieg nicht gewinnen, welche Rückschläge auch noch vor uns liegen mögen." Die These zur Revolution basierte wiederum auf Brauers unerschütterbarem Glauben in die Arbeiterbewegung: „Deutschland treibt auf eine Revolution zu. (…) Wenn sich zur Zeit das Bestehen einer starken revolutionären Bewegung in Deutschland auch nicht beweisen läßt, so kann es keinen Zweifel darüber geben, daß die seinerzeit in der Arbeiterbewegung organisierten Millionen nur auf den geeigneten Augenblick warten, um gegen ihre Unterdrücker in Aktion zu treten. (…) Ich bin davon überzeugt, daß die Befreiung des deutschen Volkes letzten Endes eine Angelegenheit der Deutschen selbst sein wird." Und die Deutschen selbst, nicht etwa die alliierten Sieger, würden die „von den Nazis an ihren eigenen Landsleuten begangenen Verbrechen" – nur diese sprach Brauer an – „durch deutsche Gerichte im eigenen Land" aburteilen lassen. Jede internationale Aufsicht über Deutschland würde dagegen nur den „Nationalbolschewismus" hervortreiben.

Die weitere Nachkriegsperspektive sah Brauer in einer „Föderation europäischer Völker" und einem System „kollektiver Sicherheit zur Ächtung des Krieges" und einer Politik der „Niederlegung der Zollgrenzen". Allerdings hielt er dabei an starken Nationalstaaten fest. Deutschlands Territorium sollte „innerhalb der im Versailler Vertrag niedergelegten Grenzen, mit Ausnahme gewisser Korrekturen", wiederhergestellt werden. Diese Korrekturen beinhalteten das „Recht der freien Wahl" Österreichs, zum Deutschen Reich zu kommen, und die Beanspruchung von Teilen des polnischen Korridors, während dafür litauische Gebiete an Polen gehen sollten. Ausdrücklich verzichtete Brauer hingegen auf das „Sudetenland". Innenpolitisch verwarf er alle Pläne einer Monarchie und der Aufteilung Deutschlands in seine ehemaligen Fürstentümer; angeknüpft werden sollte stattdessen an die Traditionen nach 1918: „Die Weimarer Republik hatte die humanste und anständigste Regierung, die Deutschland jemals gehabt hat. Die Leistungen auf sozialem und kulturellem Gebiet waren die höchsten in der ganzen deutschen Geschichte."[102]

Mit dem Eintreten für die volle Souveränität und territoriale Unversehrtheit Deutschlands, das sich gegen alliierte Forderungen nach bedingungsloser Kapitulation und langfristiger Besatzung richtete, gerieten Brauer und seine Freunde in die politische Isolation. Anfang 1943 wurde Brauer gemeinsam mit Siegfried Aufhäuser zum Vorsitzenden der zunehmend zerstrittenen und durch Austritte geschwächten GLD gewählt. Es war allerdings nicht allein die betont nationale Note der Gruppe, die in der zweiten Phase des Weltkriegs Probleme bereitete. Angesichts der demonstrativ zur Schau gestellten alliierten Freundschaft und verbreiteter Sympathien für die Kommunisten als konsequenten Gegnern Hitlers war es nicht leicht, sich dem antifaschistischen Zeitgeist zu widersetzen, aber Brauers Freunde beharrten auf ihrem strikt antikommunistischen Kurs.

Walter L. Dorn, Leiter der Mitteleuropa-Abteilung des militärischen Nachrichtendienstes OSS, in dem zahlreiche linke deutsche Intellektuelle an Planungen zur Nachkriegszeit arbeiteten, konfrontierte Brauer 1943 unumwunden mit seinem Eindruck, dass dessen Gruppe nicht die Zeichen der Zeit erkenne und an überholten Traditionen der parteipolitischen Spaltung der Arbeiterbewegung vor 1933 festhalte. Brauer antwortete ebenso unmissverständlich, indem er zunächst feststellte, dass die Weimarer Republik „durch eine gemeinschaftliche Aktion der beiden Extreme (...) von Reaktion und Kommunismus" unterlegen sei; daraus sei zu lernen: „Gemeinsame Aktion ist nur möglich mit jenen Gruppen, deren Stellung zur Demokratie unzweideutig ist, und welche die demokratischen Spielregeln anerkennen. Einheit auf Kosten der Selbstaufgabe ist Selbstmord. Es würde für die Menschheit besser sein, wenn die große, alte sozialdemokratische Bewegung in Deutschland herabsänke auf ein Dutzend apostolischer Seelen, die sich selbst treu bleiben, als daß wir eine neue Massenbewegung erhalten, die alle geistigen und moralischen Ideale der früheren Bewegung verriete."[103]

Dass Brauers Freunde mit dieser strikten Abgrenzung selbst innerhalb der Sozialdemokratie isoliert waren, zeigte sich im Sommer 1943. Die Einladung der deutschen Sprachgruppe der Social Democratic Federation, der GLD und der „Neuen Volkszeitung", also der von Brauers Gruppe kontrollierten organisatorischen Zentren, zu einer Konferenz deutschsprachiger Sozialdemokraten und Gewerkschafter nach New York wurde von wichtigen Mitgliedern des sozialdemokratischen Exils in den USA nicht angenommen, weil die Tagung nicht demokratisch einberufen worden sei. Die GLD habe nicht die Absicht, ihre vorgefassten Meinungen wirklich überprüfen zu lassen.

Umgekehrt verweigerte die GLD entgegen einer anfänglichen Zusage im Frühjahr 1944 die Mitarbeit am ersten wirklich überparteilichen und von Vertretern verschiedenster Strömungen getragenen Bündnis des linken politischen Exils in den USA, dem durch die Initiative des sozialdemokratischen Theologen Paul Tillich gegründeten Council for a Democratic Germany. Von linken Intellektuellen wie Bertolt Brecht, Erwin Piscator und Heinrich Mann reichte das Spektrum dort bis hin zur überwiegenden Mehrheit der führenden deutschen Sozialdemokraten in den USA, darunter sogar vormaligen Mitgliedern des GLD wie Aufhäuser und Grzesinski. Nachdem Aufhäuser die GLD wegen seiner Mitarbeit in Tillichs Kreis hatte verlassen müssen, übernahm

Brauer das Präsidentenamt der Organisation allein und zeichnete in dieser Funktion verantwortlich für einige heftige Attacken gegen den Council als eines von den Kommunisten gesteuerten Verbandes, während er gleichzeitig betonte, „kein Feind Rußlands bzw. des russischen Volkes" zu sein und den „heldenhaften Kampf der russischen Armee" zu bewundern.[104] Die Isolation innerhalb des Exils und die Radikalisierung der Kritik an den alliierten Planungen für die Nachkriegszeit bildeten einen dynamischen Zusammenhang. In den USA wurde die GLD in informierten Kreisen vor allem als Kritikerin aller Pläne angesehen, die deutschen Ostgebiete abzutrennen und das restliche Territorium in Besatzungszonen aufzuteilen. Als der amerikanische Finanzminister Henry Morgenthau im September 1944 seinen bald ad acta gelegten Plan zur Entindustrialisierung Deutschlands vorlegte, soll Brauer wutentbrannt seinen Spazierstock ins Hudson-Ufer gerammt haben.[105] In diesen Monaten, in denen hinter den Kulissen der US-Administration heftige Kämpfe um die zukünftige Nachkriegsplanung tobten, war es das Kriegsministerium unter Henry Stimson, das Morgenthau entgegentrat. Es war insofern wohl kein Zufall, dass Heinrich Brüning in einer Denkschrift für seinen alten Freund Stimson unter sechs prominenten Emigranten, die er als Berater für die Nachkriegszeit empfahl, neben drei weiteren Sozialdemokraten aus dem Kreise der GLD auch Max Brauer nannte.[106] In einer Erklärung des GLD Ostern 1945, betitelt „What Is To Be Done With Germany?", wurde erneut gewarnt, eine Zerteilung Deutschlands „would involve great dangers".[107] Dass neben einer Wiederbelebung des Nationalismus dabei der Machtzuwachs der Sowjetunion gemeint war, wurde zwar vorsichtigerweise nicht gesagt, ergab sich aber unschwer aus dem Kontext. Ein expliziter Hinweis auf die sowjetische Bedrohung Europas wäre im Honigmond der alliierten Beziehungen zwischen Jalta und Potsdam auch nicht besonders ratsam gewesen, aber nur wenige Jahre später, mit dem Aufkommen des Kalten Krieges, änderte sich die Konstellation grundlegend.

Bürgermeister in Trümmern (1946–1949)

Seine Rückkehr in das zerstörte Hamburg im Juli 1946 und in das mittlerweile (1937) eingemeindete Altona hinterließ in Brauer tiefe Eindrücke. Im Rückblick nach einem Jahrzehnt erinnerte er sich noch sehr genau, was er empfand: „Da standen wir (Brauer und Katz) nach langen Jahren der Emigration vor unserer Vaterstadt und sahen das erschütternde Bild unüberschaubarer Ruinen. Es war keine Vision, sondern furchtbare Wirklichkeit. Wir traten den Menschen gegenüber, die unsere Mitbürger waren. Ihre Antlitze waren durch die Leiden des Dritten Reiches und des von Hitler entfesselten Krieges gezeichnet. Sie waren abgehärmt, erschöpft, müde. Wir wollten weiter nach Altona, aber wir mußten uns mühsam durchfragen, da wir die Stadt, in die wir zurückkehrten und die doch früher unsere eigene gewesen war, nicht wiedererkannten. Selbst die Mönckebergstraße, Zugang zum Hamburger Rathaus, war durch Schutthalden eingeengt. Auf Umwegen schlugen wir uns nach Altona durch, in den Westen Hamburgs, um hier unsere Freunde zu suchen. Als wir das Nobistor erreicht hatten, glaubten wir, nun beginne Altona, der Altstadtkern, der sich einmal eng um das schöne alte Rathaus geschlängelt hatte. Wir fanden weder das Rathaus noch den Stadtkern. Wir fanden eine Einöde. Unser Altona, unsere alte Heimat, war ausgelöscht."[108]

Aber immerhin: Das wichtigste Ziel war erreicht. Endlich, über ein Jahr nach Kriegsende, war Brauer in seine Heimatstadt zu-

Kriegsende: zerstörtes Hamburg – „Nissenhütten" in Eilbek 1945

rückgekehrt, Ergebnis eines zähen Ringens mit den Besatzungsmächten. Noch im Herbst 1945 hatte er nämlich eine britische Einladung nach Hamburg und sogar die Wiedereinsetzung in seine vormaligen Ämter ausgeschlagen, weil er dafür die US-Staatsangehörigkeit hätte ablegen müssen. Statt dessen wollte er als Vertreter der amerikanischen Gewerkschaft AFL einreisen, um so seine politische Unabhängigkeit zu bewahren. Diese Bemühungen zogen sich Monate hin, und Brauer vermutete, dass in der US-Administration „irgendwo im Hintergrund geheime, unsichtbare Mächte am Werk" seien, die verhindern wollten, dass Exilanten seiner Couleur zurückkehren könnten.[109] Schließlich konnte er zusammen mit Rudolf Katz, beide mit amerikanischem Pass und in amerikanischer Uniform, wenn auch ohne Rangabzeichen, die Reise antreten. In Deutschland stand ihnen das Auto eines amerikanischen Offiziers zur Verfügung; die reichlich mitgeführte Schokolade hatten sie bald verschenkt, in Hamburg trafen sie mit leeren Händen ein.

Dass er dort mit großen Hoffnungen erwartet wurde, wusste Brauer bereits durch einen Brief des Landesvorsitzenden der SPD Karl Meitmann von Ende Mai 1946, der ihn noch vor der Abreise in New York erreicht hatte: „... große und entscheidende Funktionen für den Neuaufbau unseres einst so bedeutenden Gemeinwesens" seien Brauer zugedacht, und er solle keine

Zeit mit seiner Rückkehr verlieren.[110] Dieser Brief war abgesandt worden, nachdem die britische Besatzungsmacht Wahlen in Hamburg für Mitte Oktober 1946 angekündigt hatte. Zur SPD-Zentrale in Berlin und zum Büro von Kurt Schumacher in Hannover knüpfte Brauer sofort nach der Rückkehr in die Heimat Kontakte, und Paul Theodor Hoffmann, sein bewährter Mitarbeiter aus der Zeit in Altona, nahm gleich nach der Ankunft Brauers in Hamburg seine Tätigkeit als dessen persönlicher Referent auf.

Vor diesem Hintergrund war es nicht verwunderlich, dass der ehemalige Oberbürgermeister von Altona bei den Sozialdemokraten, die bereits seit über einem Jahr im Senat an der Verwaltung der Hansestadt mitwirkten, als „Geheimtipp" galt. Als er am 14. Juli 1946, zusammen mit Rudolf Katz, auf dem Landesparteitag der hamburgischen SPD erstmals wieder öffentlich auftrat, hielt er eine kurze Ansprache, die sich noch in den argumentativen Bahnen seiner offiziellen Mission als Vertreter der amerikanischen Gewerkschaften bewegte: „Wir kommen, um Mittler zu sein für Eure Nöte und Wünsche und hoffen, in Amerika Interesse für das deutsche Schicksal wecken zu können."[111] Der Beifall nach dieser Rede war enorm, aber es bleibt undeutlich, ob er dem Helfer aus dem reichen Amerika oder vielleicht schon dem zukünftigen Spitzenmann galt. Am 3. August stellte sich Brauer dann im Gästehaus des Senats einem ausgesuchten Kreis von Zuhörern mit einem Bericht, der den ironischen Titel „Meine Weltreise" trug, als Rückkehrer in die hamburgische Politik vor.[112]

Brauers Auftritt bei der sozialdemokratischen Auftaktkundgebung zum Bürgerschaftswahlkampf in Planten un Blomen am 14. August 1946 war von der doppelten Wahrnehmung als Vertreter der AFL, deren Grüße er überbrachte, und als neuer Hoffnungsträger der SPD bestimmt. Erich Lüth, bald darauf sein Pressesprecher, schilderte die charismatische Wirkung, die von Brauer ausging: „Die auf der Wiese von Planten un Blomen versammelten Achtzigtausend wurden von der Rede des Heimgekehrten im Innersten aufgewühlt, gepackt und erregt. Max Brauer selber war tief bewegt und konnte wiederholt nur mühsam weitersprechen. Dennoch strahlte der Mann am Rednerpult dreierlei aus: Kraft, Mut und Hoffnung! Und mehr noch: ein geradezu unbändiges Selbstvertrauen."[113] Lüth erwähnt anschließend ein magisches Wort, das Brauer nach eigenem Bekunden überzeugt habe, nun für Hamburg Verantwortung zu übernehmen: „Aus den Massen der Versammlung scholl mir der Ruf entgegen: Hierbleiben!"[114] Bei Lüth wurde aus diesem Ruf aus den Massen „dieses eine Wort der Achtzigtausend", das „den Ausschlag" gegeben habe, eine „Vor-Wahl durch Akklamation, einer Wahl durch Zuruf".[115] Diese schöne und eingängige Legende ist unzählige Male kolportiert worden, aber weder lässt sie sich durch die zeitgenössischen Quellen, etwa die Presseberichterstattung über die Kundgebung, stützen, noch ist sie im Blick auf die sozialdemokratische Partei sehr wahrscheinlich. Hier wurden hinter den Kulissen seit der Ankündigung der Wahlen durch die britische Besatzungsmacht im Mai Gespräche über einen geeigneten Bürgermeisterkandidaten und die Grundzüge politischer Programmatik geführt, und Max Brauer, der ja nie etwas anderes gewollt hatte, als in seiner Heimat die politische Arbeit wieder aufzunehmen, war an diesen Gesprächen beteiligt, zum Beispiel bei einer Beratung des Landesvorstands über die Länderneugliederung am 29. August 1946. Brauer, als Gast anwesend, unterstützte den einhelligen Standpunkt des Gremiums, an „Groß-Hamburg", wie es 1937 entstanden war, festzuhalten. Das Protokoll hielt seinen Optimismus fest: „Er glaubt an einen Aufstieg und sieht Hamburgs Zukunft durchaus nicht in grauen Farben."[116]

Das Fundament dieses unerschütterbaren Optimismus, den sich Brauer auch über die Zeit des Exils hinweg erhalten hatte, war sein Glaube an die gute Substanz des Volkes und an erster Stelle der Arbeiterschaft. Der Historiker Michael Wildt hat treffend davon gesprochen, dass in der Weigerung, die Gründe für die Stabilität des NS-Regimes wahrzunehmen, die eben längst nicht allein auf blankem Terror, sondern auch dem Mitmachen vieler Menschen beruhte, auf eine „paradoxe Weise eine entscheidende Kraft" erwuchs, „die Ärmel aufzukrempeln und den Wiederaufbau Deutschlands anzupacken". Patriotischer Stolz lässt sich aus einem kurzen Artikel Max Brauers im „Hamburger Echo" herauslesen, der am Vorabend der für den 13. Oktober anberaumten Bürgerschaftswahl erschien. Brauer begründete hier seine Zuversicht, dass gerade aus dem Wiederaufbau der deutschen Städte eine demokratische Gesellschaft erwachsen könne: „Ich hoffe, daß die deutschen Städte, diese alten Stätten der Selbstverwaltung, diese Stätten wirklich demokratischen Lebens, den Anstoß geben, von dem aus ein demokratisches Deutschland gestaltet werden kann, ein Deutschland, das seinem Volke wieder Licht, Luft und Freiheit gibt. Die deutsche Selbstverwaltung ist älter als die englische, die erst 1830 zur Geltung kam, und weit früher entwickelt als die französische und italienische. Hier liegen die Wurzeln starker deutscher Kraft."[117] Dies wiederum fügte sich in die Wahlkampfrhetorik der Sozial-

Max Brauer begrüßt Adolph Schönfelder – eine Szene aus der Nachkriegszeit.

Rudolf Petersen, von der britischen Besatzungsmacht ernannter Vorgänger Brauers als Erster Bürgermeister (rechts), Max Brauer (Mitte) und Sir Ivone Kirkpatrick, Hoher Kommissar Großbritanniens in Westdeutschland

demokratie ein. Sie betonte ihr Ziel, die Mehrheit zu gewinnen, weil nur ein sozialistisches Hamburg „ein gesundes und dann einmal wieder ein blühendes Hamburg werden" könne. In Anknüpfung an den Parteinamen propagierte die SPD: „Sozialismus – Planwirtschaft – Demokratie". Unter den vier größten Parteien, die zur Wahl angetreten waren, neben den Sozialdemokraten die Kommunisten, Christdemokraten und Freien Demokraten, hatte die SPD das am weitesten links erscheinende Programm, das den Sozialismus an die aktuellen Aufgaben des

Wiederaufbaus band, während die Kommunisten eine eher allgemeine antifaschistische Propaganda für „Frieden und Wohlstand" in den Mittelpunkt ihrer Propaganda stellten. In scharfer Frontstellung zum „Marxismus" befand sich die CDU in diesem Wahlkampf, die zugleich die FDP dafür verantwortlich machte, dass es zu keinem gemeinsamen Vorgehen gekommen war.
Die Zersplitterung der bürgerlichen Kräfte führte angesichts eines Wahlsystems mit starken Persönlichkeitswahl-Elementen dazu, dass – bei einer Wahlbeteiligung von 79 Prozent – die Sozialdemokraten mit 43,1 Prozent der Stimmen 83 von 110 Mandaten und damit eine überwältigende Mehrheit erzielten, die CDU mit 26,7 Prozent hingegen lediglich 16, die FDP mit 18,2 Prozent sieben und die KPD mit 10,4 Prozent vier Sitze erhielten. Die Grundkonstellation der Weimarer Republik war damit zwar nicht von der Anzahl der Sitze, aber von den Stimmen her erneut eingetreten: eine starke Sozialdemokratie, die allerdings nicht die Mehrheit der Wähler hinter sich wusste.

Dr. Walter Dudek, Oberbürgermeister von Harburg vor 1933 und Finanzsenator in Brauers Nachkriegssenat

Eine Woche nach der Wahl wurde Brauer auf einer Funktionärsversammlung der SPD von Adolph Schönfelder offiziell, von den Anwesenden mit „Beifallsstürmen ohnegleichen"[118] akklamiert, für den Posten des Ersten Bürgermeisters vorgeschlagen.[119] Brauer war für Schönfelder, der als hamburgischer Polizeisenator aus der Weimarer Zeit schon seit Februar 1946 im ersten Nachkriegssenat des parteilosen Kaufmanns Rudolf Petersen die Personalpolitik koordinierte, kein Unbekannter. Sein Vorschlag unterstrich, dass die Garde profilierter Kommunalpolitiker der 1920er-Jahre den hamburgischen Wiederaufbau leiten würde. Neben Brauer und Schönfelder waren dies in der SPD etwa Heinrich Eisenbarth, Max Leuteritz, Gustav Dahrendorf, Walter Dudek, in der FDP

Christian Koch und in der CDU Paul de Chapeaurouge – man kannte sich. Max Brauer stellte den Bezug zur Weimarer Republik autobiografisch her, als er in seiner Rede auf der erwähnten Funktionärsversammlung demonstrativ aus seinen Ausführungen beim Amtsantritt als Oberbürgermeister in Altona 1924 zitierte. Insofern mag „Max Brauer als typischer ‚Gründungsvater' der Bundesrepublik erscheinen"[120]; aber darüber darf eben nicht vergessen werden, dass Brauer einer der ganz wenigen hohen Repräsentanten Westdeutschlands war, die als Remigranten heimgekehrt waren.

Brauer widersprach energisch allen Forderungen innerhalb seiner Partei, angesichts der großen Mehrheit in der Bürgerschaft nun allein zu regieren. Auch hier war ein Hauch von Weimar zu spüren, denn die Sozialdemokratie hatte nach der Novemberrevolution ebenso eine mögliche Alleinregierung gescheut. Der Regelfall in den Ländern nach 1945 wiederum war die Allparteienregierung, die in Hamburg allerdings kaum herzustellen war. Der Landesparteitag bestätigte am 10. November 1946 mit Zweidrittel-Mehrheit den Vorschlag, den Senat als Koalition von SPD, FDP und KPD zu gestalten.

Vor dem Amtsantritt war „nur" noch eine Formalie zu erledigen. Brauer beantragte die deutsche Staatsbürgerschaft, und die lokale Militärregierung bevollmächtigte, da es ja einen Innenminister des Deutschen Reiches nicht mehr gab, den noch amtierenden Bürgermeister Petersen, ihm eine Einbürgerungsurkunde zu überreichen. Der amerikanische Generalkonsul in Hamburg soll bei der Nachricht, dass ein Amerikaner auf die US-Staatsangehörigkeit verzichte, um die deutsche zu erwerben, ausgerufen haben: „What a funny bird!"[121]

Am 22. November 1946 trat die erste gewählte Hamburger Bürgerschaft der Nachkriegszeit unter ihrem Präsidenten Adolph Schönfelder zu einer feierlichen Sitzung zusammen. Die Eidesformel für die neuen Senatoren lautete: „Ich schwöre, daß ich dem Deutschen Reich die Treue halten, die hamburgische Verfassung und die Gesetze beobachten ... will" – ein Bekenntnis zur ungeteilten Nation. Nach einer Ansprache des britischen Gouverneurs Vaughan Berry, eines vordem aktiven Mitglieds der Labour Party, der in Zivil erschienen war und deutsch sprach, ergriff der neue Bürgermeister das Wort.[122] In seiner eindrucksvollen Antrittsrede erinnerte Brauer zunächst an die

Max Brauer am Tag der Vereidigung des neuen Senats vor dem Rathaus, 22. November 1946

Verbrechen des Nationalsozialismus, der „deutschen Form des Faschismus", wobei seine Analyse diffus blieb. Das „Dritte Reich" war für ihn die „Frucht einer dämonischen Entwicklung, die fast alle Völker berührte und leider auch in Deutschland zur Eruption alles Bösen, zur Auflehnung gegen die abendländische Kultur und gegen das christliche Ethos führte". Neben dieser dämonologischen Erklärung, die zeitgenössisch gängigen Deutungsmustern folgte, wurde von Brauer gleichzeitig der „internationale Faschismus" als „eine Erhebung der Reaktion gegen die Ideale der glorreichen englischen Revolution, gegen die von der Französischen Revolution proklamierten Menschenrechte und gegen allen sozialen Fortschritt" verstanden. Die Entnazifizierung, so Brauer, solle zwar „hart, aber gerecht" ausfallen, jedoch sei die „mechanische Anwendung von Entnazifizierungsmethoden" nicht günstig; dies schaffe „unnötige neue Ungerechtigkeit und Bitternis". Nur mit den „Treuen, die dem grauenvollen Druck Hitlers mutig standhielten", könne der Wiederaufbau nicht gelingen, auch die „Vergewaltigten, Mißbrauchten und Überredeten, die ehrlich bereit sind, umzulernen und einen neuen Anfang zu machen", müssten einbezogen werden. Dass Brauer sogar die Sekretärin des vormaligen Gauleiters und Reichsstatthalters Karl Kaufmann in seine Dienste übernahm, mochte diese Bereitschaft symbolisieren.

Der historischen Rückschau folgte in seiner Antrittsrede eine Beschreibung der niederdrückenden sozialen Situation der Menschen in Hamburg. Die wichtigste Aufgabe der Bürgerschaft sei die Bekämpfung der „drei Elendsquellen": Hunger und Hungersiechtum, Wohnungsnot, Kälte und Brennstoffmangel. Aber Brauer thematisierte auch die langfristigen wirtschaftlichen Perspektiven, vor allem die Entwicklung des Hafens, selbst wenn dies angesichts der desolaten Situation nach Zukunftsmusik klingen mochte. Dass er als eine der ersten Maßnahmen den Betrieb der Alsterdampfer wieder aufnehmen ließ, sollte den Übergang zur friedlichen „Normalität" zeigen, ebenso wie die Öffnung von Badeanstalten und die Anordnung, die Zahl der brennenden Straßenlaternen so rasch wie möglich zu vermehren, weil dies gegen Depressionen helfe, zu denen „ein Volk" neige, das „eine so furchtbare Niederlage erlitten hat".[123] Insgesamt gehe es darum, die Situation gemeinsam mit der Besatzungsmacht, der die „Loyalität" der Bürgerschaft zugesichert wurde,

zu verbessern und sich zugleich als erfolgreicher Anwalt der Bevölkerung gegenüber der Militärregierung zu erweisen.
Die Rede Brauers beeindruckte die Zeitzeugen tief – einhellig wurde dabei die Einheit von Form und Inhalt, von visionärer Regierungserklärung und persönlichem Programm, hervorgehoben. Brauer stellte sich hier, wie Erich Lüth schrieb, „auf die gleiche Ebene der Sieger – für ein anderes Deutschland"[124] und ließ keinen Zweifel daran, dass er die gewaltigen Aufgaben bewältigen werde. Eine kleine Episode mag Brauers Selbstbewusstsein gegenüber der Besatzungsmacht illustrieren. Zwei Tage vor seiner Amtseinführung besuchte er das Rathaus und sah aus dem Fenster auf einen mit Maschendraht gesicherten Parkplatz für Lastkraftwagen der britischen Truppen. Zu Erich Lüth gewandt erklärte er: „Lassen Sie es bitte die Engländer wissen, daß ich zur Vereidigung des Senats nicht erscheinen werde, wenn bis dahin der vergitterte Parkplatz nicht verschwindet! Dieser Zustand ist unwürdig. Vor dem Sitz einer demokratisch gewählten Regierung darf es nur einen freien Platz geben."[125] Dieser Forderung wurde entsprochen. Zugleich verlieh Brauer seinem Auftreten gegenüber den Parlamentariern von Anfang an eine gewisse präsidiale und demonstrativ überparteiliche Aura. In der Bürgerschaft erschien er in den folgenden Jahren nur zur Abgabe von Regierungserklärungen.
Brauers Senatstätigkeit war zunächst von den drängenden Sorgen bestimmt, die der besonders kalte, bis in den März dauernde „Katastrophenwinter" 1946/47 mit sich brachte, als in Hamburg Hunderte von Menschen erfroren oder an Lungenentzündung starben. Da die Kohleförderung an der Ruhr darniederlag, die Gleise vereist und der größte Teil der Lokomotiven nicht funktionsfähig waren, konnte Hamburg nicht genügend mit Kohle versorgt werden. Betriebe mussten geschlossen werden, Straßenbahnen fuhren nur noch in den Kernzeiten, der Strom für die privaten Haushalte, aber auch für Krankenhäuser und Schulen floss lediglich wenige Stunden. Mitte Februar 1947 richtete Brauer über den Rundfunk einen verzweifelten Appell an den verantwortlichen britischen General Brian H. Robertson, eine Hilfsaktion für Hamburg zu veranlassen. Aber die versprochenen Kohlenzüge trafen häufig verspätet und zum Teil von verzweifelten Menschen ausgeraubt am Zielbahnhof ein. Als Anfang März, nach einer erneuten Kältewelle, der Direktor der

Max Brauer vor den Mikrophonen des Nordwestdeutschen Rundfunks in der Rothenbaumchaussee, vermutlich 1947

Hamburgischen Electricitäts-Werke (HEW) in einer dramatischen Sitzung jede Verantwortung dafür ablehnte, die letzten Kohlevorräte für Haushaltsenergie zu verfeuern, weil den Aggregaten danach die Zerstörung durch Frost drohte, befahl Brauer: „Weiterproduzieren!"[126] Er hatte Glück, denn die von der Besatzungsmacht versprochenen Kohlenzüge kamen diesmal tatsächlich pünktlich, und Brauers Nimbus als Retter der Stadt gründete fortan in diesem Erfolg. Als Folge der Aktion entstanden übrigens die Ruhrfestspiele als kultureller Dank Hamburgs – „Kunst für Kohle" – an die Bergleute, die zur Belieferung Hamburgs mit Kohle Sonderschichten gefahren hatten. Brauers persönliche Verbundenheit mit dem Theater seit den 1920er-Jahren erwies hier ihre Nützlichkeit.

Auch in der Armut der Nachkriegsjahre unterstützte Max Brauer seine Familienangehörigen bisweilen mit Lebensmitteln, aber die Distanz, so erinnerte sich seine jüngste Schwester, sei nach der Rückkehr aus dem Exil eher noch größer gewesen als vor 1933. Auch Brauers Frau Erna habe „nicht begriffen, was wir erlitten haben", etwa hinsichtlich der sippenhaftartigen Schikanen der Nationalsozialisten – alle Geschwister und manche Neffen seien im „Dritten Reich" arbeitslos geworden. Max sei „so'n bißchen wirklichkeitsfremd" gewesen und habe gar nicht gemerkt, dass bei Besuchen für ihn ein Zimmer extra beheizt wurde.

Im Schatten der sozialen Nöte der Gegenwart standen die politischen und moralischen Probleme, die sich aus der Herrschaft des NS-Regimes ergeben hatten. In seiner Haushaltsrede vor der Bürgerschaft am 18. August 1947 gab Brauer seiner Befriedigung darüber Ausdruck, dass die „Denazifizierung" mittlerweile „so gut wie ganz in deutsche Hände gelegt worden" sei. „Im ganzen sollte alles getan werden, daß der ganze Prozeß der politischen Säuberung unseres Volkes jetzt so bald wie möglich zum Abschluß kommt." Im Hintergrund dieses Wunsches nach einem Schlussstrich, der von der breiten Mehrheit der deutschen Öffentlichkeit, nicht zuletzt von den Kirchen, geteilt wurde, stand wiederum Brauers rundum positive Sicht auf die deutsche Bevölkerung. Gegen Vorwürfe ausländischer Presseorgane gewandt, betonte er, „daß in der Hamburger Verwaltung nur Beamte aktiv tätig sind, die sich von nationalsozialistischer Belastung gereinigt haben. Es ist doch ein Unterschied, ob jemand freiwillig der NSDAP beitrat oder ob ganze Gruppen unter Terrorandrohung hineingezwungen wurden."[127] Zu dieser Sicht der Dinge passte es, dass sich Brauer in seiner Rede von einem Manuskript des Hamburger Archivrats Kurt Detlev Möller beeindruckt zeigte, in dem die Verdienste der lokalen NS-Führung, an der Spitze der Gauleiter Kaufmann, um die kampflose Übergabe Hamburgs an die Briten hervorgehoben worden waren. Als Brauer das Buch, das im Auftrag der Bürgerschaft geschrieben worden war, den Abgeordneten Ende 1947 vorlegte, sorgte es für einen Eklat. Gerade im „Dritten Reich" verfolgte Mandatsträger verbaten sich die peinliche Gloriole um die Hamburger NS-Führung, die Brauer offenbar nicht problematisch gefunden hatte.[128]

Brauer hatte seinen Platz in Deutschland bald wiedergefunden, pflegte aber durchaus seine in der Zeit des US-Exils geknüpften Kontakte weiter. Laut privater Statistik vom Ende der 1950er-Jahre war er seit Kriegsende sechzehnmal zu politischen Gesprächen und Verhandlungen in den USA gewesen, hinzu kamen zahlreiche Besuche bei seinen Kindern, die dort geblieben waren, und den Enkeln.[129] Ein reger Briefwechsel in englischer Sprache zwischen Brauer und Repräsentanten der AFL, der weit in die 1950er-Jahre hineinreicht, ist im Nachlass Brauers überliefert.[130]

Von den „Genossen des Ortsverbandes New York der Sozialdemokratischen Föderation" erhielt er zu seinem 60. Geburtstag im Juni 1947 ein großes Lebensmittelpaket[131], und es erfüllte ihn mit Stolz, im „American Magazine" einen Artikel über „The Yankee Lord Mayor of Hamburg" oder im „New Yorker" über sich als „Respectable German" zu lesen.[132] Seine Identität als Remigrant zeigte sich in diesen Jahren vor allem darin, dass er sich bemühte, ihm von vor 1933 bekannte Genossen aus dem Exil nach Hamburg zu holen. Dies gelang zwar nicht immer, aber in einigen entscheidenden Fällen, so mit seinem alten Freund aus Altonaer Magistratszeiten, Gustav Oelsner, der aus dem türkischen Exil zurückkehrte und die städtebauliche Gestaltung des Wiederaufbaus inspirierte, und mit Herbert Weichmann, der viel später, 1965, Erster Bürgermeister werden sollte. Im Sommer 1947 schrieb er an Weichmann in New York: „Komm zurück zu unseren Trümmern, ich brauche Menschen wie Dich mit Welterfahrung und Weitblick."[133] Und als dieser, anders als Brauer erst nach einigem Zögern, in Hamburg eintraf, wies der Erste Bürgermeister den designierten Präsidenten des Landesrechnungshofs auf eine gewisse Provinzialität der lokalen Sozialdemokratie hin: „In der Partei gebe es natürlich Engstirnigkeiten wie eben bei Leuten, die 10 Jahre im Gefängnis gelebt haben, während ‚Wir' doch einen freieren Blick und von Amerika empirischen Wagemut gelernt haben ..."[134] In einem Brief an seine noch in New York gebliebene Frau Elsbeth schilderte Herbert Weichmann seine herzliche Aufnahme bei den Brauers, in einer Dachwohnung im Haus Palmaille Nr. 49 mit schönem Blick über die Elbe, eine der seltenen Schilderungen über das private Leben des Ersten Bürgermeisters: „Als ich (...)

Gustav Oelsner, Architekt des Neuen Altona in den 1920er-Jahren, von Max Brauer aus dem türkischen Exil als Beauftragter für den Wiederaufbau 1949 zurückgerufen

Max Brauer auf dem Balkon seiner Wohnung in der Palmaille mit dem Blick auf die Elbe, 1949

über einen verschlossenen ersten Stock zum zweiten Stock hinaufstieg und eine kleine Tür fand, an der ich fragend klingelte, stürzte Brauer selbst heraus, fiel mir um den Hals, küßte mich auf jeden verfügbaren Körperteil, sagte Du zu mir, und drin war ich in der Familie, und festen Grund hatte ich unter den Füßen. Der Tisch war gedeckt, eine Flasche Wein war bereit, wir zogen uns die Röcke aus, und da saß der gute alte Brauer, jung, lachend und strahlend, ganz Freund und Wärme, und daneben Frau Brauer, wie gewöhnlich ein bißchen schwerer, schimpfend, daß ihr Mann Flecke aufs Tischtuch machte und die Kuchenkrümel auf den Boden fallen ließ, und ich war ganz zu Hause."[135]

Die ersten Jahre des Wiederaufbaus waren eine politisch besonders erfolgreiche und persönlich befriedigende Zeit für Brauer, dessen Erfahrungen im kommunalen Krisenmanagement nach dem Ersten Weltkrieg nun voll zur Geltung kommen konnten. Häufig als Erster morgens am Schreibtisch und „zum Kummer für seine Mitarbeiter (...) viel zu leicht für jedermann zu sprechen"[136], konnte er als charismatischer Leiter der Stadtgeschicke und als anerkannter Sprecher der Bevölkerung gegenüber der Besatzungsmacht konstatieren, wie sich nicht nur die sozialen Verhältnisse seit 1947 zusehends verbesserten, sondern auch die politische Demokratie institutionelle Wurzeln schlug. Nach dem Fall der „preußischen Hegemonie" würdigte Brauer im April 1948 die neue demokratische Verfassung der Freien und Hansestadt Hamburg[137]; nicht mehr als beamteter preußischer Kommunalpolitiker fühlte er sich, sondern als oberster Repräsentant einer stolzen Metropole, die es strikt ablehnen konnte, in einem „Nordstaat" aufzugehen, den in jener Zeit der schleswig-holsteinische Ministerpräsident vorschlug, um die Lasten des Flüchtlingsstroms auf breitere Schultern zu verteilen.

Die Währungsreform Mitte 1948 bestärkte Brauer in dem optimistischen Grundgefühl: „We are coming out of the woods."[138] Als er die Arbeit seines Senats in einer Rundfunkrede nach zwei Jahren bilanzierte[139], konnte er mitteilen, dass der Hafen zur Hälfte wiederhergestellt sei und der Soziale Wohnungsbau mittlerweile eingesetzt habe. Von Demontage war nun kaum mehr die Rede, und es gab begründete Hoffnungen für die baldige Freigabe der deutschen Seeschifffahrt. Brauer stand nicht an, diese Wiederaufbau-Erfolge für die Sozialdemokratie und den freiheitlichen Sozialismus zu reklamieren. Auf der Delegierten-

Max Brauer mit Kurt Schumacher auf dem Hamburger Parteitag der SPD, 1950

versammlung der Hamburger SPD im September 1947 hatte er ein mit starkem Beifall aufgenommenes Referat mit einer entsprechenden Passage beendet: „Wir Sozialisten sind die große Partei des Friedens, die große sittliche Bewegung, die der Menschheit den Frieden geben will und dem einzelnen ein anständiges Leben bereiten will. (...) Ich glaube, wir Sozialdemokraten, die nicht nur jetzt, sondern auch vor dem Krieg eine Politik der positiven, friedlichen Zusammenarbeit verfolgt haben, durch die sich dieses Unglück, das über Deutschland gekommen ist, hätte vermeiden lassen, können heute mit noch größerem Stolz bekennen, daß die Grundprinzipien, nach denen unsere Bewegung stets gehandelt hat, sich heute durchsetzen und daß für uns nichts mehr weiter in Frage kommt, als Hand anzulegen und das Beste aus uns herauszuholen, um das Wirklichkeit werden zu lassen, was Jahrzehnte vorher noch als ein ferner Traum gegolten hat. Das eine Gute soll doch dieses Meer von Blut hinter sich haben: daß es uns näher gebracht hat einer sozialistischen Gestaltung, einer sozialistischen Welt, in der Freiheit und Idee, in der aber auch ein anständiges Leben möglich ist!"[140]

Je mehr sich der Erfolg des kommunalen Wiederaufbaus in ersten Umrissen abzeichnete, desto mehr drängte es Brauer, sich auch als Deutschland- und Außenpolitiker seiner Partei zu profilieren. Eine Gelegenheit dazu bot die letzte gesamtdeutsche

Ministerpräsidentenkonferenz vor der doppelten Staatsgründung in München vom 5. bis 7. Juni 1947, auf der Brauer eine tragende Rolle spielte, obwohl der von ihm vorbereitete Aufruf an die Emigranten zur Rückkehr nach Deutschland dort aus Zeitgründen nicht diskutiert, sondern später unverändert publiziert wurde. Kurt Schumacher, der Vorsitzende der West-SPD, hatte die Ministerpräsidentenkonferenz von vornherein mit Misstrauen aufgenommen, weil er dadurch eine indirekte Aufwertung der SED gegeben sah. Die Vertreter der SBZ-Länder reisten allerdings schon vor Beginn der eigentlichen Konferenz wieder ab, weil ihr Antrag, eine Resolution über den Willen zur politischen Einheit Deutschlands zu verabschieden, nicht behandelt wurde. Brauer war es, der danach vorschlug, in der Tagesordnung fortzufahren und ohne die östlichen Ministerpräsidenten zu verhandeln; man solle ihnen nicht nachlaufen. Im Mitteilungsblatt der Hamburger SPD rechtfertigte Brauer einen Monat später diesen Ablauf: „Es gab keinen sachlichen Grund, der sie in Wahrheit hätte hindern können"[141], an der Konferenz bis zum Schluss teilzunehmen; die SED habe das Tischtuch allein aus parteitaktischen Motiven zerschnitten.

Sir Vaughan H. Berry, Zivilgouverneur der britischen Besatzungsmacht in Hamburg, Partner Brauers in der Zeit seines ersten Senats

Dass Brauer sich zum westlichen Kurs bekannte, wie er sich seit 1947 immer deutlicher abzeichnete, war angesichts seiner politischen Position im amerikanischen Exil keine Überraschung. Eher mochte der Beginn des Kalten Krieges dem Remigranten als Bestätigung seiner Warnungen vor der sowjetischen Gefahr für Europa dienen. Der britische Gouverneur Vaughan Berry hatte schon im März 1947 seinen Vorgesetzten berichtet, Brauer „shares the general Anglo-American outlook on politics", und in diesem Zusammenhang hinzugefügt, Brauer sei in der Sozialdemokratie der „big man, second to Schumacher".[142] Diese Anmerkung ist interessant vor dem Hintergrund der betont nationalen Töne des SPD-Vorsitzenden, die bei der Vorbereitung eines separaten Weststaats stören mussten. Aber auch Brauer besaß einen eigensinnigen Patriotismus, der im Exil nicht abhanden gekommen war. In einem Brief an seine Mitstreiterin in der Gruppe der GLD, Hedwig Wachenheim, schrieb er Anfang 1948: „Du weißt, ich denke gar nicht daran, den Weststaat als eine auch nur

Zwei Arbeiterkinder aus Ottensen als sozialdemokratische Bürgermeister: Louise Schroeder in Berlin, Max Brauer in Hamburg, 1948

für Jahre geltende Lösung zu erstreben, sondern als eine Etappe, ich gebe für die Dauer weder Schlesien noch Ostpreußen auf, aber wir sollten doch endlich einmal von den Hilfskonstruktionen loskommen, mit denen bisher in Deutschland Politik gemacht worden ist."[143] Ein halbes Jahr später teilte er der Genossin in New York seinen Eindruck mit: „Eine einzigartige Chance ist dem deutschen Volk aus dem Gegensatz Rußland-Amerika erwachsen"; ein Besatzungsstatut sei Westdeutschland von den Westmächten fest versprochen worden, und nach der Beendigung der „kolonialen Betreuung" und Wiederherstellung der inneren Souveränität ließe sich auch „Deutschlands Außenpolitik aktivieren".[144] Wie stark Brauer dabei auf den westdeutschen Handlungsrahmen fixiert blieb, erhellt sein von den westlichen

Max Brauer spricht in der Hamburger Bürgerschaft, 1949.

Alliierten sofort verworfener Vorschlag, den er in den Wochen der Berlin-Krise machte. Im Zuge einer Luftbrücke, so Brauer, sollte „ein Teil der Berliner Bevölkerung nach dem Westen" herübergenommen werden, zirka 20 000 pro Woche, davon 5000 monatlich nach Hamburg. Da es sich hier um einen „starken nationalen Kampf" handele, könne dies der westdeutschen Bevölkerung schon zugemutet werden.[145] Die Berlin-Krise führte dazu, dass die Kommunisten die Hamburger Senatskoalition verlassen mussten. Zu Beginn des Jahres 1949, auf einer Konferenz der westdeutschen Ministerpräsidenten, die in Hamburg stattfand, bekannte sich Brauer deutlich zur westlichen Berlin-Politik, lobte die „tapfere Bevölkerung der Hauptstadt", die dazu beigetragen habe, „die Ehre des deutschen Namens wieder herzustellen", und charakterisierte die SBZ (Sowjetische Besatzungszone) als ein System, das sich „in nichts von dem Terror und der Unterdrückung" des Nazi-Regimes unterscheide.[146] Ein interessanter historischer Zufall war es sicherlich, dass in den entscheidenden Jahren 1947 und 1948 zwei Arbeiterkinder aus Ottensen, beide 1887 geboren, als sozialdemokratische Stadtoberhäupter die beiden größten deutschen Städte repräsentierten, Brauer in Hamburg und Louise Schroeder in Berlin.

Seit 1949 betonte Brauer außenpolitisch immer stärker den Europa-Gedanken. Nachdem er als Mitglied einer westdeutschen

Delegation von der Brüsseler Europa-Tagung zurückgekehrt war, versuchte er mit einer Rundfunkansprache seine Begeisterung zu vermitteln: Der jahrhundertealte „Traum von den Vereinigten Staaten von Europa" werde nun, von den Umständen erzwungen, Wirklichkeit. Es gebe nur mehr die Entscheidung für den gemeinsamen wirtschaftlichen Wiederaufbau oder dafür, „untätig den Untergang des Abendlandes sich vollziehen zu lassen"[147]. Unterschiede in der Bewertung der Europa-Politik führten zunehmend zu einer ernsthaften Verstimmung zwischen Kurt Schumacher und der Mehrheit des Parteivorstandes auf der einen und eines sogenannten „Bürgermeisterflügels" auf der anderen Seite. Während Schumacher die französischen Pläne für ein Saarstatut als Boykott der europäischen Einigung brandmarkte und das Gelingen der Europäischen Union von der Lösung dieser Frage im deutschen Interesse abhängig machte, forderten der Bremer Bürgermeister Wilhelm Kaisen und der Berliner Oberbürgermeister Ernst Reuter ebenso wie Max Brauer ein aktiveres und positives Eintreten der Sozialdemokratie für die europäische Einigung. Nachdem die sozialdemokratische Presse die Meinungsunterschiede zunächst zu verschleiern versucht hatte, wurde der Konflikt auf dem Hamburger Bundesparteitag der SPD im Mai 1950 offen ausgetragen[148]. Schumacher setzte sich hier zwar mit großer Mehrheit gegen Brauer, Ernst Reuter, dessen „jungen Mann" Willy Brandt und andere durch, aber nur durch einen Verfahrenstrick, indem die Europa-Frage mit einem umfassenden außenpolitischen Leitantrag verbunden und als Vertrauenserklärung für die Parteiführung ausgegeben wurde. Schumacher sorgte dafür, dass der abwesende Kaisen, einer der führenden „Abweichler", nicht wieder in den Vorstand gewählt wurde.[149] Brauer zeigte sich wenig beeindruckt, wie seine Rede auf der Kundgebung des Deutschen Rates der Europäischen Bewegung in der Frankfurter Paulskirche zwei Monate später zeigte. Die Saarfrage dürfe kein Hinderungsgrund für die deutsche Teilnahme an der Europäischen Union sein, hier verlasse man sich darauf, dass das „jetzige Provisorium kein Präjudiz" schaffen werde; „Konservative, Liberale und Sozialisten" sollten sich nun in der Europäischen Union vereinigen, „Avantgarde" aber werde die Jugend sein, die „neue große Aufgaben, neue begeisternde Ziele" suche.[150]

Die Mühen der Ebene: Zweite Amtszeit (1950–1953)

Nach drei Jahren als Bürgermeister wurde immer deutlicher, dass Brauers selbstherrlicher Regierungsstil, der sich schlecht mit kollegialen Prinzipien der Senatsarbeit vertrug, auch immer weniger in eine moderne Zeit passte, die angesichts komplizierter kommunaler Fachfragen eher die Moderation von Diskussionsprozessen als diktatorische Vollmachten forderte. Sein Pressechef Erich Lüth schrieb rückblickend: „Plötzlich mußte langwierig geprüft, verhandelt, kontrovers diskutiert werden. Und nun erwies sich die Zahl der Verantwortlichkeiten in Aufsichtsräten und Kuratorien als viel zu groß. Brauer geriet in Zeitnot. Er peitschte die Entscheidungen durch, er hatte nicht mehr die Muße, alle Experten anzuhören. Es kam zu Spannungen, unter denen alle litten, auch Brauer, der so oft davon gesprochen hatte, daß die große Kunst des Regierens darin bestehe, Aufgaben und Verantwortlichkeiten zu delegieren und zu verteilen."[151] Im Senat wagte ihm höchstens Walter Dudek fachlich zu widersprechen, sein um drei Jahre jüngerer Harburger Oberbürgermeister-Kollege aus der Zeit vor 1933, der nun für die Finanzen der Hansestadt verantwortlich war, in der Fraktion allenfalls Adolph Schönfelder als politischer Senior; in der Landespartei, die ihn anfangs so enthusiastisch aufgenommen hatte, wuchs die Unzufriedenheit. So wurde ihm erregt vorgeworfen, er sei ehemaligen Nationalsozialisten gegenüber zu vertrauensselig, weil er die Jahre der Diktatur nicht miterlebt habe. Bei der Wahl der Dele-

Besuch von Bundespräsident Theodor Heuss in Hamburg (von links nach rechts: Karl Schiller, Heuss, Max Brauer)

gierten zum Parteitag der Westzonen im Juli 1948 erhielt Brauer nicht die erforderliche Stimmenzahl, ein ernstes Alarmsignal.[152] Da Brauer allein in der Bevölkerung den Stadtstaat, den Senat und die SPD als Mehrheitspartei repräsentierte, kam der Öffentlichkeitsarbeit eine erhöhte Bedeutung zu. Der Senatspressesprecher Erich Lüth musste ihm immer rascher Entwürfe vorlegen und wurde immer mehr mit Hinweisen, Direktiven, Stichworten, Pointen des Bürgermeisters eingedeckt. Brauers Stil entsprach es, umfangreiche Regierungserklärungen und Rechenschaftsberichte in einer Auflage von Zehntausenden direkt „unters Volk" zu bringen. Zur Bürgerschaftswahl 1949 war dies das 120-seitige Taschenbuch „Drei Jahre Arbeit (für den Wiederaufbau der Freien und Hansestadt Hamburg)", das Brauer mit dem ihm eigenen Pathos einleitete: „In allem, was man von uns forderte, und in allem, was wir zu erfüllen und zu verwirklichen bemüht waren, ging es nicht um Theorien. Es ging um harte und nüchterne Tatsachen. Um die Praxis und um das Leben."[153] Dem folgten dann die von den Senatsbehörden akribisch zusammengestellten Leistungsbilanzen des beginnenden Wiederaufbaus. Die hamburgische Presse verhielt sich dem Bürgermeister gegenüber bei diesem Wahlkampf noch sehr wohlwollend. Brauer persönlich, vor 1933 mit dem Vater befreundet, hatte gegen britische Bedenken durchgesetzt, dass der junge Verleger Axel Cäsar Springer 1948 – obwohl es Bewerber aus den Reihen der hamburgischen Sozialdemokratie gab – die wertvolle Lizenz für die erste überparteiliche Tageszeitung der Hansestadt, das „Hamburger Abendblatt", erhielt.[154] Brauer agierte dabei medienpolitisch durchaus machtbewusst. Als der britische Verantwortliche für den Nordwestdeutschen Rundfunk, Hugh Carlton Greene, ein sehr guter Freund Brauers, sich im November 1948 mit einer Rede verabschiedete, hatte er gemahnt, der Rundfunk müsse unabhängig von den Parteien bleiben. Brauer habe, als er auf seinen Platz zurückkehrte, knurrend gesagt: „Es wird Ihnen nicht gelingen, Mr. Greene, es wird Ihnen nicht gelingen."[155]

Die bürgerliche Opposition fand 1949 noch nicht zu dem angesichts des Wahlrechts notwendigen Zusammenschluss. Paul de Chapeaurouge, der bereits vor der ersten Bürgerschaftswahl einen Zusammenschluss aller Parteien „rechts der SPD" vorgeschlagen hatte, dann aber in die CDU eingetreten war, erneuerte nun seinen Vorschlag auf breiterer Grundlage. Neben der CDU sollten die FDP und die nationalkonservative Deutsche Partei (DP) einen Vaterstädtischen Bund Hamburg (VBH) bilden. Allerdings lehnten es die Freien Demokraten ab, auch die DP in die Gemeinschaftslisten einzubeziehen, weil deren Vertreter bei Vorbesprechungen in Militärstiefeln erschienen seien und Reden gehalten hätten, die auf „starke Befangenheit im Ewiggestrigen schließen ließen"[156]. Brauer wiederum erinnerte die beiden liberalen Senatoren, Christian Koch und Johannes Büll, an das sozialliberale Bündnis der 1920er-Jahre zwischen Otto Stolten, Carl Petersen und Rudolf Roß. Während Büll sich an die neue Allianz zwischen FDP und CDU, aber ohne DP, gebunden fühlte, blieb Koch im Senat und trat aus der FDP aus. Der Wahlkampf war bestimmt von Vorwürfen des VBH gegen eine „Förderung des Parteibuchbeamtentums"; der hamburgischen Verwaltung wurde Verschwendung vorgeworfen, und die Gehälter des Bürgermeisters und der Senatoren wurden als überhöht bezeichnet. Weitaus radikaler noch präsentierte sich die DP, die ihre Flugblätter und Plakate schwarz-weiß-rot umrandete und als Ziel proklamierte: „Das totalitäre System der SPD in Hamburg muß unter allen Umständen gebrochen werden." Brauer selbst beschuldigten sie wahrheitswidrig, er fahre fast jedes Wochenende nach Dänemark zur Erholung.[157]

Max Brauer verabschiedet sich von seiner Tochter und zwei Enkelkindern, die in die USA zurückreisen, 1951.

Das Ergebnis der Wahl vom 16. Oktober 1949 fiel für die SPD zwar nicht glanzvoll aus – mit 42,8 gegenüber 43,1 Prozent 1946 konnte der Stand nur knapp gehalten werden –, aber dank des Wahlrechts entfiel auf die stärkste Partei erneut die Mehrheit der Mandate. CDU und FDP hatten als VBH 34,5 Prozent der Stimmen erhalten, die DP immerhin 13,3 Prozent, und auch die Kommunisten zogen mit 7,4 Prozent wieder in die Bürgerschaft ein.

Eröffnung des Kongresses „Werbung überbrückt Ländergrenzen" in der Hamburger Ernst-Merck-Halle (von links nach rechts: Dr. Fuchs, Präsident des Markenverbandes, Max Brauer, Ludwig Erhard)

Brauer hätte danach Christian Koch von der FDP gern im Senat behalten und überdies zwei Plätze für „echte und anständige Liberale" offen gehalten, um das traditionelle Bündnis von Sozialdemokratie und reformbereitem Bürgertum fortzusetzen, aber die Delegiertenversammlung der Hamburger SPD bestand auf der Alleinregierung, da solche Liberale nicht mehr zu finden seien.[158]

Vor der Senatsbildung trat der alte und neue Bürgermeister zusammen mit seiner Frau Mitte November 1949 zunächst eine zweimonatige Reise in die USA an, eine nach heutigen Maßstäben ungewöhnlich lange Auszeit. Seine Ankunft mit einem amerikanischen Frachtschiff in der Stadt, in der er ein Jahrzehnt verbracht hatte, meldete die „New York Herald Tribune" mit der Überschrift: „Hamburg Mayor, Former U.S. Citizen, Home on Visit". Er wurde mit der Botschaft zitiert: „Nazism is dead in Germany and communism is at its lowest ebb since World War I."[159] Brauer wollte auf dieser Reise das neue, vertrauenerweckende, dem Westen zugewandte Deutschland repräsentieren. Er absolvierte zahllose Auftritte, unter anderem auf einer internationalen Tagung des Amerikanischen Städtetages in Cleveland (Ohio), in Kirchen und auf Dinnerparties in New York, immer wieder gab er Interviews vor Mikrophonen und Fernsehkameras. Die Krönung war schließlich ein Besuch bei Außenminister Dean Acheson in Washington, wo Brauer erfolgreich für die völlige Freigabe des Schiffbaus und der Schifffahrt mit dem Argument warb, man könne ohne diese Freiheiten keine Demokratie in Deutschland errichten. Der amerikanischen Öffentlichkeit galt Max Brauer als absolut zuverlässiger Gewährsmann für die Entwicklung in Deutschland. Große Aufmerksamkeit erzielte sein Vortrag über den Wiederaufbau in einem Hörsaal des State Department vor einem ausgesuchten Publikum. Er sagte zu seinen Hörern: „Sie fragen mich, weshalb ich in das verwüstete Deutschland zurückgekehrt bin, unter Verzicht auf meine amerikanischen Staatsbürgerrechte?! Dies ist meine Antwort: Ich habe zeitlebens für die Demokratie gekämpft. Das ist in den Vereinigten Staaten nicht nötig. Wohl ist es in Deutschland eine große Aufgabe!"[160] Erich Lüth, der Brauer begleitete, sorgte dafür, dass die Auftritte des Bürgermeisters auch in der Heimat gebührende Beachtung fanden.

Max Brauer mit Bundeskanzler Konrad Adenauer auf der Internationalen Gartenbauausstellung in Planten un Blomen in Hamburg, 1953

Am 3. März 1950 gab Brauer die Regierungserklärung des neuen, erstmals allein von der SPD gestellten Senats ab, der abgesehen davon kaum personelle Veränderungen aufwies; die Zahl der Senatoren war von zwölf auf zehn herabgesetzt worden. In seiner relativ kurzen, fast ausschließlich wirtschaftspolitischen Fragen vorbehaltenen Regierungserklärung betonte der Erste Bürgermeister, dass die existenziellen Probleme, deren Beseitigung drei Jahre zuvor im Zentrum der Beratungen gestanden hätten, im Wesentlichen überwunden worden seien. Zur Bekämpfung der Erwerbslosigkeit als Folge der Währungsreform sei ein Arbeitsbeschaffungsprogramm beschlossen worden, im Wohnungsbau werde ein Planziel von 15 000 Wohneinheiten für 1950/51, danach von jährlich 20 000 anvisiert. Daneben stehe der Wiederaufbau des Hafens im Zentrum des Interesses.[161]

Das Ehepaar Brauer und Bundesinnenminister Robert Lehr nach dem Dankgottesdienst zur Behebung der Kriegsschäden in St. Michaelis, 1952

Der zuletzt genannte Punkt beherrschte in diesen Wochen noch einmal die lokale Presse. Die „Welt" überschrieb einen Artikel über eine gemeinsame Entschließung der Bürgerschaft gegen die Demontage eines großen Trockendocks: „Brauer Protest gegen Sprengung ‚Elbe 17'".[162] Es war der letzte demonstrative Akt gegen die Besatzungsmacht der Briten. Schon ein Jahr später konnte Brauer in einer Rundfunkansprache die Aufhebung aller Einschränkungen der Handelsschifffahrt verkünden.[163] Überhaupt gaben die Jahre des Wiederaufbaus immer wieder Gelegenheit zu Einweihungsreden, bei der Übergabe neuer Schulen, Straßen und Krankenhäuser. Die Dynamik dieser Zeit entsprach Brauers Persönlichkeit, die in der Tageszeitung „Die Welt" zur Fünfjahresbilanz seiner Tätigkeit als Bürgermeister charakterisiert wurde: „Der Optimist."[164] Orientierungspunkt blieb dabei für Brauer zum einen seine kommunalpolitische Praxis vor 1933. In einer Ansprache auf der Tagung des wissenschaftlichen Forums der gemeinnützigen

Wohnungswirtschaft brachte er dies auf den Punkt: „Das, was damals in Altona durchexerziert worden ist, machen wir zum großen Teil auch heute bewußt und unbewußt in Hamburg."[165] Zum anderen streute Brauer immer wieder die Erfahrungen seiner erzwungenen Wanderjahre ein und pries deren Nutzen für die Beurteilung von Gegenwartsphänomenen. Auf der Jahreshauptversammlung des Bundes Deutscher Verkehrsverbände in Köln sagte er in seiner Ansprache: „Ich habe Europa, Asien mit

Max Brauer mit Oskar Kokoschka vor dessen Porträt des Ersten Bürgermeisters, 1951

seinem sagenhaften fernen Osten und Amerika während der dunklen Jahre des Dritten Reiches nach meiner Ausbürgerung durch Hitler viele Jahre mit meiner deutschen Heimat vertauschen müssen und glaube nun einigermaßen beurteilen zu können, wie auch der Auslandsreisende Deutschland und seine Reisegebiete sieht."[166] Insofern personifizierte Brauer die aus Weimar herrührenden Kontinuitätsstränge ebenso wie das Sensorium für das Neue, Moderne, das mit dem Westen und vor allem mit den USA verbunden wurde. Sein Spitzname in Parteikreisen lautete „Der Amerikaner", und es passte einfach dazu, dass er sich 1951 von Oskar Kokoschka porträtieren ließ, der als Vertreter einer westlichen Moderne galt. Dem konventionellen Publikumsgeschmack entsprach das Ölgemälde, das in der

Kunsthalle aufgehängt wurde, jedenfalls nicht.[167] Mit Kokoschka traf sich Brauer übrigens zu langen Gesprächen über den Dächern der Stadt, auf einem der neu gebauten Hochhäuser am Grindelberg, die in der Lokalpresse als „Hamburgs Manhattan" besungen wurden.

Brauers im Vergleich zu den meisten Vertretern der politischen Klasse weiterer Blick lässt sich nur im Zusammenhang der bundesdeutschen Kultur der frühen 1950er-Jahre erfassen, der dunklen Zeit sozialer und politischer Integration belasteter Funktionseliten und des Schweigens über die deutschen Verbrechen. Sein Drängen auf die rasche Ratifizierung des Wiedergutmachungsvertrags mit Israel und seine klare Stellungnahme gegen Forderungen aus Bonner Regierungskreisen nach einer „Generalamnestie" für NS-Täter waren in diesem Zusammenhang nicht selbstverständlich und sehr wichtig. In seiner Haushaltsrede bemerkte er mit einiger Bitterkeit: „Ich fürchte, wir sind bald soweit, daß wir Pensionen für Leute bezahlen müssen, die als reine Parteibeauftragte der NSDAP durch Parteibefehl in ihre Position gebracht worden sind."[168]

Erzwungene Auszeit und letzte Jahre im Senat (1953–1960)

Schon mehr als ein Jahr vor der für den 1. November 1953 anberaumten Bürgerschaftswahl erhitzte sich das politische Klima in der Hansestadt. Auf der einen Seite stand Brauers Überzeugung, allein die Auflistung aller Erfolge im Wiederaufbau werde ihm und der SPD erneut den Sieg eintragen. Seine Rede auf dem Landesparteitag im April 1952 trug den Titel: „Wir geben Rechenschaft" und wurde bestimmt von der Bilanz des erfolgreichen Wiederaufbaus in einer Großstadt, die ihre Einwohnerzahl seit Kriegsende verdoppelt hatte, der Lösung der Arbeitsmarktprobleme, der Freigabe der Schifffahrt, der imponierenden Zahlen des Sozialen Wohnungsbaus, der großzügigen Grünplanung und der erfolgreichen Verbrechensbekämpfung. Aber diese Rede enthielt bei allem Selbstbewusstsein auch einige mahnende und vorsichtige Untertöne. Brauer warnte vor der zunehmenden Ungeduld der Menschen, wehrte sich gegen Vorwürfe des „Parteibuchbeamtentums" in Hamburg und beschwor die „saubere Verwaltung" der Hansestadt.[169] Doch letztlich konnte er es sich kaum vorstellen, dass die Wahl angesichts seiner Leistungen nicht gewonnen werden könne. Wie 1949 ließ er auch diesmal ein Taschenbuch mit hoher Auflage drucken, das an möglichst viele Haushalte verteilt werden sollte und den Titel trug: „Alles für Hamburg". In seinem Vorwort schrieb Brauer: „An den Taten sollt ihr sie erkennen (...) an denen aber haben alle Hamburger, die guten Willens sind, mitgewirkt. Ihnen gebührt Dank."[170]

Gegen Anfeindungen der politischen Gegner sollte eine „Front der Anständigen" für Brauer einstehen.[171]
Auf der anderen Seite rüstete sich der sogenannte Hamburg-Block, das zuvor gescheiterte und nun fest vereinbarte Bündnis von CDU, FDP und DP. Seit Herbst 1952 erschien „Der Hanseat" als formal unabhängige, mit Anzeigen aus der Wirtschaft finanzierte Wahlzeitung dieser drei Parteien mit der flächendeckenden Auflage von 500 000 Exemplaren. Hier wurde in sehr „unhanseatischer Form" eine permanente Polemik gegen angebliche Auswüchse des „Systems Brauer" entfacht.

Das Wahlergebnis fiel deutlich aus. Der Hamburg-Block erhielt exakt 50 Prozent, die SPD 45,2 Prozent. Da die Kommunisten unter der Fünf-Prozent-Hürde blieben, gab es nur noch zwei Fraktionen in der Bürgerschaft. Für die Sozialdemokraten war es das beste Ergebnis seit Kriegsende, aber durch den Zusammenschluss der „bürgerlichen" Kräfte wurden sie aus dem Senat gedrängt. Spätere Erklärungen von sozialdemokratischer Seite, den Ausschlag für den Regierungswechsel hätte die wenig populäre Schulreform – Hamburg hatte eine sechsjährige Grundschulzeit – gegeben, sind angesichts der strukturellen parteipolitischen Konstellationen im ersten Nachkriegsjahrzehnt eher zu bezweifeln.

Brauer jedenfalls war zutiefst beleidigt, dass „sein Volk" die von ihm präsentierte Leistungsbilanz im wirtschaftlichen Wiederaufbau nicht würdigte. Gerade 1953 hatte es in Hamburg eine dichte Abfolge von Großereignissen gegeben, auf deren mediale Wirkung Brauer gesetzt hatte, von der Internationalen Gartenbauausstellung (IGA) über den Baubeginn der Ost-West-Straße, des größten Verkehrsprojekts der Nachkriegszeit, die Einweihung der Neuen Lombardsbrücke und des neuen Volksparkstadions, den Stapellauf des Supertankers „Tina Onassis", den Evangelischen Kirchentag bis zur Einweihung der Fernsehstudios des NWDR in Lokstedt. Brauer war offenbar insgeheim überzeugt gewesen, dass diese Strategie aufgehen würde, und, so drückte es Erich Lüth aus, „leider kein guter Verlierer"[172]. Er zog sich grollend aus der Hamburger Politik zurück und überließ die Oppositionsarbeit dem bisherigen Zweiten Bürgermeister und 15 Jahre jüngeren Bausenator Paul Nevermann, der diese Aufgabe, schlagfertig und witzig, mit Bravour löste. Brauer hörte von der Bildung des neuen Senats erst in den USA, wohin er sich

Auf dem Hamburger Presseball, 1954

Ende November 1953 eingeschifft hatte. Herbert Weichmann schrieb, etwas distanziert, in einem Brief an einen gemeinsamen Bekannten in New York Anfang 1954: „Brauer werden Sie inzwischen ja wohl gesprochen und festgestellt haben, wie getroffen er sich fühlt. Es tut mir sehr leid um ihn, aber ich kann nicht darüber hinweg, daß auch er ein gerüttelt Maß von Schuld hat."[173] Das persönliche Tief hielt allerdings wohl auch deshalb nicht lange an, weil Brauer ja nicht mit sich, sondern mit der Undankbarkeit des Hamburger Wahlvolkes haderte. Ehrenvolle Aufforderungen, als Nachfolger für die verstorbenen sozialdemokratischen Bürgermeister Andreas Gayk in Kiel und Ernst Reuter in Berlin zu kandidieren, lehnte er ab. Sie zeigten aber immerhin, dass an ihn gedacht wurde.

Innerhalb der Bundes-SPD schien sich Brauer zunächst mehrere Optionen offenhalten zu wollen. In der Vorbereitung des Münchner Parteitages von 1956 engagierte er sich sowohl im Außenpolitischen als auch im Kommunalpolitischen Ausschuss sowie in der Programmkommission. Ende 1955, nach Abschluss der Pariser Verträge, kritisierte er öffentlich, dass die „westdeutsche Republik" nicht die „volle Souveränität" erreicht habe.[174] Dies lag zwar auf der patriotischen Linie seiner Einlassungen seit der Zeit des Exils, war aber nicht mit den Positionen des Parteivorstands abgesprochen. Sitzungen dieses Gremiums, dem er seit dem Berliner Parteitag 1954 angehörte, musste er in dieser Zeit mehrfach absagen, weil er sich im Krankenhaus einer Nasenoperation zu unterziehen hatte.[175] Beim Parteitag in München wurde er dann mit einer mäßigen Stimmenzahl wieder in den Vorstand gewählt.

Zeit nahm Brauer sich in diesen Jahren nicht zuletzt für die gründliche Beschäftigung mit Problemen der Sozialpolitik. 1954 erschien eine von der „Alten Volksfürsorge" herausgegebene kleine Broschüre mit dem Titel „Soziale Sicherheit. Neueste Erfahrungen in den USA". Es war quasi sein Antrittsgeschenk an das gewerkschaftlich-genossenschaftliche Unternehmen, das ihn nach seinem Ausscheiden aus dem Bürgermeisteramt umgehend als hauptamtliches Vorstandsmitglied verpflichtet hatte. Brauer erklärte hier Dwight D. Eisenhowers Sozialprogramm als in mancher Hinsicht für die westdeutsche Gesellschaft vorbildlich – entgegen allen Wahlprogrammen basiere auch die republikanische Politik weiterhin auf den Errungenschaften des „New Deal" der Zwischenkriegszeit.[176] Auch andere Ausarbeitungen in Brauers Nachlass, etwa zur Arbeitszeitentwicklung, zeigen, dass die zeitgenössisch viel diskutierte „Amerikanisierung" des Wirtschaftslebens für ihn keine Irritation der unzweifelhaften Westorientierung darstellte, sondern diese sogar sozialpolitisch untermauerte. In einer weiteren Broschüre, die 1957 vom Landesbezirk Nordmark des Deutschen Gewerkschaftsbundes vertrieben wurde, befasste sich Brauer mit „Problemen der Automatisierung".[177] Auch hier boten die USA einen verheißungsvollen Blick auf eine Technik, die mit Atomkraftwerken, vollautomatisierter Fertigung von technischen Gebrauchsgütern und der Bewältigung aller Buchhaltung durch sogenannte „computers" die menschliche Arbeitszeit immer weiter verkürzen und seine Freizeit verlängern sowie verschönern werde. Diesen Gedanken entwickelte Brauer bei verschiedenen Anlässen, etwa in einem Vortrag vor den Hamburger Rotariern.[178]

Wenn man die Aktivitäten des Alt-Bürgermeisters überblickt, hat man nicht den Eindruck eines Zwischenspiels, sondern eher eines ausgefüllten Lebens im „Unruhestand", den er mit 65 Jahren 1952 erreicht hatte. Er hatte nun Zeit nicht nur zu familiären USA-Besuchen, sondern auch zu Reisen ins europäische Ausland. 1955 fuhr er für mehrere Tage zur Konferenz „Die Zukunft der Freiheit" nach Mailand, die vom Congress for Cultural Freedom organisiert wurde.[179] Brauer war einer der deutschen Verbindungsleute dieses internationalen Netzwerks vornehmlich sozialdemokratischer und linksliberaler Intellektueller und Politiker, das mit Geldern der CIA finanziert wurde, wie sich Ende der 1960er-Jahre herausstellte. Auch an den Gesprächsrunden der „Bilderberg Group", eines ausgesuchten Kreises von Diplomaten, Politikern, Unternehmern und Gewerkschaftern, denen die europäische Integration und das transatlantische Bündnis am Herzen lagen, nahm Brauer nach dem Ende seiner Bürgermeisterzeit des Öfteren teil. Die informellen Treffen in vornehmem Ambiente fanden häufig in den Niederlanden oder in Frankreich statt.[180]

Daneben fand der Alt-Bürgermeister Zeit für die Pflege von zum Teil durchaus zeitaufwendigen Mitgliedschaften. Der Deutsche Städtetag ernannte ihn zum Ehrenmitglied, beim Deutschen Bühnenverein fungierte er als Präsident, im Kuratorium Unteilbares Deutschland engagierte er sich als Redner, und auch in den Gremien des Hamburger Übersee-Clubs wirkte er mit.[181] Freundschaftliche Beziehungen, die schon in die Zeit vor 1933 zurückreichten, unterhielt er zu den Brüdern Philipp und Hermann Reemtsma – man traf sich hier in der gemeinsamen Bewunderung des Werks von Ernst Barlach, dessen Plastiken von Hermann Reemtsma über die NS-Zeit hinweg aufbewahrt worden waren. Auch zu anderen Unternehmern der Hansestadt, dem Getreideimporteur und Schiffsreeder Alfred Toepfer, dem Gründer der Bergedorfer Hauni-Werke, Kurt A. Körber, oder dem Generaldirektor der Harburger Phönix-Werke, Albert Schäfer, unterhielt Brauer weiterhin privilegierte Verbindungen.[182]

Dass dem vom Hamburg-Block getragenen Senat keine lange Dauer beschieden sein würde, war für die politischen Beobachter bald ausgemacht. Der Erste Bürgermeister Kurt Sieveking repräsentierte in seinem ganzen Auftreten das hanseatische Patriziertum, vornehm, distinguiert, zurückhaltend, mehr Kaufmann und Diplomat als Politiker – das genaue Gegenteil des charismatischen Volkstribunen Brauer. Zudem hatte Sieveking bei der Zusammenstellung seines Senats eine wenig glückliche Hand bewiesen. Drei seiner Parteikollegen sahen sich im Laufe der Amtszeit zum Rücktritt gezwungen, und zwischen den Regierungsparteien herrschte wenig Einvernehmen. Hinter den Kulissen hatte ausgerechnet die rechtskonservative Deutsche Partei im Sommer 1956 die SPD ermuntert, einen Misstrauensantrag gegen die CDU-Senatoren zu stellen. Der Coup, mit dem die Sozialdemokraten Max Brauer bei dieser Gelegenheit wieder ins Amt bringen wollten – dieser musste extra zu diesem Anlass aus den USA anreisen –, schlug fehl, weil DP-Politiker der Bundesebene zugunsten des Hamburg-Blocks intervenierten. In den Monaten vor der Bürgerschaftwahl 1957 verstärkte der Fraktionsvorsitzende der SPD in der Bürgerschaft, Paul Nevermann, die Verfallserscheinungen des Senats, indem er andeutete, dass man nach dessen Ablösung mit der FDP selbst dann zusammengehen wolle, wenn die Sozialdemokratie die absolute Mehrheit erhalte. Außerdem werde die SPD einem vollständigen Verhältniswahlrecht, das im Interesse der kleineren Parteien liegen musste, nicht entgegenstehen.

Werbung der Parteien zur Bürgerschaftswahl 1957

Die Sozialdemokratie mochte auf den nunmehr 70-jährigen Max Brauer, der mitunter schon als „Löwe im Hamburger Rathaus" bezeichnet worden war, als Symbolfigur nicht verzichten. Über den genauen Verlauf der Entscheidungsfindung ist zwar nichts bekannt, aber definitiv war in den Parteigremien schon vor der Wahl vereinbart worden, dass ihm zur Mitte der Legislaturperiode Paul Nevermann im Bürgermeisteramt nachfolgen sollte. Das Ergebnis der Bürgerschaftwahl 1957 – manche werteten es auch als Antwort auf den Triumph Adenauers (50,2 Prozent für die CDU/CSU) bei der kurz zuvor abgehaltenen Wahl zum Bundestag – war für die Sozialdemokraten ein historischer Sieg. Zum ersten Mal seit Ende des Zweiten Weltkriegs, ja sogar seit 1919, hatte die SPD mit 53,9 Prozent die absolute Mehrheit errungen – der Beginn einer lange anhaltenden Serie von eindrucksvollen Wahlsiegen in Hamburg.

Wie es versprochen worden war, bildete die SPD trotz absoluter Mehrheit eine Koalition mit der FDP, die drei Senatorenposten zugesprochen erhielt. Als Finanzsenator verpflichtete Brauer seinen Freund Herbert Weichmann, Bausenator wurde erneut sein designierter Nachfolger Paul Nevermann. In seiner Regierungserklärung betonte Brauer noch einmal sein Credo der historisch erprobten Zusammenarbeit von Sozialdemokratie und Liberalen. SPD und FDP könnten daher „einen langen Weg gemeinsam gehen und damit eine ebenso gute wie ehrwürdige hamburgische Tradition aus der Zeit der großen Bürgermeister Stolten, Petersen und Roß wiederaufnehmen"[183]. Aber nur widerwillig bequemte sich Brauer dazu, wie Erich Lüth beobachtete, im Senat nun einen etwas kollegialeren Stil des Umgangs zu pflegen. „Max Brauer, für den die letzte Amtszeit begonnen hatte, war ein Patriarch geworden. Sein Haar war fast weiß. Sein Auftreten wie immer von apodiktischer Sicherheit. Nur hatte sich das Verwaltungsgeschehen – im zentralen wie im regionalen Bereich – erheblich kompliziert."[184] Die kommunalen Erfolgsmeldungen der Boomphase im beginnenden „Wirtschaftswunder" wurden zwar immer eindrucksvoller – im April 1959 etwa wurde die zweihundertfünfzigtausendste Wohnung seit der Währungsreform fertiggestellt –, aber auch die mit dem rasanten Wiederaufbau verbundenen Probleme nahmen zu, etwa die Verkehrsnot der Hansestadt – mehr als 200 000 Kraftfahrzeuge mit HH-Kennzeichen waren Ende der 1950er-Jahre registriert.

In Brauers letzte Amtsperiode als Bürgermeister fällt auch diejenige politische Auseinandersetzung, die mit seinem Namen zeitgeschichtlich immer wieder verbunden wird: sein Engagement gegen die geplante atomare Bewaffnung der Bundeswehr. Brauer war, dem modernen „Zeitgeist" der 1950er-Jahre folgend, ein begeisterter Anhänger der friedlichen Nutzung der Kernenergie. Und auch der Bundeswehr stand der Bürgermeister nicht feindlich gegenüber – einträchtig eröffnete er mit dem Bonner Verteidigungsminister Franz Josef Strauß die Führungsakademie für angehende Generalstäbler in Blankenese. Aber die Atombewaffnung, von Adenauer bekanntlich als „Weiterentwicklung der Artillerie" verharmlost, stieß auf breiten Protest nicht allein unter Intellektuellen, sondern in der gesamten Bevölkerung, und die Sozialdemokratie stellte sich an die Spitze der Protestbewe-

Max Brauer als Hauptredner gegen die Atombewaffnung der Bundeswehr, auf dem Balkon des Rathauses, 1958

gung. Hamburg wurde zum Aktionszentrum der Gegner der Atombewaffnung und Brauer ihr Matador.
Schon in seiner Antrittserklärung im Januar 1958 hatte er betont, dass es „angesichts der verfassungsmäßigen Struktur unseres Bundes gut und nützlich (sei), wenn in Schicksalsfragen unseres Volkes sich auch die Länderregierungen zu Sprechern akuter Besorgnisse ihrer Bevölkerung machen. Solche Anlässe sind gegeben, wenn es sich um Entscheidungen über Leben und Tod, um Entscheidungen über Sein oder Nichtsein handelt, um Entscheidungen beispielsweise wie die des Atomwettrüstens, der Schaffung atomwaffenfreier Zonen, der Errichtung oder Nichterrichtung von Raketenabschußbasen in unseren Ländern."[185]
Nach Schweigemärschen, Warnstreiks in Betrieben und einer 45-minütigen Verkehrsruhe erreichten die Proteste am 17. April 1958 ihren Höhepunkt. Auf dem Hamburger Rathausmarkt und in den angrenzenden Straßen versammelten sich über 150 000 Menschen zu einer politischen Demonstration. Als Hauptredner verteidigte Brauer vom Balkon des Rathauses die Absicht einer Volksbefragung gegen verfassungsrechtliche Argumente und forderte das Recht auf Meinungsäußerung des Volkes auch zwischen den Wahlen. Es sei sinnlos, über angebliche Gefahren einer plebiszitären Demokratie akademisch zu disku-

tieren: „Ich frage Euch alle: Hat in einer Demokratie das Volk angesichts solcher ungeheuerlichen Entscheidungen das Recht, seine Meinung auszusprechen oder nicht?" Die Menge rief begeistert: „Ja!" Zu dem Vorwurf, man werde die Demokratie untergraben, erklärte der Bürgermeister: „Wir wollen sie retten. Wer gegen unsere freie Meinungsäußerung und leidenschaftliche Warnung juristische Haarspaltereien ins Feld führt, der hat offenbar Anlaß, die Meinung des Volkes zu fürchten."[186] Das von der Hamburger Bürgerschaft beschlossene Gesetz für eine Volksbefragung – Bremen schloss sich mit einer ähnlichen Initiative an – wurde vom Karlsruher Verfassungsgericht im August 1958 für nichtig erklärt, was Brauer wiederum nicht ruhen ließ. Im sozialdemokratischen „Vorwärts" verstieg er sich zu einer radikalen Kritik des Urteils: „Unsere Besorgnisse sind durch dieses Urteil gewachsen, weil das Ventil der freien Meinungsäußerung im Rahmen einer Volksbefragung mit formal-verfassungsrechtlichen Bedenken verstopft worden ist." Der Urteilsspruch, so Brauer, dokumentiere „ein beunruhigendes Mißverhältnis zwischen dem repräsentativen demokratischen Formalismus und den Lebensbedürfnissen einer demokratischen Gemeinschaft".[187]

Diese Position wurde von der linksliberalen Öffentlichkeit und auch von den meisten seiner Parteifreunde nicht geteilt, aber sie ließ die Popularität des Bürgermeisters in der Bevölkerung wohl eher noch wachsen. Die Auseinandersetzungen hatten eine Wertung des vormaligen Direktors der Kunsthalle, Carl Georg Heise, unterstrichen, die dieser in einem Artikel in der Wochenzeitung „Die Zeit" zum 70. Geburtstag Brauers getroffen hatte: „Er ist kein Diktator, aber durchaus eine Führerfigur."[188] Nachdem die Pläne der Bundesregierung zur Atombewaffnung ad acta gelegt worden waren, verschwand das Thema dann zwar bald aus den Zeitungsspalten, aber Brauer selbst kam immer wieder darauf zurück, etwa in seiner Rede zum Haushaltsplan 1959, die in einer Broschüre mit dem Titel „Über den Zahlen steht der Mensch" verteilt wurde. Sie stand, ungewöhnlich genug für ein kommunal- und landespolitisches Dokument, ganz im Zeichen der Berlin-Krise und drohender Atomkriegsgefahren.

Abschied eines Patriarchen

Im Laufe des Jahres 1960 wurde Brauer von Journalisten immer häufiger mit der Frage behelligt, wann er seine Amtsgeschäfte an seinen Nachfolger übergeben werde. Die Übergabe war zwar fest verabredet, aber die Frage beleidigte ihn dennoch. Immer stärker empfand er einen Mangel an Respekt ihm gegenüber aufseiten der Journalisten, die Öffentlichkeitsarbeit litt darunter, die Zahl der Pressekonferenzen ging drastisch zurück. Aber auch das Misstrauen gegenüber den Senatoren und Parteifreunden wuchs. Vor allem das Verhältnis zu Paul Nevermann, der als sein Nachfolger vorgesehen war und den Brauer schon so lange kannte, erschien belastet. Nevermann, Jahrgang 1902, ein gelernter Maschinenbauer, der auf dem zweiten Bildungsweg sein Abitur bestanden hatte und dann Jurist wurde, war noch Anfang März 1933 als ehrenamtlicher Senator in den Magistrat von Altona gewählt worden; er hatte nach Ende des Zweiten Weltkriegs stets loyal mit Brauer zusammengearbeitet und uneigennützig die Rolle des Fraktionsvorsitzenden eingenommen, als Brauer nach 1953 beleidigt die Landespolitik abgab. Nun argwöhnte der Erste Bürgermeister, der Jüngere wolle ihn vorzeitig aus dem Amt drängen. Gegen die allenthalben spürbare Brauer-Müdigkeit lancierte er Artikel, wie sie etwa in der „Neuen Ruhr Zeitung" unter der Überschrift „Hamburgs Bürgermeister arbeitet rund um die Uhr" erschienen.[189]

Bürgermeister Herbert Weichmann überreicht Max Brauer zu dessen 80. Geburtstag die Ehrenmünze in Gold, 1967.

Am 20. Dezember 1960 wurde dann der Abschied Brauers mit einigem Aufwand begangen. Es war auch den Zeitgenossen deutlich, dass eine Ära vorbei war. Im Rathaus überreichten mittags Professoren der Wirtschafts- und Sozialwissenschaftlichen Fakultät, feierlich in ihre Roben gehüllt, Brauer die Ehrendoktorwürde, die Bürgerschaft trat nachmittags zu einer Sondersitzung zusammen und verlieh ihm die Ehrenbürgerschaft, und abends trafen Fackelzüge sowie Musikzüge der Polizei und der Hochbahn auf dem Rathausmarkt ein, wo Bürgermeister Brauer zum letzten Mal vom angestrahlten Balkon des Rathauses aus zu seinen getreuesten Anhängern – in der Presse war von 10 000 bis 20 000 Menschen die Rede – sprach. Noch einmal entfaltete er die stolze Bilanz des Wiederaufbaus, reihte Zahlen über den Indexstand der Wirtschaft, die Zahl der Neubauwohnungen und neuen Klassenzimmer aneinander und betonte: „Wenn ich nun aus meinem Amt scheide, so schätze ich mich glücklich, daß ich einmal als einer der jüngsten Oberbürgermeister einer deutschen Großstadt in Altona wirken konnte. Mit Stolz und Genugtuung erfüllt es mich auch, daß 15 Jahre nach der Katastrophe des Zweiten Weltkrieges die Freie und Hansestadt Hamburg erneut eine geachtete Position in der Reihe der europäischen Weltstädte erreicht hat." Die zukünftige Arbeit des Senats „unter dem

Präsidium von Dr. Paul Nevermann", diese Wendung fiel wohl nur wenigen auf, bezeichnete Brauer als „eine Ergänzung" des Bisherigen. Seine Rede beschloss er mit guten Wünschen für das Weihnachtsfest und das neue Jahr.[190]

Dass das sozialdemokratische „Hamburger Echo" den Bericht über die Abschiedsfeier mit „Hummel-Hummel – Max komm' bald wieder"[191] überschrieb, machte Sinn und wurde auch erklärt. Der Abschied bezog sich nur auf eine mehrmonatige Reise Brauers in die USA, denn bereits einige Wochen vor der Amtsübergabe im Rathaus war er zum sozialdemokratischen Spitzenkandidaten Hamburgs für die Bundestagswahl bestimmt worden, und Willy Brandt nahm ihn als Außenminister in sein Schattenkabinett auf – eine späte Genugtuung, die aber angesichts der Wahlchancen der SPD natürlich folgenlos blieb.

Nach der Bundestagswahl wechselte Brauer auf das Terrain der Bonner Politik. Ende 1961 mietete er im „Bundesdorf" eine Einzimmerwohnung mit Küche, Diele, Bad und Loggia.[192] Von der Landespolitik aber hielt er sich fern. Nicht die neuen Inhalte, wohl aber der Amtsstil seines Nachfolgers war ihm fremd. Nevermann betonte sofort demonstrativ das Kollegialprinzip des Senats und kündigte sogenannte „UI-Gespräche" an, Gespräche der „unmittelbaren Information" mit verschiedenen Bevölkerungskreisen, um deren Sorgen verstehen zu lernen.[193] Außerdem verabschiedete er sich aus allen Aufsichtsräten (mit Ausnahme der Hochbahn), in denen die Stadt vertreten war, was Brauer nur zu Kopfschütteln ob solchen Machtverzichts veranlasst haben soll.[194]

Im Bundestag vermochte Brauer kaum mehr große Beachtung zu finden, wichtige Initiativen gingen von ihm nicht mehr aus. Nach seiner Kritik am Projekt der Multilateralen Atomstreitmacht (MLF) unter deutscher Beteiligung wurde er auf dem Karlsruher Parteitag 1964 nicht mehr in den Vorstand gewählt, ein Jahr später büßte er seine letzte politische Bastion ein, als ihn die Hamburger Sozialdemokratie nicht mehr als Kandidaten für die Bundestagswahl aufstellte. Er unterlag in der Wahlkreiskonferenz in Hamburg-Nord seinem jungen Gegenkandidaten Hans Apel, im März 1965 auf dem Landesparteitag dem 37-jährigen Gewerkschafter Heinz Scholz im Ringen um Platz zehn der Landesliste. Bis zuletzt hatte der 77-Jährige nicht geglaubt, dass ihm die Partei dies antun werde. Mahnungen guter Freunde, er solle

Vier Hamburger Bürgermeister: Paul Nevermann, Max Brauer, Kurt Sieveking, Herbert Weichmann – Besichtigung der Ausstellung „Hamburg baut", 1968

nicht sein eigenes Denkmal zu Lebzeiten beschädigen und auf die Kandidatur verzichten, hatte er in den Wind geschlagen. „Die Welt" überschrieb ihren Bericht von der Wahlkonferenz: „Max Brauer stand auf und verließ den Saal"; das „Hamburger Abendblatt" meldete: „Zornig und enttäuscht verließ Max Brauer die politische Bühne."[195] Die ehrenden Worte über ihn nach der Entscheidung hörte er schon nicht mehr.

Nur selten noch äußerte sich Brauer, der 1966 als letztes auch sein Amt als Präsident des Deutschen Bühnenvereins niederlegte, noch öffentlich zu politischen Fragen. Bilder zeigen ihn auf dem Spaziergang mit seiner Frau Erna und einem Pudel; das Ehepaar hatte sich zunächst nach Holm-Seppensen in der Lüneburger Heide zurückgezogen. Als ein einziges Dokument der bitteren Kritik der Bundespartei liest sich ein Interview, das aus Anlass des 80. Geburtstags von Max Brauer entstand. Die Große Koalition werde der SPD nicht bekommen, Brauer hielt sie für grundfalsch. Die Pläne zu einer Wahlrechtsreform seien schlicht „undemokratisch".[196]

Zum 80. Geburtstag hatte die Presse noch einmal ausgiebig über Brauers Lebensleistung berichtet, danach wurde es still um ihn. Seine Wohnung, in der Straße An der Alster gelegen, gestattete ihm einen weiten Blick aus dem sechsten Stockwerk über die

Max Brauer im Ruhestand mit Ehefrau Erna

Alster bis zur Kennedy-Brücke und zum Harvestehuder Ufer mit dem Alsterpark, den er als Bürgermeister gegen einige Widerstände der Grundeigentümer durchgesetzt hatte. In diesen stillen Jahren intensivierte sich auch wieder der Kontakt zu seinen Geschwistern, der zuvor weitgehend abgebrochen war. Seinen 85. Geburtstag am 3. September 1972 verbrachte Max Brauer, von den Folgen eines Schlaganfalls schwer gezeichnet, aber aufrecht im Rollstuhl sitzend. Im Dezember kam er ins Krankenhaus und verstarb am 2. Februar 1973. Sein Tod wurde in allen Hamburger Zeitungen auf der ersten Seite gemeldet, seine letzte Ruhestätte fand er auf dem Altonaer Friedhof am Volkspark.

Die politische Biografie Max Brauers ist eng verknüpft mit den dramatischen Brüchen des 20. Jahrhunderts; sie steht zum einen für jene Generation, die zweimal wiederaufgebaut hat, nach dem Ersten und nach dem Zweiten Weltkrieg, steht aber gleichzeitig – und das macht ein latentes Spannungsverhältnis aus – für jene Hitler-Gegner, die im Exil, vor allem im US-Exil, aus der Ferne ihre Rückkehr in ein befreites Deutschland herbeisehnten. Dort wieder angekommen, knüpften sie, wie im Fall von Brauer angedeutet, vor allem an die vertrauten personalen Netzwerke und Handlungsmuster der Zeit vor 1933 an. Dieser Weimar-Bezug, der dem ersten Nachkriegsjahrzehnt insgesamt seine spezifische mentale Prägung verlieh, vermengte sich und wurde zunehmend überlagert von einer nicht nur realpolitisch erzwungenen, sondern kulturell grundierten Option für den Westen im Kalten Krieg. Max Brauer war als US-Remigrant durchaus Protagonist dieser in der zeitgeschichtlichen Forschung heute unter den Begrifflichkeiten von „Verwestlichung" und „Amerikanisierung" diskutierten Entwicklung. Allerdings blieb diese Option bei Brauer in irritierender Weise gebrochen durch seinen starken nationalen Patriotismus, der auch rasche Verortungen innerhalb eines Rechts-Links-Koordinatensystems verhindert. Seine politische Karriere endete in eben jener Übergangsphase bundesrepublikanischer Geschichte, als der Abschied von der Proletarität gefeiert wurde, in die er hineingeboren worden war, und als sich die Konturen einer westlichen Wohlstandsgesellschaft auch in Hamburg abzeichneten.

Lebensdaten

1887 Am 3. September in Ottensen geboren, aufgewachsen in einer armen Arbeiterfamilie mit 13 Kindern
1902 Beginn der Lehrzeit als Glasbläser
1904 Eintritt in den „Centralverein der Glasarbeiter und Glasarbeiterinnen" in Magdeburg
1905 Mitgliedschaft in der SPD in Damgarten (Vorpommern)
1909 Nach Berufswechsel Eintritt in die Konsumgenossenschaft „Produktion" in Altona
1911 Wahl in den Vorstand der SPD Altona-Ottensen
1916 Stadtverordneter in Altona. Heirat mit Erna Pehmöller, der Tochter eines hauptamtlichen Funktionärs des Tabakarbeiterverbandes
1918 Kommissarischer Senator in Altona
1919 Zweiter Bürgermeister und Stadtkämmerer in Altona
1924 Oberbürgermeister in Altona, Präsident des Provinziallandtages der preußischen Provinz Schleswig-Holstein, Mitglied des Preußischen Staatsrats und Vorstandsmitglied des Deutschen Städtetages
1933 Amtsenthebung Brauers nach der Machtübernahme durch die Nationalsozialisten. Flucht über Österreich und die Schweiz nach Frankreich, ab Anfang Oktober im Auftrag des Völkerbundes als Berater der Kuomintang-Regierung in Nanking, China, tätig

1934 Ausbürgerung durch die Nationalsozialisten am 3. November, Ende November Rückkehr nach Frankreich
1937 Übersiedlung in die USA, langjährige Vortragstätigkeit und politische Arbeit im Rahmen des sozialdemokratischen Exils (German Labor Delegation)
1943 Erwerb der amerikanischen Staatsbürgerschaft
1946 Reise nach Hamburg als Generalbevollmächtigter der Gewerkschaft „American Federation of Labor", Spitzenkandidat der Hamburger SPD für die erste Bürgerschaftswahl am 16. Oktober, nach dem Wahlsieg der SPD und Wiedereinbürgerung Wahl zum Ersten Bürgermeister
1949 Zweite Bürgerschaftswahl: Brauer erneut Erster Bürgermeister
1953 Dritte Bürgerschaftswahl: Wahlsieg des Hamburg-Blocks von CDU, FDP und DP. Erster Bürgermeister: Kurt Sieveking (CDU), sozialdemokratischer Oppositionsführer: Paul Nevermann
1954 Brauer wird Direktor der „Volksfürsorge" und bleibt Bürgerschaftsabgeordneter, auf dem SPD-Parteitag in Berlin Wahl in den Vorstand der Bundespartei
1957 Vierte Bürgerschaftswahl: Nach Wahlsieg der SPD wird Brauer erneut Erster Bürgermeister
1961 Am 2. Januar Abgabe des Amtes des Ersten Bürgermeisters an Paul Nevermann. Zuvor (1960) Ehrenbürgerschaft, Ehrendoktorwürde der Wirtschafts- und Sozialwissenschaftlichen Fakultät der Universität Hamburg, Spitzenkandidat der Hamburger SPD bei der Bundestagswahl, direkt gewonnenes Mandat im Wahlkreis Hamburg-Nord
1964 Auf dem Karlsruher Parteitag der SPD nicht mehr in den Vorstand gewählt
1965 Im Februar bei der Kandidatennominierung im Wahlkreis Niederlage gegen den jungen Hans Apel
1973 Am 2. Februar stirbt Max Brauer in Hamburg.

Anmerkungen

1 Helmut Schmidt, Max Brauer zum Gedenken, in: ders., Auf dem Fundament des Godesberger Programms, Bonn-Bad Godesberg 1973, S. 149–153, hier S. 149.
2 Ders., Weggefährten. Erinnerungen und Reflexionen, Berlin 1996, S. 532; der Plural bezieht Wilhelm Kaisen in Bremen sowie die Hamburger Sozialdemokraten Walter Schmedemann und Adolph Schönfelder ein.
3 Erich Lüth, Viel Steine lagen am Weg. Ein Querkopf berichtet, Hamburg 1966, S. 190, 191.
4 Theodor Eschenburg, zit. nach Heinrich Erdmann, Vorwort, in: Hamburg nach dem Ende des Dritten Reiches: politischer Neuaufbau 1945/46 bis 1949. Sechs Beiträge, Hamburg (Landeszentrale für politische Bildung) 2000, S. 3–9, hier S. 7 f.
5 Max Brauer, Nüchternen Sinnes und heißen Herzens ... Reden und Ansprachen, Hamburg o. J. (1952), S. 11.
6 Vgl. programmatisch bereits Johannes Schult, Die Hamburger Arbeiterbewegung als Kulturfaktor. Ein Beitrag zur hamburgischen Kulturgeschichte, Hamburg o. J. (1954).
7 Gerd Krämer, „Bollwerk der Sozialisten des Nordens". Die Anfänge der Altonaer Arbeiterbewegung bis 1875, Hamburg 1997, S. 39.
8 Vgl. Helga Kutz-Bauer, Arbeiterschaft, Arbeiterbewegung und bürgerlicher Staat in der Zeit der Großen Depression. Eine regional- und sozialgeschichtliche Studie zur Geschichte der Arbeiterbewegung im Großraum Hamburg 1873–1890, Hamburg 1988, S. 52 ff.; Anthony McElligott, Altona vor dem Ersten Weltkrieg. Zur wirtschaftlichen, gesellschaftlichen und politischen Entwicklung, in: Arnold Sywottek (Hg.), Das andere Altona. Beiträge zur Alltagsgeschichte, Hamburg 1984, S. 22–38.

[9] Vgl. im Einzelnen Elisabeth von Dücker, In Mottenburg da kriegst du die Motten – da arbeiten und wohnen die Glasmacher, in: Ausstellungsgruppe Ottensen-Altonaer Museum, Ottensen. Zur Geschichte eines Stadtteils, Hamburg 1982, S. 87–101.

[10] Zit. nach Kutz-Bauer (wie Anm. 8), S. 260.

[11] Hamburg-Altonaer Volksblatt vom 3.2.1876; diese Kennzeichnung wählt Krämer, Bollwerk (wie Anm. 7) für den Titel seiner Arbeit; vgl. ebd., S. 171 ff. für die Reichstagswahlentwicklung; dieser Wahlkreis umschloss Altona und Stormarn (Wandsbek, Alt Rahlstedt, Oldesloe und Bramfeld), ein weiterer Ottensen, Elmshorn, Eidelstedt, Blankenese, Glückstadt, Rissen, Uetersen, Barmstedt und Groß Flottbek.

[12] Rosa Scholz (geb. Brauer), Mein Bruder Max Brauer. Tonbandmitschnitt, in: Landesbildstelle Hamburg, T 185; Aussagen von Rosa Scholz jeweils aus dieser Quelle.

[13] Max Brauer, Mein Weg zur Sozialdemokratie, in: Der Sozialist. Monatliches Mitteilungsblatt der SPD-Landesorganisation Hamburg, 18. Jg. 1957, Nr. 7 vom Juli 1957.

[14] Lebenslauf Max Brauer, in: Staatsarchiv Hamburg (StAHH), Nachlass (Nl.) Familie Brauer, 8.

[15] StAHH, Nl. Brauer, 3.

[16] Brauer (wie Anm. 13); eine nette, aber nicht zutreffende Anekdote, der zufolge Brauer 1905 im SPD-Büro Ottensen aufgetaucht sei, um seine Mitarbeit für die sozialdemokratische Bewegung, und zwar im Vorstand, anzubieten, kolportiert Schmidt, Max Brauer (wie Anm. 1), S. 150.

[17] Ernst Pursche, Die Glasbläser – die ersten organisierten Arbeiter Damgartens. Auszug aus der Festschrift zu den Jubiläen der Kreisstadt Ribitz-Damgarten (MS o. J.), in: StAHH, Nl. Brauer, 8; das MS ist zu Zeiten der DDR abgefasst worden.

[18] Lebenslauf Max Brauer (wie Anm. 14).

[19] Erich Lüth, Kleine Begegnungen mit großen Zeitgenossen, Hamburg 1983, S. 10 f.

[20] McElligott, Altona (wie Anm. 8), S. 35.

[21] Lebenslauf Erna Brauer, in: StAHH, Nl. Brauer, 8.

[22] Vgl. Volker Ullrich, Weltkrieg und Novemberrevolution: die Hamburger Arbeiterbewegung 1914–1918, in: Jörg Berlin (Hg.), Das andere Hamburg. Freiheitliche Bestrebungen in der Hansestadt seit dem Spätmittelalter, Köln 1981 (^{2}1982), S. 181–208.

[23] Zit. nach Thomas Krause, „Revolution in Altona". Die „Novemberrevolution" – Entstehung eines bürgerlichen Traumas, in: Sywottek, Das andere Altona (wie Anm. 8), S. 40–59, hier S. 40.

[24] Zit. ebd., S. 43.

[25] Vgl. (auch für das Folgende) Anthony McElligott, Contested City. Municipal Politics and the Rise of Nazism in Altona, 1917–1937, Ann Arbor 1998, S. 21 ff.

[26] Heinz Kaufmann, Die soziale Gliederung der Altonaer Bevölkerung und ihre Auswirkungen auf das Wohlfahrtsamt, Altona 1928, S. 37;

27 die Daten beziehen sich auf 1925; genannt werden ferner etwa acht Prozent, die auf mithelfende Familienangehörige und Hausangestellte entfielen.
27 Christiane Teetz, Otto Stolten (Hamburger Köpfe), Hamburg 2001, S. 94 ff.
28 Erich Lüth, Max Brauer. Glasbläser-Bürgermeister-Staatsmann, Hamburg 1972, S. 21.
29 Christel Hempel-Küter, „Die unsagbar schwere Zeit ..." Zur Situation der Arbeitslosen in Altona in den ersten Jahren der Weimarer Republik (November 1918 bis Ende 1923), in: Sywottek, Das andere Altona (wie Anm. 8), S. 127–139.
30 Ebd., S. 129 f.
31 Brauer berichtete darüber in einem kleinen Artikel in: neues altona. Mitteilungsblatt der SPD. Kreis Altona, Jg. 7, 1964, Nr. 10, in: Archiv der Forschungsstelle, Nl. Heinz Gärtner; Lüth (wie Anm. 28), S. 14; außerdem in: Zeitgeschichte miterlebt. Max Brauer 1967, Landesmedienzentrum, T 161.
32 Ebd.; vgl. Ottensen-Chronik. „... damit nicht alles in Vergessenheit gerät." Dokumentation eines Hamburger Stadtteils, Hamburg 1994, S. 121.
33 Vgl. McElligott (wie Anm. 25), S. 38–40.
34 Brauer (wie Anm. 5), S. 11 f.
35 Erich Lüth, Ein Hamburger schwimmt gegen den Strom, Hamburg 1981, S. 73.
36 Kaufmann (wie Anm. 26), S. 119.
37 Vgl. Christoph Timm, Altona-Altstadt und -Nord, Hamburg 1987, S. 35 ff.
38 McElligott (wie Anm. 25), S. 91.
39 Heinrich Lüdtke/Oskar Lorenzen, Die Turn- und Sportstadt Altona. Von der Palmaille zum Stadion, Altona 1927, S. 70.
40 Lüth (wie Anm. 28), S. 22.
41 Ebd., S. 21.
42 Max Brauer, Für das größere Altona, in: Stimmen zur Frage eines größeren Altona. Zusammengestellt vom Werbeausschuß für ein größeres Altona, Altona 1925, S. 7–18, Zitat S. 8.
43 Ebd., S. 10.
44 Max Brauers Ausführungen in der Öffentlichen Versammlung am Montag, dem 17. November 1924, abends 8 Uhr, im großen Saale des Hotel „Kaiserhof" in Altona, in: ebd., S. 19–38, Zitate S. 20 f.
45 Ebd., S. 30.
46 McElligott (wie Anm. 25), S. 95 ff.
47 Vgl. Reinhard Postelt, Die bauliche und wirtschaftliche Entwicklung des Altonaer Hafens 1918–1933, in: Sywottek, Das andere Altona (wie Anm. 8), S. 78–102.
48 Vgl. Anneliese Ego, Herbert und Elsbeth Weichmann. Gelebte Geschichte 1896–1948, Hamburg 1998, S. 157.
49 Zit. nach Postelt (wie Anm. 47), S. 92.

50 Richard Lutz, Der öffentliche Nahverkehr in Altona und die städtische Verkehrspolitik 1918–1933, in: Sywottek (wie Anm. 8), S. 141–157, hier S. 148 f.
51 Stenogramm der Etatrede von Oberbürgermeister Brauer, gehalten am 14. März 1929 in der Sitzung der Städtischen Kollegien zu Altona, o. O./o. J., S. 15.
52 Neues Altona 1919–1929. Zehn Jahre Aufbau einer deutschen Großstadt. Dargestellt im Auftrage des Magistrats der Stadt Altona von Paul Th. Hoffmann, Jena 1929.
53 Max Brauer, Öffentliche und private Wirtschaft, Hamburg 1947 (1931), S. 10, 32.
54 McElligott (wie Anm. 25), S. 44.
55 Amtsblatt der Stadt Altona. Bekanntmachungen der städtischen Behörden, Jg. 11, 1930, Nr. 39 vom 25.10.1930.
56 McElligott (wie Anm. 25), S. 76.
57 Zit. nach Wolfgang Kopitzsch, Der „Altonaer Blutsonntag", in: Arno Herzig u. a. (Hg.), Arbeiter in Hamburg. Unterschichten, Arbeiter und Arbeiterbewegung seit dem ausgehenden 18. Jahrhundert, Hamburg 1983, S. 509–516, hier S. 511; vgl. Léon Schirmann, Altonaer Blutsonntag 17. Juli 1932. Dichtung und Wahrheit, Hamburg 1994, S. 36 ff.
58 Hamburger Echo, 29.7.1932.
59 Hamburger Tageblatt, 29.7.1932.
60 Zit. nach der ausgezeichneten Dokumentation von Christa Fladhammer/Michael Wildt (Hg.), Max Brauer im Exil. Briefe und Reden aus den Jahren 1933–1946, Hamburg 1994, S. 54.
61 Vgl. zum Folgenden ebd., S. 24 ff.
62 Zit. ebd., S. 26.
63 StAHH, Amt für Wiedergutmachung, Akte Max Brauer (030987) und Akte Erna Brauer (250194); diesen Hinweis verdanke ich Holger Martens.
64 Vgl. ausführliche biografische Angaben bei Wolfram Werner, Emigranten im Parlamentarischen Rat, in: Claus-Dieter Krohn/Martin Schumacher (Hg.), Exil und Neuordnung. Beiträge zur verfassungspolitischen Entwicklung in Deutschland nach 1945, Düsseldorf 2000, S. 161–174, hier S. 162–166.
65 Fladhammer/Wildt (wie Anm. 60), S. 88, Anm. 78.
66 Zit. nach Hans-Günther Freitag/Hans-Werner Engels (Hg.), Altona. Hamburgs schöne Schwester, Hamburg o. J., S. 365 f.
67 Niederschrift einer Besprechung im Hotel Castiglione am 9.7.1933, zit. nach Fladhammer/Wildt (wie Anm. 60), S. 33 f.
68 Zeitgeschichte miterlebt, Max Brauer 1967, Landesmedienzentrum, S. 161.
69 Max Brauer (auf See) an Josef Witternigg (Salzburg), 6.9.1933, zit. nach Fladhammer/Wildt (wie Anm. 60), S. 108.
70 Max Brauer (auf See) Brauer an Leon Jouhaux (Paris), 11.9.1933, zit. ebd., S. 111.

71 Max Brauer (auf See) an M. Higilin (Altkirch/Elsass), 26.9.1933, zit. ebd., S. 114.
72 Max Brauer (auf See) an Leopold Lichtwitz (New York), 2.10.1933, zit. ebd., S. 116.
73 Max Brauer (auf See) an Hermann Schöndorff (Zürich), 2.10.1933, zit. ebd., S. 117.
74 Max Brauer (Nanking) an Hermann Schöndorff (Zürich), 4.1.1934, zit. ebd., S. 136.
75 Max Brauer (Nanking) an Bernhard Weiss (London), 17.1.1934, zit. ebd., S. 142.
76 Max Brauer (Nanking) an Lisser (nähere Informationen zum Adressaten des Briefes sind nicht bekannt), 29.3.1934, zit. ebd., S. 172.
77 Max Brauer (Nanking) an Friedrich Wilhelm Foerster (Paris), zit. ebd., S. 140.
78 Ebd., S. 139.
79 Erna Brauer (Genf) an Max Brauer (Nanking), 2.12.1933, zit. ebd., S. 130 f.
80 Ernst Langendorf (Paris) an Max Brauer (Nanking), 13.2.1934, zit. ebd., S. 151, 154.
81 Max Brauer (Nanking) an Ernst Langendorf (Paris), 17.3.1934, zit. ebd., S. 165 f.; mit der Ruhrbesetzung wird die französische Intervention 1923 angesprochen, gegen die die damalige deutsche Reichsregierung den passiven Widerstand ausrief.
82 Max Brauer (Sian) an Kurt Meyer-Radon (Los Angeles), 16.5.1934, zit. ebd., S. 196.
83 Max Brauer (Nanking) an Ernst Langendorf (Ibiza), 28.6.1934, zit. ebd., S. 218 f.
84 Max Brauer (Nanking) an Rudolf Katz (Shanghai), 8.7.1934, zit. ebd., S. 224 f.
85 Max Brauer (Nanking) an Rudolf Katz (Shanghai), 3.9.1934, zit. ebd., S. 239.
86 Erna Brauer (Genf) an Max Brauer (Nanking), 16.4.1934, zit. ebd., S. 181; Nansenpässe waren Dokumente für staatenlose Ausländer, die nur eine eng begrenzte Gültigkeitsdauer besaßen.
87 Max Brauer (Sian) an Rudolf Katz (Shanghai), 15.5.1934, zit. ebd., S. 191.
88 Erna Brauer (Genf) an Max Brauer (Nanking), 23.10.1933, zit. ebd., S. 119.
89 Brunhild Brauer (Genf) an Max Brauer (Nanking), 25.11.1933, zit. ebd., S. 128.
90 Erna Brauer (Genf) an Max Brauer (Nanking), 26.2.1934, zit. ebd., S. 158.
91 Zit. ebd., S. 50.
92 Max Brauer (Paris) an Rudolf Katz (New York), 11.1.1935, zit. ebd., S. 250.
93 Max Brauer (Le Touquet bei Paris) an Vorstand der SOPADE (Prag), 3.9.1935, zit. ebd., S. 251 f.

[94] Max Brauer (im Pariser Stadtgefängnis Santé, vermutlich am 27.12.1935), zit. ebd., S. 262.
[95] Zit. ebd., S. 57.
[96] Rede vor dem American Jewish Congress in New York am 16.3.1936, Zitate ebd., S. 264–275.
[97] Zit. ebd., S. 61.
[98] Elsbeth Weichmann. Zuflucht. Jahre des Exils, Hamburg 1983, S. 150.
[99] Rainer Behring, Demokratische Außenpolitik für Deutschland. Die außenpolitischen Vorstellungen deutscher Sozialdemokraten im Exil 1933–1945, Düsseldorf 1999, S. 492.
[100] Max Brauer, Die Demokratie und das Schicksal Deutschlands, Vortragsmanuskript 1938, zit. nach Fladhammer/Wildt (wie Anm. 60), S. 292.
[101] Zit. ebd., S. 68.
[102] Zit. nach dem Abdruck in Brauer (wie Anm. 5), S. 445 ff.
[103] Brauer an Walter L. Dorn (Washington), zit. nach Fladhammer/Wildt (wie Anm. 60), S. 305, 306.
[104] Brauer an John C. Bennett (New York), 7.6.1944, zit. ebd., S. 323.
[105] Vgl. Ego (wie Anm. 48), S. 389.
[106] Rudolf Morsey, Heinrich Brünings Vorstellungen über Deutschland nach Hitler 1944–1950, in: Krohn/Schumacher (wie Anm. 64), S. 175–206, hier S. 186 f.
[107] Zit. nach: Mit dem Gesicht nach Deutschland. Eine Dokumentation über die sozialdemokratische Emigration. Aus dem Nachlaß von Friedrich Stampfer ergänzt durch andere Überlieferungen. Bearbeitet von Werner Link, Düsseldorf 1968, S. 693.
[108] Max Brauer in Neues Hamburg X, Hamburg 1955, zit. nach Freitag/Engels (wie Anm. 66), S. 371.
[109] Max Brauer an William Green (New York), 18.1.1946, zit. nach Fladhammer/Wildt (wie Anm. 60), S. 331.
[110] Karl Meitmann an Max Brauer (New York), 27.5.1946, zit. ebd., S. 332.
[111] Protokoll des Parteitags, zit. nach Walter Tormin, Die Geschichte der SPD in Hamburg von 1945 bis 1950, Hamburg 1995, S. 107.
[112] Fladhammer/Wildt (wie Anm. 60), S. 77.
[113] Lüth (wie Anm. 28), S. 40.
[114] Ebd., S. 41.
[115] Ebd.; vgl. zur Kritik der Legende Tormin (wie Anm. 111), S. 118.
[116] Zit. ebd., S. 110 f.
[117] Max Brauer über den Sinn der Wahl, in: Hamburger Echo vom 12.10.1946, zit. nach StAHH, Nl. Brauer, 7 Bd. 1.
[118] Tormin (wie Anm. 111), S. 121.
[119] Ebd.; Fladhammer/Wildt (wie Anm. 60), S. 79.
[120] Arnold Sywottek, Oberbürgermeister – Exilant – Erster Bürgermeister, in: Hamburg (wie Anm. 4), S. 137–164, Zitat S. 141.
[121] Zit. nach Tormin (wie Anm. 111), S. 124.
[122] Zit. nach Brauer (wie Anm. 5), S. 13 ff.

[123] Lüth (wie Anm. 3), S. 223.
[124] Lüth (wie Anm. 28), S. 43.
[125] Ebd., S. 44.
[126] Ebd., S. 50.
[127] Brauer (wie Anm. 5), S. 55 f.
[128] Tormin (wie Anm. 111), S. 195 f.
[129] StAHH, Nl. Brauer, 5 Bd. 2.
[130] StAHH, Nl. Brauer, 1.
[131] Brief vom 10.6.1947, ebd.
[132] Artikel aus dem Jahr 1947 ebd.
[133] Zit. nach Uwe Bahnsen, Die Weichmanns in Hamburg. Ein Glücksfall für Deutschland, Hamburg 2001, S. 15.
[134] Zit. ebd., S. 28.
[135] Zit. ebd., S. 24.
[136] Erich Lüth in einer Ansprache zum 60. Geburtstag Brauers im NWDR, in: StAHH, Nl. Brauer, 8.
[137] Brauer (wie Anm. 5), S. 77 ff.
[138] Zit. nach Bahnsen (wie Anm. 133), S. 26.
[139] Brauer (wie Anm. 5), S. 97 ff.
[140] Auszug aus Protokoll der Delegiertenversammlung vom 19.9.1947, in: StAHH, Nl. Brauer, 5 Bd. 1.
[141] Zit. nach Sywottek (wie Anm. 120), S. 154.
[142] Zit. ebd.
[143] Zit. ebd., S. 155.
[144] Zit. ebd., S. 156.
[145] Zit. ebd., S. 158.
[146] Zit. ebd.
[147] Rundfunkansprache im NWDR vom 6.3.1949, zit. nach Brauer (wie Anm. 5), S. 124.
[148] Tormin (wie Anm. 111), S. 300.
[149] Karl-Ludwig Sommer, Wilhelm Kaisen. Eine politische Biographie, Bonn 2000, S. 350, 386.
[150] Brauer (wie Anm. 5), S. 171.
[151] Lüth (wie Anm. 28), S. 47.
[152] Tormin (wie Anm. 111), S. 182, 222.
[153] Zit. nach Erich Lüth (wie Anm. 35), S. 119.
[154] Tormin (wie Anm. 111), S. 221.
[155] Hugh Carlton Greene, Entscheidung und Verantwortung. Perspektiven des Rundfunks, Hamburg 1970, S. 44; vgl. Michael Tracey, Das unerreichbare Wunschbild. Ein Versuch über Hugh Greene und die Neugründung des Rundfunks in Westdeutschland nach 1945, Köln u. a., 1982, S. 16 ff.
[156] Erich Lüth, Die Hamburger Bürgerschaft 1946–1971. Wiederaufbau und Neubau, Hamburg 1971, S. 19.
[157] Tormin (wie Anm. 111), S. 284.
[158] Zit. ebd., S. 286.
[159] New York Herald Tribune, 30.11.1949, in: StAHH, Nl. Brauer, 7 Bd. 1.

160 Lüth (wie Anm. 3), S. 252 f.
161 Brauer (wie Anm. 5), S. 137 ff.
162 Die Welt, 16.3.1950; vgl. zum Gesamtzusammenhang Alan Kramer, Die britische Demontagepolitik am Beispiel Hamburgs 1945–1950, Hamburg 1991.
163 Text der Rede vom 4.4.1951, in: Lüth (wie Anm. 28), S. 123–130.
164 Die Welt, 21.11.1951.
165 Rede Max Brauers vom 27.7.1950, in: ders. (wie Anm. 5), S. 175–183, Zitat: S. 177.
166 Rede Max Brauers vom 7.10.1950, in: ebd., S. 187–194, Zitat: S. 187 f.
167 Kurt Grobecker u. a., Hamburg in den 50er Jahren, Hamburg 1983, S. 189 ff.
168 Rede Max Brauers vom 26.3.1952 in der Hamburger Bürgerschaft, in: ders. (wie Anm. 5), S. 335–359, Zitat: S. 351.
169 Rede Max Brauers auf dem Landesparteitag der SPD Hamburg am 19.4.1952, in: ebd., S. 371–395, Zitate: S. 390, 391.
170 Zit. nach Lüth (wie Anm. 153), S. 119.
171 Flugblatt-Text im Archiv der Forschungsstelle, Nl. Gärtner.
172 Lüth (wie Anm. 28), S. 69.
173 Zit. nach Bahnsen (wie Anm. 133), S. 85.
174 MS-Entwurf von Max Brauer, 15.11.1955, in: StAHH, Nl. Brauer, 5 Bd. 2.
175 Max Brauer an Wilhelm Mellies, 8.12.1955, in: StAHH, Nl. Brauer, 15.
176 Max Brauer, Soziale Sicherheit. Neueste Erfahrungen in USA, Hamburg o. J. (1954).
177 Max Brauer, Probleme der Automatisierung. Hg. vom DGB/Landesbezirk Nordmark, Hamburg 1957.
178 Vortrag von Max Brauer im Rotary Club Hamburg am 13.3.1957, in: StAHH, Nl. Brauer, 5 Bd. 2.
179 Unterlagen in StAHH, Nl. Brauer, 21, 29.
180 Unterlagen in StAHH, Nl. Brauer, 11.
181 Unterlagen in StAHH, Nl. Brauer, 7 Bd. 2, 20 Bd. 1, 21, 22, 28.
182 Lüth (wie Anm. 28), S. 54 f.
183 Zit. nach Bahnsen (wie Anm. 133), S. 133.
184 Lüth (wie Anm. 3), S. 311.
185 Zit. nach Bahnsen (wie Anm. 133), S. 134.
186 Zit nach dem Text der Staatlichen Pressestelle Hamburg, in: StAHH, Nl. Brauer, 30; vgl. Die Welt, 18.4.1958.
187 Zit. nach Bahnsen (wie Anm. 133), S. 148.
188 Carl Georg Heise, Max Brauer, in: Die Zeit, 3.9.1957.
189 Neue Ruhr Zeitung, 23.11.1960, in: StAHH, Nl. Brauer, 7 Bd. 2.
190 Text der Abschiedsrede vom 20.12.1960 in: StAHH, Nl. Brauer, 5 Bd. 2; weitere Unterlagen in Nl. Brauer, 4.
191 Hamburger Echo, 21.12.1960.
192 StAHH, Nl. Brauer, 35.

[193] Paul Nevermann, Ein Wort zur Amtsübernahme, in: ders., Dem Ganzen verpflichtet. Reden und Aufsätze aus den Jahren 1959 bis 1961, Hamburg o. J. (1961), S. 11–15, Zitat: S. 12; ders., Metaller. Bürgermeister. Mieterpräsident, Köln 1977, S. 55.
[194] Lüth (wie Anm. 3), S. 314.
[195] Die Welt, 22.3.1965; Hamburger Abendblatt, 22.3.1965.
[196] Hamburger Blätter (1967), S. 8, in: StAHH, Nl. Brauer, 5 Bd. 2.

Ausgewählte Literatur

Unveröffentlichte Quellen

Staatsarchiv Hamburg: Nachlass Familie Brauer.
Forschungsstelle für Zeitgeschichte in Hamburg: Nachlass Heinz Gärtner.
Landesmedienzentrum: Tonbandmitschnitte von Max Brauer (1967) und Rosa Scholz (geb. Brauer) 1982.

Schriften von Max Brauer
(soweit nicht aus unveröffentlichten Quellen zitiert)

Max Brauer, Für das größere Altona, in: Stimmen zur Frage eines größeren Altona. Zusammengestellt vom Werbeausschuß für ein größeres Altona, Altona 1925, S. 7–18.
Max Brauer, Öffentliche und private Wirtschaft, Hamburg 1931 (1947).
Max Brauer, Städte und Theaterkultur, in: Der Städtetag, Jg. 26, 1932, S. 272–274.
Max Brauer, Nüchternen Sinnes und heißen Herzens ... Reden und Ansprachen, Hamburg o. J. (1952).
Max Brauer, Soziale Sicherheit. Neueste Erfahrungen in USA, Hamburg o. J. (1954).
Max Brauer, Probleme der Automatisierung. Hg. vom DGB/ Landesbezirk Nordmark, Hamburg 1957.

Christa Fladhammer/Michael Wildt (Hg.), Max Brauer im Exil. Briefe und Reden aus den Jahren 1933–1946, Hamburg 1994.

Sonstige Literatur

Neues Altona 1919–1929. Zehn Jahre Aufbau einer deutschen Großstadt. Dargestellt im Auftrage des Magistrats der Stadt Altona von Paul Th. Hoffmann, Jena 1929.
Uwe Bahnsen, Die Weichmanns in Hamburg. Ein Glücksfall für Deutschland, Hamburg 2001.
Rainer Behring, Demokratische Außenpolitik für Deutschland. Die außenpolitischen Vorstellungen deutscher Sozialdemokraten im Exil 1933–1945, Düsseldorf 1999.
Elisabeth von Dücker, In Mottenburg da kriegst du die Motten – da arbeiten und wohnen die Glasmacher, in: Ausstellungsgruppe Ottensen-Altonaer Museum, Ottensen. Zur Geschichte eines Stadtteils, Hamburg 1982, S. 87–101.
Anneliese Ego, Herbert und Elsbeth Weichmann. Gelebte Geschichte 1896–1948, Hamburg 1998.
Hans-Günther Freitag/Hans-Werner Engels (Hg.), Altona. Hamburgs schöne Schwester, Hamburg o. J.
Mit dem Gesicht nach Deutschland. Eine Dokumentation über die sozialdemokratische Emigration. Aus dem Nachlaß von Friedrich Stampfer, ergänzt durch andere Überlieferungen. Bearbeitet von Werner Link, Düsseldorf 1968.
Hugh Carlton Greene, Entscheidung und Verantwortung. Perspektiven des Rundfunks, Hamburg 1970.
Kurt Grobecker u. a., Hamburg in den 50er Jahren, Hamburg 1983.
Hamburg nach dem Ende des Dritten Reiches: politischer Neuaufbau 1945/46 bis 1949. Sechs Beiträge, Hamburg (Landeszentrale für politische Bildung) 2000.
Christel Hempel-Küter, „Die unsagbar schwere Zeit ..." Zur Situation der Arbeitslosen in Altona in den ersten Jahren der Weimarer Republik (November 1918 bis Ende 1923), in: Sywottek, Das andere Altona, S. 127–139.
Heinz Kaufmann, Die soziale Gliederung der Altonaer Bevölkerung und ihre Auswirkungen auf das Wohlfahrtsamt, Altona 1928.

Wolfgang Kopitzsch, Der „Altonaer Blutsonntag", in: Arno Herzig u. a. (Hg.), Arbeiter in Hamburg. Unterschichten, Arbeiter und Arbeiterbewegung seit dem ausgehenden 18. Jahrhundert, Hamburg 1983, S. 509–516.

Gerd Krämer, „Bollwerk der Sozialisten des Nordens". Die Anfänge der Altonaer Arbeiterbewegung bis 1875, Hamburg 1997.

Alan Kramer, Die britische Demontagepolitik am Beispiel Hamburgs 1945–1950, Hamburg 1991.

Thomas Krause, „Revolution in Altona". Die „Novemberrevolution" – Entstehung eines bürgerlichen Traumas, in: Sywottek, Das andere Altona, S. 40–59.

Claus-Dieter Krohn/Martin Schumacher (Hg.), Exil und Neuordnung. Beiträge zur verfassungspolitischen Entwicklung in Deutschland nach 1945, Düsseldorf 2000.

Helga Kutz-Bauer, Arbeiterschaft, Arbeiterbewegung und bürgerlicher Staat in der Zeit der Großen Depression. Eine regional- und sozialgeschichtliche Studie zur Geschichte der Arbeiterbewegung im Großraum Hamburg 1873–1890, Hamburg 1988.

Heinrich Lüdtke/Oskar Lorenzen, Die Turn- und Sportstadt Altona. Von der Palmaille zum Stadion, Altona 1927.

Erich Lüth, Viel Steine lagen am Weg. Ein Querkopf berichtet, Hamburg 1966.

Ders., Die Hamburger Bürgerschaft 1946–1971. Wiederaufbau und Neubau, Hamburg 1971.

Ders., Max Brauer. Glasbläser – Bürgermeister – Staatsmann, Hamburg 1972.

Ders., Ein Hamburger schwimmt gegen den Strom, Hamburg 1981.

Ders., Kleine Begegnungen mit großen Zeitgenossen, Hamburg 1983.

Richard Lutz, Der öffentliche Nahverkehr in Altona und die städtische Verkehrspolitik 1918–1933, in: Sywottek, Das andere Altona, S. 141–157.

Anthony McElligott, Altona vor dem Ersten Weltkrieg. Zur wirtschaftlichen, gesellschaftlichen und politischen Entwicklung, in: Sywottek, Das andere Altona, S. 22–38.

Ders., Contested City. Municipal Politics and the Rise of Nazism in Altona, 1917–1937, Ann Arbor 1998.

Rudolf Morsey, Heinrich Brünings Vorstellungen über Deutschland nach Hitler 1944–1950, in: Krohn/Schumacher, S. 175–206.
Paul Nevermann, Dem Ganzen verpflichtet. Reden und Aufsätze aus den Jahren 1959 bis 1961, Hamburg o. J. (1961).
Ders., Metaller. Bürgermeister. Mieterpräsident, Köln 1977.
Ottensen-Chronik. „... damit nicht alles in Vergessenheit gerät." Dokumentation eines Hamburger Stadtteils, Hamburg 1994.
Reinhard Postelt, Die bauliche und wirtschaftliche Entwicklung des Altonaer Hafens 1918–1933, in: Sywottek, Das andere Altona, S. 78–102.
Léon Schirmann, Altonaer Blutsonntag 17. Juli 1932. Dichtung und Wahrheit, Hamburg 1994.
Helmut Schmidt, Max Brauer zum Gedenken, in: ders., Auf dem Fundament des Godesberger Programms, Bonn-Bad Godesberg 1973, S. 149–153.
Ders., Weggefährten. Erinnerungen und Reflexionen, Berlin 1996.
Johannes Schult, Die Hamburger Arbeiterbewegung als Kulturfaktor. Ein Beitrag zur hamburgischen Kulturgeschichte, Hamburg o. J. (1954).
Karl-Ludwig Sommer, Wilhelm Kaisen. Eine politische Biographie, Bonn 2000.
Arnold Sywottek (Hg.), Das andere Altona. Beiträge zur Alltagsgeschichte, Hamburg 1984.
Ders., Oberbürgermeister – Exilant – Erster Bürgermeister, in: Hamburg nach dem Ende des Dritten Reiches, S. 137–164.
Christoph Timm, Gustav Oelsner und das Neue Altona. Kommunale Architektur und Stadtplanung in der Weimarer Republik, Hamburg 1984.
Ders., Altona-Altstadt und -Nord, Hamburg 1987.
Walter Tormin, Die Geschichte der SPD in Hamburg von 1945 bis 1950, Hamburg 1995.
Michael Tracey, Das unerreichbare Wunschbild. Ein Versuch über Hugh Greene und die Neugründung des Rundfunks in Westdeutschland nach 1945, Köln 1982.

Volker Ullrich, Weltkrieg und Novemberrevolution: die Hamburger Arbeiterbewegung 1914–1918, in: Jörg Berlin (Hg.), Das andere Hamburg. Freiheitliche Bestrebungen in der Hansestadt seit dem Spätmittelalter, Köln 1981 (^{2}1982), S. 181–208.

Elsbeth Weichmann, Zuflucht. Jahre des Exils, Hamburg 1983.

Wolfram Werner, Emigranten im Parlamentarischen Rat, in: Krohn/Schumacher, S. 161–174.

Nachwort

Geschichte wird von Menschen gemacht. Die Geschichte meiner Vaterstadt haben Menschen aller Schichten gemacht. Sie kamen aus der Fischerei, aus Handwerk und Gewerbe, aus Handel und Schifffahrt. Einige wohnten großartig an der Elbchaussee oder an der Alster, andere wohnten in Ottensen, in Barmbek, Eimsbüttel oder Hammerbrook. Manche kamen vom platten Lande, andere aus der Arbeiterbewegung. Im Laufe der Generationen haben sich immer wieder einige der Hamburger Bürger ein großes Verdienst um Hamburg erworben. Die jetzigen Generationen an jene Leistungen zu erinnern, auch an die Fehlschläge, erscheint mir wünschenswert, um den heute lebenden Nachfahren ihre mitbürgerliche Verantwortung ins Bewusstsein zu heben.

Nicht ganz zu Unrecht hat Alfred Lichtwark Hamburg einmal als geschichtsvergessen gescholten. Auch heutzutage ist unser Geschichtsbewusstsein nur dürftig, es reicht zumeist nicht weiter zurück als bis zur Nazi-Zeit, zum Krieg und zur Bombenkatastrophe. Zwar ist gewiss auch für morgen vieles und Wichtiges aus jenen Jahrzehnten zu lernen – aber wie steht es mit den Lehren und den Konsequenzen aus dem vorangegangenen Fehlschlag des ersten deutschen Demokratie-Versuches? Haben damals die Hamburger Politiker, die Abgeordneten und Senatoren der Weimarer Zeit, ihre Aufgaben gegenüber dem demokratisch verfassten Deutschen Reich gut genug erfüllt? Wer eigentlich hat damals in Hamburg regiert? Warum kam die dringend nötige Vereinigung mit Altona, Harburg und Wandsbek nicht zustande? Wie gut haben damals die „Bürgerlichen" und die Sozialdemokraten im Rathaus zusammengearbeitet? Worin bestand die Leistung von Carl Petersen und Otto Stolten, wer ist heute bereit, aus ihrer gemeinsamen Leistung zu lernen – und aus deren Ende? Wer weiß überhaupt etwas darüber?

Eine Generation zuvor haben zwei hamburgische Geschäftsleute und ein Arbeiterführer herausgeragt: der Reeder Albert Ballin, der Bankier Max Warburg und der Drechslermeister August Bebel. Wer aber weiß noch, dass auch sehr viele Hamburger in den letzten beiden Jahrzehnten vor dem Ersten Weltkrieg der Großmannssucht des Wilhelminismus verfallen sind – bleibt daraus etwas zu lernen? Wer weiß noch, dass Bebel, der fast ein Vierteljahrhundert Hamburg im Reichstag vertreten hat, im 19. Jahrhundert insgesamt fünf Jahre im Gefängnis war – bleibt aus Bebels Leben etwas zu lernen?

In der mehr als ein Jahrtausend überspannenden hamburgischen Geschichte war die Stadt nie Residenz von Herzögen, Fürstbischöfen, Kurfürsten oder Königen. Keine Potentaten haben der Stadt große Prachtstraßen und Paläste gebaut, weder Staatsopern noch große Gemäldegalerien, kein Fürst hat eine Universität oder eine Kathedrale errichtet. Vielmehr ist Hamburg trotz der Abwesenheit von Potentaten eine bedeutende Stadt geworden – nämlich wegen der opferwilligen Tatkraft vieler seiner Bürger. Hier gibt es über eintausend gemeinnützige Stiftungen. Hinter manchen stehen große Namen wie Laeisz, Siemers, Sieveking, Warburg, Toepfer, Körber, Otto, Greve oder Bucerius. Andere Stifter sind bescheiden im Hintergrund geblieben, und wieder andere Gründungen sind mühsam aus Arbeitergroschen finanziert worden.

Aber immer wieder, das sollten die heutigen Hamburger wissen, stoßen wir auf einzelne Personen, die einen dringenden Bedarf ihrer Stadt erkannt und sodann als Bürger die Initiative ergriffen haben. Das gilt gleichermaßen für die Kunst, für die Musik, für das Theater, für die Schulen und für die Wissenschaften. Dabei sind viele der selbstbewussten Hamburger gar keine waschechten Hanseaten, sondern sie stammen ursprünglich aus anderen Landschaften. Die liberale, offene, ja weltoffene

Atmosphäre der Stadt hat manche bedeutende Menschen von außerhalb angezogen – und die Stadt hat sie sodann vereinnahmt. Das gilt für Herbert Weichmann, für Ida Ehre und Marion Dönhoff, für Rolf Liebermann oder Rudolf Augstein. Zwar sind Händel, Lessing oder Brahms später wieder gegangen, manche Genies sind nun einmal nicht sesshaft; jedoch haben sie die Stadt ebenso beeinflusst wie manche dänische, holländische, türkische oder spanische Kaufleute, wie die Hugenotten aus Frankreich oder die sephardischen Juden von der Iberischen Halbinsel, die hiergeblieben sind. Sie alle haben beigetragen zu der hamburgischen Lebensphilosophie des „Leben und leben lassen".

Auch in Zukunft wird aber diese Stadt sich nicht einfach ihrem Wohlstand hingeben dürfen. Denn in selbstgenügsamer Behaglichkeit könnte sie zum Spießbürgertum herabsinken. Vielmehr braucht Hamburg auch morgen und übermorgen immer wieder Personen mit Perspektive, mit Urteilskraft und mit Energie. Dafür bietet die hamburgische Geschichte hervorragende Beispiele. Um diese Vorbilder ins Bewusstsein der Heutigen zu heben, gibt die ZEIT-Stiftung Ebelin und Gerd Bucerius eine Buchreihe *Hamburger Köpfe* heraus. Wir stellen darin knappe Biografien vor, welche die dargestellten Personen in ihrer Zeit, in ihrem historischen Zusammenhang zeigen sollen. Dabei werden einige Personen fehlen, weil über sie bereits gute, in wissenschaftlich-kritischer Distanz geschriebene Biografien vorliegen.

Bei aller Vitalität der Gegenwart müssen wir uns des menschlichen Versagens und der Katastrophen in der Vergangenheit bewusst bleiben. Wenn die Hamburger damals rechtzeitig die Gefährdungen erkannt und wenn sie vorbeugend gehandelt hätten, so hätten weder in der Mitte des 19. Jahrhunderts der Hamburger Brand noch am Ende des gleichen Saeculums die Cholera-Epidemie zu solch umfassender Zerstörung sich ausgeweitet. Ein Gleiches gilt für die Flutkatastrophe in der Mitte des 20. Jahrhunderts.

In vielen Hamburger Familien sind schlimme Wunden aus der Nazi-Zeit und aus dem Kriege nicht vergessen. Es ist auch notwendig, dass Narben zurückbleiben. Denn aus den Schäden der Vergangenheit müssen wir klüger werden für die Zukunft. Wie mein Freund Eric Warburg es gesagt hat: „Wir Deutschen haben dafür zu sorgen, dass wir niemals wieder so tief fallen, aber auch dafür, dass wir nicht allzu hoch steigen." Er war ein in Hamburg geborener Jude, der aus deutschem Patriotismus nach Hamburg zurückgekehrt ist.

Helmut Schmidt
Mitglied des Kuratoriums der
ZEIT-Stiftung Ebelin und Gerd Bucerius

Die *Hamburger Köpfe* werden von der ZEIT-Stiftung Ebelin und Gerd Bucerius herausgegeben. Die Förderaktivitäten der Stiftung richten sich auf Wissenschaft und Bildung sowie auf Kunst und Kultur. Beredte Einmischung, eine streitbare Haltung und aktives bürgerschaftliches Engagement kennzeichneten Gerd Bucerius und haben die von ihm gegründete Wochenzeitung DIE ZEIT geprägt. In dieser Tradition sieht sich auch die 1971 von ihm gegründete Stiftung, die seinen und den Namen seiner Frau trägt.

Axel Schildt
Dr. phil. habil, geb. 1951, Direktor der Forschungsstelle für Zeitgeschichte in Hamburg und Professor für Neuere Geschichte an der Universität Hamburg, Mitglied der Hamburgischen Akademie der Wissenschaft. Zahlreiche Veröffentlichungen. Zuletzt erschienen u. a. „Deutsche Kulturgeschichte. Die Bundesrepublik Deutschland. 1945 bis zur Gegenwart" (mit Detlef Siegfried, 2009) und „Massenmedien im Europa des 20. Jahrhunderts" (als Hrsg. mit Utel Daniel, 2010).

Bildnachweis
Archiv Ellert & Richter: S. 16, 33, 36, 53, 84, 85, 92, 95, 96, 105, 107, 121
Archiv Axel Schildt, Hamburg: S. 111, 122
bpk, Berlin: S. 39, 42/43 (Joseph Schorer), 87, 98, 101
Picture-alliance, Frankfurt/M.: S. 74 (Peter Stein), 93, 97, 103, 104, 106, 114, 116, 119
Denkmalschutzamt Hamburg: S. 6, 73
Staatsarchiv Hamburg (Fotos Kiemer und Kiemer): S. 24, 90
Wikimedia Commons: S. 28, 31
Sowie aus:
Katalog der Ausstellungsgruppe Ottensen – Altonaer Museum: Ottensen, Zur Geschichte eines Stadtteils, Hamburg: S. 11, 12
Neues Altona 1919–1929: S. 29, 30, 32, 34/35

Titel Hintergrund: Das Altonaer Rathaus (fotolia)
Titel Porträt: Max Brauer (Denkmalschutzamt Hamburg)

Bibliografische Information der Deutschen Nationalbibliothek
Die Deutsche Nationalbibliothek verzeichnet diese Publikation in der Deutschen Nationalbibliografie; detaillierte bibliografische Daten sind im Internet über http://dnb.d-nb.de abrufbar.

ISBN 978-3-8319-0564-5

© Ellert & Richter Verlag GmbH, Hamburg

Sonderausgabe 2014

Dieses Werk einschließlich aller seiner Teile ist urheberrechtlich geschützt. Jede Verwertung außerhalb der engen Grenzen des Urheberrechtsgesetzes ist ohne Zustimmung des Verlages unzulässig und strafbar. Dies gilt insbesondere für Vervielfältigungen, Übersetzungen, Mikroverfilmungen und die Einspeicherung und Verarbeitung in elektronischen Systemen.

Fachbeirat:
Franklin Kopitzsch, Hamburg
Hans-Dieter Loose, Hamburg
Theo Sommer, Hamburg
Ernst-Peter Wieckenberg, München

Text und Bildlegenden:
Axel Schildt, Hamburg
Lektorat:
Elisabeth Heise, Großhansdorf
Gestaltung:
BrücknerAping Büro für Gestaltung GbR, Bremen
Lithografie:
Offset-Repro im Centrum, Hamburg
Gesamtherstellung:
CPI books GmbH, Leck